智聚

ZHIJU
GUIZHOU

贵州

第三届哲学社会科学智库名家

贵 州 学 术 年 会 优 秀 论 文 集

包御琨 / 主编

中国出版集团
研究出版社

图书在版编目（CIP）数据

　　智聚贵州：第三届哲学社会科学智库名家·贵州学术年会优秀论文集 / 包御琨主编. -- 北京：研究出版社，2020.2

　　ISBN 978-7-5199-0869-0

　　Ⅰ.①智… Ⅱ.①包… Ⅲ.①哲学社会科学 – 学术会议 – 文集 Ⅳ.①C53

　　中国版本图书馆CIP数据核字（2020）第199506号

出 品 人：赵卜慧
出版统筹：杨　斌
责任编辑：董　静
助理编辑：孙晓萌

智聚贵州：第三届哲学社会科学智库名家·贵州学术年会优秀论文集

作　　者：包御琨　主编
出版发行：研究出版社
地　　址：北京市朝阳区安定门外安华里504号A座（100011）
电　　话：010-64217619　64217612（发行中心）
网　　址：www.yanjiuchubanshe.com
经　　销：新华书店
印　　刷：河北盛世彩捷印刷有限公司
版　　次：2020年10月第1版　2020年10月第1次印刷
开　　本：710mm×1000mm　1/16
印　　张：27
字　　数：440千字
书　　号：ISBN 978-7-5199-0869-0
定　　价：68.00元

前　言

　　为贯彻落实习近平总书记在全国哲学社会科学座谈会上重要讲话精神，贵州省社科联于 2016 年创办了"哲学社会科学智库名家·贵州学术年会"，定在每年 5 月 16 日启动，至今已成功举办了三届近 150 场活动。该学术年会现已成为贵州推动哲学社会科学发展的重要举措、研讨经济社会发展的重要平台和学术交流的重要载体。

　　2018 年，贵州省社科联组织开展了"第三届哲学社会科学智库名家·贵州学术年会"，积极引导和组织广大哲学社会科学工作者围绕决战脱贫攻坚、决胜同步小康中的重大理论和实践课题，以及哲学社会科学前沿问题认真开展研讨和探索，充分发挥智库作用，为决胜脱贫攻坚、同步全面小康，奋力开创百姓富、生态美的多彩贵州新未来提供理论支撑和智力支持。

　　此次学术年会体现了以下几个特点：

　　一是高度重视，精心组织。本次活动有 60 多家单位申报，经认真遴选，确定了 49 家作为承办单位。各分会场根据学术年会总体要求，结合各自实际情况和学科特点拟定了主题，形成了主题明确、内容丰富、结构严谨、分工合理、可操作性强的活动实施方案。组织实施时又善于充分借助各类社会资源的支持，提高了会议质量层次的同时也扩大了社会影响。

　　二是主题突出，针对性强。各分会场立足省情，发挥各自优势，重点围绕决战脱贫攻坚、决胜同步小康，破解发展难题，在充分调查研究的基础上努力形成了有较高理论和实践价值的研究成果。通过《贵州咨政》《贵州日报》和年会优秀论文集，向省委、省政府建言献策，充分发挥社会科学界的智库作用。

　　三是针对性强，成效显著。各分会场发动相关专家、学者精心撰写高质量的学术论文参加会议研讨。组织相关专家进行了初选和复选，并委托知网对拟采用的文章进行了学术不端检测，剔除了重复率超过 30% 的文章，最终从 548 篇论文中精选了 41 篇汇编成册。这些论文立足于贵州经济社会发展，充分发挥智库优势，提出了许多有益而深刻的见解。

　　由于水平和时间有限，书中难免存在疏漏与不足之处，敬请批评斧正。

目　录

一、 智聚扶贫攻坚

反贫困效率问题研究

安顺学院　刘　雷

不管是发展中国家还是发达国家，都存在显性和隐性的贫困问题，反贫困业已成为全世界共同关注的问题。在联合国《2030 年可持续发展议程》中，"在全世界消除一切形式的贫困"被列为首要发展目标。2017 年 6 月，中国代表在联合国人权理事会第 35 次会议上，代表 140 多个国家发表了题为"共同努力消除贫困，促进和保护人权"的联合声明[①]。

2020 年是我国全面建成小康社会目标之年。虽然我国的扶贫开发工作已经取得了举世瞩目的辉煌成就，但要在短时间之内实现贫困人口和贫困地区的完全脱贫，全面达到小康水平，任务还异常繁重艰巨。习近平总书记在党的十九大报告中提出：要坚决打赢脱贫攻坚战，让贫困人口和贫困地区同全国一道进入全面小康社会是我们党的庄严承诺；要确保到 2020 年我国现行标准下农村贫困人口实现脱贫，贫困县全部摘帽，解决区域性整体贫困，做到脱真贫、真脱贫；要"深入开展脱贫攻坚，保证全体人民在共建共享发展中有更多获得感"，并指出"民生领域还有不少短板，脱贫攻坚任务艰巨"。因此，研究当前贵州反贫困过程中存在的效率低下或无效率的问题，并探讨提高反贫困效率的具体措施，显得尤为必要。其意义主要在于：一是有利于促进完善反贫困相关理论；二是有利于贵州创新反贫困的措施；三是有利于促进经济社会的可

---

① 来源：中国代表 140 多个国家发表关于"共同努力消除贫困，促进和保护人权"的联合声明。http://www.mfa.gov.cn/web/zwbd_673032/wshd_673034/t1470124.shtml。

持续健康发展；四是有利于加速实现反贫困战略目标。就贫困和反贫困的理论和实践而言，贵州的问题就是中国的问题，中国的问题也就是世界的问题。

一、反贫困效率相关理论

（一）反贫困内涵

反贫困的实质就是消除人类社会中的贫困现象。当前，对于反贫困的表述有三种：即减少贫困（poverty reduction）、减缓贫困（poverty alleviation）和消除贫困（poverty eradication）。这三种表述各有侧重：减少贫困侧重于减少贫困人口的数量，其实质是减少绝对贫困人口的数量；减缓贫困侧重于降低贫困的程度，其实质是缩小贫富之间的差距；消除贫困则是反贫困的最终目标，其实质不仅是要消除绝对贫困，而且还要消除相对贫困，即实现共富均富，走上美好生活的康庄大道。

（二）反贫困运行机制、动力机制与纠偏机制

1. 反贫困运行机制

反贫困是一项庞杂的系统工程，反贫困的过程是政府、企业和社会对贫困人口和贫困地区的帮扶过程。反贫困运行机制就是反贫困工作系统中政府、企业、社会和贫困户之间相互作用的过程和方式。在反贫困过程中，这些组织和部门相互联系、相互作用，各自发挥自己的功能，共同促进反贫困目标的实现。建立一套科学、灵活、高效的反贫困运行机制，是保障反贫困工作顺利开展和反贫困目标如期实现的前提。在反贫困运行机制中，各个组织和部门要各自扮演好自己的角色，发挥自己的优势，实现功能协调与互补。反贫困运行机制是一个系统性的运行机制，在总体运行机制的基础上，还需建立相应的工作配套机制，如贫困识别与退出机制、工作考核与激励机制、投资监测与评估机制等。反贫困运行机制也应与时俱进，应该随着反贫困工作的不断推进和深入，以及贫困状况和结构的变化，不断地进行调整和优化。

2. 反贫困动力机制

反贫困动力机制主要依靠外力推动、资本驱动和其他多种要素拉动。国外反贫困的理论基础是源于后凯恩斯经济学派拉格纳·纳克斯提出的"恶性循环

贫困"理论和纳尔逊提出的"低水平均衡陷阱"理论。这些理论共同指出资本稀缺是经济发展的主要障碍，贫困地区的反贫困行动必须依靠外力推动，只有通过政府和非政府组织（NGO）对贫困地区进行大规模的投资，才能最终实现脱贫目标。其他生产要素都是经济增长不可或缺的资源，区域产业发展和经济增长是实现反贫困目标的必经之路。资本是经济增长最直接的驱动力，在反贫困的系统协同中，主要在政府优惠政策的推动和牵引下流向贫困地区，资本在追逐利润的过程中带动其他可流动性生产要素进行空间转移，实现资源的重新配置，并在行政与市场双重作用的机制下获取合理的回报，从而促进区域产业发展和经济增长，最终实现反贫困战略目标。

3．反贫困纠偏机制

反贫困纠偏机制应是一个合理的系统，包括反贫困的目标责任机制、激励机制、约束机制和监督机制。这四者相互联系，目标责任机制是激励机制和约束机制的基础和前提，激励机制和约束机制是目标责任机制得以实现的措施和手段，监督机制是约束机制得以实施与落实的保证，也是目标责任机制得以实现的保障。目标责任机制是根据反贫困总体目标从纵向和横向两个维度对总体目标进行分解，将具体目标逐级下沉，把目标落实到相应的各级政府部门和分管责任官员个人，要求各级政府部门和分管责任官员个人对完成目标任务承担相应责任。激励机制是将员工对组织及工作的承诺最大化的过程，激励主体通常运用物质激励或精神激励手段并使之规范化、制度化和固定化，这两种激励也通常被结合运用。约束机制主要是为了规范成员行为，而采用一系列法律法规、制度规程、纪律标准等手段，来保证组织有序运转，并实现组织目标。监督机制是保证反贫困政策与措施执行力的重要手段，对反贫困的成效作出正确的评价，并对反贫困过程中出现的问题进行及时查处，确保反贫困工作有序顺利进行。

（三）反贫困效率内涵

长期以来，效率作为一种评价方式或标准，都是针对某单一事项而言，而反贫困是一项复杂的系统工程，涉及组织协调、机制运行、贫困识别、产业选择、资金投入、资源配置、政策实施、技术应用、产品市场和劳务利用等各个方面。因此，反贫困效率的内涵要丰富得多，包括组织协调效率、机制运行效率、贫困识别效率、资金使用效率、产业选择效率、资源配置效率、政策实施效率、技术应用效率、产品市场效率和劳务利用效率等等。提高反贫困效率就是要想方设法使这些方面的效率都实现最大化，而不仅仅是提高某一方面的效率。

二、国内外反贫困效率理论研究与实践经验

（一）国内外反贫困效率理论基础

目前，国内外对"反贫困效率"的概念尚无明确界定。学者大多从扶贫管理政策绩效的角度来考量政府的扶贫效率，并从能力和制度的基本要求来界定政府反贫困政策绩效。扶贫绩效研究理论主要基于控制理论、绩效理论、新公共管理理论、三维资本理论四个层面。

（二）国内外反贫困实践

国外在反贫困实践中普遍使用"减贫方案"的提法。总的来说，国外扶贫模式分为三类：第一类是增长极（或发展极）模式，以拉美的巴西、墨西哥等国家为代表；第二类是关注基本生存模式，以南亚的印度等国家为代表；第三类是高度社会保障模式，以欧美国家为代表，特别是北欧的瑞典、挪威、丹麦等发达国家，提供高度社会福利和完备的基本公共服务，通过社会保障体制援助贫困人口和失去劳动能力人口的基本生活。

纵观发展中国家反贫困实践，其共同举措主要有以下几个方面：一是在国家层面实施专项减贫计划，通过国家力量综合解决贫困问题；二是局部地区减贫发展政策，主要通过政府制定特殊政策支持贫困地区的发展，减少这些地区的贫困人口；三是非政府组织的工作，其优势在于机制比较灵活，运行成本比较低，可减少很多中间环节，非政府组织在发展中国家实施了一系列发展项目，促进了这些地区的经济发展；四是开展针对贫困人口的教育培训和能力建设，通常包括政府农业科技人员、非政府组织工作者和发展项目实施者对贫困人口的综合或专项培训；五是国家宏观倾斜政策，大多数发展中国家在财政、金融、税收、行政、产业发展、投资、法规法令等宏观调控方面，都对部分地区、部分群体及整个国家的缓解和消除贫困行动提供多种优惠政策。

从扶贫工作层面看，我国扶贫工作实践采取政府主导、企业主体、贫困地

区扶贫对象（贫困户、贫困群众）积极参与的方式，形成了财政扶贫、以工代赈扶贫、"温饱工程"、产业扶贫、对口帮扶、旅游扶贫、移民搬迁模式和智力扶贫等多种扶贫模式。

（三）国内外反贫困经验借鉴及启示

国内外反贫困经验给予我们的启示主要有：不平衡的经济增长与消除贫困可以并行不悖，相辅相成；消除贫困不是一个孤立的课题，其依赖于加快工业化和城镇化进程；必须瞄准对象，查找致贫原因，实行针对化分类扶贫；利益联结机制的好坏对推进扶贫至关重要；应当重视贫困人群的能力建设问题。

三、贵州反贫困成效、形势与存在的主要问题

（一）贵州反贫困成效

党的十八大以来，贵州围绕科学治贫、精准扶贫、有效脱贫，不断加大扶贫资金投入，创新扶贫措施，贫困发生率连年下降，创造了脱贫攻坚"省级样板"。贵州反贫困成效主要表现在三个方面：一是 2014 年至 2016 年贫困发生率分别下降到 18.0%、14.7%、10.6%；二是贫困人口经济状况得到极大改善，2016 年贵州省农村居民人均可支配收入增长 9.5%，达到 8088 元，小康指数达到 85.5%，2017 年上半年政策性惠农现金补贴分别增长 12.3% 和 4.5%，人均财产净收入增长 45.8%；三是贫困地区基本公共服务水平有了较大提升。

（二）贵州反贫困形势

虽然贵州扶贫开发工作取得了显著成效，但面临的贫困形势仍然严峻、反贫困任务仍然艰巨：一是贫困人口多，贫困程度深，从 2017 年到 2020 年，还有超过 370 万贫困人口的脱贫任务，深度贫困县人均国内生产总值为 22 417 元，只相当于全省人均国内生产总值的 67.7%；二是发展型贫困问题突出，贵州贫困地区人力资源优势尚未转换为人力资本优势，人力资本制约导致深度贫困地区社会生产难以维系、社会经济发展缓慢，贫困人口慢性贫困、贫困代际传递现象比较突出；三是贫困地区基础设施和公共服务供给整体仍然薄弱；四是产业扶贫带动效应不强。

（三）贵州反贫困存在的主要问题

习近平总书记提出，精准扶贫要"真扶贫、扶真贫、真脱贫"。只有这三方面相互衔接，才能保证精准扶贫取得实质成效。但是贵州反贫困实践中仍存在着贫困识别不精准、帮扶措施不精准、贫困退出不精准、脱贫成效不可持续等问题。

四、贵州反贫困低效率成因分析

（一）项目管理效率低

扶贫政策和扶贫开发工作作为一种政府行为，往往具有自上而下的"决策和设计"特征，给扶贫项目的计划管理带来不可避免的低效率问题：一是有关行业部门组织实施对贫困村的扶持项目，为了便于操作和规范管理，往往制定统一的、程序化的实施规则和操作办法，导致与贫困村和贫困户的真实需求脱节；二是产业发展不能形成集聚效应，扶贫产业项目规划思路不清，抓不住重点，搞批发式申报，项目申报只求数量不求质量，没有明确的区域发展目标，不能形成区域产业集聚优势。

（二）扶贫资金利用效率低

扶贫资金利用率指实际利用的扶贫资金占全部到位扶贫资金的比重。经审计署审计发现，截至 2016 年底，贵州有 4 个县闲置或滞拨财政扶贫资金 3.19 亿元，其中 1.55 亿元闲置两年以上。[①] 脱贫基金投资进度不理想，至 2016 年 12 月，省政府批准设立的极贫乡镇子基金 173 亿元仅累计使用 24.89 亿元，使用率不到 15%。[②] 扶贫资金的巨大需求与低效利用形成极大反差。主要存在三方面原因：一是扶贫资金找不到出路（产业扶贫选择效率低）；二是扶贫资金乱使用；三是扶贫资金使用存在制度性困境。

---

①来源：贵州省人民政府关于2016年度省级预算执行和其他财政收支的审计工作报告，中国审计网，http://www.iaudit.cn/News/ShowArticle.asp?ArticleID＝237660。

②来源：孙志刚书记在全省深度贫困地区脱贫攻坚工作推进大会上的讲话，2017年8月。

（三）企业扶贫惠农效率低

贵州在扶贫实践中，仍存在龙头企业偏少、实力偏弱，以及监管粗放、联农带农激励机制不完善、惠农效率偏低等问题。主要有以下几方面原因：一是带动力强的龙头企业数量少、实力弱，带动面不大；二是对本地小微企业的扶贫方式缺乏统筹协调；三是政府的不当干预挫伤企业扶贫的积极性；四是企业与贫困户建立的带动关系不稳定。

（四）能力贫困从根本上影响反贫困效率

根据联合国开发计划署提出的能力理论，能力贫困既包括贫困人口的能力贫困，也包括扶贫组织机构部门的能力贫困，二者从根本上影响反贫困效率。贵州能力贫困影响扶贫效率主要表现在：贫困户自身的能力贫困影响扶贫效率；能力反贫困中的马太效应进一步影响了反贫困效率；扶贫组织机构部门和人员能力影响扶贫效率。

（五）集体行动困境影响反贫困效率

从经济学的角度分析，反贫困政策在实施过程中，各参与主体基于理性"经济人"假设，总是在既定条件下追求自身利益最大化。各扶贫主体为寻求最优利益而采用不同的行为，产生了各主体间的利益博弈，各主体的决策行为在很大程度上影响反贫困的实际成效，导致出现集体行动困境。在扶贫实践中，各自为政、不能相互协调的集体行动困境，仍然是影响贵州反贫困效率的主要因素。

五、提高贵州反贫困效率的措施

反贫困这项复杂的系统工程，既需要多种生产要素的有机结合，也需要各个主体的协调配合。我国的多元反贫困主体主要是各级政府、市场（企业）和贫困户（贫困群众），以及独立于政府和私人（市场、企业）部门之外的非政府组织。反贫困主体的多元性、利益目标的非一致性、贫困群众致贫原因的多样性，决定了扶贫攻坚工作的复杂性。提高反贫困效率，首先要提高各个主体的各自行为效率和合作协调效率，其次需要针对扶贫对象的不同致贫原因，对症下药或综合施策。因此，提高贵州反贫困效率的措施主要包括以下四个方面。

（一）充分发挥政府主导作用

在脱贫攻坚工作中，相关政府部门起着主导作用，主要担负着引领、组织、协调、管理、服务等职责，应从以下方面提高效率。

1. 提高反贫困的组织协调效率

首先，必须加强组织建设和领导。其次，应该优化组织管理功能结构，改变现行反贫困单一管理组织为多功能管理组织，增加组织的协调与执行等功能，减少组织的管理层级，使管理组织结构趋于扁平化，改现行五级反贫困管理组织为三级管理组织即可，只保留中央、省、县三级管理组织机构，弱化或取消地（市）、乡两级组织的扶贫管理职能，使地（市）、乡两级组织的职能分别向反贫困服务职能和执行职能转变。再次，要疏通上下双向信息传输渠道，优化流程管理。充分利用现代高速信息通道，使中央的政令能直达基层，基层民众的呼声也能直达中央，这样政令就不用层层向下传达，民意也不用层层向上汇报，减少信息传递的中间环节，尽力避免信息传输中的被筛选、清洗、遗漏和衰减失真等情况，提高信息传输的速度与保真度，从而提高反贫困组织的管理、协调和执行效率。

2. 提高对贫困户的识别效率

贫困识别主要应搞清楚三个问题，即谁贫困、贫困程度如何、致贫原因是什么。提高贫困识别效率就是要提高贫困识别的速度和精准度，即快速识别和正确识别。贵州省提出的贫困识别"四看法"，做到了定量识别与定性识别相结合，从理论上讲都具有很强的合理性，应该说贫困识别的精准度较高。但在实际操作过程中，因部分政府扶贫工作人员或贫困群众对政策和贫困标准等理解有偏差，或因监督不力，仍然存在识别不准或弄虚作假等现象。并且这种自上而下的普查工作方式耗时耗力，被识别对象也会为了获取帮扶资金和政策等想尽办法争当贫困户，从而影响了贫困识别的精准度。相反，如果采用自下而上的识别方式，完善相关措施，也许更能提高贫困识别的速度与精准度。当然，精准扶贫工作开展两年多来，扶贫对象已基本确定，并建档立卡。当前最重要的是管理贫困户的相关信息，对扶贫对象实施动态监测和管理，适时"回头看"，确保扶贫措施的有效跟进和已经脱贫对象的精准退出。

3．提高反贫困的机制运行效率

当前我国反贫困采用的是"政府主导、企业主体、社会参与、贫困户配合"的总体运行机制。反贫困运行机制应该是一个功能齐备的系统性运行机制，因此，要提高反贫困的机制运行效率，还需在现行总体运行机制的基础上，建立并完善相关配套机制，如贫困识别与退出机制、措施制定与决策机制、工作考核与激励机制、投资监测与评估机制、过程监督与纠偏机制等。

4．提高反贫困的政策落实效率

为了打赢脱贫攻坚战，中央出台了一系列政策，贵州也根据本省实际情况拟定了相关措施和行动计划，涵盖教育扶贫、医疗健康扶贫、生态移民扶贫、产业和就业扶贫、社会保障兜底扶贫、基础设施建设扶贫、财政和金融扶贫、特困地区特困群体扶贫、机制建设和党建扶贫等各方面，形成比较完善的、科学合理的政策体系。提高反贫困的政策落实效率，首先，要使从事反贫困工作的政府扶贫工作人员提高对政策的认识。其次，从事反贫困工作的政府扶贫工作人员不仅要熟悉政策内容，而且还要能够结合本地区实际情况深刻领会政策与文件精神实质。再次，要使贫困群众充分了解政策，清楚自己能够享受的权利，并充分赋权于政策受众，让社会和贫困群众监督政策的落实情况。最后，政策的落实需要相应的制度作保障，这就要求加强对政府扶贫工作人员的制度管理，采用绩效考核和监督检查等相关措施，提高政府扶贫工作人员对政策的宣传和执行效率。

5．提高反贫困相关政府扶贫工作人员的工作效率

在贵州省的脱贫攻坚中，一些政府扶贫工作人员仍然存在工作作风不实、敷衍塞责、欺上瞒下、懒政怠政、贪污腐败等问题，导致工作效率不高，几年不见成效。提高反贫困相关政府扶贫工作人员的工作效率，需要采取以下措施：一是要进一步优化完善反贫困工作绩效目标考核机制，激发相关政府扶贫工作人员的内生动力；二是要加强过程的巡查监督管理，对相关政府扶贫工作人员的工作施加一定的压力；三是要鼓励相关政府扶贫工作人员大胆开拓创新，帮助他们排解工作阻力。

6．提高反贫困的主体合作效率

政府、企业和贫困户都是反贫困的重要主体，但从其利益目标和责任目标来看，各有侧重，或者说各不相同。这种反贫困主体的多元性及其利益和目标

的非一致性，增加了反贫困的集体行动困境。破解集体行动困境的主要途径是利益目标趋同或制度约束，前者是因势利导，后者是硬性要求。一般来说，因势利导效果会更好。因此，提高反贫困主体的合作效率，关键是完善反贫困中多方主体的利益联结机制，使其产生利益趋同效应。通过创新利益联结机制，大力培育和发展新型联合经营（运营）主体。

7．提高反贫困的扶贫方式效率

提高反贫困的扶贫方式效率，就是要使扶贫供给与需求有效对接，使扶贫方式更有针对性，主要是有针对性地破除脱贫致富的"瓶颈"因素。如前所述，根据扶贫对象的范围大小，可以分为集中连片的区域扶贫和分散的家庭扶贫两个主要方面。针对区域扶贫而言，必须综合施策；针对家庭扶贫而言，重在因"病"施策、"对症下药"，应以人为本，尊重贫困群众的意愿，尽量满足个体的合理需求。

（二）充分发挥企业的主力军作用

企业是反贫困的主力军，要在政府和市场机制的影响下，对资源进行优化配置、发展相关产业、落实相关项目、寻找和开拓市场。充分发挥企业的主力军作用，应该在政府的宏观规划和协调服务下，提高以下几方面效率。

1．提高反贫困的资源配置效率

资源配置效率是经济学与管理学研究的核心问题，实现帕累托最优是资源配置的最佳理想状态。提高反贫困的资源配置效率，首先，必须进行科学的项目论证和规划，加强项目库建设；其次，要保证资源的合理分配与利用；再次，要深化资源配置的市场化改革，大力推广"三权促三变"改革和"村社合一"道路，充分实现资源变资产、资金变股金和农民变股民，盘活现有资产，整合相关要素资源，提高农民的积极性和主动性。解决反贫困自主行动（内生动力）的牵引作用，需要有领头人和组织发动工作，充分利用村支两委现有的架构和能人，搭建农民专业合作社平台并面向市场，是可以走出一条共同致富路的。

2．提高反贫困的资源利用效率

提高贵州反贫困的资源利用效率，主要就是要提高贵州自然资源、文化资源、经济资源和政治资源等的利用效率。提高反贫困自然资源和文化资源利用效率，就是要充分利用贵州气候资源、生物资源和民族文化资源多样性的特点，充分发挥贵州自然资源和文化资源的比较优势，发展区域性特色优势产业。提高反贫困经济资源利用效率，就是要进一步合理使用扶贫资金，使每一笔扶贫资金对贫困帮扶都能产生最大效用。提高反贫困政治资源利用效率，就是要争取各种政治力量的行动和政策制定的倾斜惠及，使全社会关注推进反贫困事业。首先，要对扶贫项目进行科学论证，并制订有力的推动措施和合理的资金使用计划；其次，要加强扶贫项目的过程和资金监管。

3. 提高技术的推广和应用效率

提高技术的推广和应用效率是提高资源利用效率的前提和基础。一方面，在产业发展中，三次产业都应该提高相关技术应用效率。另一方面，对于贫困群众来说，提高技术应用效率，应该采用多种途径和方式对贫困群众进行全员培训。首先，可以让贫困群众借助参与企业劳动获取相应技术和体验。其次，鼓励并支持农业科技人员创办或以技术入股相关企业，加速科研成果转化，带动贫困群众通过参与产业发展获得技术。再次，对于非企业直接经营的产业，可以通过政府购买技术服务的方式，对贫困群众进行技术应用的集中培训，或聘请科技人员深入田间地头进行现场指导或观摩培训。

4. 提高反贫困中的产品市场销售效率

产品市场销售效率的高低取决于三个因素：单位产品的利润、产品的销售速度、产品的销售数量。提高反贫困中的产品市场销售效率的最有效途径是向市场提供最具商业价值的产品：一是政府要建立完善的信息服务系统；二是扶贫组织机构部门要引导市场主体根据市场信息发现市场机会，并结合自身区域或资源的比较优势，生产出特色突出、质量优良、极具竞争力的产品；三是政府相关部门与企业联动，加快对特色农产品"三品一标"和加工产品的 SC 认证，提升安全、优质农产品公共品牌；四是扶贫组织机构部门要帮助扶贫企业搭建面向国内市场的快速交易平台，创新产销对接机制，实施产销定向合作，构建订单式的产销直通模式，推动农产品直接进消费大户、进对口帮扶城市等，还要根据市场信息变化，协助企业主动拓宽市场和销售渠道，丰富销售方式；五是要完善农产品流通保障体系，构建便捷、畅通、稳定的产销通道；六是要引进风险管理机制，将有可能出现的自然灾害和市场风险纳入保险市场，有助于规避风险和建立利益补偿机制。

（三）充分发挥贫困户（贫困群众）的能动作用

在扶贫攻坚中，贫困户（贫困群众）主要是积极配合政府和企业进行产业结构调整，参与产业发展和相关项目的实施。充分发挥贫困群众的能动作用，应该在政府和企业的帮助下，提高以下两方面效率。

1. 提高贫困群众劳务输出效率

对于部分家庭来说，转移就业是脱贫致富成本最低、速度最快的有效方式。当前，贵州农村还有几类人群可以通过劳务输出转移出来，实现家庭的脱贫致富。提高劳务输出的效率，需要政府等相关部门做好以下工作：一是加强与劳务需求地区、产业园区或企业之间的沟通，提供可靠的劳务需求信息；二是加强对拟输出的劳务人员进行必要的职业技能培训，加大对农村人力资本开发的投入，消除制约农村贫困人口自由流动的相关因素；三是对在外务工的群体提供必要的跟踪服务和及时的法律援助，帮助群众解决其自身无力解决的现实问题；四是对留守在家的儿童和老人做好教育、医疗、养老等相关保障工作，解决转移就业群体的后顾之忧；五是继续大力推进工业化和城镇化发展，为农村劳务输出提供更多的就业岗位和空间。

2. 提高贫困群众参与项目建设的劳动效率

贫困群众作为扶贫对象是反贫困的客体，也是脱贫致富的主体。贫困群众不应该仅仅是实施反贫困战略的被动受益者，更应该成为脱贫攻坚的主体和主要力量之一。外因是变化的条件，内因是变化的根本，外因需要通过内因起作用。当前，在外部强力推动的脱贫攻坚中，更需要激发贫困群众脱贫致富的内生动力，从而提高他们参与项目建设的劳动效率。只有内外形成合力，反贫困效率才可能实现最大限度的提高。贫困群众脱贫致富的内生动力一旦被激发，什么奇迹都有可能发生。政府等相关部门需要采取以下措施：一是要改变一些贫困群众根深蒂固的依赖思想；二是要改变部分贫困群众"人生由命，富贵在天"的迷信观念和"温饱即安，不思进取"的小农思想；三是要给予贫困群众更多的获利机会和权利。

（四）有效发挥社会第三部门的补充作用

社会第三部门（或称非政府组织）作为一种"后现代"现象，是前两个部门（政府、企业）的失灵充分表现出来以后才产生的现象，已经广泛活跃在社会经济生活的各个领域之中，积极参与了扶贫救助活动，是反贫困主体的重要补充。

社会第三部门参与脱贫攻坚的主要形式是根据扶贫对象的特殊性实施特别救助，如病残救助、失业救助和自然灾害救助等。救助的手段有资金救助、实物救助、医疗救助、教育救助、法律援助等。相对于政府"运动式"的扶贫攻坚方式，社会第三部门的扶贫救助有其自身独特的优势，具有机制灵活、影响力大、容易引起社会关注、整合社会资源迅速等特点，有时更能满足贫困群众的迫切需要，更能及时或持续解决贫困群众的现实困难。有效发挥社会第三部门的补充作用，有助于进一步形成和完善全社会联动帮扶机制。根据区域贫困和家庭贫困的扶贫对象与范围的不同，社会联动帮扶机制可以分为两个层面进行，即区域层面和家庭层面。

社会第三部门作为非营利性部门和非责任部门，能够勇担社会责任、主动伸出援手，采用非常规的救助方式、手段和途径，对反贫困意识、观念和文化的形成，反贫困精神的提升，以及反贫困制度和路径的创新，都将起到莫大的促进和启迪作用。政府应鼓励、支持和协助社会第三部门参与扶贫救助与脱贫攻坚。

结语

该课题在国内外反贫困理论研究的基础上，依据贵州实地调研发现的问题，基于系统论与集体行动困境的理论视角，结合反贫困四大主体的不同角色定位，从四个方面提出了提高贵州反贫困效率的对策措施。根据反贫困四大主体的不同角色定位，进一步明确了各自的功能定位，构建了反贫困动力系统。理论提升主要在国内外现有理论的基础上，结合 DFID（国际发展署）可持续生计方法，最终形成提高反贫困效率的"四动"协同可持续理论框架，即政府驱动、企业拉动、贫困群体联动和社会第三部门促动。该理论框架旨在兼顾反贫困的过程管理与结果管理，从系统论的视角破解了多元主体的集体行动困境，以利益联结为基础，充分体现以人为本的基本理念，以期为提高反贫困效率和可持续脱贫提供借鉴。

贵州多个扶贫模式的两个共性特点探析

贵州省写作学会　游来林

摘　要　贵州是中国扶贫之战的主战场。在波澜壮阔的扶贫攻坚战中，贵州创新出了许许多多的扶贫模式。这些不同的扶贫模式，在扶贫中起了巨大的作用。它们具有良好的社会效益和经济效益，还具有"实事求是、因地制宜""与时俱进、开拓创新"两个共性特点。对这两个共性特点进行较为深入的探析，给贵州的扶贫工作再创新出新的扶贫模式提供有益的借鉴，对进一步打好扶贫攻坚之战，完成贵州与全国一道同步进入全面小康社会的伟大任务，具有重要意义。

关键词　贵州；扶贫模式；共性特点；探析

一

早在 2012 年 3 月 24 日，中新网就报道，贵州各地在扶贫开发中，结合实际，探索出了一批产业化扶贫的新路子，效果十分明显。如种养结合、以短养长的"长顺做法"，种草养畜、修复生态的"晴隆模式"，开发扶贫、生态建设和人口控制的"毕节实验"，省直领导、部门联系、帮扶贫困县的"集团帮扶"，以及以技术培训和发展教育为主的"智力扶贫"，等等。

五年多时间过去了，贵州扶贫路子越来越广，扶贫模式也越来越多。据贵州省发展研究中心门户网站 2017 年 6 月 19 日发布的《产业扶贫问题与方法——深入推进我省产业扶贫的研究》报告：毕节市七星关区创新出被称为

"自我发力式"的"一市五金多套餐"产业扶贫模式，调动了贫困户发展产业脱贫的积极性；黔西县引进企业创新"N＋1＋9"传帮带模式（龙头带动式）带动发展食用菌产业，迅速带动了一批贫困户增收脱贫；兴仁县屯脚镇探索"三变"运作模式（股东参与式）带动发展猕猴桃产业，两年时间辐射带动319户贫困户增收致富；安顺市平坝区塘约村探索农户集体抱团发展的"塘约经验"（合作互助式），全村贫困人口由原来的138户600人下降至16户41人；安龙县探索以科技为支撑助推扶贫产业发展模式（科技主推式），引进贵州省现代中药材研究所吴明开博士团队为"万亩白及生态种植基地"产业扶贫项目提供技术支撑，为当地群众打开了一条致富新通道……

关于"模式"，《现代汉语词典》（第7版）的解释是："某种事物的标准形式或使人可以照着做的标准样式。"以此为基础，笔者认为：扶贫模式是指在扶贫活动过程中，扶贫主体在特定的区域特定的对象为达到扶贫目的，通过不断探索实践而形成的成效突出的具有规范性、指引性、稳定性以及可操作性的扶贫路径、方法等的标准样式。由于自然环境和社会环境的不同，历史、文化等的不同，根据这些不同而创造出的每个扶贫模式会各有不同，都有其个性特点。按唯物辩证法观点，事物的个性特点中包含着共性特点。个性体现出事物相互之间的差异性，共性则指不同事物的普遍性质，决定事物的基本性质，体现出事物内在的必然的联系（规律）。而人类活动的一个根本特点是人类必须探索出事物的规律，并按照其规律进行实践，才能有效地达到活动的目的。这一点体现出人类与动物的根本区别。马克思就认为，动物是靠本能活动，人则有主观能动性，靠意识指引着活动。因而，探析这些不同扶贫模式的共性特点，寻找出它们内在的基本性质（规律），为贵州完成扶贫攻坚工作提供一些反映客观事物的规律从而具有普遍指导意义的（共性）规律，探索、创新出更多行之有效的扶贫模式，加速贵州扶贫攻坚的步伐，打赢扶贫攻坚这场硬仗，具有重要的理论与现实意义。

不同的扶贫模式，尽管名称不同、内涵不同，乃至一些思想以及具体的途径、方法等的不同，能称为"扶贫模式"的，都应该是在扶贫活动中，在特定的范围和对象中可参照、可借鉴、可操作的"标准样式"。并且，这些众多的扶贫模式都具有良好的社会效益和经济效益——这一点无须论证，因为如果效果不好，是不能称之为模式（标准样式）的。需要探索、论证的应该是对探索、创新扶贫模式具有普遍性、借鉴性、指导性意义的，且隐藏在多种不同扶贫模式中不易被发现的，需要人们去深入探索的另外的共性特点。

各种扶贫模式中的共性特点可能较多，本文仅就其中最重要的两个共性特点——"实事求是、因地制宜""与时俱进、开拓创新"进行探析。

二

实事求是、因地制宜。"实事"指客观存在着的一切事物，"是"指客观事物的内部联系（又称必然性。必然性是指客观事物变化发展中不可避免的、一定要发生的、确定不移的趋向。它在事物的发展过程中居于支配地位，决定事物发展的前途和方向)，即规律性；"求"是指研究。人类在实践中，要"道法自然"，即从客观事物出发，找到客观事物内部本质的必然的联系（即规律性)，形成正确的思想，并在正确的思想指导下，制定出符合客观规律要求的方针政策、制度措施。在此基础上，采取适合事物发展需要的具体的途径或方法，即"因地制宜"。这样，人类的实践活动才会取得成效。

贵州到目前为止创立了数十种扶贫模式。这些模式之所以不同，是因为模式所依据的"实事"（客观事物）不同，其"是"（事物之间的内在联系）也不同。根据这些不同中各自的"是"，制定、实施适宜"是（规律）"的措施、方法，使之行之有效——这就是实事求是、因地制宜。贵州那些成效突出的扶贫模式，都是实事求是、因地制宜的结果。仅举三例：

《新京报》2018年1月2日报道，恒大集团结合国家级贫困县大方县适合种植、缺乏产业、经济方式单一等实际，发展蔬菜、肉牛、中药材和经果林等特色产业，为每个贫困户配备至少两个产业项目，并引进上下游龙头企业，形成"龙头企业＋合作社＋贫困户＋基地"的帮扶模式，实现"供、产、销"一体化经营，已实现12.73万人初步脱贫。其扶贫模式被评为2017年度中国民生示范工程。

新华网贵阳2018年3月18日报道，贵州黔南民族师范学院在扶贫过程中，因地制宜，率先与扶贫点平塘县卡蒲毛南族乡新关村签订了蔬菜协议定购，使种菜的村农有了稳固的市场，结果双方共赢，收到了极好的效果：一方面，学院师生吃到了新鲜质优的蔬菜；另一方面，贫困农户收入大大增加，较快实现了脱贫。这个实事求是、因地制宜的扶贫措施，效果显著，很快得到贵州省教育厅的高度重视。厅领导敏锐地看到目前贵州有各级各类学校食堂1.7万个，每天就餐学生500多万人，每月消费农产品金额超过10亿元。这是一个稳定而庞大的农产品消费市场，因而在全省推广，创新出了在全国产生较大影响的"贵州校农结合扶贫新模式"。笔者于2018年10月赴黔南民族范学院，平塘县卡蒲毛南族乡、塘边镇及双合村调研考察，发现由黔南民族师范学院首创的"校农结合"扶贫模式，随着不断的实践与发展，已经不仅仅是解决学校师生吃上优质放心的蔬菜、解决贫困地区村农的脱贫问题，而是由此引发出农村产业结构调整、新的行之有效的产品供销结构的形成，高校办学目标、人才培养模式、教学科研如何转化为生产力等的改革与路径探索等高层次、深层次问题，因而具有了更高的价值。

新华网贵阳2018年3月1日报道，地处滇桂黔石漠化集中连片特困地区的晴隆县，由于山高、坡陡、谷深，传统的农业生产造成水土严重流失，根据此实际，晴隆县从2000年开始，实事求是、因地制宜地创造了退耕还草，集生态效益、社会效益与经济效益为一体的生态畜牧业"晴隆模式"。到目前为止，全县已种植人工草地48万亩，改良草地38万亩，养羊50余万只，全县2.41万户农户10多万人参与种草和养羊，每年创收近4亿元。

与这些典型事例相反，一些地方在扶贫过程中，不实事求是、不因地制宜，而是操之过急，追求数字上的达标，重视进度、忽视质量。人民网就曾经列举过不少不正常的"扶贫边缘化"现象。如"新农村冲动"和"扶贫政绩化"现象，"扶贫造富"现象，"温饱陷阱"和"隐性贫困"现象……产生这些现象的原因较多，最根本的一点就是没有做到实事求是、因地制宜地扶贫，而是好高骛远、贪大求洋、追求"政绩"，严重违背了习近平总书记2013年11月在湖南湘西考察时就强调的要坚决贯彻"扶贫要实事求是，因地制宜"的原则。

实事求是、因地制宜是相辅相成的。不实事求是，就无法因地制宜；不因地制宜，就不是实事求是。"求是"是基础，"制宜"是关键，取得成效是目的。所谓"宜不宜"，就是要看是不是"求（研究）"到了"是（规律）"、是不是按"是"来制定方针政策、采取措施方法。在实践中，要"求"到"是"不是件简单的事。在扶贫中，不少地方找不到行之有效的扶贫途径或方法，或所采取的方针政策、途径方法没有效果，甚至适得其反，重要的一个原因就是没有"求"到

"是"，因而未能"制宜"。

与时俱进，开拓创新。《易经》六十四卦之遁卦中就有"与时行也"一语。1910年，蔡元培先生的《中国伦理学史》把散见于中国古书中"与时偕行""与时俱化""与时俱新"等语综合归纳为"与时俱进"。2002年11月8日，党的十六大报告指出："坚持党的思想路线，解放思想、实事求是、与时俱进，是我们党坚持先进性和增强创造力的决定性因素。与时俱进，就是党的全部理论和工作要体现时代性，把握规律性，富于创造性。"这段话对什么是与时俱进、如何做到与时俱进作出了精辟论述。

从宏观角度看，"与时俱进"要求我们党要准确地把握时代特征，始终站在时代前列和实践前沿，带领全党全国各族人民赶超现当代先进发达的国家，实现中华民族伟大复兴的中国梦。从中、微观角度看，当前的中国扶贫攻坚，一方面，"与时俱进"要求扶贫者善于利用当前最先进的社会、经济、文化发展成果，因地制宜地为扶贫工作服务；另一方面，"与时俱进"要求被扶贫者要有强烈的与时俱进的意识，跟上时代发展的要求，在自力更生、奋发图强的基础上，积极配合扶贫者所采取的具有与时俱进特点的措施、途径与方法，较快地实现脱贫。

在很长的历史进程中，贫困一直是世界各国共同存在的问题和难题。贫困的产生与长期存在，是由环境、政治、经济、文化等多方面因素造成的。在诸多因素中，其中一个重要因素是：贫困地区由于多种原因，未能与时俱进，未能跟上时代发展的步伐，从而落后于先进发达地区。因而，我国贫困地区要脱贫，最重要的一点就是要与时俱进，即要在政治、经济、文化等方面逐步赶上和达到先进发达地区的基本水平，与先进发达地区共同进入党中央提出的"到2020年，中国要全面建成小康社会"。

与时俱进与开拓创新具有必然内在的联系。开拓创新是历史前进的火车头，要做到与时俱进，即始终站在时代和实践的前列，就必须敢于和善于开拓创新。因此，只有不断地开拓创新，才能做到与时俱进。在扶贫战略的实施上，从贵州省委、省政府到相关职能部门，再到在扶贫第一线的县、乡（镇）、村，都较好地做到了与时俱进、开拓创新，创造出了许多社会效益和经济效益显著，具有与时俱进、开拓创新特点的扶贫模式。

贵州是全国唯一一个没有平原的省份，环境以及其他因素造就了生产力低下的农耕经济与山地高原经济，普遍缺乏现代产业，致使贵州贫困人口多、贫困面广、贫困程度深。全省88个县（市、区）中有国家扶贫开发重点县50个，有934个贫困乡、9000个贫困村；在国家确定的11个集中连片特困地区中，涉及贵州省的有武陵山区（16个县）、乌蒙山区（10个县）、滇桂黔石漠化区（44个县）3个片区70个规划县，覆盖全省85.3%的国土面积。

贵州贫困地区普遍缺乏产业，因而产业扶贫是贵州扶贫中的一个重要途径、措施与方法。在产业扶贫方面，贵州做得相当不错。2014年6月14日《贵州日报》之《园区带动——贵州扶贫开发新模式》报道：自2013年启动建设"5个100工程"以来，省扶贫部门整合扶贫、交通、水利等项目资源，大力扶持牵头指导36个现代高效农业（扶贫）产业园区，创新"市场化运作、商品化生产、企业化管理"的园区运作机制，打造了"园区＋企业＋农户"的"农业综合体"，实现了有形象、有规模、有水平、有效益、有带动的"五有"目标，成为各地扶贫开发的有效形式、主要载体和强大引擎。

又据贵州省发展研究中心2017年6月19日发布的《产业扶贫的问题与方法——深入推进我省产业扶贫的研究》报告，贵州在产业扶贫中，已经创新出了一批各具特色的产业扶贫路径模式。

如前文提到的毕节市七星关区创新出"一市五金多套餐"产业扶贫模式；黔西县引进企业创新"N＋1＋9"传帮带模式带动发展食用菌产业；兴仁县屯脚镇探索"三变"运作模式带动发展猕猴桃产业……特别是笔者考察了毕节市引进的贵州术汇生态农业开发有限公司，发现其在国家级贫困县大方县"毕节市牧星场"开发建设毕节芳香产业园，根据所处区域与台湾在同一个纬度、环境、气候等非常相似的特点，大胆开拓创新，从台湾引进高质量的丹参、牛樟种植获得成功，并创新出品牌"航天丹参酒"、牛樟系列产品，投放市场即受到消费者青睐，取得了不菲的经济效益。该产业不但改写了贵州不产丹参、牛樟的历史，还以"公司＋农户＋包产销"的模式，解决了大方县凤山、安乐两个乡40多个村民组近3000名农村劳动力在家门口实现了稳定就业，为扶贫作出了突出贡献。

对贵州扶贫中的产业扶贫，恒大集团董事长许家印深有体会地说："我们通过帮扶大方县切身体会到，产业扶贫是非常重要的，就地扶贫如果没有产业的支撑，就很容易返贫。搬迁扶贫如果没有产业的依托，就很容易搬得出而稳不住。"许家印说，贫困群众的主要生产资料是土地和劳动力，只有依靠发展产业，把贫困群众的土地和劳动力转化为家庭的收入，才能实现脱贫。"我们帮扶大方的 30 亿资金，有一半是用在产业扶贫上。"

贵州扶贫模式中的与时俱进、开拓创新，突出地体现在充分利用现代科技进行扶贫上。如，贵州省鼓励社会资本参与贫困地区电商发展，使其成为精准扶贫的重要载体，开展了"农村青年电商培育工程""电商扶贫工程""电子商务进农村综合示范工程"等，取得了良好的效果。其中如鼓励社会资源参与构建农村购物网络平台，吸引农民工返乡创业就业，引导"一方水土养不活一方人"的 130 万易地搬迁人口在平台就业。结合"三变"改革，让贫困农民在分享农业全产业链和价值链中增值受益。

再如，《贵州日报》2016 年 6 月 19 日载：2016 年 1 月，贵州开始试点建设的大数据村域经济服务社以来，成效显著。在 2017 年 5 月召开的中国国际大数据产业博览会上，"大数据助力村域经济扶贫"贵州模式，因其创新性、科技性、成效性等突出，成为数博会媒体追捧的焦点，入选联合国可持续发展扶贫和环境事件典型案例，进行国际交流。

又如，据龙洋网 2017 年 7 月 17 日报道："精准云帮扶"系统已在贵州毕节金海湖新区、黔东南州从江县、黔南州贵定县新巴镇等地正式运营。该系统主要由大数据指挥端、App 端、微信端、PC 桌面端四个应用终端组成。系统通过大数据开展预警、决策和分析，便于扶贫工作领导层对帮扶工作进行临场调度和指挥，以及为扶贫工作提供决策参考等。在全国轰轰烈烈的"互联网＋大数据＋精准扶贫"风口中，"精准云帮扶"拔得头筹，成为第一个真正能"落地"，并取得较大成功的大数据扶贫系统。该系统沉淀的"贵州模式"引起了国内众多地方政府和机构的关注。

三

为了便于分析阐述，本文把"实事求是、因地制宜""与时俱进、开拓创新"作为两个特点分开论述。但事实上，贵州多种扶贫模式的这两个共性特点相互之间是有着许多内在联系的，是相辅相成的。例如，扶贫是与时俱进的需要，与时俱进、开拓创新必须建立在实事求是、因地制宜的基础上。离开实事求是、因地制宜这个基础，盲目地去跟风，去所谓的开拓与创新，其结果只能是因为违背了事物的规律而导致失败。贵州在扶贫中，有过不少这方面的教训。比如一些贫困县或贫困乡（镇）村，不实事求是、因地制宜，不顾所在区域具是否有足够的各方面条件、是否具有发展空间等盲目地"创新"开发乡村旅游或引进一些产业，其结果或者是因为旅游没有特色而导致同质化，或者是产业没有原料或缺乏技术，或者是产品质量上不去而导致没有销路，产业半途而废。轰轰烈烈一阵子后便冷寂无果，白白耗费了大量的人力、财力，在扶贫中走了不少弯路。

此外，每种扶贫模式都有特定的范围、对象。从范围上看，有宏观的、有中观的、有微观的；从对象看，有文化扶贫、物质扶贫等。不管何层面、何类型，只要是扶贫模式，就应该具有"实事求是、因地制宜"和"与时俱进、开拓创新"这两个共性特点。优秀、典型的扶贫模式，都应该注重它的引领性（理论性）、稳定性、可操作性以及模式的不断发展、完善乃至再创新。各扶贫模式之间应相互学习、相互借鉴、相互补充、相互提高。根据扶贫的需要和实际，一个地区还可同时使用多种扶贫模式，使其互补所长、相得益彰，使扶贫攻坚能又快又好地不断发展。

（作者系贵州省写作学会会长、贵州财经大学教授）

以"三变"改革为抓手　大力实施乡村振兴战略

——以盘州市为例

六盘水市委党校　骆　英

摘　要　2014 年,"三变"改革在贵州省六盘水市盘县(今盘州市,盘县于 2017 年 4 月撤县设市)普古乡舍烹村萌发,迅速获得中央、省、市领导的重视和肯定,历时三年后如雨后春笋般在六盘水市、在贵州省推广试验。其先进性已初步通过了实践的检验,是农村经济发展模式的成功创新,更是推动"三农"工作的有力抓手。乡村振兴战略的提出,为"三变"改革带来了更为广阔的发展空间和更为优沃的成长土壤。"三变"方法必将在乡村振兴战略中再现优势,大有作为。

关键词　深化;"三变"改革;实施;乡村振兴;战略

2012 年,盘县普古乡舍烹村(娘娘山)在陶正学的带领下成立了普古银湖种植养殖农民专业合作社,组织群众入社、入股发展现代农业,"三变"理念在舍烹村萌芽。2014 年,盘县根据舍烹村发展经验,首次总结提出"三变"改革,并在县内推广试验。历时三年多,盘州市的"三变"改革探索实践多次获得中央、省、市领导的重视和肯定,如雨后春笋般在六盘水市、在贵州省推广试验,势头迅猛,其显著成效初步通过了实践的检验。

一、"三变"改革与乡村振兴的内涵

（一）"三变"改革的内涵

"三变"即"资源变资产""资金变股金""农民变股东"。"三变"改革简而言之就是把农村闲置、沉睡的资源、资金、人力激活聚集起来，入股到经济实体（主要是村级合作社），变成资产和股金，让农民群众享有长期、高效的财产性收入，成为股东。"三变"改革是一种全新的农村经济组织模式，目的是破解传统农业经济零散、生产率低、组织化程度低、经营效益差等难题，以股权为纽带凝聚农村土地、资金、人力等发展要素，促进农村农业经济规模化、组织化、规范化发展。"三变"改革的核心是"打造股份农民"，初衷是促进农村经济发展、带动农民群众增收脱贫，实现共同富裕。

（二）乡村振兴的内涵

乡村振兴的目的是推进"四化同步"、城乡一体化发展和全面建成小康社会。乡村振兴既包括经济、社会和文化振兴，又包括治理体系创新和生态文明进步，是一个全面振兴的综合概念，其实质是强调农业农村优先发展，关键和重点是坚持产业振兴，加快推进农业农村现代化。

（三）"三变"改革与乡村振兴的关系

历年来，"三农"问题一直是党中央工作的重中之重。2018 年，乡村振兴战略又写入了中央一号文件，中央对农村经济社会发展的关注和重视程度没有降低，"三变"改革也是基于促进农村经济发展、带动农民增收脱贫而萌发的，所以乡村振兴与"三变"改革有共同的出发点和落脚点。乡村振兴是目的，"三变"改革是方法、是手段。乡村振兴战略的提出为"三变"改革工作推进带来了更多的政策机遇、更广阔的发展空间。同时，"三变"改革作为全新的农村组织发展模式，具有蓬勃的生命力和凝聚力，也将成为助推乡村振兴最重要的抓手。

二、"三变"改革对乡村振兴产生的成效

"三变"改革的开展激活了农村沉睡的资源，凝聚了农业发展要素，增强了

农民发展的内生动力，有效破解了"三农"发展难题，为盘州市农村经济发展、脱贫攻坚、产业调整、生态建设、社会治理作出了不可忽视的贡献。

（一）"三变"改革促进了乡村产业结构优化

盘州市历来以煤炭产业作为全市经济发展支撑，农业发展方式传统而粗放，服务旅游业基础薄弱，被外界盖以"傻大黑粗"的标签，虽然位列全国百强县，却是暴发户的代表。2014 年，随着"三变"改革的总结和推广，盘州市用"三变"改革推进现代农业和旅游业发展，产业结构调整做得风生水起，发展的质量和效益不断提高，三次产业结构从 2014 年的 7.7∶66∶26.3 调整到 2016 年的 9.7∶59.2∶31.1，彻底改变了原来"傻大黑粗"的暴发户形象。[①]

1. 现代农业特色产业发展迅猛

实施"三变＋特色农业"，坚持生态产业化、产业生态化，追求经济、生态、社会、旅游"四个价值最大化"。按照"5＋8"模式大力发展现代山地农业，即由 5 家平台公司牵头发展刺梨、软籽石榴、核桃、茶叶、元宝枫等 8 大农业主导产业，采取"平台公司＋村级合作社＋农户"的方式，平台公司负责农资调运、苗木供给、资金保障、后续加工、产品经营，村级合作社负责组织群众实施，待村级合作社发展壮大步入正轨后，平台公司逐步退出。截至 2018 年 4 月底，盘州市累计实施主导产业种植 127.78 万亩，其中刺梨 52.15 万亩、核桃 40 万亩、中药材 6.57 万亩、精品水果 6 万亩、软籽石榴 7.8 万亩、茶叶 4.36 万亩、元宝枫 8.3 万亩、油用牡丹 2.6 万亩，建成刺梨、茶叶、生姜等 5 条深加工生产线，建设现代农产品冷链仓储物流体系，并灵活采取"种养结合、长短结合"方式，大力发展"林下经济"实施以短养长，降低产业前期投入成本。[②]

2. 农旅融合助推旅游业井喷式发展

盘州市坚持以企业为龙头、以农民为主体、以产业为纽带、以效益为中心的发展理念，充分发挥林业资源优势，按照"农旅融合·全域旅游"发展理念，大力发展现代山地旅游业。推广实施"三变＋旅游"，采取林权、水域等自然风

---

① 盘县"三变"改革领导小组办公室：《"三变"改革怎么看、怎么干、怎么推（内部资料）》，2016 年。

② 六盘水市农业特色产业"3155 工程"管护暂行办法。

光入股，把景区停车场、专卖场、娱乐场、农家旅馆纳入"三变"改革，让群众吃上了旅游饭、走上了旅游路、发上了旅游财，旅游发展风生水起，形成了温泉度假、滑雪运动、低空飞行、房车露营等旅游业态，创建4A级景区2个、省级旅游度假区3个，有2个景区创4A级已通过省初评，入选首批"国家全域旅游示范区"创建名单。2016年完成旅游收入44亿元，增速连续4年位居全省第一。例如，娘娘山天山飞瀑停车场项目，采取"公司＋村集体＋村级合作社＋农户"的模式，市旅文投公司投入资金、设备占股51%，村级合作社占股41%，村集体负责管理占股8%，该项目覆盖农户90户264人，其中贫困户27户67人。①

3. 拓展"三变"服务业发展空间更广阔

通过"三变＋城镇"，在城区拿出经营稳定、收入可靠的农贸市场、美食城、停车场等项目实施"三变"改革，既增加了农村贫困人口、城市低收入群体的收入，又完善了城市功能和丰富了城市业态。例如，翰林街道华屯村利用城郊20亩集体土地和76.3万元集体资金，组织村民入股1223.7万元发展美食城，农户占股94.13%，村集体占股5.87%，年租金收入150万元，带动400多人就业，还组织村民入股1896.2万元，建成门面120个、摊位500余个的农贸市场，现门面未全部出租年收入已有200万余元。②

（二）"三变"改革促进了乡村生态文明发展

盘州市始终坚持"把产业做成生态，把生态做成产业"的发展理念，通过"三变"改革全覆盖平台——村级合作社，整合了农村130余万亩土地，推进实施了刺梨、核桃、茶叶等120余万亩特色产业，并在乡村大力宣传绿色经济、生态旅游的生态发展理念，提升了广大农民群众保护生态、爱护环境的自觉意识。上百万亩的特色产业大幅度提升了盘州市森林覆盖率（已达55.13%），集中连片的产业带为盘州大地铺上了绿色新装，装点了盘州美景，形成了天然氧吧，为盘州市全域旅游发展战略奠定了物质基础，初步实现了绿水青山向金山

---

① 盘县"三变"改革领导小组办公室：《"三变"改革怎么看、怎么干、怎么推（内部资料）》，2016年。

② 同上。

银山的转变。例如，石桥镇妥乐村先将核心景区 235 棵古银杏树入股村合作社，村合作社再用这些古树与旅游公司入股，占旅游公司景区门票收入的 30%（其中入股农户占 9%、村集体占 21%）。2016 年共接待游客 30 万人次，实现门票收入 900 余万元，村合作社分红 270 万元，其中村合作社分给入股农户 81 万元，其余 189 万元用于村集体发展。[①]

（三）"三变"改革加快了乡村贫困人口脱贫致富进程

为了体现社会主义制度的优越性和共同富裕的根本要求，盘州市紧紧围绕"保底分成＋务工收入＋经营收益＋股权收益"的利益联结机制，积极探索了先富带后富、集团帮富和村级合作社带领全民共富的科学发展之路，实现了农民入股就有分成、务工就有工资、见效就有分红的增收目标，为与全省、全国同步全面小康奠定了坚实的基础。

1. 培育企业带富

在推进"三变"改革过程中，妥善处理广大小农户与直接经营种养业的工商资本的利益关系，着力"带动"农民而不是"代替"农民、"融入"农民而不是"挤出"农民，形成一个有效的、互补的基本经营格局和利益共同体。研究出台了支持民营企业和农业产业发展的意见，引进和培育有实力、有责任、有信用的企业 132 家，发展"三变"产业项目 167 个。吸引 59 名企业家、2154 名外出务工人员回乡创业；发展冷链物流相关企业 43 家，实现企业年销售收入达到 29.46 亿元。[②]

2. 银行企业结合帮富

为提高社会帮扶成效，创新"211"模式，即 1 家国有企业（平台公司）和 1 家金融机构整合不低于 1 亿元资金帮扶 1 个乡镇，明确 21 家国有企业（平台公司）、9 家金融机构联合帮扶全县 27 个乡镇，实现了集团化扶贫。2016 年以来，共实施项目 62 个，建成 28 个，完成投资 18.34 亿元，20.1 万户 68.4 万人

---

① 盘县"三变"改革领导小组办公室：《"三变"改革怎么看、怎么干、怎么推（内部资料）》，2016 年。

② 同上。

受益，其中贫困户2.14万户6.42万人。[1]

3. 村社引领共富

为让更多农民增收，让更多贫困户参与，让更多村级集体经济增长，让更多村集体资源增值，全市以村（居）为单位成立了506个村级合作社（公司），组织发动26.03万农户81.53万人（其中贫困户7659户14 626人入社全覆盖）加入村级合作社，入股土地90.04万亩，实现财政资金变股金1.12亿元，实现全市村集体经济积累1.23亿元，累计发放土地保底分成资金4.79亿元、收益分红1.14亿元（含特惠贷分红资金1.0027亿元）、务工费4.06亿元，农民参与"三变"改革实现收益9.99亿元，呈现出"土无闲土、人无闲人"的繁忙景象。[2]

4. "三变"改革提升了乡村社会治理水平

"三变"改革充分发挥了政治、经济"两个组织"和行政、市场"两种手段"的作用，强化了对群众的引导、教育、管理、监督，形成了共建、共管、共享发展的良好局面。在实施"三变"改革过程中，盘州市积极引导村级合作社实施人居环境改造、六项行动等工程，积极开展垃圾、河道、污水、道路、风貌、习惯"六个整治"和"新农屋、新庭院、新生活，乡村清洁"的"三新一清洁"行动，实现"五美"（即行为美、庭院美、居室美、厨厕美、村庄美），群众参与度不断提高，与村委会和乡政府的沟通接触面不断增多，主人翁意识不断增强，文明守礼意识大幅提升。例如，盘关镇海坝村黎家寨子，原本村民只顾自家门前环境卫生，串户路和公共区域时常成为卫生死角，治理困难。为解决此老大难问题，海坝村创新推出"三变"积分制模式，管理约束村民，定期对村民村庄治理工作进行考核评分，并将考核分数作为"三变"产业项目收益中普惠股分红的标准和重要依据，有效约束了村民的行为，提升了村民维护环境卫生的组织化程度，家家屋里屋外干净整洁，串户路和公共区域也组织轮流打扫，村寨环境变得清洁靓丽，成为盘州市远近闻名的人居环境治理典范村。

5. "三变"改革促进了乡村综合能力创新

在"三变"改革推进中，盘州市创新基层组织设置，按照"把党支部建设在

---

[1] 盘县"三变"改革领导小组办公室：《"三变"改革怎么看、怎么干、怎么推（内部资料）》，2016年。

[2] 同上。

产业链上"的思路，采用"村村联建、村企联建、产业联建"等模式，组建联合党委 22 个，覆盖村（居）146 个、党员 5816 名，实现了联合联动发展、区域共同开发、社会共同治理；加强了"三支队伍"建设，村党支部书记抓发展的能力普遍提高、责任意识普遍增强，农村致富带头人数量大幅度增加，带富作用更加明显。2014 年以前，盘州市 50% 以上的村都是没有经济积累的"空壳村"，经过"三变"改革后，盘州市全面消除了"空壳村"，村级集体累计达 1.23 亿元，平均每村达 24.3 万元，有 38 个村集体经济上百万元，实现议事有场地、办事有人跟、说话有人听。①

6. "三变"改革为乡村振兴培养了农村经营人才

在"三变"改革实施过程中，村级合作社以种植业为主导产业，灵活多样地开展林下经济。在合作社的探索和实践下，传统农村经济逐步与大市场经济接触碰撞，正在加速融入大市场，理事会成员和农户的经营管理能力得到提升，市场意识逐步增强，抗风险能力大幅提升，为下一步乡村振兴发展奠定了人才基础，成功培养了一批发展"领头羊"。例如，双凤镇龙硐村级合作社理事长黎跃达，在合作社发展中经营管理很有思路，除发展农业主导产业外，还结合本村资源主动承接本村人居环境改造、六项行动、粑粑铺棚改项目一期平场工程等短、平、快项目，同时协助邻村完成人居环境改造项目，2017 年村级合作社盈利 50 万元，村集体经济积累增加 100 万元。

三、"三变"改革推进乡村振兴战略中存在的问题

"三变"改革是盘州市首创，没有可以借鉴的做法，只能摸着石头过河，因此也必将遇到各种困难和挑战，出现各种各样的工作短板、问题和体制机制上的障碍，需要干部群众不畏艰辛、砥砺前行、边探索、边实践、边修正、边完善。目前，盘州市"三变"改革在助推乡村振兴的战略实施中存在着以下几个问题：

---

① 盘县"三变"改革领导小组办公室：《盘县"三变"改革资料汇编（内部资料）》，2016 年。

（一）缺少具体的政策遵循和法律支撑

1．资金扶持机制不完善

资金扶持机制不完善主要表现在，全市"三变"改革专项扶持资金量少，分到各县区每年才 10 万元。市县对优秀合作社奖励扶持机制欠缺，部分承诺的奖励资金兑现不到位，示范社打造缺乏有力后盾。支持合作社融资贷款政策不具体，合作社贷款融资发展自主项目困难。例如，石桥鲁番、新民三官营、保田鲁楚坡、保田上保田、柏果比中等合作社均反映金融部门两权抵押贷款程序复杂、放款速度慢。

2．与产业发展相对应的基础设施不配套

部分调研乡镇反映，很多产业都缺乏机耕道，导致劳动成本高、耕作效率低。部分街道反映，上级部门对城市"三变"支持力度不够，部分项目因政策因素受到掣肘。例如，响水镇糯猪克合作社发展生姜种植，因机耕道设施不配套，通过核算，每亩生姜种植仅运费投入就达 1500 元 / 亩，大幅虚增了产业投入成本。[1]

3．理事会与合作社的利益联结机制有待完善

经调查，大部分村级合作社理事长在合作社主导产业、其他项目中没有参股，产业、项目盈亏与他本人没有直接利益关系，对合作社发展不上心，缺乏带领群众干事创业的激情，不能把合作社当成自己的事业来抓，导致合作社自身发展动力不足，管理成本居高不下。鼓励企事业单位工作人员创办、领办新型农村企业的政策措施尚待进一步放宽和完善。

（二）基层干部的管理能力和群众文化素质有待提升

盘州市 80% 以上的合作社不是自发成立，部分理事会成员属于临时拼凑，短时间内很难找到经商经验丰富、管理能力突出并愿意担任理事成员的村民，这导致管理团队经验不足，战斗力、竞争力低下。农民群众的小农经济意识短时间内难以全部修正，对现代农业规模化、组织化、规范化发展模式不熟悉，也不理解。村级合作社的公共性质，也导致村社群众不同程度上存在"等靠要"的思想。

---

[1] 盘县"三变"改革领导小组办公室：《盘县"三变"改革资料汇编（内部资料）》，2016年。

（三）各部门之间缺乏有力的统筹协调机制

市级层面缺乏强有力的协调、调度机制，对乡镇、合作社推动工作督查检查不严、不紧，担子压得不重、不实，导致部分乡镇领导对"三变"改革促进乡村经济发展、产业转型升级和助推脱贫攻坚的重要意义认识不深刻，推动工作缺乏狠抓强推的干劲。乡镇及市级各部门沟通对接少，没有形成工作合力，对合作社指导标准不一，导致合作社无所适从。

（四）缺乏有效的风险防控机制

盘州市参保的产业较少，出现问题的产业没有保障。用工保险只有少数村社在做，金融风险抵押难以落实，村社融资渠道很窄。没有出台村级合作社主要成员流动、资金流动和法人变更的监督管理和追责办法，村级合作社资金使用的监管还处于盲区。例如，部分村级合作社内部出现问题，在证据不充分的情况下，能否冻结资金、暂停职务，是纪委介入还是公安介入等方面问题的解决办法，各乡镇、各部门意见还不统一。目前，理事长撂挑子走人的现象时常发生，道德风险和法律风险呈上升趋势。

（五）缺乏强有力的监督制约机制

乡镇对村级合作社的监管体系没有形成，虽然有农业中心、"三变"办对合作社管理运行进行监督指导，但是监管相对松散，特别对合作社财务监管存在缺位，没有专业的团队或部门对合作社运营、管理进行监督和指导，以防范理事成员的违规行为。

四、以"三变"改革推进乡村振兴战略的对策建议

（一）深化"三变"改革，加强乡村振兴的顶层设计

坚持顶层设计和下接地气互补、经济发展和社会稳定互融、重点突破和全面推进互促，把发展所需、群众所盼、民生所指的内容精心设计进"三变"改革中，不断提高改革的针对性、实践性、指导性。

1. 细化目标任务

出台年度重点工作文件，严格按照"部门主管、乡镇主抓、企业主导、合作

社主体"的原则,统筹好各级力量,共同推进合作社产业发展。

2．做大农村产业

进一步提升农村集体经济活力。一方面,要以农业供给侧结构性改革为主线,以高效、生态、高质为导向,大力推进农业绿色化、优质化、特色化、品牌化,加快推进农业一、二、三产业融合发展。另一方面,要充分利用好农村土地资源。

3．整合力量打通农产品销售市场

由市农业局牵头市经信局、市"三变"办,配合组建盘州市农产品销售协会,为各村级合作社搭建沟通交流平台,共享市场信息、客户资源,全力打通市内、市外市场。市内市场,由农产品销售协会联合宏财集团做好市直属学校、医院、机关企事业单位食堂农产品直销配送工作。市外市场,由市经信局配合农产品销售协会专门负责农产品市场信息搜集、本地农产品包装打造、市外销售商引进等事宜,全力拓展市外渠道,支持村级合作社开展订单农业。

4．强力推进农产品品牌化发展

完成盘州市系列产品商标注册、包装设计、有机农产品申报、地理标识应用等工作,确保农产品进超市、进旅游区、进电商平台。鼓励村级合作社结合各平台公司示范基地建设,进一步完善基础设施,搞好集中连片开发,运用科技手段推进产品质量溯源,将农业基地与乡村旅游完美融合,实现好东西产在基地、好价钱销往公司、好产品打入市场的"三好"目标。

(二)深化"三变"改革,建立健全乡村振兴的体制机制

1．制定督查制度,促进长效管理体制机制

为有序推进和保障各项工作落地落实,制定对"三变"改革试验试点工作的督查制度,明确督查任务、对象及方式、主要程序等内容,并将"三变"改革的督查制度作为一项长效机制,敦促和保障"三变"改革试验试点工作的顺利推进。

2．用好改革"双刃剑"

研究出台改革容错纠错机制,选拔敢担当、有作为的改革派领导干部,营造比、学、赶、超的良好氛围,释放正能量。用好领导干部慢作为、不作为问责办法,对落实不力、效果较差、敷衍了事的领导干部率先进行问责,杜绝庸、

懒、散、浮现象，消除负面影响。

3. 因村制宜加大城乡统筹力度，进一步提升城乡一体化发展水平

要充分利用城市和农村两种资源，统一谋划，使邻近城市的农村不仅能够享受城市生活的便利，而且能享受农村生活的宁静。通过深化农业供给侧结构性改革，加快农村一、二、三产业融合发展，真正"让农业成为有奔头的产业，让农民成为有吸引力的职业，让农村成为安居乐业的美丽家园"。持续推进美丽乡村建设，大力推进农村"污水革命""垃圾革命""厕所革命"，加强农村绿化，推动农村形成"一户一处景、一村一幅画"，使农村真正成为生态宜居的美好家园。

（三）深化"三变"改革，加大乡村振兴人才的培训力度

要深化"三变"改革，加大乡村振兴人才的培训力度，需做到以下几点：一是要加强基层党组织的政治建设，进一步强化农村基层党组织的领导核心作用，巩固农村党组织在农村的领导地位；二是要进一步突出服务功能，结合"最多跑一次"改革推进农村便民服务中心建设，推动乡村综治工作、市场监管、综合执法、便民服务"四大平台"向村级延伸，努力消除城乡之间的数据鸿沟、信息孤岛，让数据多跑路、农民群众少跑腿；三是要进一步加强农村基层党员和党组织骨干队伍建设，特别是要大力加强农村基层带头人队伍建设，从农村致富带头人、乡土人才、乡贤、务工经商返乡人员、退役士兵、优秀大学生村官等党员中优选村党组织书记，加强农村基层党员干部后备力量建设，注重在农村现有优秀人员、青年农民、在外农民工中的优秀分子中培养和发展党员，切实改善农村党员的年龄、知识结构。

（四）深化"三变"改革，提高乡村振兴的资金投入和使用效率

健全资金投入保障制度，创新投融资机制，加快形成财政优先保障、金融重点倾斜、社会积极参与的多元投入格局，应从以下几方面着手：一是完善乡村振兴战略财政投入保障机制，加大财政投入力度，确保财政资金投入与乡村振兴战略目标任务相适应；二是整合项目资金，归并设置涉农资金大专项，优

化投入供给结构，提高资金配置效率；三是金融撬动[①]，利用农业融资担保体系和乡村振兴产业发展基金杠杆，创新、推广农业信贷担保产品和业务模式，有效保障乡村振兴战略资金需求；四是建立完善县、乡、村三级"三变"项目库，通过包装项目做到上争、外引、内聚，积极争取上级财政资金投入"三变"改革事业。

（五）深化"三变"改革，强化对乡村振兴的组织和领导

调整和充实各级"三变"改革工作领导小组，县、乡调整充实和配备专职"三变"改革人员，统筹推进"三变"各项工作，将"三变"改革工作纳入日常议事内容，积极召开调度会协调解决有关事项。着重压实三类主体责任，推进工作扎实有力开展。

1. 压实企业主体责任

督查各平台公司牵头做好产业管护和林下套种工作，发挥自身资金、技术、市场等优势和龙头企业带动作用，搞好产品收购和加工销售等环节工作，监督合作社落实好产业管护任务，及时足额兑现保底分成和管护费用。要求各合作社结合林下套种、林下养殖，认真履行产业管护责任，最大限度地发挥土地综合效益，因地制宜开展多元经营，不断壮大合作社实力，让入股群众获得更多实惠。

2. 压实乡村监管责任

明确乡镇对村级合作社监管的主体责任，要求乡镇主要领导和分管领导切实发挥好领导作用和监管职责，对标年度"三变"改革重点工作，及时研究部署好"三变"改革各项重要工作，按照少干预、多服务的原则，多为合作社提供市场信息、财政金融、政策解读等方面的服务，激励合作社积极主动作为，大胆创业创新。明确村支"两委"对合作社监管的直接责任，要求村支"两委"主动过问合作社的生产经营、财务收支、理事会和股东大会召开、保底分成和收入分红及务工费发放等情况，积极主动做好群众宣传动员、矛盾纠纷化解等工作，为合作社排忧解难，与合作社形成肝胆相照、互相支持、密切合作、共同奋

[①] 盘党办发〔2016〕84号印发《关于推进供给侧结构性改革提高经济发展质量和效益的实施方案》的通知。

进的村社关系。

3. 压实部门督导责任

落实督查责任，出台《盘州市"三变"改革工作督查制度》，形成督查长效机制，统筹市"三变"办、市农业局、市财政局等部门资源力量，结合脱贫攻坚对"村社合一""合作社产业管护"等专项工作进行"一周一督查""一周一通报"，对发现的问题限期整改，整改不力的进行通报并记入年终目标考核负面清单。落实指导责任，要求市"三变"办、市农业局、市林业局等业务部门，加强对乡镇和村居的"三变"改革业务指导，为经营主体的生产经营和市场对接等创造条件，搭建沟通交流平台，促进各类经营主体之间相互沟通和交流合作，促进要素流动和资源整合，促使大家抱团取暖，共同面对市场，共同做大市场。

实践证明，农村"三变"改革是发展乡村产业、改善人居环境、加快脱贫增收的有力抓手，是推动农村经济社会持续健康发展、促进乡村振兴的成功探索，"三变"改革的理念和方法还有很大的拓展和延伸的空间，必将在乡村振兴的新时代大舞台上大有作为。

参考文献

[1] 中共六盘水市委, 六盘水市人民政府. 六盘水"三变"改革：中国农村改革的新路探索[M]. 北京：人民出版社, 2016.

[2] 中共贵州省委政策研究室. 贵州农村"三变"改革导则[M]. 贵阳：贵州人民出版社, 2017.

[3] 国务院办公厅《关于开展农村土地承包经营权抵押贷款试点的通知》（国办发〔2014〕17号）.

[4] 中共贵州省委办公厅、贵州省人民政府办公厅印发《关于在全省开展农村资源变资产资金变股金农民变股东改革试点工作方案（试行）》的通知（黔党办发〔2016〕2号）.

[5] 中共贵州省委办公厅、贵州省人民政府办公厅《关于推进供给侧结构性改革提高经济发展质量和效益的意见》（黔党发〔2016〕6号）.

易地扶贫搬迁的难点及对策
——以玉屏侗族自治县朱家场镇为例

贵州省玉屏县文联　汪　兴

摘　要　易地扶贫搬迁是党中央提出的全面建成小康社会，打赢脱贫攻坚战的一项重要举措，是为从根本上改善贫困群众生活条件、发展经济、脱贫致富而实行的一项生态移民政策。为深入了解贫困群众的易地扶贫搬迁情况，本文以玉屏侗族自治县朱家场镇易地扶贫搬迁工作开展情况为例，从朱家场镇情透析、易地扶贫搬迁概况、易地扶贫搬迁工作及其成效、易地扶贫搬迁工作中存在的困难、对巩固易地移民搬迁成果的几点思考等五个方面进行探讨。

关键词　扶贫；易地搬迁；难点；对策

易地扶贫搬迁作为贵州省委提出的脱贫攻坚工作的四场硬仗（基础设施建设、易地扶贫搬迁、产业扶贫、教育医疗住房"三保障"）之一，也是全省脱贫攻坚工作中的一块"硬骨头"，是重中之重、难中之难。习近平总书记2016年8月22—23日在青海省考察时指出，"易地搬迁脱贫一批，是一个不得不为的措施，也是一项复杂的系统工程，政策性强，难度大""一定要把易地移民搬迁工程建设好，保质保量让村民们搬入新居。大家生活安顿下来后，各项脱贫措施要跟上，把生产搞上去"。有鉴于此，本文以玉屏侗族自治县朱家场镇易地扶贫搬迁工作开展情况为例进行探讨。

一、朱家场镇情透析

朱家场镇位于玉屏县城北部，距县城 17.5 公里，东与大龙省级经济开发区相接，南与本县平溪、皂角坪街道毗邻，西与岑巩县大有乡接壤，北与岑巩县水尾镇交界。全镇面积 115 平方公里，辖 18 个行政村、151 个村民组，有 7084 户 22 327 人；土地面积 111.57 公顷，人均耕地面积 1.04 亩。其地势北高南低，地貌多为低山丘陵，平均海拔 500 米。

该镇是一个以粮食、油菜、牲畜、经果林等农林牧渔业生产为主体的乡镇。据统计，2017 年，全镇国民生产总值为 6.5 亿元。其中，农业总产值为 4.3889 亿元，占比达 67.52%，农民人均可支配收入为 8584 元。全镇有贫困村 14 个，非贫困村 4 个。其中，一类贫困村 11 个，占全县的 44%；二类贫困村 1 个，占全县的 9%；三类贫困村 2 个，占全县的 25%；深度贫困村 7 个，占全县的 50%。截至 2017 年底，据有关资料统计（国办系统数据显示），全镇有建档立卡贫困户为 1579 户 5875 人，分别占全县的 22.93% 和 24.26%，贫困发生率为 27.4%。

该镇地处山区，交通不便，大部分贫困群众在实施易地搬迁项目以前都居住在偏远的深山，居住分散，住宅多为简陋的茅草屋、土砖屋，有的缺水无电，难以御寒保暖，安全隐患大；自然条件也十分恶劣，泥石流、山体滑坡等潜在地质灾害随时有可能发生；由于距离镇政府所在地较远，且交通不便，基础设施差，信息又闭塞，教育医疗等公共设施缺乏，读书、就医极为不便，从而造成贫困群众生产方式单一，生活无保障。

二、易地扶贫搬迁概况

朱家场镇易地扶贫搬迁工程是从 2016 年开始实施的。为了全面推进易地移民搬迁工作的开展，该镇通过采取对所辖 18 个行政村范围内的贫困群众进行深入宣传、入户调查和村、镇、县会审等措施后，才最终确定了相关的搬迁对象。经统计，全镇 2016 年、2017 年两年间，共计易地扶贫搬迁 310 户 1206 人，其中贫困户 271 户 1048 人、非贫困户 39 户 158 人。

从该镇 2016 年易地扶贫搬迁情况来看，共搬迁 228 户 870 人，其中贫困户 226 户 864 人、非贫困户 2 户 6 人。搬迁安置地点有三个：第一个是玉屏县城沪昆安置点，共搬迁 102 户 351 人，其中贫困户 100 户 345 人、非贫困户 2 户 6 人；第二个是玉屏县城康华安置点，共搬迁 57 户 224 人，全部为贫困户；第三个是朱家场镇街上村安置点，共搬迁 69 户 295 人，全部为贫困户。

从该镇 2017 年易地扶贫搬迁情况来看，主要是搬迁至玉屏县城皂角坪新区安置点，共搬迁 82 户 336 人，其中贫困户 45 户 184 人、非贫困户 37 户 152 人。

三、易地扶贫搬迁工作及其成效

（一）抓了搬迁户的入住工作

入住是易地扶贫搬迁的关键环节。对此，镇、村两级在县委、县政府的统一部署下，把贫困户的搬迁入住作为重要工作来抓。通过深入细致的工作，2016 年、2017 年两年间，需搬迁的农户已全部按时搬迁入住。经调查，全镇 2016 年易地扶贫搬迁入住 228 户 870 人，其中贫困户 226 户 864 人、非贫困户 2 户 6 人。沪昆安置点搬迁入住 102 户 351 人，其中贫困户 100 户 345 人、非贫困户 2 户 6 人；康华安置点搬迁入住 57 户 224 人，全部为贫困户；街上村安置点搬迁入住 69 户 295 人，全部为贫困户。2017 年，易地扶贫搬迁皂角坪新区安置点搬迁入住 82 户 336 人，其中贫困户 45 户 184 人、非贫困户 37 户 152 人。

两年间，共计易地扶贫搬迁入住 310 户 1206 人，搬迁入住率为 100%，其中贫困户 271 户 1048 人、非贫困户 39 户 158 人。

（二）抓了易地扶贫搬迁旧房的拆除

在朱家场镇易地扶贫搬迁项目中，易地扶贫搬迁户对原承包经营的土地和落实林改政策后的山林自愿选择经营方式，经营权和所有权不变；镇、村负责做好协调工作，调剂好山林、耕地、菜园、宅基地，对土地集中利用、集中经营、集中管理，保证搬迁群众生产生活有着落，确保其搬得出、稳得住、能脱贫。同时还出台了相应政策，即对建档立卡人口住房人均补助 2 万元，旧房拆除人均奖励 1.5 万元，宅基地复垦人均补助 0.3 万元；对非贫困户住房人均补助 1.2 万元，旧房拆除人均奖励 1.5 万元，宅基地复垦人均补助 0.3 万元。对拆除旧房的搬迁农户，按拆除旧房建筑面积每平方米 200 元奖励；偏房（牛圈、猪圈等）按每平方米 100 元补助，这在一定程度上增加了搬迁户的收入。

该镇 2016 年、2017 年易地扶贫搬迁拆除旧房 98 户、拆除旧房面积 11 386.71 平方米，复垦复绿 41 户、复垦复绿面积 4224.0675 平方米。2016 年，易地扶贫搬迁拆除旧房 92 户、拆除旧房面积 10 503.94 平方米，复垦复绿 39 户、复垦复绿面积 3994.3475 平方米。其中，沪昆安置点拆除旧房 37 户、拆除旧房面积 4061.985 平方米，复垦复绿 16 户、复垦复绿面积 1477.1975 平方米；康华安置点拆除旧房 32 户、拆除旧房面积 3728.54 平方米，复垦复绿 14 户、复垦复绿面积 1169.175 平方米；街上村安置点拆除旧房 23 户、拆除旧房面积 2713.415 平方米，复垦复绿 9 户、复垦复绿面积 1347.975 平方米。2017 年，易地扶贫搬迁皂角坪新区安置点拆除旧房 6 户、拆除旧房面积 882.77 平方米，复垦复绿 2 户、复垦复绿面积 229.72 平方米。全镇共计拆迁补偿金额 2000 多万元。

（三）抓了易地扶贫搬迁户的就业

易地扶贫搬迁的农户都居住在偏远的山区，贫困程度深、观念陈旧，对农业生产新技术、新产业接受程度低，劳务输出也是以体力型输出为主。为了让搬迁户在搬迁后适应全新的生活方式，真正脱贫致富，该镇与县级有关部门密切配合，通过实施"雨露计划"培训、劳动力转移培训和职业技能培训等方式，更新了群众的劳动观念，提高了群众的综合文化素质，促进了农户对各种技术的掌握和应用。同时，还积极鼓励和帮助移民户从事非农业生产和第二、第三产业，为从根本上解决长远生计问题打下了基础。

经调查，该镇 2016 年、2017 年易地扶贫搬迁共计就业 472 人，其中外出务工 188 人、本地务工 250 人、公益性岗位 21 人、自主创业 13 人。2016 年，易地扶贫搬迁中就业 345 人，外出务工 114 人、本地务工 204 人、公益性岗位 19 人、自主创业 8 人。其中，沪昆安置点就业 141 人，外出务工 46 人、本地务工 83 人、公益性岗位 6 人、自主创业 6 人；康华安置点就业 95 人，外出务工 28 人、本地务工 67 人；朱家场镇街上村安置点就业 109 人，外出务工 40 人、本地务工 54 人、公益性岗位 13 人、自主创业 2 人。2017 年，易地扶贫搬迁皂角坪新区安置点就业 127 人，其中外出务工 74 人、本地务工 46 人、公益性岗位 2 人、自主创业 5 人。

（四）抓了安置点的服务工作

为了更好地服务搬迁群众，使易地移民搬迁群众能"搬得出、留得住、有保障"，县移民部门以及乡镇先后在县城的三个安置点内和乡镇安置点设立了群众服务中心，建立和完善了相应的工作职责，每个安置点都派有专人办公，积极为移民群众排忧解难。同时，还定期和不定期发布就业信息、培训信息和其他相关的服务信息，使移民群众得到了较好的服务。

四、易地扶贫搬迁工作中存在的困难

朱家场镇易地扶贫搬迁工作在精准定位搬迁群众、搬迁群众入住率、搬迁群众就业方面，作出了努力，付出了汗水。但在工作中依然存在一些困难和不足，具体有以下几个方面：

（一）拆除旧房情况复杂，实施难

拆除旧房、复垦复绿可以在土地使用上做到集中管理，提高使用效率，进一步提高土地收益。但在 2017 年易地扶贫搬迁工作中，旧房拆除户仅 17 户，导致问题出现的原因：一是多数易地扶贫搬迁群众对政策熟悉情况不是很明朗，认为拆除旧房后宅基地的使用权便不再拥有；二是多数易地扶贫搬迁群众原居住地房屋所有权问题复杂，有兄弟共同使用房屋、无房户以及存在两栋旧房的情况；三是部分搬迁群众安置房面积不够居住，导致不愿意拆除旧房。在拆除旧房的过程中，存在着有两栋以上房子的搬迁户、兄弟之间共同使用一栋房子的搬迁户和无房户等多种复杂情况，在拆除房屋过程中针对这些复杂情况却不知如何拆除，稍有不慎就会导致拆房工作无法开展，进而不能有效地实施旧房拆除。

（二）搬迁户缺劳动技能，发展难

在坚持"挪穷窝"与"换穷业"并举的总要求下，实施易地扶贫搬迁基本解决了搬迁群众居住难、行路难、饮水难、读书难、就医难等问题。但是易地扶贫搬迁户由于缺乏发展创业的启动资金和劳动技能，以致搬迁后的生活收入渠道少，后续发展依然较为困难。虽然搬迁安置点附近具有相应的就业创业环境，但由于搬迁户大多数为老弱病残，且所提供的就业岗位少，因而并不能从根本上解决实际问题。

（三）搬迁户怀旧心理强，定居难

易地扶贫搬迁多是跨区域搬迁，从山区搬向城镇化区域的迁移活动。迁移是一个社会分离和重建的过程。有的搬迁户担心无法融入新生活，不愿意离开原来居住的地方，也不愿意拆老房子，这是传统文化、民族风俗依赖心理作祟。接受易地扶贫搬迁的农户，往往有意愿改善现有的生活状态，对未来的生活充满期待。但由于新的居住地离耕地较远，管理不方便，增加了种地成本。如果不能解决这一难题，搬迁户很难定居生活下来。

（四）搬迁户受教育程度不高，文化氛围不浓

从该镇移民搬迁群众受教育的程度来看，80%以上为初中以下文化，自身文化学识明显偏低。加之安置点距离县城中心较远，其文化设施还不够健全，如缺少必要的体育健身场地、休闲场地和文化长廊等设施，致使移民搬迁群众的活动范围受限，活动也较为单一。

五、对巩固易地移民搬迁成果的几点思考

近两年来，易地移民搬迁工程使贫困群众得以"挪穷窝、换穷业、拔穷根"，从根本上解决了贫困群众的脱贫问题。但如何巩固易地移民搬迁成果，是当前和今后应解决的一个根本问题。对此，特提出以下建议：

（一）要加强领导，不断强化工作责任

易地扶贫搬迁工作政策性强、涉及面广、协调任务重。对此，要在各级党委、政府的统一领导下，进一步建立和完善易地移民群众稳定发展可持续责任体系，如按照整体规划、统筹运营、重点突破、样板先行、示范引领的要求，统筹考虑就业吸引能力、产业发展潜力、基本公共服务的供给能力；又如在安置

点的房屋建设和其配套建设方面，要在确保工程质量的前提下，统筹推进水、电、路、讯、绿化等基础设施，同步建设农贸市场、停车场、商铺、小型篮球场、文体娱乐室、物业办公室、警务室等公共服务设施，以彻底解决易地移民搬迁群众的后顾之忧，确保提高搬迁群众的生活水平，达到脱贫致富的目标。同时，要建立健全救济救助体系，强化对移民中的特殊困难群体的社会救助，救助方向要转向制度型的常规性、开放性救助；还要在易地移民安置点建立党的基层组织、群众自治组织和工会组织，使搬迁群众和农民工有依托感和归属感。

（二）要建立和完善产业发展机制

对于搬出地的承包地、山林地、宅基地"三块地"，要加快实施旧房拆除和宅基地复垦，分类确权登记颁证；要积极引导搬迁群众入股平台公司、农民合作社、种植大户、家庭农场，一时难以流转的，由县级国有经营实体按保底价收储或统一打包开发经营，不能耕种的优先实施退耕还林，实现专业化、标准化、规模化发展，提高土地的产出效率，获得分红、提高收益。每年年底，每个安置点搞一次集中分红，示范带动搬迁群众用土地入股。对于搬入地，由平台公司按照相应的标准，通过农旅融合，在安置点和周边统一建设一片既是田园又有景观的"微田园"或者"微花园"，通过"反租倒包"的方式，吸纳搬迁群众到"微田园"务工，既获得收入，又留下乡愁。对于安置点的商业门面、露天平台、公共建设用地等公共资源，要交由平台公司统一管理、统一招商、统一运营，让搬迁户通过分红、务工等方式获得收益。对于小和散的安置点，可以整理一部分土地"反承包"给搬迁群众，解决他们过渡期吃菜和种地的问题。同时，要把搬迁群众的技能、技艺汇集在一起，发展特色文化产业，以不断增加他们的收入。

（三）要建立和完善就业保障机制

易地扶贫搬迁只要就业解决得好，搬迁一户就能脱贫一户。对此，要坚持一手跟进抓工程建设、一手超前抓就业岗位，加强技术技能培训，实现岗位需求和就业需求精准对接。如在安置点上开发保安员、保洁员、服务员、接待员、水电工、修理工等公益性岗位，做到"以岗待搬、以岗定搬"。同时，每年县、镇两级要通过上下联动，有关部门要及时举办专场招聘会，常态化推进招聘工作，让用人单位和搬迁群众双向选择岗位，确保一户一就业，切实解决搬迁群众的后顾之忧。要充分利用玉屏中等职业学校这个平台，加大对适龄移民搬迁群众在驾驶技术、机械修理、家电维修、水电安装等方面的职业技能培训，让他们学到一技之长。要加大吸纳搬迁群众在对口帮扶城市、县内和大龙开发区企业的就业力度，使他们真正成为产业工人。

（四）要建立群众思想发动机制

各级领导干部要深入搬迁群众家中，积极宣传党的惠民政策，做好思想工作、做足思想工作、做细思想工作，与他们算好搬迁账、算好经济账、算好未来账，让他们真正了解搬迁政策，理解党委、政府的良苦用心，主动配合搬迁。同时，要在搬出地和搬入地设置宣传台，发放易地扶贫搬迁宣传资料或通过手机微信、政府网站、报纸、电视台等新闻媒体，广泛宣传易地扶贫搬迁安置政策和安置点的房型、户型图、环境设施、就业政策等，让他们对未来生活充满期待。同时，要以已搬迁群众为示范引导，给未搬迁群众当好样板，使他们感同身受。

（五）要打造浓厚的文化氛围

文化是凝聚人心、聚集人气的一种有效方法。从朱家场镇易地搬迁移民的几个安置点来看，其文化氛围虽然有所体现，如有的安置点设立了活动场地，安装了健身器材，移民群众晚间广场舞有序进行等，但其活动方式仍较为单一。对此，一是要积极组织开展形式多样的文化活动，要因时、因节、因事而动，广泛吸纳搬迁群众参与，扩大其影响力和吸引力；二是要积极拓展安置点的活动空间，尽可能地在移民安置区内设置体现侗族特色的文化长廊、文化墙、文化广场和健身器材、篮球场等，让"乡愁"在移民群众心中、生活中永续。

深度脱贫与乡村振兴的组织动员及能力体系建构①

——基于 D 村的扶贫发现

六盘水师范学院　　张绪清

摘　要　当下中国，脱贫攻坚进入决战区和"深水区"，农村社区组织"内卷化"现象严重，问题和矛盾日益突显。贫困群体脱贫动能和内生动力不足，进一步固化区域性、民族性和阶层性贫困。加上在基层具体执行减贫政策时存在个体性差异，民族社区贫困陷入恶性循环，即单纯依靠贫困群体自身的努力根本不可能改变贫困落后的面貌。扶贫实践中，发现综合利用经济学、社会学、政治学以及生态学等不同学科知识和技能，在跨界融合基础上借助乡村振兴国家战略实践，强化基层组织的组织动员力建设与可行能力体系建构，激发贫困群体的内生脱贫动力，通过内外联动与协同建构，最终形成立体化的绿色减贫机制和发展模式，方能加快贫困治理转型与乡村振兴。

关键词　脱贫攻坚；乡村振兴；组织动员力；可行能力体系；扶贫实践

当下中国，脱贫攻坚进入决战区与"深水区"，贫困正迅速转型，尤其是贫困地区，农村社区组织"内卷化"现象严重，矛盾突显。要在 2020 年全面建成

---

① 项目资助：国家社会科学基金资助一般项目（17BJL019）；贵州省高等学校教学内容和课程体系改革项目（G2SJG10977201503）；六盘水师范学院校级精品课程《政治经济学》（LPSSYjpkc201701）；六盘水师范学院校级重点学科《马克思主义理论》（LPSSYZDXK201702）建设阶段性成果。

小康和谐社会，按照既定的时间表和路线图推进反贫实践，可谓时间紧、任务重、压力大。要完成这一重大的战略性、历史性任务，使命荣光、任务艰巨。

在集中连片特困区，农村贫困人群脱贫动能和内生脱贫动力不足，经济性贫困和民族性贫困耦合叠加，加剧社会阶层固化。加上制度设计和政策安排在基层具体执行时存在差异，导致区域性、民族性、群体性贫困陷入低水平均衡状态一直徘徊不前。也就是说，贫困群体单纯依靠自身的努力、依托自然资源，不可能从根本上改变贫困落后的面貌。因此，亟须通过综合利用政治学、经济学、社会学、生态学等相关学科的理论知识，以系统思维建构一套完整的可持续减贫能力体系。在学科、知识、技能的跨界融合基础上，借助乡村振兴国家战略实践，强化基层组织动员力外力推动，激发贫困群体的内生脱贫动力，最终以强大合力形成立体化绿色减贫机制和发展模式，加快贫困治理转型尤为紧要和迫切。

一、深度脱贫与乡村振兴的突出问题

随着减贫实践的深入推进，贫困无论是类型、内容、对象，还是性质、形式等均发生了转型转化。因而，亟须对减贫的理念、手段、方法，甚至策略进行及时调整。在深度脱贫与乡村振兴中，面对基层组织动员能力弱化、治贫手段与方法滞后、经济效率与政治目标错配、产业布局弱化市场规律、改革理论支撑不足等问题，"历史性矛盾发生共时性承受"，无形中累积了大量的矛盾和风险。科学认知与审慎研判新形势下的贫困问题，直面贫困而不回避贫困，是找到科学的治贫方法与减贫路径的有效手段。

（一）基层组织的社会动员引领弱化

脱贫攻坚作为一项重要的政治任务，不仅是千年大计民生之本，而且是一项基础性、战略性的工程。然而，脱贫攻坚出现政府热民间冷、项目落地快成效慢等问题，主要原因在于基层组织的组织动员力弱化，难以聚合发展资源，严重制约深度脱贫与乡村振兴战略实践。尽管扶贫工作成为国家战略的重中之重，但是基层组织和社会动员不足，资源整合缓慢，尚未形成发展合力。

社会动员作为一种理念、方法和尺度，未能将行动资源、政治资源、经济资源、组织资源等有机整合，无法形成绿色减贫的全新格局。一方面，社会期望值高，国际上给予了更多关注，形成了一种自上而下的系统性压力传导机制。另一方面，鉴于脱贫攻坚时间紧、任务重、压力大、目标高及政策性强等要求，无形中累积了大量的潜在风险。

（二）政治目标和经济效益实效错位

脱贫攻坚作为一项政治任务和政治工作，具有旗帜鲜明、目标明确的政治性特点。通过科层制管理模式，利用传导机制传递任务，在较短时间内能实现项目落地，达成产业布局目标。然而，作为一项理性的经济活动，注定其不是一个短期行为和过程，而是一个长期的过程。

脱贫攻坚作为一项政治任务，短期内可通过政府的强大组织动员得以完成；而作为一项经济活动，要取得最终成效则需较长时间以及实践检验。千篇一律的脱贫模式、操作手法、运作方式、减贫技巧等导致脱贫前景并不乐观，一定程度上影响了脱贫政治任务的完成和经济目标的实现。一方面，减贫的目标任务和客观基础与减贫实际需求并不吻合，甚至有错配的情况发生。另一方面，政策运用不足、资源开发不到位、驾驭市场能力低、乡贤和精英群体流失严重，使得贫困出现多层次、多元化和多样态表征。

（三）资源禀赋与发展机会不平等

在贫困农村社区，村民文化素质低下导致人力资本开发不足。而资源贫乏、环境恶劣、发展滞后以及民族性贫困，加上区域差异性、政策施行的个体性差异，映射出贫困群体整体发展能力较弱。换言之，贫困群体返贫发生率较高，因地制宜开发利用现有资源参与反贫的机会尚不多见。

资源禀赋决定区域发展差异，而贫困群体能力差异性左右对机遇的把握和驾驭。社会建设有力推动基层需求，目的在于有效推动公平与机会平等，以弥补行政反贫的不足。在减贫实践中，农村社会亟须发展出一整套适用的反贫困能力体系。这个能力体系的内容应涵盖当地百姓应对贫困、自然灾害，甚至一些不公正实情表现出来的脆弱性。

（四）产业脱贫与乡村振兴的缺位

产业是脱贫发展之根，更是乡村振兴之本。脱贫策略可压缩为产业扶贫和异地扶贫两条。最后，还可将两条归纳为一条，即异地扶贫，做到搬得出、留得住和能致富。否则，搬出后还会跑掉，同样面临返贫问题。

产业发展首先是要素集聚，正如贵州省委记孙志刚提出的农村扶贫"八要素"，第一要素为产业选择。产业选择要求因地制宜，究竟因什么地？地怎么判断？制什么宜？正如习近平总书记在乡村振兴战略中提出规划先行，产业规划必须是一个科学问题，而不是一个拍脑袋的问题。比如种玉米纯收入700元/亩，改种香菇达到4000元/亩，如果种猕猴桃则达到40 000元/亩。就是说，农业改造升级和换代是必须的，但怎么改？如何改？关键要改得长久且持续。乡村振兴中科学规划和布局产业，谨防基层在具体执行时，用拍脑袋的办法代替科学施行。

（五）脱贫攻坚与乡村振兴理论挑战

新时期减贫，首先，是对理论的挑战。共同富裕是反贫困的目标、指向和理论基石，但党委和政府不是万能的，应该怎样应对才好？调研发现：这里面有一个问题没有处理好，即政府和群众、群众与社会之间的功能定位问题。反贫困中，政府与百姓究竟扮演什么角色，理论体系亟须搞清楚、弄明白。另外，反贫困中的理论路径、反贫理论研究匮乏，使得减贫更多地依赖上级政策传达。

其次，乡村振兴依靠社会建设的方法与路径设计，激活社会主体，改善利益关系，同样缺乏理论指导。行政动员往往自上而下忽视自下而上、国家投入不计成本，导致专业化水平低、社会化程度低、组织动员力有限。用行政力量培养的反贫力量，诸如党建扶贫、社会扶贫、文化扶贫等很少关心村民的实际意愿与合作建设。

最后，可持续性减贫动能不足、势能缺乏，使得减贫只注重任务而不关注效果。便于研究需要，下面以本人参与的D村扶贫实践，管窥深度减贫和乡村振兴的困局与突围。

二、典型案例：D村脱贫与发展的主要问题分析

D村位于水城县Y镇，距镇政府所在地6公里。该村面积26平方公里，下辖6个村民组，人均耕地面积0.38亩，其中4个村民组为彝族。全村1119户52 237人，涵盖350户贫困户1121人，贫困发生率分别高达31.28%和21.46%。少数民族510户1917人，占总人数的35.98%。平均海拔达1850米的D村地处乌蒙山区腹地，是一个以种玉米和马铃薯为主要经济来源的典型农业村。山高坡陡、耕地破碎，农业工程性缺水十分严重。足见，贫困面广、程度深、返贫效应强烈，突显在以下几方面：

（一）脱贫任务异常艰巨

2018年，该村尚有建档立卡贫困户74户158人等待着脱贫。其中，有17人必须依赖国家财政资金供养。经过脱贫攻坚国家减贫战略实践和大规模资金推动，尽管该村的贫困发生率降为3.15%，但未包括吃低保的223人。民族性贫困、区域性贫困与资源性贫困耦合叠加，导致减贫任务十分艰巨。这一高山农业村由于缺乏龙头企业和特色产业带动，出现脱贫很难、返贫很易的发展尴尬。

（二）易扶搬迁生计艰难

2015－2016年，全村共有52户实现了易地扶贫搬迁；2017年，14户实现了危房改造，9户实现了易地扶贫搬迁，但搬迁出去后的绝大多数村民不愿拆除旧房、危房。作为全市中心城区的主要取水点，整个库区276户农民实现生态移民搬迁安置工作。但移民搬迁"搬得出、留得住、能致富"的美好夙愿，与实际就业难、收入低的生计窘境形成反差。

（三）农村集体经济虚置

这一典型的高山农业村，很长时间里有两个村民组因交通不便和缺水的缘故，靠种植玉米和土豆自给自足过日子，根本没有什么村集体经济积累。2015年，为响应市、县政府组织实施的"3155"工程号召，33户102人以村集体的名义参加合作社葡萄园项目，经营3年不仅未见成效，就连土地流转费都无法

兑现。刺梨种植 7326.67 亩 17.7 万株，因诸种原因未能完全兑现种植、管护和土地流转费的承诺。相反，个体引进的银杏药材通过土地流转种植 358 亩，覆盖 32 户贫困户，且经营得风生水起。养殖方面，以养殖黑毛猪和联户养羊为主，兼养牛和马，但规模都相对较小，生猪、牛、羊不超过 40 头。

（四）基层组织动员弱化

D 村现有 63 名党员。其中，贫困党员就有 11 人，党员的贫困发生率高达 17.4%，折射出基层组织的组织动员力相当弱化。由此可见，仅靠 D 村基层组织很难带动村民脱贫致富并实现乡村振兴。这既有农村精英群体大量流失的原因，也有农村发展机制体制不畅的缘由。同时，乡村经济发展基础薄弱，大学生回乡建设、在外务工人员返乡创业的积极性不高、动力不强。再加上村支两委干部水平不高、步调不统一、思想不统一等问题，更是严重影响脱贫攻坚和乡村振兴实践。

（五）教育扶贫支撑弱化

在村小学现有的 18 名老师和 252 名学生中，只有校长和一名教师家住学校附近。早九晚五、风里来雨里去的工作生态，让教师无法为学生提供高水平的教学服务。事实上，这个小学将近 80% 的孩子是留守儿童，辍学率一直居高不下，辍控保学任务异常艰巨。从深层次看，村民外出务工短时间内摆脱了经济贫困，但牺牲了陪伴和教育子女的机会，将衍生出新的贫困。

（六）基层反贫组织松散

从理论上讲，通过自上而下的行政传递和组织动员，利用层级式管理模式和传导机制，层层传递任务是可行的，既高效又务实，可节约成本。可实践中，因个体性差异和客观因素存在，"嵌入式"扶贫的组织动员和外力推动，无形中打破了原有运行机制和内部运行状态。村支两委、同步小康工作组存在不在同一个步调上行动、无法与基层组织有机协作的情况，这在一定程度上影响了工作的整体推进。不得不说，工作中推诿扯皮、相互拆台等情况还有发生；再加上镇政府派去驻村的工作人员因工作经验、能力以及政治觉悟不高，出现害怕担责、不敢担责的负面效应，导致工作任务不能按时完成，抑或完成的质量不理想，各项指标排名在全镇倒数的局面。也曾因班子工作问题，一度在全镇工作作风建设会上被点名通报批评。同时，轮战队员和驻村工作组不在一个频道发生共振，难以形成合力推动脱贫攻坚。

（七）"三错"问题突出

所谓"三错"问题，主要是指精准扶贫脱贫中因各种原因造成的精准扶贫的数据和具体事实不相符合的情况，也就是错评、错退、错漏问题。即不是贫困户的评为精准扶贫贫困户，是贫困户的没有进入精准扶贫数据登记，有的没有达到精准脱贫的能力却被登记和退出精准脱贫。也就是说，在该村现存74户158人中，50%属于"三错"人员。

因此，借助国家精准扶贫数据对扶贫数据进行再核实，既是对过去精准扶贫数据填报中，基层干部因对政策理解有误或操作不当等出现遗漏和错误的及时纠正，更是对过去弄虚作假、优亲厚友及主观或客观因素造成的既成事实的补救。同时，要求扶贫干部将责任和风险扛在肩上，把百姓装在心中，对优亲厚友、徇私舞弊行为严惩不贷。

三、基层组织动员与能力体系建构的对策建议

鉴于机制体制不顺，政府主导的反贫实践陷入发展困境，贫困群众参与度不高、积极性不强，反贫似乎变成政府的一厢情愿。新时期，反贫困既要强化基层组织的组织力建设，又要积极加快各种能力体系建构。通过技术手段革新与开发运用，遵循改革逻辑与行政运行规律，深度推进脱贫攻坚与乡村振兴战略实践。另外，"嵌入式"扶贫中还要明确所有参与者能做什么、不能做什么，以合适的方法和路径参与反贫困行动。

（一）强化基层党组织组织动员力

强化党支部战斗堡垒作用，基层党组织要在工作中取得实效，必须强化队伍建设与组织建设。建议第一驻村书记在扶贫工作中贯彻落实好"三会一课"制度，以党建引领统一思想、凝聚共识。同时，还要强化制度建设、法律意识建设，强化基层干部对党纪国法的学习，只有在学懂弄通的基础上很好地运用

"三会一课"，才能更好地推进工作，为人民群众高效服务。绝不希望同志们在工作中因法律意识淡薄、大局意识不强、组织观念弱触犯党纪国法。同志们把好事做好、把实事做实，提高政治站位，旗帜鲜明地讲政治、讲大局、讲党性，将自己、职责、工作摆进党性教育理想信念中，才能积极发挥基层组织先锋模范作用。

（二）增强农村社区的治理能力

从理论上讲，一个农村的社区，特别是以村为单位的区域，如果能够团结、合作地协同解决问题，其社区治理能力显然比较强。在现有的农技、管理、医疗、再就业培训中，实际操作无法落地的现象比较严重。因此，构建适应现代村庄发展的人才培养体系，增加和丰富乡土人才培养体系的内容和方法，是扶贫工作的重要内容。

（三）提高农村社区的福利能力

一些农村社区的基本公共服务水平较差。村民往往以自助的方式生产，依靠人情关系来解决困难和纠纷。伴随市场经济高度化发展，怎样提高农村社区公共服务水平和集体公共福利，是扶贫开发工作中亟须完善的一环。

（四）提升农村社区的经济实力

提升农村社区的经济实力，首先要提升其技术水平。诸如养土猪、养黑山羊、养跑山鸡技术，甚至是种植脱毒马铃薯技术，这些适用技术为农业产业的持续发展提供了技术保障。其次要提升农村社区的信息能力，包括获取、甄别、筛选及运用经济信息的能力，要帮助农民运用这些能力为经济发展服务。最后要提升农村社区居民的市场能力。既要有应对市场变化和利用市场的能力，还要有适应市场和驾驭市场的能力。小乡村大世界、小商品大市场，在市场经济时代，社区居民要积极应对社会变化。

（五）加强生态文明建设的能力

按照习近平总书记提出的"绿水青山就是金山银山"的"两山理论"，进行生态资本化和资本生态化的价值建构，按照生态产业化和产业生态化的理念，建立起环境价值化和生态资本化的能力，是未来生态价值化发展的基本原则和伦理要求。这个重大课题学术界刚刚开始研究，值得深入探讨，尤其是如何实现生态价值化，让农民绿色减贫。

（六）提高基层的法治建设能力

市场经济本质上是法治经济，要在精准脱贫与乡村振兴战略实践中取得实效，强化法律意识和法治建设迫在眉睫。尽快完善村民基层自治条例和乡村法制治理体系，尤其是培育农民的契约精神和规范村支两委干部的行为，都需要借助法制来完成。对农民的土地流转合同规范、法律法规完善，乡村社会依法治理以及"特惠贷"金融扶贫政策法规等，均需建立相对完善的法制体系，保障基层工作顺利开展。

（七）提高学习、工作能力

首先，以系统思维实施学习能力体系建构。改变学习方式，改进工作方法，推动当地政府、社区居民建立一整套合作共赢模式，发展出一整套适用的方法、工具和能力体系。其次，改变严重依赖政府减贫的被动状况。建构一套体系和方法，让爱心人士带着技术方法，与社区居民一道推进脱贫攻坚与乡村振兴。同时，基层政府反贫机制需要创新，资源配置在公平的基础上注重效率。最后，结合国家全面深化改革的战略需要，政府职能部门实施配套改革，让渡一些职能给社会，推广党内民主和村民自治。引进社会民主不仅是未来改革发展的趋势与路径所在，也是更高层面、更宽平台的操作与实践。

四、研究结论与未来展望

当前，贫困迅速转型转化，减贫理念、手段、方法亟须及时调整。在政府组织动员和项目安排下，强化制度设计和政策安排，激发贫困人群干事创业激情与脱贫内生动力，通过内外联动形成强大合力消解贫困问题。精准脱贫与乡村振兴不仅是一项重要的政治任务，而且是一项重大的战略性和系统性工程实践。科学研判新形势下的贫困问题，以系统思维组织动员，建构体系，最终找到科学的治贫方法与减贫路径，方能规避问题。

未来议程中，无论是精准减贫还是乡村振兴实践，无论是政治任务还是经济目标等，均需科学积极、客观冷静地加以应对。无论宏观层面还是微观角度，无论从理论与实践还是空间场域与尺度重构，无论是行动实践还是战略决策，均需对以下问题加以谋划行动：

第一，建构系统思维。将正在实施的减贫行动与乡村振兴转化为一个具体的方法和体系，吸引更多的人参与进来。构建一个由社区、企业、研究机构、当地政府、社会组织共同参与的行动体系，作为减贫主体的贫困群体需要全面参与扶贫开发工作。第二，坚持以人民为中心。从表面上看，减贫与振兴是一项政治任务和政治活动，实质上是一个科学问题的实践过程。整个过程不能出现集体性失语，需建构以人民为中心的话语体系与表达方式。第三，强化改革价值转化、防止实践走偏与价值异化，强化技术逻辑转向人文逻辑，贫困识别更加关注日常生活，关注贫困群体对幸福生活诉求的主观认知，不要代替农民做出选择，应与贫困群众一起成长，以开放式扶贫代替选择性扶贫。只有这样，才能实现数量逻辑向质量逻辑、应付逻辑向创新逻辑转型转化。第四，强化理论与实践研究。建立从中央到地方、从理论到实践的专家系统，强化科学治贫的系统布局。

浅析"志智双扶"的成效和意义

贵州省写作学会　张桂珍

"志智双扶"是习近平总书记反复强调的扶贫举措。党的十九大报告中提出："坚持大扶贫格局，注重扶贫同扶志、扶智相结合，做到脱真贫、真脱贫。"2018 年 6 月 15 日，《中共中央　国务院关于打赢脱贫攻坚战三年行动的指导意见》中又指出："着力激发贫困人口内生动力。""坚持扶贫同扶志扶智相结合。"可见"志智双扶"在脱贫攻坚战中的重要作用，它关系到 2020 年全面建成小康社会和第一个百年奋斗目标的实现，因此剖析"志智双扶"的成效和意义很有必要。

一、扶志

志，指志向、志气等，它体现的是一个人的观念、心态、胆识、思维等多方面内容。一个人如果有了志向，并为实现这个志向去努力，就可能"得志"；如果没有志向，安于现状，甚至怯懦退缩，则可能永远屈服于命运。被别人定位于贫困的人，即使消极被动地因某种机遇变得暂时"富裕"起来，但是因为没有志向、目标、内生动力，接下来的进步发展也便无从谈起。王守仁说："志不立，如无舵之舟，无衔之马。"富兰克林说："从事一项事业，先要决定志向，志向决定之后，就要全力以赴，毫不犹豫地去实现。"

脱贫攻坚战中，之所以强调扶志，是让贫困人口树立起向贫困宣战，继而立下"我要脱贫"的志气。贫困确实是一种经济状况，但更是一种思想障碍。

扶志，就是要让他们铲除思想上的穷根，摆脱精神、意识上的贫困。扶贫不是慈善救济，要消除他们"等靠要"的思想，引导和支持他们，依靠自己的双手开创美好的明天。改给钱给物的"输血式"扶贫为增强他们自我发展的"造血式"扶贫，让他们立下脱贫致富的志气。

遵义市新蒲新区党工委书记在多次深层次走访贫困户后感慨地表示：农村农民的贫困不只是经济收入的低水平，更多的还在于生活环境、生理环境尚囿于低水平之中。人的惰性与生俱来，当我们陷入生活的泥潭后，除非意志特别坚强，不然往往会在最初的挣扎无效后放弃努力，耽于现状，得过且过，甚至自暴自弃，用一个"贫困"的壳子包裹起来，躺在不堪中度过一生。怎样用外力去打破壳子，把这部分群众拉出泥潭？单纯地增加经济收入，是否会让他们徒生坐等天上掉馅饼的依赖？人生的意义无论对于谁，都不能只是吃喝不愁这么简单。那么，党和政府该给百姓怎么样的生活盼头？值得人们思考。想让贫困户的钱袋子鼓起来，首先要让他们精神饱满富裕起来，也就是要有脱贫致富的志向。

这是一个县级领导干部对贫困人口的剖析和感悟，分析得多么好。正是在这种"让他们精神饱满富裕起来"思路的指导下，对贫困户扶志，才出现了因"有志"而脱贫的一大批群众。

中年妇女郑洪义是其中一个。她在丈夫去世后独自抚养两个正在读书的儿子，生活艰难且贫穷。可她在多次参加了镇、村组织的新时代农民讲习所的学习后，毅然接下了丈夫留下的酿酒坊，又养起了20多头生猪，年获利5万元以上，使两个儿子顺利地完成了学业，走上致富路，还帮助他人共同致富。

源泉村村民代义贤等人，也是通过扶志走上了致富路，形成了一种"代义贤们"现象。从他们身上折射出贫困人口通过扶志而立志，从而有了自信、自强、奋斗不已的精神光芒。苏格拉底说："每个人身上都有太阳。"扶志，就是让他们身上的太阳发出光和热来。

遵义市汇川区芝麻镇的领导们十分重视扶贫与扶志相结合。他们制定的文件中反复强调了这一点。他们以"汇力量，助脱贫"为主题，开展"牢记嘱托，感恩奋进"的教育活动，深化"党的声音进万家，总书记话儿记心上"活动，充分运用新时代农民讲习所开展"志智双扶"大讲习，开展"四在农家、文明村镇"创建，"和谐家庭"评选活动，加强思想、道德、法治、文化、感恩教育，深化培育和践行社会主义核心价值观，发扬文明新风尚，树立脱贫志气，激发群众内生动力，并以身边好人、脱贫攻坚群英谱为载体，不断挖掘和宣传表扬自强不息、自力更生、主动脱贫的典型，用身边人身边事示范带动贫困群众通过立志、辛勤劳动实现脱贫致富。现该镇已通过产业扶贫、基础设施建设、易地扶贫搬迁、教育医疗、住房、"三保障"等，如期完成了全镇绝大多数贫困户的脱贫。

确实，立志定目标，思想为先导，有了"我要脱贫"这种思想，再有了向贫困宣战的精神和致富的行动，就可以脱贫致富。什么是路？没有路就是最好的路。贫困到无路可走时，你给了他志向、志气，他沿着这条路走了，就会到达预期的终点。也就是说，意志在哪里，通向成功的大道就在哪里。

二、扶智

智慧、智力、才智，这些体现的是一个人的本领、本事和能力。可是怎样才能获得本领、本事而具备能力呢？那就是不管先天智力如何，必须要通过学习，专心学习、刻苦学习、善于学习、终身学习，才能得来。正是：苦学，智慧如海；懒学，愚笨成垛。

农村的贫困户中不乏先天聪慧之人，只是因文化低、环境差遏制了他们聪明才智的发挥。扶智，就是让他们学知识、学本领，掌握一技或多技，让他们有生存之道、立足之本，进而脱贫致富。智慧就是力量，智慧比金钱更重要。

现在，举办各种各样的专业培训班是最普遍的扶智方式。通过这种短期的、有针对性的培训，受训人员很快便能掌握一门技能，并运用到实践中去。担任这些培训班的老师，均来自全省农业事业机构、大专院校、科研院所、国企单位等，万名农业专家服务"三农"培训。自2016年以来，已举办农业技术座谈会和培训会2.03万场次，培养农村实用人才23.98万人，培养致富带头人2.53万人，培训群众109.2万人次，充分发挥了科技人才的引领作用，带领群众脱贫致富，为决战脱贫攻坚、决胜同步小康打下了坚实的基础。

遵义市凤冈县花坪镇东山村是通过发展肉牛产业彻底摘掉"贫困帽"的。该村在科技特派员田兵的帮助下得以脱贫致富。田兵入镇以后，就对养殖肉牛户建档立卡，对每户逐一进行走访，遇到问题马上解决，赢得了养牛户的信任。他办班讲解肉牛病疫预防、饲料配制、人工授精、牛市行情等知识，使养殖户及合作社的牛都长得非常壮硕。在销售问题上，他又协调县农牧局和几家大型食品公司签订合作协议，定向销售，免去了养殖户的后顾之忧。现在，全县共有 311 万户肉牛养殖户，其中 6410 户贫困户共 2.2 万人中已有 3200 户通过肉牛产业实现精准脱贫。

遵义市正安县是国家级贫困县，贫困面广、贫困度深，曾有"务正道，吓一跳"之说法。但是，该县有丰富的自然资源和 20 世纪 80 年代起因贫困而外出务工的数十万名游子的人才资源。于是，该县多措并举，走出了一条有别于其他县份的脱贫之路。针对自然资源丰富，该县举办茶叶、野木瓜、油桐、方竹笋等种植培训班，让千百万贫困户得以脱贫。但最值得称道的是实施了"凤还巢计划"，就是把外出务工的游子吸引回来，用他们年轻、见过世面、有头脑、有人缘等优势为本县脱贫攻坚作贡献。其间，闻名全国的"正安吉他产业"就是外出务工人员返乡后的创新之举。现在他们能生产出神曲、塞维利亚、鹏联、华成等各种名牌吉他，已有吉他制造企业及其配套企业 26 家，吉他远销世界各地，解决了数万个贫困人口就业，使其脱贫。可以想象，作为一群文化水平不高、昔日手握锄头把的农民，如果不经过正规的、系统的专业学习，怎么能制造出一把让西方人称赞的吉他。

扶智也好，"招才引智"也好，一句话：要致富，必须要有智。

遵义市南部新区深溪镇龙江村书记，在"要从根本上改变贫困面貌，唯有发展壮大村集体经济"的路子上下功夫。他大胆实施网络化管理模式，发展多元化经济。结合开发建设机遇，召集全村有技术的劳动力组建建筑施工队，人人培训上岗，确保建筑质量。通过"支部＋协会"模式发展壮大蛋鸡养殖业，经培训，养出高产优质蛋鸡，培育蛋鸡养殖户 58 户，户均收入达 30 万元，解决就业人员 200 余人。与某企业合作成立了一个搅拌站。之后，组织村集体全额出资成立了遵义市龙江生态农业开发有限公司。再之后，以村民入股、遵义物资集团参股、村委会控股模式，成立了龙江酒店、龙江驾校。经过培训，入股村民变股民，参与到公司、酒店、驾校的各种工作中去。对年龄大、文化低又无劳动力的贫困人口，则通过岗前培训、订单培训、岗位技能提升培训等，参与到保安、保洁、护路、餐饮、家政、护工等岗位上去，确保每户一人就业。截至目前，龙江村集体经济已增长到 4389 万元，村民人均年收入已达 18 690

元。集体经济发展了、稳定了，村民变股民，输血变造血，有了发展前景，这得益于扶智。

这样的例子不胜枚举。扶智的队伍除了贵州省万名农业专家服务"三农"外，还有东西部协作和对口支援，也得益于军队及各类企业、社会组织及志愿者的帮扶。而且他们的帮扶不仅仅是物质的，更多是志智帮扶，才让我们的贫困户有了后续之力，才能不断地发展，不断地超越自己，走出贫困，达致富裕。

扶智的另一种形式是发展教育，也就是中共中央、国务院文件中所说的："发展教育脱贫一批。"

"当代愚公"黄大发在新征中定的三个目标，其中之一是发展教育。他说，经过认真思考后他认为，只有系统地教育，才能从根本上改变乡村落后的面貌。因此，他把中天金融集团给他们配备的3000万元教育基金，全部用于团结村的教育。龙江村每年投资约25万元用于龙江小学基础设施改善和对优秀学生、优秀教师的奖励及对考入大学的学生的奖励。

遵义市重美职业技术学校除每年对红花岗区巷口镇、海龙镇等的一些贫困学生定期资助外，还对入读该校的贫困学生免收学费。其中，通过学习自主创业、脱贫致富，并且带动他人脱贫致富的例子很多。校长王小玲感慨地说："教育扶贫，首先是思想扶贫，思想'贫穷'永远也不可能挺起胸膛高视阔步，扶贫永远也不可能成功。"这就是我们常说的"授人以鱼，不如授人以渔"。

知识改变命运，已为大家所熟知和认可。教育的目的不仅仅是让学生们掌握基本的科学文化知识，而且是造就新一代思想不再贫瘠，既有远大志向又有科学文化还有健全人格的人，是真正的"拔穷根"，隔断贫困代际传递的不二选择。

扶智，让贫困农民有了看家本领，也有了安身立命、养家糊口的根本。他们走出了新路子，过上了好日子。

教育扶贫，让一代强于一代，人民跟着时代一起向前，走出自己新的人生。

综上，扶志与扶智是打赢脱贫攻坚战的重要组成部分。实践证明：扶贫工作说到底是做人的工作，群众才是脱贫攻坚的主力军。假如人自身的脱贫意愿、脱贫能力、脱贫环境跟不上，即使表面上脱贫了，终究还是会返贫；可是如果思想观念上转变了，自力更生脱贫致富，注重自我发展，到2020年全面建成小康社会和第一个百年奋斗目标就一定会实现。所以，构建大扶贫格局，把扶贫与扶志、扶智结合起来，是必要的。

自胜者强，自强者必胜！

对产业扶贫进一步发挥成效的探讨

六盘水市水务局　　宋德胜

摘　要　六盘水市以农业特色产业为抓手，积极推进农业产业结构调整，发展特色优势产业，带动广大农户增收致富，成效显著。但在发展产业扶贫的过程中也出现了一些困难和问题，需要在发挥资源禀赋、完善体制机制、坚持市场导向、突出创新驱动、强化服务保障等方面改进提高，进一步推动扶贫产业健康成长、科学发展，切实带动贫困农民脱贫致富。

关键词　扶贫；农业产业；发挥成效

习近平总书记 2016 年在宁夏考察时指出，发展产业是实现脱贫的根本之策，要因地制宜，把培育产业作为推动脱贫攻坚的根本出路。贵州省是脱贫攻坚主战场，省委书记孙志刚也在讲话中强调，农业产业发展，不仅关系贵州 280 万贫困农民脱贫，而且关系 2000 万农民能否走上可持续发展的小康路，是打基础、管长远的重大举措。产业扶贫的重要意义不言而喻。自 2014 年以来，六盘水市以农业特色产业"3155 工程"为抓手积极推进农业产业结构调整，发展特色优势产业，带动广大农户增收致富。2018 年，又按照省委、省政府统一部署，大力实施"振兴农村经济的深刻的产业革命"，进一步推动产业扶贫向纵深发展，取得了显著成效。

一、当前六盘水市产业扶贫的基本情况

（一）特色产业初具规模

2014年，六盘水市委、市政府出台了《关于农业特色产业发展"3155工程"的实施意见》，全面实施农业产业结构调整，重点发展猕猴桃、茶叶、核桃、蔬菜、油茶、刺梨、中药材、草食畜牧业等八大特色产业（3个100万亩，5个50万亩，简称"3155工程"）。截至2017年底，全市完成农业特色产业种植320.75万亩，其中猕猴桃18.18万亩、茶叶31.31万亩、核桃85.27万亩、蔬菜基地19.99万亩、油茶2.1万亩、刺梨88.47万亩、中药材18.44万亩、畜牧草地7.64万亩。由于小气候独特，自然条件适宜，猕猴桃、刺梨品质优良，成为六盘水市的亮丽名片，88.47万亩种植面积也使六盘水市成为全国最大的刺梨生产基地。盘州市盘关镇天富刺梨园被《人民日报》报道了两次，成为全国的先进典型；建成了天刺力、刺力王一期等加工厂，刺梨年加工能力达到30万吨，打造了"天刺力""刺力王"系列品牌；建成年生产能力1万吨的弥你红食品加工园，加工生产的猕猴桃酒销往加拿大等国外市场；建成周转库容5万吨的冷库以及贵州西部特色农产品物流园；全市有加工能力的茶叶企业50家，建成茶叶加工厂房10.62万平方米、清洁化生产线46条，打造了水城春、九层山、牂牁江、碧云剑等茶叶品牌；借助党的十九大东风，在习近平总书记的亲切关怀下，盘州岩博酒业的人民小酒、盘县火腿推向全国，发展势头良好，带动贫困农户脱贫致富成效明显。

（二）乡村旅游井喷增长

六盘水市围绕建设"山地大健康旅游目的地"目标，突出温泉、滑雪、独特气候、山地运动等资源优势，着力推进全域旅游发展，乡村旅游实现从无到有，呈现井喷式增长。六枝的牂牁江、盘州的妥乐、水城的野玉海、钟山的韭菜坪等10个景区被纳入"贵州省100个旅游景区"建设名录，已累计投入资金158亿元重点打造，开发建设初见成效，其中6个景区获批4A级景区和省级旅游度假区；按照"五全六化"（全域生态、全域产业、全域扶贫、全域旅游、全域文明和产业规模化、质量标准化、产品品牌化、利益股权化、基础联通化、管理智能化）标准，成功打造了水城百车河现代高效农业生态园等4个全国休

闲农业与乡村旅游示范点、盘州妥乐古银杏示范园等 8 个省级休闲农业与乡村旅游示范点；成功打造了玉舍雪山、梅花山、盘州云海乐原和乌蒙等 4 个高山滑雪场，建成 18 条各类雪道，建成廻龙溪等 6 个温泉，实现"冰雪＋温泉""冰雪＋体育"的完美融合，填补了贵州冰雪旅游的空白；"康养胜地·中国凉都""南国冰雪城·贵州六盘水"旅游品牌初步打响，旅游收入大幅增长，2017 年全市接待游客 3000.86 万人次，实现旅游收入 200.49 亿元，同比增长 57.82% 和 60.84%，分别是 2015 年的 2.4 倍和 2.7 倍。

（三）"三变"改革深入推进

六盘水市探索提出的"资源变资产、资金变股金、农民变股东"的"三变"改革得到贵州省委和中央领导的重视和肯定，写入了 2017 年和 2018 年中央一号文件，极大地激发了大家推进改革的热情。"三变"改革以"公司＋合作社＋农户"的基本组织形式、"保底收益＋务工收益＋分红收益"的基本分红模式，结合产业发展和脱贫攻坚在全市深入推进，构建和完善了产业扶贫的利益联结机制。截至 2017 年底，全市共有 237.52 万亩耕地、林地、草地，以及 4244.69 万平方米水域水面、8.66 万平方米房屋入股经营主体，整合了 88.4 亿元资金参与"三变"改革，有 50.95 万户农户入股经营主体成为股东，入股受益农民 167.79 万人，其中 12.2 万户 31.65 万农村贫困人口全部入股经营主体，实现全市贫困农户"三变"改革全覆盖。有 39.75 万户农户实现分红，分红金额 8.14 亿元，户均分红 2047 元，其中贫困户户均分红 2331 元。初步完成了省委提出的"让更多贫困户参与、让更多农民增收、让更多村集体经济增长、让更多农村资源增值"的目标任务。

在国家政策的倾斜支持下，在上级的关心帮助下，通过全市上下共同努力，六盘水市扶贫产业得到很大发展，初具规模，富有特色，第一、二、三产业相互融合的格局基本形成，带动广大农户脱贫致富的能力极大增强。但是，在产业扶贫发展过程中也出现了一些问题和困难，比如一些地方项目实施随意性大，变化频繁；市场主体培育不足，适应市场、带动发展能力弱；部分农户发展产业的积极性、技术水平有待加强，产业管护粗放，苗木长势差；乡村旅游产品单一，同质化严重，竞争优势明显的精品少等，制约了扶贫产业持续健康发展，必须认真研究总结，切实改进提高。

二、产业扶贫存在的主要问题

（一）立足自身资源禀赋存在差距

部分产业布置区域不适宜，没有充分发挥本地特色和资源优势，品种选择欠考虑，存在跟风一哄而上的现象。一些地方大面积引进种植元宝枫，其榨油的品质和产量如何、与其他地区相比有没有优势还是未知数；一些气候条件不适宜的乡镇盲目推广猕猴桃种植，出现了遭遇倒春寒、爆发溃疡病、苗木大面积死亡的情况，即使成活下来，也是挂果少、质量差，谈不上效益。部分产业引种成本和运行成本高，没有成熟的技术支撑，缺乏比较优势，实现盈利的难度大，一些乡镇种植当归等中药材，购买种苗费用和种植管护成本很高，要达到亩产 6000 斤以上才不亏损，与甘肃岷县等传统产区相比没有任何优势，只是满足了推销商卖种苗的需要；在部分乡镇实施了几年的努比亚山羊养殖项目，由于过冬困难，草料不足，山羊死亡率高、产崽率低，项目一直处于亏损状态。部分产业实施没有根据资源状况、气候条件等认真研究论证，没有做好前期工作，产业实施随意，项目变换频繁，一些乡镇前几年种茶叶，接着换成核桃，去年又改种构树，同一地块一两年更换一个种植品种，缺乏一个长远科学的规划，产业发展没有成效是可想而知的。

（二）发挥市场引领作用存在差距

六盘水市的扶贫主导产业是农业产业，市场竞争大，风险难以把握。部分产业经营者和一些基层干部市场意识不强，还停留在什么挣钱种什么的老思路上，没有完全意识到现在挣钱不等于农产品生产出来还挣钱，遭遇市场打击的风险大。今年一些乡镇出现红香蒜积压、养猪亏本的情况就是鲜活的例子。龙头企业带动方面，一是龙头企业数量少，很多产业基地没有与龙头企业联结，农户没有保底收益、务工收益，合作社与农户分散管理和经营，效益难以保证；二是大部分龙头企业是政府平台公司，遵循市场规律、把握市场行情欠缺，通过市场经营获取经济收益的成效不佳，对贫困户的入股分红、保底分红几乎都是用资本金来实施，产业并未产生经济效益，这样的分红难以持续，还增加了平台公司的债务负担，增大了市场金融风险。市场培育方面，一是新型市场经营主体数量少、能力弱，缺乏懂市场、善经营、会管理的人才，现有的农业企业、农村合作社、个体经营户适应和把握市场的能力不足、方法欠缺，在市场开发上没有做到"人无我有，人有我优"，受到消费者喜爱、市场反应良好的深加工产品少，品牌打造还需加强；二是市场营销不到位，一些品质好的农产品卖不出好价钱，甚至卖不出去，增产不增收，影响群众发展产业的积极性；三是市场信息服务发展滞后，信息服务跟不上市场变化导致产品滞销、产业受挫；四是市场综合交易平台搭建不够，例如，全市中药材产业已有一定规模，却没有一个规范专业的中药材交易市场，中药材销售普遍零、散、乱，制约了产业的健康发展。

（三）科技创新推动发展存在差距

从人员结构上看，六盘水市缺乏科技人员，创新型科技人才严重不足。以市农业科学研究院为例，全院只有 27 个人，很多是专业不对口的，其中茶叶研究所仅有 3 个人，目前都抽到乡下扶贫，申报的研究课题暂时无人实施，与100 万亩的茶叶发展目标不相适应；基层农技服务人员缺口很大，而且几乎都被抽去驻村扶贫，2018 年上半年脱贫攻坚"春风行动"要求专家技术服务团队到村、到户、到人，实际上是一个农技人员要负责好几个村，还要兼顾驻村工作，技术服务质量无法保障，而且基层农技人员普遍年龄偏大、知识老化、观念滞后，难以适应当前产业发展对技术的需求。从政策扶持力度上看，投入科技创新的资金不足，缺少完善的硬件设施，科研工作被中心工作挤压。从产学研结合上看，由于意识不强、重视不够、缺乏投入，生产企业与高校、科研院所合作少，与国内外高水平的教学、科研机构合作更是几乎为零，相关的工作没有真正开展起来。从产业发展的现状来看，产业品种、生产技术等大都是从外引进的，原创性、创新型的东西很少，科技创新存在差距，规模化生产发展仍然不足，生产成本居高不下，扶贫产业在市场竞争中没有明显优势。

（四）产业风险包容消化存在差距

发展产业都有风险，以特色农业为主导的六盘水扶贫产业面临着自然风险，洪涝、冰雹、干旱等自然灾害人力不可控制；还面临着市场风险，在信息化快速发展的今天，农产品市场是完全竞争的大市场，受国内国际环境影响明显，市场风险同样是人力难以控制的，前几年媒体关于"蒜你狠""姜你军"

"豆你玩"报道以及近期看到的美国大豆、巴西甘蔗的新闻，说明市场风险是全国性、国际性的问题，是普遍存在难以规避的。目前，扶贫产业发展的风险几乎都落在实施者身上，项目失败要向基层相关负责同志问责，经济损失由龙头企业承担，不符合自然规律，也不符合经济规律。2017年，盘州市一个街道实施2000亩中药材种植项目，由于遭遇洪涝灾害造成绝收，相关部门启动问责，街道办作了多次说明才免于问责，但造成的损失全部由平台公司承担，项目失败没有收益，平台公司不仅要承担财政资金量化入股分红，还要承担损失的资金，三年后入股平台公司的项目资金全部收回村合作社。产业扶贫运行机制上缺乏对正常风险的包容和消化，挫伤了工作积极性，基层干部和平台公司压力都很大，出现了一些乡镇街道不愿意申报和实施产业扶贫项目的现象。

（五）配套服务跟踪保障存在差距

从农业产业产前、产中、产后等生产的全过程来看，目前相关的配套服务还远不能满足产业发展的需要。以核桃产业为例，苗木种植前，存在对干部群众宣传发动不充分、技术服务不到位的情况，造成一些干部群众认识不足、重视不够、技术缺乏，部分树苗种植质量差，生长不良，死亡多。一些地方缺乏咨询指导和分析论证，造成引进的核桃品种与当地自然条件不相适应；部分乡镇对苗木把关不严，导致一些不合格的苗木流入；苗木种植后，由于技术力量薄弱，对农户的培训指导不够，很多农户没有掌握规范的管理技术，加之农村青壮年外出打工多，缺乏劳动力，农户管护意识不强，不少产业基地杂草丛生、缺窝断行、核桃树苗长势弱、病虫害多、挂果不理想，产业效益差，农户意见大。果实采收后，目前只有盘州市信友核桃乳加工厂收购部分产品进行深加工，另外还有盘州市煤矿企业转型的银沙农民种养殖专业合作社、六枝特区慧冬种养殖公司、引进的西藏圣核农业科技公司等市场主体参与收购、包装、营销。总体上看，带动产业发展的市场主体少、规模小、能力不足，大部分核桃还是农户自产自销，效益没有保障，抗风险能力弱。从农旅结合、乡村旅游产业来看，针对吃、住、行、游、购、娱以及文化体验、生活感受方面的配套服务没有跟上，旅游旺季景区住宿少、景点停车难、道路堵车多的问题突出，有本地特色的旅游商品，特别是深加工特色的农产品、组合式伴手礼等方面的旅游商品还有待进一步研究开发。

三、产业扶贫发挥成效的路径方法

（一）挖掘资源禀赋，做强优势产业

优越的气候条件和良好的生态环境、浓郁的民族风情和厚重的"三线"文化是六盘水市发展产业尤其是旅游产业的优势。在全球气候变暖，很多地方夏季酷热难熬的背景下，六盘水夏季平均气温不到 20 摄氏度，而且森林覆盖率接近 60%，空气清爽，确实是避暑、康养的胜地。六盘水冬季高山地区具备发展冰雪旅游的条件，建成了中国最南端的滑雪场，赢得了"南国冰雪城"的美誉。进一步完善设施、提升服务，进一步提升"康养胜地""南国冰雪城"品牌效应，进一步挖掘民族文化、"三线"文化内涵，打造特色文化旅游产品，进一步结合扶贫产业开发特色旅游商品，通过挖掘资源禀赋，发挥自身特长，大力发展全域旅游，把扶贫产业和特色旅游充分融合起来，相互促进、共同发展。由于生态环境好，山地小气候适宜，大气、水体、土壤无污染，六盘水市有发展绿色食品、有机农产品的优越条件，加之有许多治疗跌打损伤、风湿疼痛方面的地方特效偏方和道地药材，结合康养胜地的打造，从农业供给侧结构性改革的角度出发，通过大力开发优质绿色食品、有机农产品、中药产品、康养用品等，进一步做大做强相关优势产业也是扶贫产业发展的一个方向。

（二）完善体制机制，促进健康发展

强化项目库制度，按规范要求高质量建设扶贫产业项目库，切实做到产业项目经过群众评议，符合当地实际，适应市场需求，增加项目数量和提高规划质量。完善项目评审机制，邀请业内有经验、有水平的专家参加评审，提高评审质量，切实通过评审环节完善项目方案，保障项目成功实施。建立风险消化机制，对遭遇风险导致的产业失败要予以评估，对已经履职尽责，风险难以化解的失败应免于问责，核销投资损失，保护项目实施者的工作积极性。完善鼓励投资扶贫产业的相关办法，从税收、土地、融资、资金扶持等各方面予以支持，推动有实力的企业、社会资本、经营人才进入扶贫产业，增强产业发展动力。强化招商引资、招才引智制度措施，并扎实贯彻执行，切实吸引投资、吸引人才。改进投融资机制，研究制定财政资金以奖代补政策，将部分财政扶贫资金用以奖代补形式支持实施得好的项目；丰富资产抵押内容和方式，加大对中小企业融资支持；建立扶贫产业风险基金，通过风险基金补充部分产业投入资金。做好平台公司的优化改革，随着国家对地方政府债务的收紧、对融资平台的管控，加之六盘水市平台公司针对扶贫产业投入多、介入深、风险大，对平台公司的改革在所难免。一方面要剥离相关资产，有序退出扶贫产业，将扶贫产业转给真正的市场主体，实现资金回收；另一方面可以逐步转变平台公司职能，淡化融资功能，增强市场属性，通过加强学习、引进人才、寻求合作、深化改革等，使平台公司成为具有驾驭市场、经营产业能力的市场主体，高效地运营扶贫产业，带动群众发展，逐步化解已经出现的金融风险和产业风险。

（三）坚持市场导向，提高经济效益

产业扶贫的目的就是要产生经济效益，带动贫困群众增收。产业经济效益好不好是由市场说了算，坚持市场导向、获取经济收益、形成良性循环是发展产业的基本要求。要强化市场意识，通过培训、引导、制度要求等进一步增强经营主体和各级干部分析市场、把握市场的意识。产业项目实施前，要习惯于对国内、国际大市场认真研究、仔细谋划，不仅要收集了解目前的情况，还要分析预判发展趋势，根据市场研究论证情况安排好项目实施；产业项目实施后，要自觉遵循市场要求提升品质、降低成本，做好深加工，努力打造出适销对路的产品，让消费者喜爱，让市场欢迎，让企业盈利。要培育市场主体，一是通过加强培训引导、加强经营管理人才引进、加强改革创新，提升现有龙头企业、农民专业合作社、种植养殖大户等经营主体把握市场的能力；二是大力开展招商引资，引进有市场影响力、有社会责任感的农业产业化龙头企业落户六盘水，利用其雄厚的实力开发特色资源，打造优质品牌，形成有市场竞争力的优势产业，带动贫困户稳定增收和可持续发展；三是优化营商环境，通过优化业务流程、提高办事效率、有针对性地完善相关法规保障企业合法权益、按照上级要求切实减税降费、提供金融和土地服务便利等吸引外来企业、社会资本投入，推动现有企业发展壮大。要搭建市场平台，通过完善的市场平台集聚各类产业要素，推动产业集群发展。要激发内生动力，加强职业技能培训，鼓励有劳动力的贫困户以产业工人的身份融入产业发展中，借助龙头企业的优势摆脱经营风险、实现稳定增收，另外也为市场主体提供充足的劳动力。

（四）突出创新驱动，推进产业领先

马克思政治经济学理论告诉我们，率先进行技术创新、提高劳动生产率的企业，其商品的社会价值大于个别价值，产生超额利润（超额剩余价值）。劳动生产率始终高于社会平均水平，就能持续拥有超额利润。以"3155 工程"为主导的六盘水市扶贫产业，要持续产生经济效益，拥有"超额利润"，最根本的路径就是不断地开拓创新，使自己处于行业领先地位，保持市场竞争优势。一是聚焦产业，突出问题抓创新。六盘水的农业特色产业已有 320 多万亩，有许多急需解决的问题和困难。这些是创新的基础，必须通过创新解决难题，才能保障产业持续稳定发展。以猕猴桃产业为例，一些地方出现的溃疡病难以防治，如何创新施肥、除草、防治病虫，且既要保证产量，又要保证绿色有机的品质，还要降低成本？整个产业的种植技术、科学管理、仓储保存、冷链物流、加工研发、经营模式都需要创新，以增强产业竞争力，在国内、国际市场中突出重围。二是搭建平台，集聚人才抓创新。发挥市师范学院、市职院、市农科院等现有平台的作用，集聚现有专业技术人员开展技术攻关、科技创新。以提供优越条件建设博士工作站、院士工作站、科研基地、项目基地等方式加强与高校、科研院所的合作，吸引域外人才以各种方式参与研发创新；加大力度、加强联系、认真研判，积极引进新技术、新成果，促进产业发展进步。三是激励引导，企业参与抓创新。进一步强化鼓励创新的激励机制，增强全社会创新的积极性、主动性，推动创新出成果、能应用、有成效，建立科技创新基金，加大财政投入，带动相关企业有针对性地投入资金参与技术研发和创新，通过创新在市场竞争中建立优势、保持领先。

（五）强化服务保障，满足产业需求

成熟的产业体系离不开完善的配套服务，以云南花卉产业为例，其配套的生产材料提供、物流运输、市场信息、植物检疫等相关服务非常健全，有力地支撑了产业的良性运转和健康发展，20 多年来一直处于全国领先地位。发展扶贫产业要做好技术服务保障，项目咨询论证、优质种苗供应、技术培训、技术难题的解决、深加工产品研发、新技术应用等有支持途径；要做好信息服务保障，相应产品的市场供需状况、影响生产的天气预报、道路交通提示、所需原材料及用品用具来源等有地方提供；要做好销售平台服务保障，专业交易市场、电商平台、综合集市等健全完善；要做好金融服务保障，产业经营者方便获得生产经营急需的资金；要做好包装保鲜服务保障，包装的设计、包装用品的生产供应、提供保鲜设施和服务等满足需要；要做好储藏运输服务保障，暂时未销售出去的产品有地方存放，水果有冷库储存，从田间到加工厂、包装厂的运输，从仓储地点到市场、用户的物流，包括一些农产品的冷链物流要保障到位；要做好检验检测服务保障，产品质量品质如何、能不能进入相关的市场、能不能满足用户要求、能不能形成品牌优势，检验检测服务必不可少。

大数据与基层政府精准扶贫制度优化 [①]

山东师范大学　李松玉　李欢欢　李　齐

摘　要　基层政府是国家扶贫行动的中坚力量。然而，国家扶贫政策的落实在基层面临一系列的困难，这是由当前基层政府精准扶贫制度安排中存在的问题导致的。从精准识别到精准帮扶、精准管理、精准考核，大数据与基层政府精准扶贫有很好的契合点。大数据时代，基层政府精准扶贫需要形成新的制度安排以更好地利用大数据技术。对此，基层政府需要建设以贫困户为中心的大数据合作平台，在统筹基层精准扶贫行政调配系统功能的同时，构建以政府为主导的多元参与合作机制，加强扶贫资源整合和优化资源配置，以此构建大扶贫格局，形成扶贫的长效机制。

关键词　大数据；精准扶贫；基层政府；制度安排

党的十九大报告指出，坚决打赢脱贫攻坚战，确保到 2020 年我国现行标准下农村贫困人口实现脱贫，贫困县全部摘帽，解决区域性整体贫困，做到脱真贫、真脱贫。根据坚持中央统筹、省负总责、市县抓落实的工作机制，基层政府尤其是县乡政府，是国家扶贫行动的中坚力量，其行为偏好和贫困治理能力事关脱贫成效。随着我国脱贫攻坚战进入全面脱贫阶段，基层政府需要抓住

---

①　基金项目：国家社科基金项目"渐进延迟退休政策下劳动力市场的风险及应对策略研究"（编号：16BSH067）。

作者：李松玉，山东师范大学公共管理学院教授、博士生导师；李欢欢，山东师范大学公共管理学院硕士研究生；李齐（通讯作者），山东师范大学副教授、硕士生导师。

信息社会提供的机遇，利用大数据技术提高扶贫的精准度，降低扶贫成本，从而改善精准扶贫制度安排，提高扶贫绩效。

戴维·菲尼（David Feeny）认为，制度安排影响收入分配和资源配置。那么，基层政府精准扶贫如何形成新的制度安排以更好地利用大数据技术呢？由于扶贫场域内科层组织的"制度弹性"，实际运作中扶贫实践偏离预设目标，不少学者提出，基于制度供给与需求理论，以广大贫困群体的基本需求为扶贫出发点，建立农村扶贫资源配置机制，做好有关的扶贫开发金融、产业、教育、社会保障等方面的制度安排。从扶贫提速到扶贫增质，大数据与精准扶贫有很好的契合点。基于大数据技术和思维的精准扶贫新模式，在扶贫数据采集、数据挖掘、数据分析等数据流程以及精准识别、精准帮扶、精准管理、精准考核的扶贫流程上进行提升和优化，支持基层政府扶贫攻坚。大数据精准扶贫模式已在众多地区中得到运用，并取得预期的应用效果。

基层政府利用大数据精准扶贫，不仅革新扶贫模式，同时也塑造着新的扶贫格局，将大数据技术应用于精准扶贫，既是大势所趋，又需科学谋划，需要做好相关制度安排。因此本文以分析大数据助推基层政府精准扶贫的内在逻辑为基础，探索大数据时代基层政府精准扶贫的制度安排。

一、大数据视野中的基层政府精准扶贫制度安排及其主要问题

基层政府精准扶贫，在改善贫困群体经济状况的同时，也要提高农民自力更生的致富能力。大数据时代，经济发展的鲜明特点是开放性、共享性，基层政府更应当引导和激励一般农户、贫困群体参与到共享经济格局中。然而，精准扶贫政策的落实面临一系列困境，扶贫信息不对称等原因导致的数字脱贫、虚假脱贫、精英俘获、扶贫形式主义等扭曲了扶贫思想的价值和意义。笔者对山东省 J 市 Z 县的精准扶贫工作进行了为期两个多月的调研，认为当前基层政府精准扶贫制度安排取得了一定的脱贫成效，但也存在些许问题。

（一）基层政府脱贫任务之重与扶贫能力之弱

扶贫开发是一项由中央政府发包、中间政府逐级分解、基层政府落实执

行的系统工程，以指标量化、建档立卡为实施手段，自上而下由外力向农村推进，扶贫重担通过权力加压和任务传导传递给基层政府。精准扶贫以目标管理责任制的方式在各级政府之间、各政府内部以及单位与个人之间运行。设置指标体系，明确考核方式，在纵向任务的"层层加码"与横向地方政府的竞争中，脱贫任务的行政发包与地方官员晋升锦标赛相结合，各地区的脱贫时间不断提前。

《山东省"十三五"脱贫攻坚规划》明确全省脱贫总体目标，即2016年脱贫120万人，2017年基本完成脱贫任务，2018年兜底完成脱贫任务。山东省大多数县市的脱贫时间大致与此保持一致，也有部分县市将脱贫任务提前。2015年10月，J市Z县召开精准扶贫攻坚动员会，会议详细解读了《关于精准扶贫攻坚的实施意见》，签订工作责任状，确保2016年全县贫困人口全部脱贫。Z县发挥第一书记"抓党建、促脱贫"作用和联户干部帮扶带动作用，选派了82名市直部门第一书记、921名驻村干部到村开展驻村帮扶工作，明确3500余名机关干部对接贫困户。本次调研以3509元省定贫困线为依据，同时将3730元作为脱贫成效是否得到巩固的依据，兼顾"两不愁，三保障"，对Z县所辖16个乡镇、街道办事处850个行政村中的328个村已建档立卡的2126户贫困户进行了入户问卷访谈调查。调研数据（图1）显示，Z县对贫困户帮扶措施主要集中于公共服务和社会事业建设（如教育、医疗、低保等），其占比达到98.92%；而针对贫困户个体的技能培训、小额信贷、发展生产以及带动就业等帮扶措施严重匮乏。总体来看，Z县帮扶措施不够精准，基层帮扶力量有待加强。

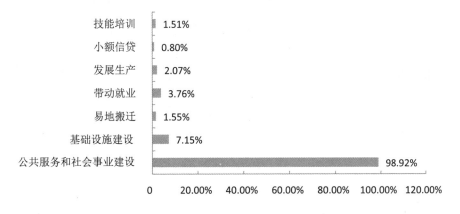

图1　Z县扶贫帮扶措施统计（N=2126）

　　贫困治理是一种复杂的社会治理难题，减轻或消除贫困的过程也是国家以经济发展、产业发展带动贫困人口致富的过程。自农村税费改革之后，靠从农村收取税费维持运转的基层政府转变为主要依靠上级转移支付，这种与农村、农民关系松散的"悬浮型"政权，更是在项目进村的背景下走向"协调型"政权。基层政府的财政"空壳"与机构精简，削弱了其治理能力和服务能力。在政治性脱贫任务的重压之下，基层政府除承接上级工程为贫困群体提供教育、医疗、低保等扶贫帮扶之外，无太多精力投入到技能培训、发展生产以及带动就业等投资大、周期长、回报慢的扶贫措施上。基层政府向上要完成上级交代的扶贫任务，向下要回应贫困民众的脱贫诉求，其任务之重与能力之弱形成了张力。

（二）基层政府扶贫治理中的技术失准

　　国家精准扶贫主要遵循技术治理的逻辑，以科层制为载体，利用技术工具、技术专家将扶贫指标量化，在建档立卡的基础上实施贫困治理。然而，精准扶贫政策在基层的落实常常出现技术失准的现象，主要表现在精准识别上的"瞄不准"，精准管理和精准帮扶中的"失灵"以及精准考核中的信息"黑箱"等。也就是说，"县为单位、规模控制、分级负责、精准识别、动态管理"的贫困户建档立卡，并没有突破基层政府的信息垄断，为应付上级考核，很多档案材料、指标数据通过"造数据""改数据""拍照片"的方式收集，至于具体的治理过程，则采取运动型治理。Z县调查数据表明，1412户的档案记录与实际情况一致，但也有689户的档案记录与实际情况不一致，占比达到32.41%。此外，政府扶贫相关政策宣传不精细，贫困户对政策的理解不深刻，有13.97%的贫困户不知道自己已经脱贫（如表1），且访谈对象的实际情况与档案记载不一致。导致这种现象的原因可能是贫困户不清楚自己的收入明细；或是为获得更多的政策支持，有意隐瞒或夸大自己的困难；也可能是帮扶责任人记录疏忽。

表1　贫困户脱贫状况知晓率

	脱贫知晓率（N=2126）		脱贫时间知晓率（N=1673）	
	频次	百分比（%）	频次	百分比（%）
知道	1829	86.03	1237	73.94
不知道	297	13.97	436	26.06

扶贫治理失准的原因不在于技术本身，实质上是组织制度中的矛盾使然。行政发包的权力结构，上情下达比较容易，下情上达则较困难，政府面临复杂的贫困问题，存在着组织管理、信息不对称、激励配置、利益协调等多重交易成本。一旦出现问题，基层政府更倾向于与驻村干部合谋，变通执行扶贫政策。这些都反映了基层政府精准扶贫的被动应对。聚焦于行政过程，对于基层政府这种行为方式的解读，学者们提出"策略主义""拼凑应对""共谋""选择性执行"等概念，体现了科层组织中政策一统性与执行灵活性、激励强度与目标替代、官僚制度非人格化与行政关系人缘化的悖论，导致基层政府在日常工作中关注短期目标、采取临时应对策略，难以真正有效完成上级设定的政策目标。

（三）以基层政府为主导的贫困治理格局

长期以来，我国形成了以基层政府为主导的贫困治理格局。近年来，国家动员社会团体、民间组织、企业和志愿者个人参与扶贫工程。但在具体的扶贫过程中，社会力量参与不足，缺乏扶贫持久性，市场力量的分布也因区域环境有所差异，缺乏扶贫动力。

在 Z 县调查样本中，贫困户的致贫原因相对集中，因病致贫占比为31.56%，因残致贫占比为35.23%，缺劳力致贫占比为27.80%，三者累积占比为94.59%（图2）。由此看出，因病、因残、缺劳力仍然是 Z 县贫困户致贫的三大主因。从贫困户的收入结构总体状况来看（图3、图4、表2），转移性收入占比为60.07%，87.02% 的贫困户家庭依靠低保托底；工资性收入占户总收入的22.22%，虽然 Z 县农民收入以种植农作物为主，51.79% 的贫困户家庭有种植业收入，但种植业收入户平均收入相对较低，仅为1267.75 元；35.84% 的贫困户家庭有土地流转收入，但土地流转的户平均收入为298.74 元。可以看出，低保、残疾救助等政策性帮扶对贫困户增加收入贡献最大，转移性收入比重过高，而经营性收入、工资性收入、财产性收入比重太低。上述收入结构表明，贫困户对政府扶贫政策依赖性较强，缺乏自身"造血"能力和抗风险的能力。这些贫困户即使短时间内能够脱贫，也存在"返贫"的风险。

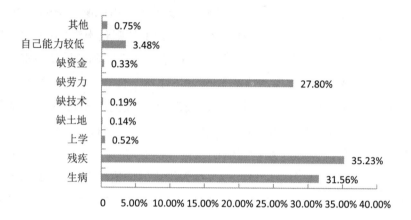

图2 Z县贫困户致贫原因统计（N=2126）

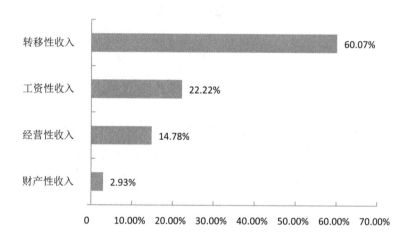

图3 Z县贫困户人均收入结构一（N=2126）

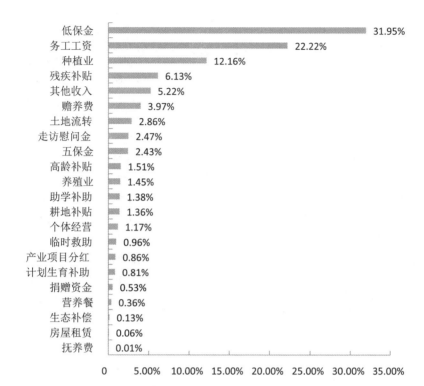

图 4　Z 县贫困户人均收入结构二（N=2126）

表 2　贫困户收入结构分析结果（N=2126）

收入项	是否拥有该项收入	家庭年收入（元）	
		均值	标准差
低保金	87.02%	3331.30	1851.88
五保金	6.02%	253.12	1078.56
临时救助	4.56%	100.44	2421.94
高龄补贴	15.43%	157.33	471.89
残疾补贴	39.28%	638.77	938.63
计划生育补助	7.76%	84.84	372.18
助学补助	8.80%	143.73	1101.80
营养餐	5.93%	37.73	190.46
耕地补贴	52.45%	142.07	217.46
生态补偿	1.79%	13.99	164.33

续表

收入项	是否拥有该项收入	家庭年收入（元）	
		均值	标准差
赡养费	25.78%	413.64	1044.83
抚养费	0.38%	1.22	25.64
走访慰问金	83.96%	257.08	190.40
捐赠资金	1.98%	55.52	1005.54
土地流转	35.84%	298.74	700.51
房屋租赁	0.28%	7.16	191.04
产业项目分红	8.70%	89.70	416.82
务工工资	25.73%	2316.93	6455.44
种植业	51.79%	1267.75	1988.89
养殖业	6.59%	151.20	726.48
个体经营	2.35%	122.10	1107.45
其他收入	56.16%	543.88	2677.22

注：标准差值越大，说明贫困户在该项收入上差异越大。

笔者在调研中发现，Z县大部分村庄没有产业扶贫项目，有的村庄虽然已建立农业合作组织，但也面临运营困境，绝大多数贫困户仅靠政府低保托底，农民自我经济发展能力弱。市场、社会对贫困群体的帮扶作用在Z县扶贫领域并未展现出来，扶贫格局呈现出"碎片化"的状态。一方面，各扶贫主体尚未形成强有力的扶贫合力，政府部门、企业、社会组织以及贫困户处于松散联结状态。另一方面，扶贫资源的分散使用，降低扶贫资金的效用，不利于基础设施、扶贫产业的长期发展；政府、市场、社会的利益结构与资源配置方式尚待理顺，发展新型农业合作社、规范土地流转以及精准实施产业扶贫等项目亟须推进。

二、大数据助推基层政府精准扶贫的内在逻辑

精准扶贫重在精准。大数据因其巨量性（Volume）、高速性（Velocity）、多样性（Variety）、价值性（Value）的特征，不仅包含大量的数据信息，其快速的数据分析和处理更能够折射出数据背后的逻辑，推演事物发展趋势，将大数据

应用于扶贫领域，可以整合扶贫数据、共享扶贫信息，降低数据交易成本，基于助推精准扶贫的内在逻辑（图5），提供持久性解决贫困问题的技术手段，为基层政府精准扶贫提供有力支持。

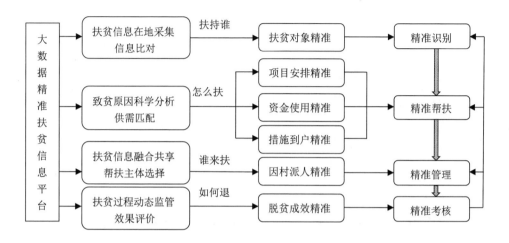

图 5　大数据助推基层政府精准扶贫内在逻辑示意图

（一）大数据加强精准识别的公平性

精准识别是精准扶贫的首要环节，识别结果影响扶贫成效，关乎村民对政府扶贫的公平认同。当前，我国将农民人均纯收入 2300 元（2010 年不变价）作为扶贫标准，识别贫困人口的程序是在县扶贫办的指导下，由乡镇政府统一组织，乡镇干部、村两委成员以及第一书记等在行政村内宣传告知和信息摸底，县扶贫办组织工作人员开展数据录入和清洗工作，各县扶贫办制作精准脱贫明白卡。传统的贫困人口识别过程烦琐，且数据采集只来自县扶贫办统一组织的渠道，大部分信息如贫困户是否享有低保金、五保金、残疾补贴、个体经营情况等详细信息散落在民政部、残联、工商局等部门以及贫困户手中，数据采集的不充分以及识别过程的相对封闭降低了贫困识别的精确度。

基层政府利用大数据技术构建贫困信息比对机制。贫困信息不仅包括贫困人口家庭收入、农业生产状况、身体状况、文化教育状况等维度的内部微观信息，而且包括村区域的经济状况、基础设施建设、自然资源分布等外部环境信息。搭建政府职能部门数据云平台，汇总整合各职能部门负责的各行业的数据信息。通过采集扶贫对象的生计数据、挖掘村域信息以及集成政府多部门数据，基于多维数据互补，丰富扶贫对象的贫困情景，对贫困数据进行"辨伪"，精准识别贫困户，做到扶贫对象有进有退，扶贫信息真实可靠，经得起群众的监督和检验。

（二）大数据保障精准帮扶的可持续性

贫困人口的致贫原因具有多样性、动态性，生病、残疾、缺劳力、缺技术、缺资金等原因导致贫困类型、贫困深度各异。利用大数据精准扶贫信息平台，汇总政府各职能部门、企业、社会组织的扶贫信息、贫困户的贫困信息，消除帮扶主体和帮扶对象的供需信息不对称，科学分析贫困户的脱贫需求，对口安排扶贫项目、合理使用扶贫资金、有效实施扶贫措施，实现针对性的精准帮扶。

贵州依托大数据、云计算，打造全省"扶贫云"平台，通过大数据技术整合分析财政、审计、民政等部门的数据，建立项目资金管理平台，实时监控扶贫项目的申报、评估、立项、审批，扶贫资金的安排、使用、监管、成效等环节，建立起责任链、任务链、项目链，确保项目安排合理、资金使用到位。构建多元主体的贫困治理格局能够提升精准帮扶的成效，而塑造贫困群体、一般农户主体性是精准帮扶的内在要求。由贵州省政府牵头推出的公益扶贫手机客户端——贵州扶贫云 App，是国内首家由社会组织主导开发的扶贫信息平台，充分利用"互联网＋扶贫"的模式，既可以帮助农户在线开店售卖农产品，也可以使用户在线订购产品，通过"众筹宝""农产宝""爱心宝"等架起扶贫者与被扶者的沟通桥梁，进行一系列的爱心互助活动。目前，广东扶贫 App、山东扶贫 App、福州扶贫 App、旬阳扶贫 App 等手机客户端已经投入使用，越来越多的地方政府发挥新技术、新媒体在扶贫中的作用，记录扶贫工作，发布扶贫信息，让人们及时了解扶贫政策，动员全社会力量参与帮扶，形成资源有效配置，既解决脱贫问题，也为市场和社会组织提供人力资源和制度性资源，实现脱贫的长效机制。

（三）大数据促进精准管理的专业性

大数据技术有利于建立扶贫管理的动态机制。2014 年 1 月，中共中央办公厅、国务院办公厅印发了《关于创新机制扎实推进农村扶贫开发工作的意见》，指出"对每个贫困村、贫困户建档立卡，建设全国扶贫信息网络系统"。以县为单位的扶贫管理通过大数据技术对致贫原因、产业状况、自然禀赋等进行信息匹配，将静态管理转变为动态帮扶，提高精准管理的专业性。贵州省建立的大数据精准扶贫云，横向整合民政、人社、卫计、住建、公安等部门的信息，纵向整合省—市—县—乡—村不同层级的信息，形成跨部门、跨层级的信息共享机制，实现动态联动的精准管理（图6）。

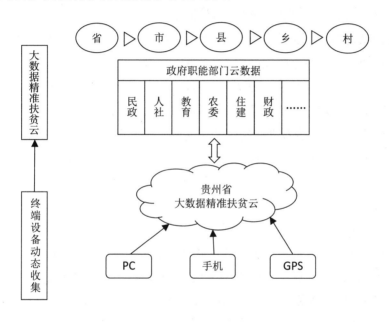

图6　贵州省大数据精准扶贫云

　　基层政府借助大数据技术实现区域联网，扶贫数据库的信息实时更新，因时因地精准派人。例如，对于交通、水利、电力、文教卫等基础设施建设薄弱的村，选派财政、水利、交通等系统的干部；而对于产业发展不明确，但具备发展特色农业自然条件的村庄，选派懂产业发展的技术干部。发挥驻村干部或者是村党支部书记的领头羊作用，部门定村、干部定户、能人定点，通过组织嵌入或服务下沉的方式，细化帮扶管理工作，密织扶贫管理网络。同时，政府调动符合条件且具有投资意愿的企业、社会组织参与扶贫治理，优化农民生产方式，继而缩小相对贫困差距，让农户融入共享发展的大格局中。河南省洛阳市栾川县潭头镇拨云岭村的村党支部书记带领村民"不种一粒粮打赢脱贫攻坚战"。拨云岭村实行农民专业合作社，农民将土地入股，从土地中释放出的劳动力外出打工。村里的土地用来种当地特色农产——核桃、油牡丹，且充分利用土地，散养土鸡。该村采用"互联网＋合作社"的电商销售模式，实现卖家和买家的供需对接，合作社逐渐发展成为该村集体产业项目，村民收入以前仅靠种粮，现今依靠多途径致富，人均年收入从 300 元提高到 4000 元。

（四）大数据实现精准考核的开放性

精准扶贫的目的在于实现精准脱贫，传统模式下的扶贫考核由于缺乏科学的考量标准、系统的考核机制、合理的考核方法，未完成减贫任务、违规使用扶贫资金的现象时有发生。2016 年 2 月，中共中央办公厅、国务院办公厅印发了《省级党委和政府扶贫开发工作成效考核办法》，指出从减贫成效、精准识别、精准帮扶、扶贫资金四个方面重点考核，同时规定"国务院扶贫开发领导小组委托有关科研机构和社会组织，采取专项调查、抽样调查和实地核查等方式，对相关考核指标进行评估"。各市、县两级党委和政府据此办法实行分级考核。2016 年 5 月，农业部等九部门联合印发《贫困地区发展特色产业促进精准脱贫指导意见》，要求县级党委和政府承担产业扶贫的主体责任，"建立调度机制，建立建档立卡贫困户参与产业脱贫信息报送制度，动态跟踪、及时更新产业扶贫信息，实现精准化管理与考核"。大数据驱动下的扶贫考核，让农村扶贫从精准识别、项目安排、资金使用、措施匹配、干部选派、脱贫成效等方面形成动态、可追溯、可识别的数据，实现对农村扶贫的全程监督，确保每一阶段的扶贫成效。

一方面，大数据精准扶贫信息平台监测扶贫进度，量化考核指标，建立扶贫主体责任链，强化帮扶主体的责任意识。在提升政府部门内部监控力度的同时，推动多方主体评估，将上级政府、扶贫对象、第三方考核的结果都按照一定的权重和比例纳入精准考核的体系中来，形成多维扶贫考核机制，加之将扶贫工作置于公正透明的环境中运行，有利于让精准扶贫的成效获得贫困群体、社会公众的认可和赞同。另一方面，大数据助推下的精准考核，有利于优化考核方式，降低考核成本。多数县级政府扶贫考核采取平时考核和集中考核相结合的方式，通过入户访问、现场查看、查阅资料、数据平台查询等途径核查扶贫数据的真实性和准确性。大数据扶贫信息平台的数据实时更新，跟踪扶贫过程，很大程度上能够降低基层政府扶贫考核成本，动态评估机制可以随时将考核中的意见和建议反馈到数据系统中，帮助基层政府进行科学决策。

三、大数据时代基层政府精准扶贫制度优化

虽然目前大多数基层政府扶贫系统已经运用了大数据技术，但普遍存在"随插即用"（plug-and-play）的现象，即政府在运用信息技术时，不触动深层次的结构和程序，不改变现有政府间关系，现代信息技术与传统治理方式的简单嫁接，不利于扶贫工程的长期发展，也不符合时代发展所需。大数据时代，基层政府精准扶贫需要优化和创新制度安排，从体制、机制等方面配置扶贫力量，整合扶贫资源，构建大扶贫格局，形成扶贫的长效机制。

（一）建设以贫困户为中心的大数据合作平台

"执政之要在于安民，安民之道在于察其疾苦。"以贫困户为中心的大数据合作平台建构的逻辑，在于贫困者通过大数据扶贫信息平台表达自身的贫困现状和帮扶需求，政府、市场、社会以及志愿者个人及时了解贫困户的疾苦，围绕贫困户的需求进行精准帮扶。具体来说，就是改变传统的帮扶者分散帮扶的一对多户的扶贫方式，转向帮扶者集中帮扶的多对一类的扶贫方式（图7），各帮扶主体在大数据精准扶贫信息平台上信息共享、互联互通，对贫困户提供专业化的扶贫供给。贫困户是精准扶贫体系中的参与者和利益分享者，鉴于扶贫对象的碎片化、个性化需求，一对多户的分散帮扶方式容易造成扶贫资源的浪费，也导致扶贫效率的降低。政府、市场、社会的帮扶各有侧重，肯定市场在农村扶贫中实现效率的基础地位、社会在协调公平方面的积极意义，以及政府在扶贫中的"兜底"作用。以贫困户为中心的大数据合作平台的建设，根据贫困户的类型精准施策，各帮扶主体的帮扶措施合理搭配，扶贫资源有效整合。

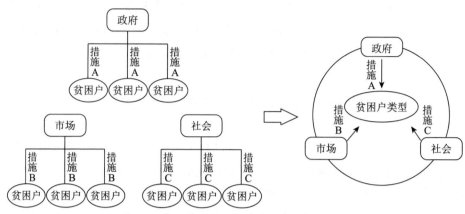

图 7　以贫困户为中心的精准扶贫方式的转变

影响贫困的原因主要集中于两个方面：一是基于内因视角的农户的家庭状况、素质水平、劳动技能等微观因素；二是基于外因视角的影响农户发展的国家政策、地理位置、经济条件等宏观因素。据此两个角度，对贫困户进行分类（图8），有针对性地帮扶。对于内在经济发展能力弱且外在脱贫条件欠佳的萎缩型贫困户，即那些经济发展先天条件不足，后天无法补救，只能依靠政府的低保金、五保金等救济度日的贫困户，各帮扶主体要给予其更多的扶贫关照；对于内在经济发展能力较强但外在脱贫条件较差的维持型贫困户，可以通过改善外部制约因素，如加大资金、政策扶持，提供就业机会，提升其经济收入；对于外在脱贫条件基本具备但内在经济发展能力不稳定，如容易因疾病、残疾、上学、灾害等变故造成贫困的潜在型贫困户，可以加大县级财政配套投入，应保尽保；对于内在经济发展能力和外在脱贫条件基本具备，有发展前景的发展型贫困户，要进一步提升其经济发展能力，使其收入超过当地平均水平。

图 8　基于内外因视角的贫困户类型划分

（二）统筹基层精准扶贫行政调配系统功能

哈罗德·伊尼斯（Harold Innis）认为，传播媒介的性质具有时间偏向性或者空间偏向性。具有时间偏向性的，性质耐久；具有空间偏向性的，质地较轻。大规模的政治组织必须克服媒介的这种偏向性，立足于时间和空间两个维度。信息技术的发展尤其是大数据技术的运用，改变了信息与距离、时间和存储的关系，将时间和空间完美地融合在一起，不仅使信息跨时空传递成为可能，在理论上还可以实现对信息的永久性存储。映射到科层组织中，大数据技术的运用影响到科层体系中的信息流动、活动协调和管理运行，丰富、迅速、更加廉价的信息将原来较封闭的组织边界打破了，协议式、合作式或任务式的组织关系更加普遍。

基层政府运用大数据技术和大数据思维进行精准扶贫，统筹行政调配系统功能，主要体现在政府贫困治理的结构调整与流程再造上。一方面，封闭式的治理结构向开放式的治理结构转变。建设党委主导型的基层政府精准扶贫平台，理顺纵向层级关系，加大横向部门协同，在党的领导、统筹、整合之下，促进信息的流动和共享，打通政府部门间的数据烟囱、信息孤岛。因此，为统筹基层政权各部门的力量，党委有必要集中舆情采集、工作分配、执行监督、回访反馈等权力，建立选择性集权机制。另一方面，基层政府扶贫治理流程的再造。第一，以贫困户需求为导向。平台的运作应设定核心问题，即贫困群体的扶贫偏好和需求，流程设计要以贫困户精准脱贫为出发点，基层政府精准扶贫要从"以部门为主"的分散式扶贫走向"以贫困户为主"的合作式扶贫。第二，以大数据技术为支撑。大数据技术为基层政府精准扶贫流程再造的实现提供了可能，这种可能表现在促进部门间的信息流动、资源融合共享和让贫困户与政府的沟通更为便利。第三，以扶贫效率为目标。建立扶贫的激励和约束机制，鼓励跨部门的扶贫合作，调整政府内部机构和人员，改善基层政府扶贫流程，化繁为简，削减烦琐、不必要的步骤，加快扶贫资源的精准落地。

（三）构建以政府为主导的多元参与合作机制

在由工业社会向信息社会转型的过程中，政府治理创新势在必行，基层政府精准扶贫大数据平台的构建在实现部门数据开放和整体联动的同时，纳入市场、社会的力量，形成具有参与性和合作性的开放平台。多元主体能够在精准扶贫中建立长期配合、互惠互利的联盟关系，需要利益纽带来维系。以大数据为支撑的平台共建是"大扶贫"走向实践的前提，扶贫主体共治是"大扶贫"的重要途径和实践方式，脱贫成果共享是"大扶贫"的目的和归宿。

共建共治共享的贫困治理格局，是对党委领导、政府负责、社会协同、公众参与、法治保障的社会治理体制建设的推动和完善。大数据时代的精准扶贫，要在坚持和加强党委的领导下，政府为扶贫企业、扶贫组织提供资金扶持和政策支持，而企业和社会组织通过各种具体灵活的方式将农户（包括贫困户）纳入产业发展中，探索"互联网＋企业＋农户""互联网＋合作社＋农户""公司＋合作社＋农户"等多种运作模式，形成"利益共享、成本分担"的利益共同体。发挥社会组织在扶贫治理中的作用，一是要充分利用社会组织的行业性、专业性和中立性的优势，考核基层政府扶贫政策的落实，跟进扶贫进程评估。二是调动更多的公益组织、慈善机构和市场组织参与到扶贫开发中，积极培育扶贫志愿者，壮大扶贫工作队伍，为企业提供制度性资源，形成扶贫与生产盈利的合力。同时也应注意到，贫困群体既是精准扶贫的对象，也是精准扶贫的主体，需要提升能力，发挥积极作用。农业发展进入大数据时代，智慧农业离不开大数据的支撑，扶贫同扶志、扶智相结合，要调动农民利用信息技术参与生产发展的积极性，提升农民的经济发展能力。

（四）加强扶贫资源整合和优化资源配置

扶贫资源的合理配置和有效利用是实现精准扶贫战略目标的关键保障。对于贫困地区而言，专项扶贫资金是最主要的扶贫资源，但这些扶贫资源能否精准下沉到农户手中以及农民是否有能力承接扶贫项目，在基层皆面临一系列的实践困境。基层政府扶贫资源的整合应着力于增强扶贫资源供给的整体性、促进项目发展的可持续性以及发掘农村资源的特色性，激发乡村发展的内生动力。

扶贫资源往往以项目制的方式下达到农民手中，各个项目条条分割，分属不同部门管理。对此，基层政府各部门可以利用大数据精准扶贫信息平台共享扶贫项目信息，县财政局、县扶贫办、县发改局、县农业局、县林业局等县级扶贫资金管理机构将分散使用的项目资金加以统筹，形成扶贫合力，在全盘布局、区域规划和地方协调的基础上，因地制宜建立资源调配动态机制，增强资源配置的灵活性。同时，充分发挥大数据精准扶贫信息平台的作用，农特产上线，帮扶措施下乡，产业扶贫项目结合地方优势资源，农产品拓宽销路，扶贫项目落地生根。在基层政府的带领和帮扶下，提高贫困地区承接外源性资源的能力，政府也要对农户进行技术培训，并奖励先进生产者，鼓励农户融入智慧农业发展的势态中，让农户能用、会用、愿意用信息技术，以构建现代农业产业体系、生产体系、经营体系，实现质量变革、动力变革、效率变革。

结语

为打赢、打好脱贫攻坚战，基层政府精准扶贫要"不采华名，不兴伪事"。大数据的应用使基层政府的扶贫方式由大水漫灌转向精准滴灌，帮扶工作由走马观花转向对症下药，贫困治理由大而化之转向靶向治理。不管是吹糠见米，消除绝对贫困，还是久久为功，降低相对贫困，基层政府都要做好精准扶贫的制度安排。这响应了信息社会中政府扶贫攻坚的内在需求，同时也与中国构建贫困治理的长效机制有着密切的关联性。基层政府利用大数据精准扶贫不仅革新了扶贫模式，同时也塑造了大扶贫格局。不谋全局者，不足谋一域，构建以贫困户为中心的、政府主导的、多元主体参与的大数据精准扶贫合作平台，是从制度安排上对基层政府利用大数据精准扶贫加以定位和优化。

参考文献

[1] 朱天义，张立荣.个体化或集体经营：精准扶贫中基层政府的行动取向分析[J].马克思主义与现实，2017（6）.

[2] 戴维·菲尼.制度安排的需求与供给[M]// V.奥斯特罗姆，D.菲尼，H.皮希特.制度分析与发展的反思——问题与抉择.王诚，等译.北京：商务印书馆，1992.

[3] 林雪霏.扶贫场域内科层组织的制度弹性——基于广西L县扶贫实践的研究[J].公共管理学报，2014，11（1）.

[4] 郑宝华，蒋京梅.建立需求响应机制 提高扶贫的精准度[J].云南社会科学，2015（6）.

[5] 朱玲.制度安排在扶贫计划实施中的作用——云南少数民族地区扶贫攻坚战考察[J].经济研究，1996（4）.

[6] 汪磊,许鹿,汪霞.大数据驱动下精准扶贫运行机制的耦合性分析及其机制创新——基于贵州、甘肃的案例[J].公共管理学报,2017,14(3).

[7] 卢艳齐.从数字式脱贫到发展式脱贫:一个省级贫困乡的贫困治理逻辑分析[J].理论月刊,2018(1).

[8] 马庆钰.政绩考核机制亟待改革——丹江口市虚假"脱贫"事件引起的思考[J].国家行政学院学报,2000(5).

[9] 胡联,汪三贵.我国建档立卡面临精英俘获的挑战吗?[J].管理世界,2017(1).

[10] 周黎安.中国地方官员的晋升锦标赛模式研究[J].经济研究,2007(7).

[11] 周飞舟.从汲取型政权到"悬浮型"政权——税费改革对国家与农民关系之影响[J].社会学研究,2006(3).

[12] 付伟,焦长权."协调型"政权:项目制运作下的乡镇政府[J].社会学研究,2015,30(2).

[13] 王雨磊.技术何以失准?——国家精准扶贫与基层施政伦理[J].政治学研究,2017(5).

[14] 季飞,杨康.大数据驱动下的反贫困治理模式创新研究[J].中国行政管理,2017(5).

[15] 王雨磊.数字下乡:农村精准扶贫中的技术治理[J].社会学研究,2016,31(6).

[16] 周雪光.中国国家治理的制度逻辑:一个组织学研究[M].北京:生活·读书·新知三联书店,2017.

[17] 欧阳静.压力型体制与乡镇的策略主义逻辑[J].经济社会体制比较,2011(3).

[18] 周雪光.基层政府间的"共谋现象"——一个政府行为的制度逻辑[J].社会学研究,2008(6).

[19] Kevin J. O' Brien, Lianjiang Li. Selective Policy Implementation in Rural China, Comparative Politics, 1999, 31(2).

[20] 何植民,陈齐铭.精准扶贫的"碎片化"及其整合:整体性治理的视角[J].中国行政管理,2017(10).

[21] Barwick H. Implementing Information Infrastructure Symposium: The 'four Vs' of Big Date[EB/OL]. http://www. computerworld. com. au/article/396198/iiis_four_vs_big_data/.

[22] 卫小将.精准扶贫与主体性塑造:再认识与再反思[J].中国行政管理,2018(4).

[23] 张国磊,张新文.基层社会治理的实践路径与制度困境研究——基于桂南Q市"联镇包村"的调研分析[J].中国行政管理,2018(1).

[24] 村党支部书记独创工作法 带领村民打赢脱贫攻坚战[EB/OL].齐鲁网,http://news.

iqilu.com/meitituijian/20180319/3863406.shtml.

[25] 浪潮打造贵州大数据精准扶贫云　成全国精准扶贫样板［EB/OL］．美通社，https：//
www.prnasia.com/ story/150400－1.shtml.

[26] ［美］简·E.芳汀．构建虚拟政府：信息技术与制度创新［M］．邵国松，译．北京：中国
人民大学出版社，2010.

[27] 郁建兴，高翔．农业农村发展中的政府与市场、社会：一个分析框架［J］．中国社会科
学，2009（6）．

[28] 程名望，张帅，史清华．农户贫困及其决定因素——基于精准扶贫视角的实证分析
［J］．公共管理学报，2018，15（1）．

[29] ［加］哈罗德·伊尼斯．帝国与传播［M］．何道宽，译．北京：中国人民大学出版社，
2003.

[30] 张晓，鲍静．数字政府即平台：英国政府数字化转型战略研究及其启示［J］．中国行政
管理，2018（3）．

发展特色产业　助推乡村振兴

——贵州省火龙果产业发展情况报告

贵州省农科院果树科学研究所　蔡永祥

火龙果是贵州特色优势产业的重要产品，是贵州现代山地特色高效农业主导产业之一。贵州省南盘江、北盘江、红水河流域发展火龙果产业，对深入推进农业供给侧结构调整，将特色产业发展与生态建设、脱贫攻坚紧密结合，真正实现"守底线、走新路、奔小康"，发展特色产业，助推乡村振兴，践行大扶贫、大生态战略具有重要的战略意义。

省政府办公厅要求在对我省火龙果进行精准测算的基础上形成"贵州省火龙果产业发展情况报告"，对此，我院果树科学研究所、现代农业发展研究所组织科技人员组成调研组，分别对罗甸县、望谟县、关岭县、镇宁县、贞丰县、册亨县6县的火龙果产业进行调研。在6个县相关政府部门、乡（镇）、火龙果专业合作社、企业的配合下，调研组围绕各县火龙果产业发展现状、综合效益、存在问题等内容，深入企业、专业合作社，以及乡镇、村组开展调查，对全省的火龙果产业发展状况有了较为清晰的评价，现报告如下。

一、产业发展现状

（一）生产发展现状

1. 面积与产量

2007年全省大规模推广种植，2016年全省火龙果种植面积达11.29万亩，投产面积 4.683 万亩，总产量 4.086 万吨，产值 24 178 万元。

2．分布

种植区域主要分布于上述 6 县 24 个乡（镇），分别为罗甸县龙坪镇、茂井镇、罗悃镇、红水河镇、凤亭乡、沫阳镇、逢亭镇 7 个乡镇，望谟县蔗香镇、乐元镇、油迈乡、平洞街道 4 个乡镇（街道），关岭县花江镇、上关镇、新铺镇 3 个乡镇，镇宁县良田镇、简嘎乡、打帮乡 3 个乡镇，贞丰县白层镇、鲁容乡、鲁贡镇、沙坪乡 4 个乡镇，册亨县者楼镇、庆坪乡、双江镇 3 个乡镇。

3．品种

主要推广品种是我院果树科学研究所选育的火龙果新品种"紫红龙"。近年推广的新品种还包括"黔蜜龙""黔红""软枝大红""水晶"系列等。

4．贮藏加工

火龙果种植企业、专业合作社大部分配置有冷库设备进行短期的贮藏，但区域布局和冷库容量不能满足火龙果集中上市时大范围的贮藏要求。火龙果加工产品主要是火龙果花茶、火龙果果粉、火龙果酵素和火龙果果酒，目前均处于起步阶段。

5．经营主体

全省有火龙果种植企业 26 家，专业合作社 58 个，深加工企业 3 家。罗甸县成立了"罗甸县火龙果产业协会"。

6．市场营销体系建设

"罗甸火龙果"于 2013 年获批国家地理标志保护产品，于 2015 年 7 月荣获"中国火龙果之乡"誉名；"关岭火龙果"于 2016 年获批国家地理标志保护产品和农产品地理标志产品。

火龙果主要销往北京、上海、重庆、浙江、湖南，以及南京、贵阳等地，销售方式有直销、批发、电商、零售。其中，罗甸县 2017 年电商销售达 320 吨，销售均价 25 元／公斤，产值 800 万元，主要通过淘宝、微信、QQ、众筹等方式和平台进行销售；关岭县 2017 年在县电商办的组织下，有 11 家专业合作社参与电商平台销售，销售火龙果 80 吨，销售均价 12～14 元／公斤，产值约 100 万元；2017 年，贵州黔睢园农业发展有限公司在望谟县通过淘宝、黔货出山、黔乡邮等电商平台销售火龙果 20 吨，销售均价 18～20 元／公斤，产值近 40 万元。

（二）效益分析

1. 经济效益

调查省内有代表性的种植户、合作社、企业，从果园投入成本、产量、产值等数据进行经济效益核算。

（1）建园投入成本（罗甸县）

新建 1 亩标准火龙果园需投入资金 7695 元。其中，荒山荒坡租赁费 100元/年，架材费 3330 元（30 元/桩 ×111 桩/亩），肥料 900 元（农家肥 400 元/吨 ×1.5 吨/亩，复合肥 150 元/包 ×2 包/亩），种苗费 1165 元（3.5 元/株×333 株/亩），劳务费 2200 元（100 元/工 ×22 工）。此外，自花授粉品种种苗费 1998 元（6 元/株 ×333 株/亩），亩需建园成本投资 8528 元。

从管护成本来看，1 亩标准火龙果园年管护费用需投入资金 3050 元。其中，荒山荒坡租赁费 100 元/年，化肥有机肥 900 元，农药 50 元，劳务费2000 元。

（2）种植经济效益

按照 2016 年的投产面积计算，2016 年全省投产总面积 4.683 万亩，总产量 40 858 吨，总产值 24 178 万元，亩产值达 5965 元，扣除果园管护费用 3050元，每亩火龙果产生纯利润 2915 元。

此外，火龙果的鲜花可加工成花茶产品。2016 年，罗甸县引进天旺科技股份有限公司，建成火龙果花茶加工厂；截至 2017 年 8 月底，收购火龙果鲜花600 余吨，每吨收购价 6000 元，产值 360 余万元。火龙果鲜花的收购价格为6 元/公斤，1 亩标准火龙果园鲜花产量按照 1200 斤计算，1 亩标准火龙果园鲜花产值为 3600 元，扣除果园管理费 800 元，每亩火龙果鲜花纯利润为2800 元。

按火龙果园当年种植、第二年投产计算，火龙果种植第三年即可回本，第四年开始盈利。在加工企业及市场相对稳定的情况下，火龙果种植亩利润达5715 元。相较于当地传统的粮食作物（玉米、水稻等），种植火龙果具有较高的经济效益。

（3）加工经济效益

目前，罗甸县建有两家火龙果加工企业，分别为天旺科技股份有限公司和贵州德龙食品科技有限责任公司。贵州德龙食品科技有限责任公司加工产品主要有火龙果酵素和火龙果果粉，预计年加工处理新鲜火龙果 250 万公斤，投产后将有效延伸火龙果产业链，提升产品附加值。天旺科技股份有限公司企业加工产品类型为火龙果花茶，设计生产能力为年加工火龙果鲜花 900 吨。截至 2017 年 8 月底，已累计收购火龙果鲜花 600 余吨，按照 14∶1 的比例计算，可加工出火龙果花茶产品 43 吨，按照出厂价 300 元／公斤计算，加工业增加值可达 930 万元。

（4）休闲观光旅游业经济效益

罗甸县规划建设新中盛火龙果休闲观光农业园区，规划面积 5000 亩。目前，已完成一期工程火龙果种植基地、观景台、综合办公楼等设施建设。镇宁县、贞丰县、望谟县三个县正在打造北盘江沿岸集休闲、观光、火龙果等热带水果采摘于一体的生态旅游景点，贞丰县"龙之谷"、镇宁县"凤之翎"旅游生态园区已初具规模。

2017 年 8 月 4 日至 10 月 31 日，关岭县以"碧叶红心·田园之梦"为主题举办了第二届红心火龙果文化旅游节，让游客在游玩的同时亲自动手采摘，品尝最新鲜的火龙果。

2. 生态效益

当地火龙果种植提倡"高产、高效、优质、生态、安全"的发展模式，施用生物有机肥，运用生物防治、物理防控等综合措施防治病虫害，减少化学肥料和农药的施用量，不会对产区环境造成污染。由于我省的地势地貌特点，火龙果多为坡地种植，全省火龙果种植区一半以上的面积均采用了坡改梯防止水土流失。该种模式最大限度地扩大了坡地种植面积，方便操作。建园初期，因土壤开挖造成植被破坏，导致一定的水土流失，三年后植被恢复较好，基本实现地表全覆盖，有效提升了种植坡地植被覆盖率，有效防治了水土流失；果园杂草经刈割，腐烂后可有效改善果园土壤。因此，种植火龙果能促进当地生态环境质量改善和部分区域石漠化治理。

3. 社会效益

自 2007 年全省火龙果大规模种植以来，10 年间火龙果从无到有、从新兴产业到特色产业，涉及农户 15 639 户，惠及人口 57 224 人。有效地调整、优化了全省种植业结构，促进水稻、玉米等传统农业向特色农业、现代农业发展，有效地提升了农业产业化发展水平，培育了种植企业 26 家、专业合作社 58 个、加工企业 3 家，推动了火龙果种植、贮藏、运输、加工、市场营销等全产业链发展。通过龙头企业、专业合作社、种植大户等带头示范作用，辐射带动当地农户、贫困户发展火龙果产业。同时，通过招聘用工（临时工＋固定工）形式帮助当地百姓增加收入，按照种植 5 亩火龙果解决 1 个就业岗位计算，全省可提供 22 582 个就业岗位，有效缓解了农村剩余劳动力就近就地就业问题，吸引农民工返乡创业。

4. 扶贫效益

截至 2016 年底，火龙果产业帮助贫困人口 7592 人，实现 2362 人脱贫。贵州新中盛农业科技发展有限公司属于市级龙头企业，每年解决 30 户贫困户用工。据统计，该企业可帮助当地贫困户实现每人每年 16 000 元的收益，远超脱贫线水平。截至 2017 年 8 月，该企业带动当地贫困户 69 户，帮助 256 人脱贫。

（三）科技支撑

1. 产业技术支撑

我省火龙果产业立足优越的自然生态环境，依托较为成熟的品种及技术贮备，在各级党委、政府的大力推动下，火龙果产业发展快速。我院果树科学研究所围绕火龙果品种选育、种苗繁殖、高产栽培、品质提升、贮藏加工等，先后承担、参与国家自然科学基金项目 5 项，其他国家级科技项目 5 项，省级科技项目 30 余项，制定了系列贵州地方标准，获国家实用新型专利 7 项，成果获省科技进步二等奖，省农业丰收一、二、三等奖，黔南州科技进步二、三等奖各 1 项。火龙果团队成员由原来的 14 人增至 24 人。引进博士 3 名、硕士 7 名；3 人晋升研究员、7 人晋升副研究员；1 人入选省管专家，1 人获省政府特殊津贴，1 人获第十一届贵州省优秀青年科技人才，3 人入选贵州省"千"层次创新型人才，10 人入选省级科技特派员。全省火龙果产业经过 10 余年的发展，实现了从无到有、从有到精的裂变式发展，科研水平跻身国内领先行列。

2. 科研人员收益

（1）入股

贵州贵豪现代农业科技发展有限公司是贵州卓豪农业科技有限公司与我院果树科学研究所在"科八条"的指导下，于 2014 年在镇宁布依族苗族自治县良田镇建立的股份制公司，专业从事热带水果种植、销售工作。为提高科技人员的收入，贵州贵豪现代农业科技发展有限公司专门拿出15%的股份给科技人员认购，目前已经认购4.15%。

（2）兼职兼薪

科技人员在省内火龙果企业、合作社等兼职，领取报酬20余万元。

（3）技术服务

贵州省农科院果树科学研究所与贵州贵豪现代农业科技发展有限公司签订了技术服务协议，每年为其提供火龙果栽培和贮藏等方面的技术服务，贵州贵豪现代农业科技发展有限公司每年提供30万元的技术服务费。

（四）存在问题

1. 产业发展资金缺口大

新建1亩标准果园需要7695元，除去国家财政补助的水泥支架和苗木3000元，农户还需投入建园成本4695元，果园建成后每年每亩的管理费及生产成本需3050元。大部分农户无力承担前期投入，造成部分果园推迟投产，甚至无明显的经济效益。

2. 基础设施配套滞后

一是火龙果基地几乎是山地果园，距水源地远，每年投入的农业资金不多。现有资金只能用在基地建设最急需的支架、苗木和开垦的开支上，配套到火龙果产业本身上的较少。只能依靠项目资金和企业、种植大户自筹资金来建设果园基础设施。二是冷链物流设施不足，鲜果集中上市时问题突出。全省火龙果种植基地现有冷库数量严重不足，暂不能大范围保障鲜果贮藏。三是没有火龙果交易市场，除有几个固定的企业销售点外，尚无固定的销售市场。

3. 品牌培育不足，营销手段滞后

贵州火龙果仅有"罗甸火龙果""关岭火龙果"等少数知名品牌。火龙果产销脱节，各地缺乏有效的市场营销组织，销售时各自为政，没有形成联盟或进行统一销售。农户多采取就地销售，价格偏低。

4. 物流成本过高，电商平台发展迟缓

近年来，电商平台兴起，部分罗甸火龙果通过电商平台销售。电商销售无须成本，先收钱后发货，但物流价格过高，电商渠道销售受限。电商销售物流价格为 16 元 / 箱（5 公斤，包括运输费 10 元 / 箱，包装纸箱费用 6 元 / 个），成本过高。

二、产业发展目标预测

（一）发展思路

充分发挥生态和资源优势，遵循市场规律，以品牌创建为突破口，开展"品种、品质、品牌"提升行动，全产业链统筹推进，促进发展方式转变。

围绕省内南盘江、北盘江、红水河流域优势区，以罗甸县、镇宁县等 6 个县为重点，以标准园创建为抓手，稳步推进新建果园，同步改造提升老果园。以企业和专业合作社为主体，行业联合，打造新型经营主体，创建地域性战略品牌引领的火龙果产销体系，加强宣传推介，努力开拓市场，以销促产。

加强对外交流合作，加快优新品种引进选育、新技术引进和关键技术攻关，加强新品种、新技术集成配套试验示范推广，努力提升科技支撑水平。以科技创新和推广应用为依托，践行生态文明和循环农业理念，以现代高效农业示范园区建设为平台，整合资源要素，推动产业跨越式和可持续发展。

（二）发展目标

到 2020 年，火龙果种植面积达到 13 万亩，新建果园 1.71 万亩。其中，镇宁 1 万亩、贞丰 0.4 万亩、关岭 0.2 万亩、罗甸 0.11 万亩；老果园改造升级 2 万亩。投产果园面积 10 万亩，产量 10 万吨，产值 6 亿元，种植户人均种植火龙果纯收入 5000 元以上。培育 3 ～ 5 家省级重点龙头企业，10 家农民合作社省级示范社，100 个家庭农场。建设火龙果休闲观光农庄 10 个。新建采后分拣中心 6 个，建成果品贮藏保鲜库 50 个，果品贮藏保鲜能力 2.5 万吨以上。打造全国知名品牌 1 个，有一定知名度的品牌 3 ～ 5 个。进一步提升产业综合素质，保持我省火龙果产业在全国的领先地位。

（三）主要任务

1. 突出效益，产业建设与生态治理同步推进

火龙果有耐旱、耐瘠、抗逆的特性，对水土保持和改善生态环境有重要作

用。同时，其市场前景好、经济效益高，发展火龙果产业，符合生态文明理念，既要了金山银山，又守住了绿水青山，是实现发展与生态并举的重要途径。罗甸县、望谟县等6个县党委、政府要将火龙果产业作为适宜区主导产业和生态建设的重点工程来抓，纳入规划，狠抓落实。

2. 园区引领，打造产业核心竞争力

按《农业部水果标准园创建规范（试行）》和《贵州省现代高效农业示范园区建设标准》要求，结合火龙果的具体特点和我省实际，建设和完善以火龙果为主导产业的现代高效农业示范园区。通过火龙果标准园创建和现代高效农业示范园区建设，夯实基础，提高我省火龙果产业竞争力。

3. "三品"提升，促进发展方式转变

以品牌创建为突破口，开展"品种、品质、品牌"提升行动，推动全产业链统筹建设，促进发展方式转变。以优质安全生态为品牌基本内涵，协调各生产基地，联合有关企业和产销组织，打造贵州火龙果母品牌，引导各基地、产销组织和主产区打造子品牌。通过品牌创建带动标准化生产、商品化处理、冷链物流、电子商务等发展，构建销售网络。

4. 行业联合，打造新型经营主体

协调全省火龙果主要产销企业、合作社、专业大户、家庭农场等市场主体，组建贵州火龙果商（协）会，采取公司管理模式，实行专业化经营管理。商（协）会对各主要基地统一配送农资，开展技术指导，推广新技术，利用自己的组织系统，连接保鲜、加工、包装、运输等环节，实行产业化经营，提高火龙果附加值，按资本和产品让果农分享到产后环节利润，实现各环节利润最大化。

5. 整合力量，加强科技攻关和试验示范

整合农科教系统有关专业技术人员，积极引进和培养人才，对火龙果产业各关键环节开展联合攻关。引进和集成新品种、新技术，通过试验组装，大范围开展示范推广，加快成果转化应用。整合各类项目资源，以企业、合作社、专业大户、农技人员和果农为对象，大力实施全产业链实用技术培训。通过系统的技术培训活动，大幅度提高我省火龙果产业技术水平，提升科技支撑能力。

6. 扩大开放，加强交流合作和宣传推介

以黔台合作为重点，加强交流合作和宣传推介，重点在经营模式和品种、技术上寻求合作与突破。加强与台湾等地科研院校及相关组织的交流合作，组织6个火龙果重点县农业部门、龙头企业、合作社有关人员分期分批赴台学习、考察、培训。在收集、保护和利用火龙果等热带水果种质资源的同时，我院果树科学研究所在镇宁县建立和完善了以火龙果为主的热带水果种质资源圃，将基地打造成集育种、种植、观赏、体验于一体的科普园，加快引进台湾等地优良品种，开展品种优选和配套栽培技术示范推广，带动本地品种的选育优化和栽培技术的提升，为做大产业提供科技支撑。利用各种媒体，全方位宣传贵州火龙果的优良品质及其保健功能，组织开展宣传推介活动。

三、政策建议

（一）加大资金整合力度，多渠道解决资金困难问题

省级层面整合涉农产业发展资金，设置火龙果产业发展专项资金；加大招商引资，通过土地流转、集中连片、规模化种植，让有实力的种植大户或投资商承包经营，解决目前部分地区火龙果种植散、小、管理差、缺乏后续发展资金等问题。

（二）加强基础设施建设，提高生产能力

普及水肥一体化、绿肥种植、专用肥、病虫草害绿色防控技术等，提高果园科学种植和管理水平，转向精准化管理，集中完善路、水、电及山地果园运输机械等设施，降低生产成本，提高生产能力。

（三）稳定火龙果种植面积，打造高标准种植基地

火龙果鲜果价格2007年为30元/公斤，随着种植面积的扩大，鲜果价格逐年降低并稳定在6元/公斤。建议稳定全省县火龙果种植面积，重点改造和打造高标准种植基地，提升火龙果品级、品质和效益。视火龙果加工产业发展情况，适度规模经营，优化产业布局。

（四）建立健全冷链物流体系

通过建设冷库、配备冷藏车等方式，降低火龙果在储存和运输过程中的损

耗,保障产业经济效益,增强果农生产信心,确保火龙果产业健康、稳健地持续发展。

(五)适当降低物流成本,促进电商平台发展

通过政府宏观调控及招标等方式,在全省定点一家或多家物流公司专门用于火龙果电商平台发货,统一物流成本价格,让种植户最大限度获益。

(六)引导发展二、三产业,延伸火龙果产业链

出台优惠政策,引导火龙果加工业发展,重点发展火龙果花茶、酵素、果干、果粉等加工产品,提升火龙果产业附加值。提早组织销售,推广订单火龙果销售模式。引导发展火龙果休闲观光旅游业,拓展农业多功能性,打造吃、住、行、游、购、娱相结合的休闲观光农业园区,吸引游客,提升旅游综合收入,对发展特色产业、助推乡村振兴具有重要的战略意义。

案例分析一:

板贵火龙果

关岭县板贵乡(已并入花江镇)位于北盘江边,石漠化严重,该区域地形陡峭、地势起伏大,土壤贫瘠,生态脆弱,生产生活条件恶劣,被联合国粮农组织列为不适宜人类居住的地方。为充分利用低热河谷地区高温高热、光照充足和昼夜温差大的气候资源,该区域将火龙果和花椒作为推进石漠化治理、促进农民增收的主要经济作物。

贵州省农科院果树科学研究所于2005年开始在板贵乡推广种植火龙果,是关岭县最早种植火龙果的乡镇,种植品种为"紫红龙",该品种具有较好的丰产稳产性,耐贫瘠、抗旱,适用于石漠化地区种植。截至2016年底,全乡发展火龙果3000亩,亩产2000斤,亩产值6000元,年产值1800万元。经调查发现,尽管该区域整体土壤有机质含量低且严重缺水,但火龙果在该乡的推广种植还是取得了显著的经济效益、社会效益、生态效益和扶贫效益。

板贵乡年人均收入从发展火龙果前的4000元提高到现在的8000元，整乡脱贫，全面步入小康行列。践行了既要金山银山，又要绿水青山的生态发展之路。

案例分析二：

贵州省罗甸县康旭火龙果种植专业合作社

该合作社成立于2012年3月，注册资金300万元，位于罗甸县龙坪镇八总社区，法人赵斌，主要经营火龙果种植和鲜果销售，面积70亩。辐射带动当地火龙果种植1000余亩，联合申报并获得无公害农产品产地认证面积3000余亩。

该果园产量趋于稳定，平均亩产量达1750公斤，高于全县平均水平（1000公斤/亩）。其果品销售均作分级处理，一级果售价10元/公斤，二级果6元/公斤，三级果4元/公斤，按照6元/公斤的平均单价计算，总产值达到73.5万元。该合作社果品多为直销，主要销往贵阳、都匀等地。

据负责人介绍，果园用工均为当地工，其中授粉、修剪、施肥等技术工作为固定用工，费用为2000元/（人·月）；其余为临时用工，费用为100元/（人·天）。据统计，该合作社每年劳务费支出20万元左右，帮助带动当地40人脱贫。

调研发现，该合作社果园为贵州省农科院果树科学研究所相关技术人员指导建设，后期园区维护及果园管理均按相关技术人员教授的技术开展。该果园虽然种植规模小，但在当地乃至全县都属于典型示范园，具有较好的经济效益和推广价值。

案例分析三：

贵州钏泰农业科技发展有限公司

该公司成立于2014年7月，注册资本1000万元人民币，2016年被认定为省级重点龙头企业。目前在贵州省贞丰县白层镇建有火龙果标准果园2300亩，并计划于2018年扩大面积至3600亩。该公司火龙果栽培技术成熟，市场定位明确，其以无公害、高质量的果品进入北京、上海的高端市场。

该公司已投入资金近8000万元，并于园区内建设了办公楼、员工宿舍、观景台等设施。为了生产出优质、安全的火龙果，该公司严格按照有机标准生产，其在SGS认证中457项农药全部零检出。果品分级标准，三级果1～1.5斤，出园价13～15元/斤，占出产果品85%；二级果1.5～1.8斤，出园价15～18元/斤，占出产果品的10%；一级果1.8～2斤，出园价20元/斤，占出产果品的5%。

果园建园费用每亩1.1万元（土地400元、种苗3000元、支柱3300元、有机肥2000元、劳务费2300元），次年每亩地开支为6000～7000元。进入盛果期后按2600斤/亩、每斤13元计，每亩产值可达33 800元，净收入26 800元。

该公司以高投入、高品质、走高端市场为经营理念，获得较好的效益，探索了火龙果发展的一条新路子。

贵州喀斯特地貌区贫困问题研究

黔南州委党校　李黎娜

摘　要　贵州是全国喀斯特地貌发育最为完整的省份,是西南喀斯特地貌连片区的中心地,也是全国经济发展落后的省份。生态环境脆弱、土壤瘠薄、自然灾害频发、"石漠化"和水土流失加剧都在影响着贵州经济的发展。本文主要分析贵州经济现状,探讨贵州贫困问题成因,浅析贵州喀斯特地形对经济的影响,利用 SWOT 分析法归纳出贵州经济发展的优劣势及机遇和挑战,总结出贵州发展的一些对策:交通建设和资源优势相结合、产业调整和生态建设相结合、利用旅游招商引资、优化农民工回乡创业环境。

关键词　喀斯特;经济发展;SWOT 分析

喀斯特地貌是一种自然现象,是水对碳酸盐岩溶蚀的地球化学过程和形成的地貌形态。它主要分布在低纬度地区,集中连片的主要有欧洲中南部、北美东部和中国西南地区。我国西南喀斯特地貌区以贵州为中心,包括贵州大部分及广西、云南、四川、重庆、湖北、湖南等省(自治区、直辖市)的部分地区。这些地区总体来说经济贫困、经济发展落后,这和喀斯特地形因素有关。

一、贵州发育完整的喀斯特地形和发展落后的经济现状

(一)发育完整的喀斯特地形

中国西南喀斯特地貌区是世界三大喀斯特地貌连片区之一,贵州处于我国

西南喀斯特地貌区的中心部位，是我国喀斯特地貌发育最齐全的地区。全省面积 17.6 万平方公里，其中 92.5% 的面积是山地和丘陵，自古就有"地无三里平"之说，是全国唯一一个没有平原支撑的省份。全省喀斯特面积为 10.9 万平方公里，占全省国土总面积的 61.9%。省内岩溶分布范围广泛，形态类型齐全，地域分布明显，构成一种特殊的岩溶生态系统。

（二）发展落后的经济现状

根据《中国统计年鉴 2016》，2015 年贵州省生产总值 10 502.6 亿元人民币，增长 13.3%。其中，第一产业增加值 610.16 亿元，增长 2.8%；第二产业增加值 290.39 亿元，增长 7.5%；第三产业增加值 585.62 亿元，增长 14%。改革开放以来，贵州逐步实现了国民经济总量增长从主要由第一、第二产业带动，转变为由第二、第三产业带动。虽然贵州发展速度近几年来非常快，但是相比全国及西南喀斯特地貌区来说，仍存在一定差距。2015 年全省人均生产总值 29 847 元，为全国人均生产总值倒数第三，是全国人均生产总值的 60%，是西南喀斯特地貌区人均生产总值的 61%。可见，贵州的经济发展水平比较落后，与全国或是西南喀斯特地貌区相比存在较大差距。

二、脆弱的喀斯特地貌生态环境制约着贵州经济的发展

贵州社会经济发展水平落后，与喀斯特地貌区的生态环境有关。喀斯特地貌区的生态环境表现为地形高低不平、土地瘠薄、地表漏水、地下积水、旱涝频发、水土流失等，这也决定了喀斯特地貌区生态环境的脆弱性。贵州喀斯特地形发育最为齐全，因此生态环境极其脆弱，极易发生水土流失、泥石流、地表塌陷、石漠化、旱涝等自然灾害，对社会经济发展产生不同程度的影响。

（一）脆弱的喀斯特地貌自然环境阻碍了农业生产

农业生产依赖于土地资源，是一种资源约束型产业，对自然环境的依赖很强。贵州喀斯特地貌生态环境的脆弱性，对农业的负面影响较为显著，而且通过对农业的制约，约束着整个贵州社会经济发展的进程。根据《中国统计年鉴 2016》，2015 年贵州农村居民经营耕地面积为 1.1 亩 / 人，全国为 2.28 亩 / 人；

经营山地面积为 0.32 亩／人，全国为 0.35 亩／人；经营园地面积为 0.03 亩／人，全国为 0.11 亩／人；经营草地面积为 0.02 亩／人，全国为 4.24 亩／人。土地经营情况低于全国的平均数。而自然灾害造成的农作物受灾面积达 1681 千公顷，绝收 647.9 千公顷，造成经济损失 178.6 亿元。贵州喀斯特地貌区生态环境的脆弱性造成农业资源总量短缺，制约着农业生产总量。

（二）高低不平的喀斯特地形阻碍了交通发展

交通运输是国民经济一个重要的组成部分，它能把社会生产、分配、交换和消费有机地联系起来，保证社会生活得以正常运行，保证社会经济得以扩大再生产。交通运输受地形因素影响比较严重，对地形地质条件要求较高。贵州由于受喀斯特地形因素的影响，铁路发展比较缓慢，影响着社会经济的发展。贵州交通运输的发展情况以陆路运输为例，近 5 年的发展情况与全国比较，结果如下（表 1）。

表 1　贵州及全国平均每省运输路线长度

地区		2011年	2012年	2013年	2014年	2015年
贵州	铁路运营里程（公里）	2070	2057.8	2093.1	2373.1	2810.1
	公路里程（公里）	157 820	164 542	172 564	179 079	186 407
全国各省平均	铁路运营里程（公里）	3008	3149.2	3327.2	3607.1	3902.2
	公路里程（公里）	132 464	136 693.8	140 523.1	143 997.1	147 654.7

数据来源：《中国统计年鉴》（2012年、2013年、2014年、2015年、2016年）

由上表可知，全国铁路运营里程一直在增加，贵州铁路运营里程近 5 年来一直保持增长态势，即将突破 3000 公里。虽然增长速度比较快，但是相对于全国水平来说，依然存在较大差距。这是因为铁路建设对自然环境的要求比较高，而贵州地形地势高低起伏、地质条件复杂、地下溶洞极多等都不利于铁路的建设。而公路建设灵活多变,能克服喀斯特复杂的自然环境,所以贵州的公路里程高于全国平均水平,发展速度也相对较快。

(三)复杂的地质条件制约着资源开发

贵州成矿条件好,矿产资源丰富,是国内著名矿产资源大省,在全国占有重要地位,有"江南煤海"之称。根据《中国统计年鉴2016》,2015年贵州煤炭资源基础储量101.7亿吨,在西南喀斯特地貌区中位居第一,全国位居第五。锰矿基础储量4841.10万吨,仅次于西南喀斯特地貌区中的广西14 019.5万吨,位居全国第二。铝土矿基础储量13 189.9万吨,仅次于广西48 722.3万吨和河南14 514.9万吨和山西14 467.9万吨,位居全国第四。磷矿基础储量6.7亿吨,仅次于湖北10.4亿吨,位居全国第二。但资源开发受制于喀斯特地貌区脆弱的生态环境,地质条件复杂,地质结构不稳定,导致资源开发难度大,加上交通不便、工业基础薄弱等因素,一直没有发挥出矿产资源的优势。

贵州旅游资源分布极广,种类较多。以喀斯特景观为主的自然风光,独特的民族文化风情,夏无酷暑冬无严寒的气候,使得贵州成为独特的旅游胜地。有梵净山、黄果树瀑布等山水旅游资源,有红枫湖、赤水竹林等森林旅游资源,有西江苗寨、侗族大歌节等民族旅游资源。但与西南喀斯特地貌区的几个省份相比较,旅游产业发展滞后,相差较大。根据《中国统计年鉴2016》,2015年贵州接待入境旅游人数68.59万人次,仅为湖北的22%、湖南的30.34%、广西的15.22%、重庆的46.3%、四川的25.1%、云南的12.03%;国际旅游外汇收入231.33百万美元,仅为湖北的13.84%、湖南的26.97%、广西的12.07%、重庆的15.75%、四川的19.59%、云南的8.04%。可见,贵州旅游资源虽然丰富,但是没有得到充分的开发和利用。

三、贵州喀斯特地貌区社会经济发展的机遇和挑战

贵州社会经济发展比较落后,人民生活水平不高,这与贵州喀斯特地形有关。"十三五"时期,国家继续加大对西部贫困地区的扶持力度,贵州的社会经济发展遇到了前所未有的机遇,同时也面临着更多的挑战。贵州社会经济的发展可以用SWOT分析法分析(表2)。

表2 贵州社会经济发展 SWOT 分析表

优势（Strength）	劣势（Weakness）
1.地处西南地区中心	1.地质复杂，资源开发难度大
2.资源丰富	2.生态脆弱，石漠化和水土流失严重
3.亚热带季风气候，生物多样	3.人口增长过快，教育发展落后
4.劳动力资源丰富	
机遇（Opportunity）	挑战（Threat）
1.国家政策扶持，发展环境良好	1.产业转移，生态环境压力大
2.交通建设投入，与沿海城市联系加强	2.西南地区竞争激烈
3.经济开发区建设	3.资本不足，社会扩大再生产困难

（一）优势（Strength）

1. 地处西南地区中心

贵州东靠湖南，南邻广西，西毗云南，北连四川和重庆，是西南地区的中心地带。黔桂线、贵昆线、川黔线、湘黔线在贵州交会，所以贵州号称西南的"铁十字架"。贵州有良好的区位优势，以贵阳为中心进行贸易活动，将使贵阳在物流、旅游、投资、商贸等方面获得巨大的发展前景。

2. 资源丰富

贵州拥有独特的地质地理条件、复杂多样的生态环境类型，孕育而成的生态环境资源极为丰富。自然资源中的煤炭、锰矿、铝土矿等基础储量居于全国前五位。贵州也是一个旅游资源大省，从自然风光到民族文化各个方面都有特色的旅游地，便于开发成旅游聚集地。贵州河流处在长江和珠江两大水系上游交错地带，水资源也极为丰富，根据《中国统计年鉴 2016》，2015 年贵州人均水资源量为 3278.7 立方米，高于全国人均水资源量 2039.2 亿立方米。

3. 亚热带季风气候，生物多样

贵州境内大部分地区属于湿润的亚热带季风气候，其基本特征为夏季高温多雨，冬季温和少雨。全省降水丰富，主要集中于夏、秋两季，雨热同期，为生物的生长提供了有利条件。喀斯特地貌发育完整，形成山高谷深的地形地势，造成"一山有四季，十里不同天"的多变气候，这为生物的多样性提供了生存环境。全省境内生物种类繁多，数据显示，全省有野生动物资源 1000 余种，野生植物资源 3800 种，其中药用植物资源 3700 余种，占全国中草药品种的 80%，这为贵州社会经济的发展提供了有力支撑。

4．劳动力资源丰富

马克思的《资本论》中提出，价值增值的实质是劳动力的转化，劳动力在社会扩大再生产过程中是必不可少的因素，市场的形成和劳动力因素密不可分。根据《中国统计年鉴 2016》，2010 年贵州人口总数 3530 万人，占全国总人口的 2.57%。其中 15 ～ 64 岁人口占总人口的 68.08%，是西南地区人口输出大省，丰富的劳动力资源是贵州社会经济发展的一大优势。

（二）劣势（Weakness）

1．地质复杂，资源开发难度大

资源的开发，是产地开采、交通运送、市场消费等一系列过程。因此，资源的开发不仅仅是资源的储量问题，还受诸多方面的影响。由上文可知，贵州有很多资源排在全国前列，但是受地形、交通等因素的影响，没有发挥出自己的优势，没有形成以资源开发来带动经济增长和就业增加的经济增长模式。

2．生态脆弱，石漠化和水土流失严重

贵州由于人口密度大、经济发展落后、生态意识淡薄，以及各种不合理的土地资源开发活动频繁，导致土地石漠化和水土流失严重。根据贵州省 2010 年第六次人口普查主要数据公报，全省人口密度为 197 人 / 平方公里。2015 年全省人均生产总值为 33 246 元，全国人均生产总值为 53 980 元，与全国平均水平还有一段距离。

3．人口增长过快，教育发展落后

人口的增长对经济的发展具有双重影响，一方面带来了劳动力和消费需求，另一方面带来了资源消耗和环境压力。当前，贵州已经是劳动力剩余和输出大省，人口却还在增长。2015 年，全国人口自然增长率为 0.496%，贵州人口自然增长率为 0.58%，人口增长过快，给经济发展带来了更多的压力。

教育发展落后是贵州社会经济发展的一个挑战，2015 年贵州普通高校教职工总数为 42 097 人，全国倒数第七。全国文盲率为 4.08%，贵州文盲率为 8.74%，仅低于西藏和青海，文盲率高居全国第三。教育发展落后使"科教兴黔"战略实施难度大，威胁贵州社会经济的发展。

（三）机遇（Opportunity）

1. 国家政策扶持，发展环境良好

国家针对西部社会经济的发展情况，继续实施西部大开发战略。党的十九大报告指出："加大力度支持革命老区、民族地区、边疆地区、贫困地区，加快发展，强化举措推进西部大开发，形成新格局。"2017年1月5日，国务院批复同意了《西部大开发"十三五"规划》，这是国务院批复的第四个西部大开发五年规划。贵州牢牢抢抓国家深入实施"一带一路""长江经济带"等重大战略机遇，以国家大数据综合试验区、国家生态文明试验区、内陆开放型经济试验区建设为抓手，利用国家政策上的扶植，在贵阳金阳新区设立大数据交易所，建立了一批大数据企业，如贵阳朗玛信息技术股份有限公司等，并举办了第一届数博会，获得了前所未有的发展契机。

2. 交通建设投入，与沿海城市联系加强

发改西部〔2016〕2750号文件提出，要坚持把西部交通建成"五横四纵四出境"综合运输大通道。在铁路方面，西部铁路是全国铁路建设的重点，加快推进干线铁路、高速铁路、城际铁路、开发性新线、枢纽站场建设，强化既有线路扩能改造，促进西部高速铁路成网、干线铁路升级，全网密度加大，运营提质增效。建成成昆、南昆、渝怀等铁路扩能，并开工建设贵阳至南宁的铁路。在公路方面，加大区际省际高速公路通道、综合交通枢纽及民生项目等薄弱环节补短板力度，努力形成国内国际通道联通，区域城乡广泛覆盖。促进民航和水运发展，推进贵阳龙洞堡西部地区重要枢纽机场建设。这些交通建设的投入，既加强了贵州内部之间的联系，也扩大了与外部的联系。

3. 经济开发区建设

经济开发区的建设，可以带动周边城镇和乡村的发展。发改西部〔2016〕2750号文件提出，西部要建成"五横两纵一环"的总体空间布局。贵阳、凯里是沪昆通道西段节点城市，贵阳、都匀是两纵中的呼南通道节点城市。另外，按照"黔中带动、黔北提升、两翼跨越、协调推进"的原则，建设黔中经济区、黔北经济协作区、毕水兴能源资源富集区、"三州"等民族经济区。这些经济区覆盖了整个贵州，构成了区域协调发展新格局，对于贵州社会经济的发展起到了带动作用。

（四）挑战（Threat）

1. 产业转移，生态环境压力大

随着西部大开发战略的深入实施，许多资源密集型和劳动密集型产业由东部转移到西部。产业转移既能带来经济增长，也能带来生态的污染与破坏，一些高能耗、高污染的工业产业由东部转移到西部，使生态环境原本就脆弱的西部地区承受了更多的发展压力。

2. 西南地区竞争激烈

西部大开发中受惠的不只是贵州，因为西部大开发包括 12 个省份。谁能够把握住机遇，谁就能够使经济得到发展；反之，就会和其他省份相差越来越大。西南地区社会经济发展竞争激烈，四川、重庆地处盆地，地形平坦，资源丰富，长江水运便捷，可直达长江三角洲；云南、广西处于边境，与东南亚、南亚交易方便，联系频繁。相对而言，贵州在西南地区社会经济的发展竞争中是处于不利地位的。

3. 资本不足，社会扩大再生产困难

社会扩大再生产离不开资金，资金直接影响着社会经济的发展。根据《中国西部经济发展报告》，2015 年，贵州省全社会固定投资总额 10 945 亿元，仅为全国平均水平的 50%。虽然相对于往年来说，已经有了很大提升，但是和其他西部省份相比，差距还是很大。资本投入不足、适用效率不高，制约着贵州经济的发展，很多项目只能进行到一半。这样会造成资本的浪费，不利于长期发展。

四、贵州喀斯特地貌区社会经济发展对策

（一）交通建设与资源优势相结合

利用西部大开发契机，发展交通和开发资源。资源开发离不开交通，交通建设离不开资金投入和经济发展，经济发展离不开资源。《西部大开发"十三五"规划》中提出，国家在基础设施建设领域将继续突出强调交通和水利两个关键环节，重点解决通道建设和路网完善问题。贵州地处西南腹地，位于西南地区和华南地区的接合部，在西北地区、西南地区和华南地区、华北地区的相互交流中具备承南启北、承东启西的区位优势。交通建设可以拉动一条线

路的经济发展，资源开发可以带动一个区域的经济发展。两者相结合，可以做到点、线、面的一同发展。贵州已经进入高铁时代，与北上广的时空距离大大缩短。如果抓住这一机遇，将贵州的商品销售出去，打开市场，对于贵州来说又是一大调整。

（二）产业调整和生态建设结合

贵州国民经济中，第一产业比重过大，第二产业比重不大，产业结构不合理。应该依托优势资源的技术创新，构建生态产业体系。加快做强做大优势产业，大力发展能源工业。推进以生态畜牧业为重点的生态农业体系建设，加快农业产业结构调整，加大退耕还林、退耕还草力度，扩大林地、草地面积，发展林业经济。在急陡坡封山育林、陡坡斜坡种植经济型林业、缓坡平地发展农作物。扶持第二、第三产业的发展，对喀斯特生态资源进行保护开发，保证生态平衡。提高新科技、新技术对第二产业的投入，由粗放型经济转向集约型经济发展。采用小流域综合治理模式、农村养殖—种植模式等解决人口和资源之间的矛盾。以保护生态环境为主进行产业调整，实现人与自然的和谐发展。

具体来说，目前贵州大部分农村地区都在走一条农旅结合的新路子。笔者走访了黔南州福泉市双谷村。双谷村面积 36.9 平方公里，种植有梨子、葡萄、杨梅等水果。水果园地规划成片，农业和旅游服务业得到融合发展。另外，在整个果园区贯穿着一条自行车赛道，每年都会开展山地自行车比赛，吸引了大量游客。人的到来就会带来住宿、餐饮等的消费，无形之中增加了当地农民的收入。农民在当地能赚到钱，就不会外出打工。由此可见，农旅结合的模式，是贵州打赢脱贫攻坚战的一条新路径。因此，黔南州政府提出了黔南农业要"接二连三"。其中，"二"指的是第二产业，即农产品要深加工成工业产品或者是有商标的商品出售，增加农产品的附加值。例如，贵定县推出的凉茶益肝草、苗姑娘矿泉水等，这些产品售价和销量较高，自然增加了当地农民的收入。"三"指的是第三产业，即旅游、餐饮、住宿，农村旅游不仅要能卖得出产品，还得让游客留下来、住下来，才能增加更多的收入。

（三）利用旅游招商引资

贵州旅游资源丰富，有山水田园自然风光，有民族民俗独特风情，可以利用旅游资源来招商。多渠道加大对本土旅游资源的宣传，吸引国内外投资商的投资欲望，发展旅游经济。旅游业是第三产业，发展旅游业可以带动相关服务业的发展。由于西南喀斯特地貌区旅游资源的同类性，贵州必须打造自己独特的旅游资源，使旅游资源个性化，才能脱颖而出。例如，开展季节性旅游项目，去贵阳避暑，看百里杜鹃；开展民族性旅游项目，观侗族大歌节，体验西江苗寨风情……

另外，贵州旅游业呈现出多层次、多领域共同发展的态势。经过实地调研发现，贵定县的阳宝山佛教基地、惠水的百鸟河数字小镇、独山县影山镇的净心谷、平塘县的天文科普小镇等，都是利用当地独有的文化、地理、科技优势，发展人文旅游，丰富了贵州旅游的内容。

（四）优化农民工回乡创业环境

近年来，大量农民工回乡创业，缓解了农村就业压力，推动了小城镇建设，繁荣了城镇市场，城镇人民收入也得以增加。但是，由于资金不足、缺少经验、市场竞争风险大等因素，一些农民工的创业陷入困境。因此，优化创业环境，在政策上、经济上予以更多扶持，可以提高他们创业的积极性和成功率。这样既可以吸引就业，又可以吸引剩余劳动力，使贵州劳动力资源优势得到体现。例如，近年来各大银行都推出了金融下乡、送贷下乡等优惠的贷款政策，在一定程度上解决了农民自主创业资金缺口大的问题。

贵州目前社会经济发展落后，但只要抓住西部大开发的契机，发挥自身内部优势，利用外部条件，完善交通运输，调整产业结构，社会经济应能取得突破性发展。发展的前提是在开发资源的基础上保护生态，在利用资源的基础上恢复生态。

参考文献

[1]　人民教育出版社地理社会室．地理[M]．北京：人民教育出版社，2006．

[2]　郭迎霞，张祥洲．中学地理复习考试地图册[M]．哈尔滨：哈尔滨地图出版社，2007．

[3]　李宗发．贵州喀斯特地貌分区[J]．贵州地质．2011（3）．

[4]　吴沿友．喀斯特地区扶贫开发理论与实践[M]．贵阳：贵州民族出版社，2002．

[5] 高贵龙，邓自民，熊康宁，等.喀斯特的呼唤与希望——贵州喀斯特生态环境建设与可持续发展［M］.贵阳：贵州科技出版社，2003.

[6] 洪名勇.喀斯特地区发展评论［M］.北京：中国经济出版社，2010.

[7] 李华，彭启英.贵州喀斯特地区经济发展的人力资源开发研究［J］.生态经济，2011（10）.

[8] 刘庆和.抢抓政策机遇，努力实现贵州历史性跨越——国发〔2012〕2 号文件相关重大政策浅解［J］.贵阳市委党校学报，2012（2）.

[9] 姚慧琴，任宗哲.中国西部经济发展报告（2010）［M］.北京：社会科学文献出版社，2010.

[10] 小莉.国务院批复同意《西部大开发"十二五"规划》［J］.中国工程咨询，2012（4）.

[11] 杨华，周杰.抓住历史机遇，加速贵州发展［N］.贵州政协报，2012-03-09.

关于精准扶贫中易地扶贫搬迁的思考

——以都匀市为例

黔南州民族研究所　樊　敏

摘　要　易地扶贫搬迁是实施精准扶贫、精准脱贫的有力抓手，是打赢脱贫攻坚战的关键举措。现阶段，易地扶贫搬迁工作取得了一定成效。但是，由于历史、民族、生态、区域、经济和社会等诸多原因，易地扶贫搬迁任务不仅繁重而且艰巨，急需学界提供理论支撑、智力支持和经验借鉴。本文以黔南布依族苗族自治州首府都匀市为个案，在深入易地扶贫搬迁安置点、原居住地充分调研的基础上，梳理了该市易地扶贫搬迁的主要措施，分析了存在的问题和困难，并阐述了改变和提高思想认识、强化和完善贫困户的动态管理、设计和规划安置房的可持续发展、保护和传承乡土文化的对策和建议，对于推进易地扶贫搬迁具有积极的借鉴作用和现实意义。

关键词　易地扶贫搬迁；都匀；可持续发展

一、前言

易地扶贫搬迁是实施精准扶贫、精准脱贫的有力抓手，是打赢脱贫攻坚战的关键举措。易地扶贫搬迁是指将生活在缺乏生存条件地区的贫困人口搬迁安置到其他地区，并通过改善安置区的生产生活条件、调整经济结构和拓展增收渠道，帮助搬迁人口逐步脱贫致富。国家发展和改革委员会、扶贫办、财政部、国土资源部、中国中国人民银行等 5 部门联合印发的《"十三五"时期易地扶贫搬迁工作方案》中，明确用 5 年时间对"一方水土养不起一方人"地方的建档立卡贫困人口实施易地扶贫搬迁，力争在"十三五"期间完成 1000 万人口搬迁任务，帮助他们与全国人民同步进入全面小康社会。

二、都匀市基本情况

都匀市是贵州省南部政治、经济、文化中心，黔南布依族苗族自治州首府，总面积 2274 平方公里，以布依族、苗族、水族为主的 33 个少数民族人数占全市 50 万总人口的 67%。全市共有 9 个乡镇、办事处，辖 87 个行政村。截至 2016 年，全市共有贫困村 38 个，贫困人口 8562 户 28 378 人（社会保障兜底 2818 户 7077 人）。仍有一些群众生活在深山区、石山区、地质灾害区，"一方水土"难以承载未来的发展。

2014 年以来，按照全面建成小康社会、不让一个贫困户掉队的要求，都匀市积极整合资源，加大财政投入，筹资 5.27 亿元建设扶贫生态移民工程。其中，2014 年墨冲镇总投资 6000 万元，目前 150 套扶贫生态移民房和配套路网已完成。绿茵湖办事处总投资 8000 余万元，将建移民房 406 套安置移民 2031 人，并将长州桥安置点作为保障性住房、农村危房改造房、扶贫生态移民房整合试点。作为贵州省水库和生态移民局确定的 2015 年 14 个省级扶贫生态移民工程项目之一——沙包堡办事处"都市杨柳"移民安置点，选址在沙包堡办事处德化村下坝，距市中心约 12 公里，总投资 38 705 万元，规模为搬迁安置扶贫生态移民对象 1015 户 4288 人，建设移民安置住房 1015 套 22 万平方米。按照承接高铁经济，展示黔南民族风情，提升都匀市旅游规模和打造新旅游亮点的思路，总体安置规划分为布依族、苗族、水族三个民族组团，突出民族特色，打造成为宜居、宜业、宜行的具有特色民族风情的新型城镇。现房屋已全部建成，路网、水电、绿化基本完成，进入实质性搬迁阶段。2016 年共搬迁 1280 户 5316 人，其中贫困人口 944 户 3865 人。以转移就业为核心的"五个三"(针对搬迁农户在迁出地的核心资产，盘活搬出地的承包地、山林地和宅基地"三块土地"；在搬迁群众最根本的民生问题上，统筹就业、就学和就医"三大问题"，彻底解决搬迁群众的后顾之忧；衔接低保、医保和养老保险"三类保障",有效解决搬迁群众最为关心的切身利益问题;探索社会综合治理新体系,贵州建设搬入地经营性公司、小型农场、公共服务站"三个场所",增强搬迁群众的安全感、归属感和幸福感;探索搬入地集体经营运行、社区服务管理、群众动员组织"三种机制",激发搬迁群众的内生发展动力)模式,完成了小围寨办事处"滨江移民新区"、沙包堡办事处"金恒星城市综合体"、绿茵湖办事处产业园区、毛尖"茶旅一条街"、墨冲"布依城"、归兰水族乡"阳立村"6个易地扶贫搬迁工程,打造成具有地方民族特色、功能齐全、配套基础设施好、就业量大、质量高的易地扶贫搬迁样板工程。

三、主要措施

(一)多元化宣传"引路子"

1. 立体化动员宣传

都匀市根据实际情况,采取召开乡村干部会、组织群众召开"坝坝会"、张贴宣传标语、发放宣传资料、群众自编自演节目等喜闻乐见的多种方式,广泛宣传易地扶贫搬迁政策,积极动员符合条件的群众搬迁。

2. 分片区重点宣传

采取全市副县级领导包乡镇办事处、包村,市直各部门干部包户,通过走访农户、带领农户到现场看房等方式重点对交通不便利、生活环境恶劣的归兰水族乡、毛尖镇偏远村寨进行宣传动员,鼓励贫困农户通过搬迁脱贫。

3. 全方位媒体宣传

借助报刊、电视、广播、微信、微博等多种舆论工具,多层次、全方位宣传易地扶贫搬迁政策。央视等新闻媒体四次采访报道金恒星安置点组织开展的"迁新居谢党恩""杀年猪迎新年"等活动,非常鼓舞人心,充分调动了其他贫困农户参与易地扶贫搬迁的积极性。

(二)多类型安置"探路子"

探索产城融合安置型、城镇安置型、茶旅结合安置型、中心村安置型4种安置方式和新型搬迁路子。

1. 金恒星安置点"先就业、后搬迁"新型搬迁模式

通过金恒星安置点上的城市综合体产业平台带动，做好移民后期发展扶持。对搬迁人员因人择岗，每户根据自身情况给予两个以上工作岗位，做到先就业、后搬迁。金恒星安置点位于省级 100 个重点城市综合体——金恒星城市综合体内，交通便利，公交可直达市中心，周边配备设施完善，可解决搬迁群众上学、就医、出行等需求，让搬迁到金恒星居住的移民有工可务、有事可做。安置点占地面积 16 930 平方米，住房建设总面积 27 496 平方米，计划总投资 1.5 亿元，单套面积及户型分别为 60 平方米两室一厅、80 平方米两室一厅、100 平方米三室一厅三种户型。首批搬迁入住已有 110 户 486 人。

2. 墨冲镇"1＋N"多元化就业安置模式

"1"即为一户易地扶贫搬迁安置房配置 1 个门面，"N"即为就近就地就业、自主创业、农旅兴业、劳务输出就业、公益岗位兜底就业等多种就业方式。墨冲镇距都匀市区 27 公里，镇域面积 316 平方公里，总人口约 5.2 万人。其中，布依族人口占总人口的 85％以上，黔桂铁路、贵新高等级公路、210 国道贯穿镇区南北，交通便利，商贸繁荣，曾获"全国重点镇""贵州省 100 个示范小城镇"等称号。该镇较早启动了城镇建设和镇村联动，为 2016 年实施易地扶贫搬迁工作在整合资源、节约成本、共享服务等方面打下了较好的基础。因此，采取的是集镇安置，安置点墨冲布依新区共建房屋 568 栋 1135 套，其中 2016 年易地扶贫搬迁 155 套，后续扶持效果也比较明显。

3. 毛尖镇"移民搬迁与茶旅经济发展有机融合"的旅游安置模式

都匀市积极把毛尖安置点建成美丽乡村示范点、乡村旅游点。通过抢抓全域旅游和精准扶贫的重大机遇，打造集茶旅结合、毛尖文化、特色度假等功能为一体的"茶旅一条街"，让游客在乡野自然环境中体验螺蛳壳风光和毛尖文化，同时借助旅游的发展带动安置户增收致富。毛尖镇位于都匀市西部，距市中心 45 公里，总人口 5744 户 2.1 万人，目前有贫困家庭 1254 户 4141 人，搬迁对象为 200 户 800 人，其中贫困户 136 户 572 人。安置点选址在坪阳村，占地面积 300 亩，建筑面积 4.5 万平方米，建设安置房 200 套，以 5 个布依特色村寨进行建设。目前正在实施建设的共有 117 栋，可实现 117 户贫困户搬迁入住。毛尖镇组织搬迁群众参加厨师、毛尖茶叶加工、茶叶采摘、茶叶种植等培训，积极联系茶叶企业帮助解决搬迁户的就业问题，目前共有 85 户搬迁户与

都匀高寨水库茶场等茶叶公司签订了用工意向合同。

4．归兰水族乡"移民搬迁与产业发展互促互进"的集镇安置模式

都匀市立足资源禀赋、产业基础，同步规划产业发展，归兰水族乡阳立新村安置点打资源牌、走特色路，靠山吃山、靠水吃水，宜工则工、宜农则农、宜旅则旅，着力发展有机农业、乡村旅游等产业，确保搬迁户搬得出、稳得住、能发展、可致富。归兰水族乡位于都匀市区东南部，成立于2014年4月。由奉合水族乡、阳和水族乡、基场水族乡3个少数民族乡撤并后建立，政府驻地奉合村。阳立新村安置点距市区60公里，建筑面积19 598平方米，居住区为13 061平方米，配套公共服务区域为4537平方米，广场面积为2000平方米，新建移民房150套，为水族民居风格，结合水族传统银饰加工、民族风情旅游打造而成。后因地质灾害原因，只建75户，另外75户安置到金恒星安置点。

5．绿茵湖办事处产业园区安置模式

绿茵湖办事处位于都匀市西郊，距市中心10公里，厦蓉高速、贵广快速、黔桂铁路穿境而过。厦蓉高速公路都匀西匝道口设在绿茵湖办事处境内，交通便利，2014年10月更名为都匀市绿茵湖产业园区。园区主导产业为机械（装备）制造业、建材及特色食品加工，最终建成"业＋游＋居"融合，"四态合一"的现代工业旅游新城。绿茵湖结合自身实际，在园区实施易地扶贫搬迁项目，工程建设任务200套，安置200户797人。2016年绿茵湖办事处易地扶贫搬迁任务为152户599人，涉及林荫、胡广、斗篷山、谷江等4个贫困村和1个文明村。目前，已落实搬迁任务66户244人。

（三）多举措保障"强路子"

1．就业保障促脱贫

金恒星安置点依托金恒星·浙商建材城落实移民就业保障，可提供工作岗位3000个以上，确保为每户搬迁农户提供2个以上就业岗位。

2．产业保障促发展

墨冲安置点采取商住分离模式，每户易地扶贫搬迁安置房均配置1个门面，门面由扶贫开发公司统一出租。有能力自主创业的，免3年租金自主创业；无能力自主创业的，由扶贫开发公司统一出租，将每年的租金全部补贴搬迁户。3年后，若搬迁户有购买能力，按成本价购买。

3. 资金保障促稳定

创新制定"6543"奖励机制。即移民户在拆除旧房和宅基地复垦工作完成后，除享受人均1.5万元现金奖励外，都匀市还出资对将原宅基地进行复垦的以房屋占地面积计算：框架结构600元/m²，砖混结构500元/m²，砖木结构400元/m²，木木结构300元/m²，简易结构150元/m²，水泥硬化或铺石院坝100元/m²，其他院坝60元/m²的奖励；同时移民将户口迁入安置点并自愿转为城镇户口的给予每户2万元的现金奖励；通过易地扶贫搬迁精准扶贫户与农商行贷款5万元入股企业，每年可享受3000元入股分红，实现增收渠道多元化。

4. 服务保障促安居

由市政府出资为每户移民赠送1万元家电、家具及生活物资，并对安置房进行简装，确保移民户"拎包入住"；为方便移民出行，增设并开通了公交线路。同时，通过社区进驻安置点，落实了"五个三"工作机制责任，解决移民搬迁后的"三就""三保"问题，引导移民更好地融入城市生活。

四、存在的主要困难和问题

在省、州的坚强领导下，都匀市上下一心，积极探索，紧紧抓住发展机遇，经过努力，因地制宜地在易地扶贫搬迁工作上探索出了适合都匀市发展实际的全新路子。全市移民工作取得了一定成效，但也存在不少困难和问题，主要表现在政府工作及群众思想层面。

政府工作层面表现为：一是受政策、对象、时间等因素影响，易地扶贫搬迁工程整合其他项目资金困难，导致配套的基础设施建设资金缺口大，影响工程建设进度和移民搬迁入住；二是易地扶贫搬迁工程既要满足整村或整组搬迁的要求，又要实现搬迁对象均为精准贫困户，二者结合难度大；三是移民宣传发动工作不广，项目设计深度不够，移民安置规划可操作性不强；四是各乡镇办事处对移民档案的重要性认识不到位，存在归档不及时、内容不全面、管理不规范、电子化程度低等问题；五是由于库区之间、乡镇办事处之间、年代不同之间移民补偿政策存在一定的差异性，信访维稳压力大，形势不容乐观；六是市移民局因人员缺编严重，现有工作人员难以面对全市七个乡（镇、办事处）开展技术指导工作；等等。

群众思想及实际情况层面表现为：一是拆除旧房政策，有群众不愿意拆除旧房，群众认为过年时走亲戚或是寨上有红白喜事时无房可住；二是按照"城镇安置的人均住房面积不超过20平方米，农村安置的人均住房面积不超过25平方米"的规定，有群众觉得太小，如有三代同堂、四代同堂的无法安置，且未预留发展空间，如有子女结婚，则房源不足；三是两户农户同住一栋房屋，只有一户搬迁，该户房屋如何拆除、如何复垦；四是农村无房户如何搬迁需要政策来明确；五是属于整组搬迁范围，但又不是贫困户的群众，有条件购买宽敞户型，可安置点又没有宽敞户型提供给这一类群众选择，虽然实现了搬迁，改善了居住环境及条件，但是遗憾很多；六是一些家庭因为变故，只剩下老人和小孩，在农村老人有条件通过喂养猪、羊、鸡、鸭及种菜等来贴补家用，搬迁后就没有这样的条件了，光靠低保、养老金等维持生计，的确捉襟见肘；七是贫困户与其他群众的家庭情况是动态的，摸底排查、建档立卡时有的也许不是贫困户，之后因为天灾人祸、疾病等原因致贫，有的当时是贫困户，之后因为发展，又有比该户还要贫困的家庭；等等。

五、对策与建议

（一）改变和提高思想认识

这里包含改变和提高移民户的思想认识和从事移民工作干部的思想认识两个层面。

从事移民工作干部的内涵比较宽泛，包含各级移民局、移民站、移民开放公司的领导和同志，还包含各级相关部门、乡镇、办事处、园区的领导和同志。他们的思想认识问题在易地扶贫搬迁工作中举足轻重，因为他们是政策的制定者、执行者和解读者。如果他们的思想认识问题解决不好，搬迁任务就完成不好。只有加强学习、转变观念、锤炼思想、提升境界、夯实作风，才能改变和提高他们的思想认识。

移民户的思想认识问题直接关系到搬迁工作的成败，因此做好移民户的思想认识工作，一定要讲究方式、方法，注重策略与技巧。一是要讲清政策，改变移民户错误、偏颇的思想认识；二是要换位思考，理解移民户的现实处境；

三是要说服教育，帮助移民户分清利弊；四是要典型引路，打消移民户的思想顾虑；五是要真情帮扶，用温暖感动移民户，让他们消除顾虑，改变和提高思想认识，自愿搬迁、快乐搬迁，最终实现脱贫致富、自我增值。

（二）强化和完善贫困户的动态管理

这里包含贫困户认定的动态管理，还包含贫困户档案的动态管理。贫困户本身是动态发展的，因此，无论是在认定上还是在档案上，都要强化和完善动态管理。

只有贫困户的认定实现了动态管理，档案才能实现动态管理；只有贫困户的档案实现了动态管理，认定的动态管理才能成为现实。二者相辅相成，互相促进。在认定上，不能机械地认为一开始认定为贫困户的就是贫困户，一开始认定为不是贫困户的就不是贫困户。而是要根据他们的具体情况，最少做到一年一认定，达到基本的公平、公正。每年年末抽调相关人员以自然寨为单位开展认定，可以自己申报审核认定，也可以联名申报审核认定。符合贫困户条件的，继续认定为贫困户；已经不符合贫困户条件的，要从贫困户中出列；原来不是贫困户，现在符合条件的重新认定为贫困户。做到具体问题具体对待，避免犯形而上学的错误，从而使至2020年贫困人口全部脱贫的计划完全实现。

在档案上，对贫困户的基本情况、家庭状况要及时了解、掌握，及时更新。围绕怎么扶、谁来扶、扶什么、实施了哪些项目、落实了多少资金、缺口什么等内容，要跟踪管理，强化痕迹管理，使得精准帮扶与信息管理一致，用数据说话，强化大数据管理，录入贫困户信息，确保数据质量、标准，数据对称，实事求是。

（三）设计和规划安置房的可持续发展

按照现在的易地扶贫搬迁政策，"城镇安置的人均住房面积不超过20平方米，农村安置的人均住房面积不超过25平方米"，这也是不让移民户举债搬迁、沦为房奴的良好初衷。一个三口之家，只能享受60～75平方米的安置房，无论这套房子是两居室，还是小三居室，孩子将来结婚娶妻生子，两居室的房间肯定不够，小三居室的房间面积又小。如果是在老家，就可以在原有的房子上加升楼层，或者在房屋旁边搭建就可以解决，现在集中安置了，没有宅基地建新房，重新买房又变成了新的贫困户。因此，要考虑安置房的可持续发展，一楼一底安置的就需要预留移民户以后可以加升楼层的基础和条件，满足人口增加后的住房需求；楼房安置的就要根据实际情况对人均住房面积的政策作调整，需要设计和规划100平方米以上的大三居室来为移民户做长远的考虑，提高移民户的满意度和获得感。

（四）保护和传承乡土文化

根据世界银行的研究，迁移对移民可能产生一系列影响，其中包括："原有的生产体系被破坏；生产性的财产和收入来源丧失；人们被重新安置到另一个可能使他们的生产技能不能充分发挥，而且资源竞争更加激烈的环境中，乡村原有的组织结构和社会关系被削弱；家族群体被分散；文化特征、传统势力和潜在的互相帮助作用都减弱了。"这就提醒我们从社会文化的角度来研究移民问题是极为重要的。都匀市是一个以布依族、苗族、水族为主，聚居有33个少数民族，少数民族人口数占全市50万总人口的67%。乡村文化、民族文化十分丰富。据调查统计，有搬迁意愿的户数和人数占应搬迁户数和人数的比例不到50%，为什么有一半以上的群众没有搬迁意愿呢？特别是归兰水族乡群众的搬迁愿意占比不到20%，为什么有80%的群众没有搬迁意愿呢？如归兰水族乡合心村二组、三组只剩一两户了，也没有搬迁意愿，难道他们愿意在恶劣的生存环境中日出而作、日落而息，靠天吃饭，一直"穷"下去吗？据访问，答案是否定的。他们也向往城镇舒适、便捷的生活环境和就业、就学、就医条件。没有搬迁意愿的深层次原因，其实是"乡愁"，是"民风"，因为搬迁会使看不见的文化经络被破坏、农村原有社会关系丧失、文化系统解体，也会让人"失落"。因此，有的群众即使有搬迁意愿，也不愿拆除旧房。这也留住了文化根脉、守住了民族之魂。面对十分丰富的乡村文化和民族文化，他们坚守传统、选择文化。这就要求我们在易地搬迁中保护和传承乡土文化。墨冲镇等"微田园"的做法，留住了泥土的气息，但这只是农耕文化的一部分。首先，是保护好传统村寨，特别是那些有特色、有规模的村寨，一定要把它作为硬任务保存下来，而且在建设的过程中要建旧如旧，突出乡村特点和民族特点。其次，要有的放矢，依据文化生态和文化需求来选择安置点和安置群众。如"都市杨柳"移民安置点，其本身就是一个布依族聚居的村镇，为什么要建苗族、水族民族组团呢？"良臣择明君而侍，良鸟择佳木而栖"，我们在规划中就依据文化生态和文化需求来安置布依族群众不是很好吗？归兰水族乡为什么有80%的群众没有搬迁意愿？归兰水族乡阳立村安置点因为选址有地质灾害问题，安置户由原来的150户减少为75户，估计也是一个重要原因。我们为什么不可以在归兰水族乡区域内选择其他的安置点，安置其他没有搬迁意愿的80%的群众呢？最后，要把传统文化变成文化产品、文化项目保存和传承下去。在安置点建设移民民俗展馆、乡愁馆、民族记忆馆等，搜集与移民有关的物件，经常性地开展民族文化活动，不让家乡的文化、民族的文化流失，给移民户留一处精神家园，也为精神文明建设、民族文化建设、传承文化建设搭建平台和夯实基础。

机遇与挑战并存，只要我们在具体的移民搬迁工作中想细一点、做实一点，相信有搬迁意愿的群众会越来越多。而且，移民工程实施后，移民的生存环境得到显著改善。移民搬迁后，许多居住在边远高寒深山的退耕农户离开了生存环境恶劣的深山区，彻底摆脱了苦根、穷根，享受到了新环境优越的生存资源条件。同时，移民的综合素质得到明显提高。无论是易地扶贫搬迁，还是生态移民搬迁，不仅使移民户生存的地理环境发生了改变，而且使他们接受和融入了现代社会、现代文明、现代生活，发展观念有了深刻变化，更重要的是促进了民族团结、社会稳定与和谐发展。

结语

"绝不让一个贫困人口掉队！脱贫攻坚是第一民生工程，我们将举全市之力、集全市之智，坚决打赢科学治贫、精准扶贫、有效脱贫这场输不起的攻坚战。"这是都匀市委、市政府发出的铿锵之声。精准扶贫中的易地脱贫搬迁是有效解决"一方水土养活不了一方人"问题的根本之策，是从源头斩断贫困之根的重要举措，让贫困户搬出大山、移出深山，实现绝地逢生，搬迁是手段，脱贫才是最终目标。相信，只要在易地扶贫搬迁中做到挪穷窝与换穷业并举、安居与乐业并重、保护历史与传承文化并存、搬迁与脱贫并进，一幅百姓富、生态美的幸福图景会在祖国大地徐徐展开。

参考文献

[1] 马伟华. 生态移民与文化调适: 西北回族地区吊庄移民的社会文化适应研究 [M]. 北京: 民族出版社, 2011.

[2] 《都匀市易地扶贫搬迁 (2012—2020 年) 总体规划》.

[3] 《都匀市易地扶贫搬迁工作宣传手册》.

[4] 《中共都匀市委办公室 都匀市人民政府办公室关于对都匀市 2016 年易地扶贫搬迁工作进行责任分解的通知》(匀党办通〔2016〕18 号).

[5] 《中共都匀市委 都匀市人民政府关于扎实做好易地扶贫搬迁后续扶持发展的实施意见》(匀党发〔2016〕5 号).

试析苗族特色村寨建设与乡村振兴

——以六盘水市为例

贵州省六盘水市第一中学　潘自飞　贵州省六盘水市社会科学院　陶　波

摘　要　我国正在有序推进少数民族特色村寨与乡村振兴战略，以"生态产业化、产业生态化"为引领，为苗族特色村寨书写"绿色"未来，有效保护苗族特色村镇传统民居和村寨环境，同时开发苗族文化资源旅游。在多元民族文化格局的整体保护下，充分利用地域丰富的苗族文化资源，重点打造一批具有苗族风情的旅游村寨，建设民族风情旅游小镇；依托民族文化建设，把苗族蜡画、苗族服饰等培育为民族工艺旅游品牌。这对探索开发一批集观光、体验、考察、销售为一体的苗族特色工艺品产业旅游村寨和乡村振兴，具有重要意义。

关键词　苗族文化；守住生态；文化旅游；人才支撑

新时期，全面建设小康社会的宏伟蓝图正逐步实施，我国正在有序推进少数民族特色村寨与乡村振兴战略。那么，如何为苗族特色村寨书写"绿色"未来，让苗族特色村镇传统民居和村寨环境得到有效的开发和保护，同时又能开发苗族文化资源旅游？探索开发一批集观光、体验、考察、销售为一体的民族特色工艺品产业旅游村寨具有重要意义。因为少数民族特色村寨的建设与乡村振兴，必将促进民族团结进步事业深入发展，加强平等、团结、互助、和谐的民族关系。

一、守住苗族聚居区的生态，为苗族特色村寨的振兴书写"绿色"未来

六盘水市现居住有彝族、苗族、布依族、白族、回族、仡佬族、水族等少数民族。现有国家级、省级、市级少数民族特色村寨60个，分布在全市4个县区。其中，国家级少数民族特色村寨8个，省级少数民族特色村寨44个，市级少数民族特色村寨8个。

市内特色村寨主要有：彝族、苗族、布依族特色村小补王村，苗族特色村高兴村，苗族、彝族特色村棋林村，青林苗族风情特色小镇，以及正在建设中的南开苗族风情特色小镇。

少数民族村寨建设想要取得实质性成效，必须大幅提升综合经济实力，持续改善人民生活水平。其前提是守住"绿色"这条底线，以"生态产业化、产业生态化"为引领，着力为农业种下"绿色"希望，为工业贴上"绿色"标签，为村镇书写"绿色"未来。让绿水青山源源不断地带来金山银山，推动经济转型升级。

只有建立完善的生态环境预防监测和保护体系，才能有效保护苗族特色村寨的人文环境和生态环境，遏制水土流失和土地石漠化现象。六盘水苗族特色村寨主要河流及支流水环境、矿山固体废弃物、生活垃圾综合整治行动取得明显效果。植树造林、封山育林、退耕还林工程也得到很好的实施。

改造或修复民族村寨，要严格遵循"修旧如旧、建新如旧"的原则。建筑风格、原料要尽可能与原有建筑保持一致，与当地自然生态环境和谐统一。原窗户可添加木质或铁质的、突显民族和地方特色的窗花格；原墙面可融入苗族传统服饰、乐器、舞蹈等文化元素的图案装饰。

新建民族村寨，要注意绿化、美化院落，提升家庭居住质量。景区外农民为景区提供水果、蔬菜和其他农特产品，以此带动周边农村经济的发展。市区及县城周边村寨都可以发展乡村休闲度假村，例如景区边缘型、高科技农业园型、城郊"农家乐"型、温泉度假型、湖泊度假型、休闲山庄型、苗族民俗节庆型度假村等。

另外，还可以根据苗族特色村寨经济状况、用地条件、人口变动趋势，划分现有村寨类型，吸引村民聚居。有条件者可转变为从事旅游服务的人员，从

事旅馆、餐饮、交通、商品销售等工作。

二、注重开发地域苗族文化资源，为苗族特色村寨提供文化旅游吸引力

打造苗族特色村寨，让乡村振兴，必须在多元民族文化框架下，充分利用地域内丰富的苗族文化资源，重点打造一批具有民族风情的旅游村寨，建设民族风情旅游小镇；依托民族文化旅游创新园区建设，推动形成地域标志商品、地方特产、一般旅游商品构成的民族民间工艺品体系，把苗族蜡画、苗族服饰等培育为民族工艺旅游品牌。

加大苗族特色村寨文化建设投入。比如新建六盘水市水城县苗族南开花场村小花苗民俗博物馆，建立水城县青林乡海发村苗族文化产业基地。加强民族民间文化保护，苗族语言数据库建设，建立当地苗族文献资料库。充分挖掘利用民族民间演艺和民族体育活动等资源，重点推进民族文化旅游演艺项目的开发和民族体育赛事活动的举办。建立景区风情演出、大众娱乐演出、小剧场演出等多层次、多种类民族民间演出产品体系，展示和宣传苗族特色村寨文化及艺术魅力。实施民族歌舞和节庆活动保护计划，扶持办好苗族跳花节、四月八、芦笙节等少数民族节庆活动。盘州英武镇滑石板村苗族大筒箫制作与演奏，水城县南开乡花场村苗族芦笙舞、三口塘跳花场、苗族服饰制作，青林乡海发村苗族芦笙制作与芦笙舞、苗族（小花苗）传统土墙民居、高山旱作景观，钟山区月照社区马坝村苗族蜡染、歪梳苗服饰等都极具少数民族民俗文化价值。

新规划建设的民族特色村寨要将地域内的苗族文化符号、元素充分融入建筑外观，将有关该民族的历史、族源、传说、文学、舞蹈、服饰、乐器等以彩绘、纹饰的形式体现出来。例如，根据箐苗、大花苗、小花苗、四印苗、喇叭苗、白苗等各苗族支系的舞蹈、乐器、服饰特点，提取典型文化符号作为村寨建筑装饰的重要依据与素材。

六枝梭戛的箐苗，服饰独特而优美，有多种服饰技艺传承，其服饰图案清秀、优雅而古老，其中"梭戛箐苗彩染服饰艺术"已被列入国家级非物质文化遗产代表名录。这支苗族最显著的特点是妇女头上插着一把约80厘米长的木

梳，木梳形似牛角，故过去有人称之为"长角苗"。他们崇拜箐鸡，衣服上的刺绣、蜡染图案是仿照箐鸡羽毛颜色织成的；藏青色羊毛毡围腰、白色羊毛毡绑腿是依照箐鸡胸围图案制作而成的。

六盘水市建设有亚洲第一座生态博物馆——梭戛生态博物馆。此经验可以指导我们开展民族文化生态保护区建设：充分挖掘全市少数民族文化资源，建设一批具有六盘水特色的民族文化生态保护区，更好地保护、传承、展示少数民族文化。

三、加大对苗族民间文化人才的扶持力度，为苗族特色村寨振兴提供人才支撑

要发展和振兴乡村，人才是必备的。因此，必须培养苗族民间文化人才，进一步拓宽人才选拔渠道，健全政策引导和投入保障机制，加大对少数民族民间文化人才的扶持力度，为少数民族民间文化人才施展才华提供广阔平台。

首先，制定苗族村镇保护与发展政策。引进民族学、民俗学、宗教学、艺术学、建筑学、城乡规划设计等专业的博士与硕士毕业生，对符合工作地和所在单位人才引进条件的，可享受本地本单位相应层次的人才住房、安家费、科研启动费、家属安置等方面的优惠政策。

其次，贯彻和实施"六盘水百名民族民间传统文化突出人才培养计划"。民族文化人才为六盘水市的繁荣发展提供了人才和智力支撑。因此，应培养和扶持一支熟悉和掌握苗族非物质文化遗产，热衷带徒授艺，坚守传统技艺，懂市场、善经营、会管理，具有示范带头作用的突出人才队伍。

再次，完善民族民间文化传承人才培养的社会接纳机制。建立职业传承人制度，即把活跃在乡村、旅游景点、工艺作坊、学校，正在从事苗族民间传承工作的传承人明确为职业传承人，为其传授文化艺术提供有力的扶持，给予一定待遇，使他们不放弃苗族语言、歌舞、技能、习俗等，并为自己能传承本民族文化而自豪。

最后，着力构建推进民间文化人才队伍建设的长效机制。切实加强对民间文化人才队伍建设的领导，努力形成各级党委和政府统一领导、有关部门各司其职、全社会共同参与的格局。要制定实施苗族民间文化人才队伍建设规划，

加强统筹规划，把更多的资源投向基层，把更多的项目放在基层，加强对民间文化人才队伍的管理引导、教育培训、扶持服务，建立对民间文化人才的保护、培养和激励机制，落实民间艺人优待措施，以机制的力量推动民间文化人才队伍建设。注重对青年人才的挖掘和培养，做到民族民间文化技艺和教育的深度结合，建立一套苗族民间人才培养和未来就业方面的教育和社会保障、鼓励机制，从而壮大民族民间文化艺术人才队伍。只有完善人才培养、引进和激励机制，才能收获领军人才、创意人才和高技能人才。

综上所述，要推进少数民族特色村寨与乡村振兴战略，必须守住苗族聚居区的生态，为苗族特色村寨的振兴书写"绿色"未来；必须注重开发地域苗族文化资源，为苗族特色村寨提供文化旅游吸引力；必须加大对苗族民间文化人才的扶持力度，为苗族特色村寨振兴提供人才支撑。如此，才能更好地推进苗族特色村寨和乡村振兴。

参考文献

[1] 杨慧.民族旅游与族群认同、传统文化复兴及重建——云南民族旅游开发中的"族群"及其应用泛化的检讨[J].思想战线，2003，29（1）.

[2] 罗红英.六盘水苗族跳花节保护策略研究[J].贵州民族大学学报（哲学社会科学版），2013（6）.

[3] 苏世奇，李晓艳.乡村记忆与文化重构——六盘水青林乡海发村芦笙艺术节个案研究[J].云南艺术学院学报，2017（2）.

[4] 王鹏升.保护传承苗族优秀传统文化[J].理论与当代，2018（3）.

[5] 罗义群.关于苗族本土生态知识的文化阐释[J].六盘水师范高等专科学校学报，2009，29（1）.

[6] 王松涛.贵州苗族芦笙舞表现形式和文化价值的研究[J].六盘水师范高等专科学校学报，2007，19（4）.

二、 智助经济发展

改革开放与乡村振兴

——改革开放中的贵州农业发展与对策建议

贵州省农业科学院　王天生

摘　要　改革开放的 40 年，是我们党团结和带领全国各族人民，解放思想、实事求是，同心同德、锐意进取，进行中国特色社会主义建设的历史性、创造性活动的 40 年，是中国从站起来向富起来挺进的 40 年。改革开放 40 年来，在省委、省政府的坚强领导下，我省坚持稳中求进工作总基调，全省经济运行稳中有进、持续向好，经济社会发展取得新成效。但是，由于我们底子薄、条件差、水平低，发展"不平衡、不充分"的问题非常突出。同全国同期平均水平相比，我们依然存在较大差距。为此建议：在实施乡村振兴战略中，要实事求是、因地制宜，按照省情、县情、乡情，积极稳妥，稳中求进，加快推进农业供给侧结构性改革，走出一条质量兴农、绿色兴农、品牌强农的高质量发展之路。

关键词　改革开放；农业发展；对策建议；贵州

1978 年 12 月，中央召开了具有划时代意义的十一届三中全会，打开了尘封了几十年的国门，确立了以经济建设为中心的基本国策，踏上中国特色社会主义建设的新征程。

改革开放的 40 年，是我们党团结和带领全国各族人民，解放思想、实事求是，同心同德、锐意进取，进行中国特色社会主义建设的历史性、创造性活动的 40 年；是波澜壮阔、激情澎湃、创意万千、日新月异的 40 年；是给中国带来历史性巨变，令世界为之惊叹的 40 年；是中华民族大踏步赶上时代前进潮流、迎来民族复兴光明前景的 40 年；是中国从站起来向富起来挺进的 40 年。

一、改革开放，山乡巨变

习近平总书记指出："改革开放近 40 年来，在中国共产党领导下，中国人民凭着一股逢山开路、遇水架桥的闯劲，凭着一股滴水穿石的韧劲，成功走出一条中国特色社会主义道路。我们遇到过困难，我们遇到过挑战，但我们不懈奋斗、与时俱进，用勤劳、勇敢、智慧书写着当代中国发展进步的故事。"

40 年来，改革从农村到城市、从经济领域到其他各个领域全面展开，逐步深化。对外开放的大门从沿海到沿江沿边、从东部到中西部循序打开，全方位推进。这场历史上从未有过的大改革大开放，极大地调动了亿万人民的积极性，使社会主义在中国真正活跃和兴旺起来，使社会主义制度在除弊创新中不断完善和发展，实现了从高度集中的计划经济体制到充满活力的社会主义市场经济体制、从封闭半封闭到全方位开放的历史性转变。

"幸福都是奋斗出来的。"中国创造了举世瞩目的发展奇迹，亿万中国人的生活发生了翻天覆地的变化。中国国内生产总值由 1978 年的 3645 亿元迅速跃升至 2017 年的 82.7 万亿元。其中，第一产业增加值 65 468 亿元，第二产业增加值 334 623 亿元，第三产业增加值 427 032 亿元。中国经济总量在世界的排名已提升到现在的世界第二。

1978 年，全国粮食总产量 30 477 万吨，人均粮食占有量 249 公斤；2017 年全国粮食生产再获丰收，粮食总产量达 61 791 万吨，属历史上第二高产年，人均粮食占有量达到 448 公斤。40 年间中国粮食总产量翻了一番，人均粮食占有量增长 80%，已经解决了吃饭问题。

从 1978 年到 2017 年，中国肉类总产量由 1215 万吨增加到 8431 万吨，增长 7 倍；人均肉类占有量由 12 公斤增加到 61 公斤，增长 5 倍。

1978 年到 2017 年，城镇居民人均可支配收入由 343 元提高到 25 974 元，增长 76 倍；农村居民家庭人均可支配收入由 134 元提高到 13 432 元，增长 100 倍。居民消费结构从温饱型向小康型转变，人民生活从满足于吃饱穿暖转变到更加注重个性和享受的多层次消费。居民寿命从 1981 年的 68 岁提高到

2017 年的 75 岁。

改革开放以来，伴随着经济高速增长和大规模、有组织的国家扶贫行动，我国反贫困工作取得了举世瞩目的成就，以农村现行贫困标准衡量，农村贫困人口减少 7 亿。按当年价现行农村贫困标准衡量，1978 年农村居民贫困发生率为 97.5%，农村贫困人口规模为 7.7 亿；2017 年农村贫困人口规模为 3046 万，贫困发生率为 5.3%。从 1978 年到 2017 年，农村贫困人口减少 7.4 亿，年均减贫人口规模 2000 万人，贫困人口年均减少 6.4%。

我国农业的生产能力、竞争能力、保障能力和生产功能、经济功能、生态功能大幅提升，农民的收入快速增长。随着改革开放的深入，我国农民的类型呈现多元化，更多农民融入了城镇。从人的角度看，农村与城镇间已形成广度包容发展和深度融合发展的格局。从国际视角看，我国与农业发达国家的差距在缩小，中国农业发展模式成为发展中大国解决农业问题的典范。40 年的改革开放奠定了"三农"发展的坚实基础。

二、贵州在改革开放中成效显著

改革开放 40 年来，在省委、省政府的坚强领导下，贵州省坚持稳中求进工作总基调，坚持以脱贫攻坚统揽经济社会发展全局，坚持以供给侧结构性改革为主线，坚持守好发展和生态两条底线，强力推进大扶贫、大数据、大生态三大战略行动，主动适应新常态、积极应对新挑战、有效化解新矛盾。全省经济运行稳中有进、持续向好，经济社会发展取得显著成效。

2017 年，全省地区生产总值 13 540.83 亿元，是 1978 年 87.95 亿元的 154 倍。按产业分，第一产业增加值 2020.78 亿元，第二产业增加值 5439.63 亿元，第三产业增加值 6080.42 亿元。人均地区生产总值 37956 元，是 1978 年 327.4 元的 116 倍。

2017 年，全省粮食总产量 1178.54 万吨，是 1978 年 643.4 万吨的 1.83 倍；人均粮食占有量 328 公斤，是 1978 年 239 公斤的 1.37 倍。主要经济作物中，茶叶产量 17.65 万吨，比上年增产 24.9%；中药材产量 52.21 万吨。

2017 年，全省肉类产量 202.75 万吨，是 1978 年 22.03 万吨的 9.2 倍；人均肉类占有量 58 公斤，是 1978 年 8 公斤的 7.3 倍。禽蛋产量 18.69 万吨，牛奶产量 6.56 万吨。全年渔业增加值 47.07 亿元，水产品产量 29.96 万吨。

改革开放以前，贵州粮食不能自给，长期依靠外调，"文化大革命"中，从外省入黔运粮的火车皮上有人曾书写大标语："全国人民加油干，支援贵州大懒汉。"现在，贵州基本实现了粮食自给，主要农产品实现自给有余，彻底改变了贵州的落后形象。

2017年，全省以脱贫攻坚统揽经济社会发展全局，大力开展"春季攻势""夏季大比武"和"秋季攻势"。年末，全省农村贫困人口280.32万人，全年农村贫困人口脱贫123.69万人，贫困发生率下降至7.75%。

三、正视现实，找出差距

尽管贵州改革开放40年来取得了显著成绩，但是也应清醒地看到，由于我们底子薄、条件差、水平低，发展"不平衡、不充分"的问题非常突出。同全国同期平均水平相比，我们依然存在较大差距。

2017年，全国粮食亩产量367公斤，贵州亩产量258公斤，贵州是全国平均水平的71.67%。

2017年，全国农村居民人均可支配收入13 432元，贵州农村居民人均可支配收入8869元，贵州是全国平均水平的66.02%。

2017年，全国主要农作物耕种收综合机械化水平超过了65%，贵州主要农作物耕种收综合机械化率仅为31%，不到全国平均水平的一半。

2017年，全国农业科技贡献率达到57.5%，贵州农业科技贡献率达到46.4%，低于全国平均水平11.1个百分点。

2017年，全国农田有效灌溉面积占耕地面积的53%，贵州农田有效灌溉面积仅占耕地面积的31%。

2017年末，贵州人口占全国的比重为2.52%，但是贵州农村贫困人口却占到全国贫困人口总数的8.47%。

贵州必须在未来的发展中遵循习近平总书记的要求："继续自强不息、自我革新，坚定不移全面深化改革，逢山开路，遇水架桥，敢于向顽瘴痼疾开刀，勇于突破利益固化藩篱，将改革进行到底。""改革关头勇者胜，气可鼓而不可泄。要抓难点、补短板，尚未推出的改革要加快突破推进，已经推出的改革要加快落实落地。"

四、加快推进乡村振兴战略是贵州农业发展的必然选择

贵州省面积 17.6 万平方公里，其中山地、丘陵占 92.5%。全省地貌可概括为高原、山地、丘陵、盆地四种基本类型，高原、山地居多，素有"八山一水一分田"之说。省国土部门公布的耕地面积为 6831 万亩，占农用地的 31%，占土地总面积的 26%。5000 亩以上集中连片耕地 165 块 175 万亩，占 2.5%，平地仅占全省耕地面积总量的 5.7%，坡度在 2～6 度之间的耕地面积比率为 13.2%，坡度在 6～15 度之间的耕地面积比率为 31.2%，坡度大于 15 度的耕地面积比率为 49.9%，坡度为 25 度以上的耕地面积 1227.76 万亩，比率为 17.94%。山地农业是贵州农业的基本属性。

贵州生态环境脆弱，发展基础薄弱，守好发展和生态两条底线是加快推进乡村振兴战略的必然要求。为此，提出以下对策建议：

1. 农业、农村、农民问题始终是关系到国计民生的根本性问题

在实施乡村振兴战略中，要实事求是、因地制宜，按照省情、县情、乡情，积极稳妥，依靠科技进步，发挥资源优势，稳定粮食生产，发展特色产业，推进三产融合，制定切实可行，具有针对性、科学性、可行性、可操作性的规划，走不同于东部、有别于西部，独具贵州特色的高质量、绿色化、生态型发展路子。

2. 实施乡村振兴战略，产业兴旺是基础，生态宜居是前提，乡风文明是关键，治理有效是保障，生活富裕是目标

党的十九大提出"产业兴旺，生态宜居，管理有效，乡风文明，生活富裕"的 20 字乡村振兴战略，内涵丰富，从农业现代化拓展到农业农村现代化。

产业兴旺，就是要紧紧围绕促进产业发展，引导和推动更多的资本、技术、人才等要素向农业农村流动，调动广大农民的积极性、创造性，形成现代农业产业体系。要依托贵州优越的自然环境和生态条件，进一步加大农产品加工、精深加工、农业休闲观光、乡村旅游等业态的支持、扶持力度，拓展农业功能，打造全产业链，挺进一、二、三产业融合发展，保持农业农村经济发展的旺盛活力。生态宜居，就是要加强农村资源环境保护，大力改善水、电、路、气、房、讯等基础设施，统筹山水林田湖草保护建设，保护好贵州农村的绿水青山和清新清净的田园风光。管理有效，就是要加强和创新农村社会治理，加强基层民主和法治建设，让社会正气得到弘扬、让违法行为得到惩治，使农村更

加和谐、安定有序。乡风文明，就是要促进农村文化教育、医疗卫生等事业发展，推进移风易俗、文明进步，弘扬民族文化、农耕文明和优良传统，使农民的综合素质进一步提升、农村文明程度进一步提高。生活富裕，就是要让农民有持续稳定的收入来源，经济宽裕，衣食无忧，生活便利，共同富裕。在习近平新时代中国特色社会主义思想指引下，我们一定能够走出一条质量兴农、绿色兴农、品牌强农的高质量发展之路。

3. 实施乡村振兴战略，必须加快推进农业供给侧结构性改革

要走质量兴农之路，发展方式就必须由依靠拼资源消耗、拼农资投入、拼生态环境的粗放经营，转向资源节约、绿色可持续发展上来。要发挥优势，突出特色，因地制宜，稳中求进，以市场为导向，盘活农村资源，实现最优化配置；要通过提高农产品品质，实现农民增收；要加强"互联网＋"与农业的结合，让农民了解市场需求，促进城乡之间人流、物流、信息流互通有无，实现农业现代化，助力乡村振兴。

改革开放是中国划时代的历史转折。40 年的实践雄辩地证明，改革开放是发展中国特色社会主义、实现中华民族伟大复兴的必由之路；只有社会主义才能救中国，只有改革开放才能发展中国、发展社会主义、发展马克思主义。

改革开放是决定当代中国命运的关键抉择，是党和人民事业大踏步赶上时代的重要法宝。改革必须坚持正确方向，既不走封闭僵化的老路，也不走改旗易帜的邪路。改革开放符合党心民心、顺应时代潮流，成效和功绩不容否定。这是党和人民从历史和现实中得出的不可动摇的结论。

走进新时代，实现中国梦。

乘改革开放东风，助多彩贵州发展。

贵州有希望！贵州大有希望！

参考文献

[1]　高尚全.中国改革四十年的回顾和思考.中国改革信息库.

[2]　钟钰，李思经.重视农业科技对乡村振兴的支撑作用 [N].农民日报，2018-05-22（3）.

"三大战略行动"贵安实践

——大扶贫、大数据、大生态融合发展研究报告

贵安新区发展研究中心　彭志伟

2017 年 10 月 18 日，习近平总书记在党的十九大报告中指出了一系列新思想、新论断、新提法、新举措，描绘了从现在到 2020 年乃至 21 世纪中叶的宏伟蓝图，贵安新区就在这样的历史浪潮里迎来了发展的新局面。贵安新区推进大扶贫、大数据、大生态三大战略行动，既是贵州践行新发展理念的战略选择，又是在三大战略行动的推进及协同发展中作出了先行示范效应。

第一篇　大数据篇

（一）贵安新区大数据处在全省高地

1. 大数据产业产值高

对 2016 年贵安新区和 9 个市州的大数据产业总产值进行统计发现，贵安新区以 250 亿元排名第三，仅次于贵阳市和遵义市（图 1）。这对于一个 2014 年才被国务院批准设立的西部国家级新区而言，成绩斐然。

2. 大数据发展强度高

为了剔除经济总量对大数据发展强度的影响，用"大数据发展强度值＝大数据产业总产值／地区生产总值"进行计算。结果显示，2016 年贵安新区的发展强度为 1.04，排名第一（图 2）。原因有以下两点：一是贵安新区 2016 年公布

的大数据为"大数据规模",而不是"大数据产值";二是"产值"是产业链中各环节成果重复计算,通常而言,GDP 包括全部产业总产值,某类产业的重复计算也很难超过 GDP 的数值。这一数据说明了大数据产业对贵安新区经济发展的重要程度。

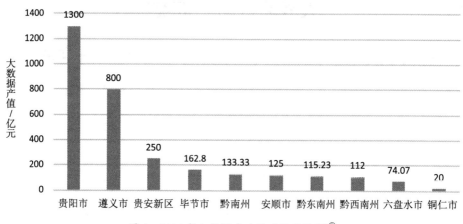

图 1　2016 年大数据产业总产值统计图 [①]

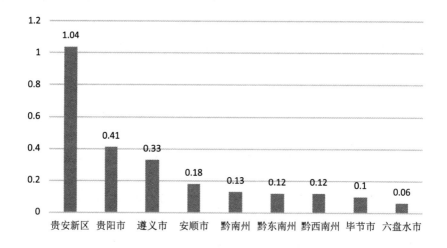

图 2　2016 年大数据发展强度统计图

①数据来源于各市州及贵安新区《2016 年国民经济和社会发展统计公报》《2017 年政府工作报告》。

（二）贵安新区大数据产业发展成果显著

大数据产业核心行业发展惊人。2018 年 1—5 月，贵安新区完成电子信息制造业总产值 88.8 亿元，同比增长 321.00%；软件和信息服务业营业收入 15.77 亿元，同比增长 432.74%；电信业务总量 0.84 亿元，同比增长 62.75%；电子商务交易额预计完成 45.84 亿元。2018 年 1—9 月，贵安新区完成电子信息制造业总产值 167.15 亿元，同比增长 73.00%；软件和信息服务业营业收入 19.63 亿元，同比增长 225.54%；电信业务总量 1.68 亿元，同比增长 86.67%；电子商务交易额预计完成 88.23 亿元。

（三）贵安新区大数据重点项目及重点企业

1．项目推进有力

贵安新区以建设中国南方数据中心示范基地、国家绿色数据中心为契机，大力发展大数据资源储备。目前，贵安新区引进的三大运营商数据中心一期、富士康一期等重点项目已全部建成投运。韩国现代汽车数据中心、FAST 射电望远镜数据中心等已入驻。腾讯贵安七星数据中心于 2017 年 6 月开工建设；华为云数据中心于 2017 年 8 月开工建设；2017 年 7 月，贵州省与苹果公司在贵阳签订了 iCloud 战略合作框架协议，苹果公司联合云上贵州公司建设数据中心，为中国用户提供 iCloud 服务，贵安新区苹果 iCloud 数据中心于 2018 年 5 月举行奠基仪式。三大运营商数据中心（二期）工程、中科院上海生命科学研究院贵安生物大数据中心项目正在建设中。阿里巴巴、普兰、中兴、神工、东软、安软等大数据代表性企业陆续落地贵安新区。

国内知名大数据龙头企业	 
国际大数据核心企业	
国内有影响力大数据优强企业	   

2. 信息基础设施建设进展顺利

贵安新区信息基础设施项目 16 个，累计完成投资 16.69 亿元。新增光缆长度（含广电）0.86 万千米，光纤到户覆盖 5.76 万户，城市有线电视双向化改造新增 0.92 万户，高清交互数字电视用户新增 1000 户，农村家庭数字电视延伸覆盖 5279 户。贵安新区移动基站 4000 余个。30 户以上自然村 4G 网络实现 100% 覆盖。

第二篇　大生态篇

贵安新区认真贯彻执行中央和省委、省政府的相关规定，在推进绿色发展、着力解决突出环境问题、加大生态系统保护力度、改革生态环境监管体制等四个方面积极探索、大胆尝试，推动了大生态战略的实施。

（一）创新体制机制改革，加强生态文明制度建设

一是制定《贵安新区生态文明建设三年攻坚行动方案（2018—2020）》《贵安新区贯彻落实国家生态文明试验区（贵州）实施方案任务分解方案》，结合贵州省开展生态文明试验区建设，努力推动贵安新区生态文明建设。二是与清华大学团队合作，建设生态文明数字模型实验室。通过构建贵安新区生态全息模型、动态数字模型、健康生命模型三个模型，探索构建未来新型生态城市。

（二）坚持绿色经济产业发展为基本原则

1. 严格招商引资项目把关

坚持严格执行《贵安新区生态环境负面清单制度》，贵安新区直管区所有开发建设、招商引资等建设活动都必须符合产业空间布局约束、行业准入限制、环境容量管控、环境质量管控四方面生态环境准入要求，不符合条件的项目一律不得准入。投资主管部门不得予以审批、核准、备案，各金融机构不得发放贷款，国土、规划、建设、环保、质监、消防、工商等部门不得办理有关手续，水、电、气等有关单位不得提供基础保障。通过生态环境负面清单的施行，促进绿色发展、低碳发展、循环发展，切实提升贵安新区产业发展质量和

水平。2018 年上半年，通过负面清单制度，否决项目 1 个，涉及投资金额 1000 万元。

2．助推产业园区绿色节能发展

综保区（电子园）采用低冲击开发，把绿色、循环、绿色的理念融入贵安综保区建设和运营的各个方面、各个环节，如采用中水回收、房顶绿化等，园区内招商引资入驻企业均为绿色环保企业，项目投产后均不会有大量的"三废"产生排放。

3．积极引导符合条件的企业发行绿色债券

依托贵安新区获批绿色金融改革创新试验区契机，按照中国人民银行等 7 部门联合印发的《贵州省贵安新区建设绿色金融改革创新试验区总体方案》，制定《贵安新区支持绿色金融发展政策措施》《贵州省贵安新区绿色金融改革创新试验区建设实施细则（试行）》等文件，为下一步引导符合条件的企业发行绿色债券奠定了坚实的基础。同时，针对满足债券发行条件的企业，积极引导发行绿色债券。

（三）促进资源节约与循环利用，推动绿色低碳发展

1．节约集约利用土地资源

编制了《贵安新区土地利用总体规划（2013—2020 年）调整完善方案》，加强土地生态建设和保护，将自然与文化双遗产地、森林公园、风景名胜区、重要生态公益林、湿地公园、千人以上集中式饮用水源保护区、石漠化敏感区和 5000 亩大坝以上优质耕地等区域确定为生态保护重点区域，保护区面积合计 724.73 平方公里。根据 2016 年全国土地变更调查成果，贵安新区直管区建设用地面积 7118.45 公顷，土地开发强度为 14.5%，人均城镇建设用地为 120 平方米。随着新区人口不断聚集，到 2020 年，人均城镇工矿用地可控制在 115 平方米以下。开展"十三五"土地整治规划编制工作，初步形成土地整治潜力图。贵安新区直管区 2014 年以来实施土地整治项目 21 个，建设规模 34 132.6 亩，预计建成高标准农田 17 246 亩。

2．高屋建瓴创建海绵城市

作为生态文明建设的有力抓手，贵安新区建设项目从谋划之初即按照海绵城市的要求去落实，通过海绵城市建设聚焦城市雨水径流面源污染控制，构建

"源头减排、过程控制、系统治理"体系，在实现城市开发的同时，避免"先污染后治理"的城市病发生，有效促进城市发展。试点区域内 9 大类 75 个海绵城市试点项目，总计开工 74 个，完工 23 个，区域面积 6.62 平方公里，累计完成海绵投资 41.33 亿元。

3．积极推动清洁能源全覆盖

贵安新区已开通 10 条常规公交线路、6 条定制公交线路，公交线路已基本覆盖新区各人流密集区域。截至目前，贵安新区已上牌公交车数量 103 辆（纯电动公交车 83 辆、LNG 公交车 20 辆），公交清洁能源投入比重 100%。燃气管网现已完成敷设共计 2 392 191.1 米燃气中压管网，覆盖贵安新区各骨干路网及各个产业园。

（四）加大自然生态系统和环境保护力度，强化风险防控力度

1．推进大气污染防治

贵安新区共计淘汰锅炉 54 台，直管区内现无燃煤锅炉。率先在综合保税区、高端装备制造产业园两大产业园区划定高污染燃料禁燃区，并在 2020 年前逐步将禁燃区范围扩大至贵安新区直管区全境。全面整治贵安新区直管区内原有矿山扬尘。新区原有砂石矿山 36 家，现已关停 35 家，剩余 1 家已完善手续并配套扬尘污染防治设施。整顿工地文明施工，严厉打击渣土车、沙石料车、水泥罐装车超载超速、抛冒滴撒漏等行为。

2．开展水污染防治

推动贵安新区污水处理设施及配套管网建设，目前贵安新区规划的 5 个污水处理厂主体工程已全面完工，污水处理截污工程一期建设完成，富贵安康小镇、高端装备制造产业园、综保区、电子信息产业园、湖潮安置点、岐山安置点等人口集中区域生活污水与污水处理厂连通。

3．开展土壤修复

出台《贵安新区土壤污染防治工作方案》，对重点企业开展实地核实，确定贵安新区实际土壤污染重点行业企业 8 家，划定详查单元 25 个，核实农用地详查点位 197 个。

4．推动垃圾分类回收

制定《贵安新区直管区生活垃圾分类和资源化利用工作实施方案》，农村

生活垃圾无害化处理率达 95%；实施农村人居环境改善行动计划，整村整寨推进农村环境综合整治，到 2020 年实现 90% 以上行政村生活垃圾得到有效处理。

5. 促进自然生态保护和自然经济发展

在"绿色贵安建设三年行动"及其他工程造林的助推下，贵安新区累计造林 10 万亩。强化示范区打造，整合资金 2000 万元，高标准集中连片种植大苗苹果，实现当年挂果，带动 200 余户农民增收。大力培育全域森林旅游，依托"互联网＋"，不断提升服务水平。

（五）积极推动贵安新区绿色金融改革创新

1. 推动绿色产业链设计建设规划，为发展绿色金融打下基础

规划引进的产业都是绿色产业，新建的建筑都可以实现绿色建筑，新入驻的金融机构都是绿色金融机构等。全绿的产业链建设，全新的待建园区，向贵州全省的绿色产业链延伸和辐射，这是贵安新区有别于其他绿色金融试点区之处。贵安新区通过绿色产业链向全省延伸和扩展，将绿色金融三大服务领域很好地体现出来。

2. 引进金融机构，打造丰富的组织体系

自 2017 年 6 月国务院审议通过贵安新区建设绿色金融改革创新试验区方案以来，已有 22 家金融机构明确表示入驻贵安新区意向，其中具有代表性的有：工商银行贵安二级分行、贵阳银行贵安分行均已设立；贵州银行、贵民公司拟将总部注册地迁入贵安新区，中国人保财险拟在贵安新区建立全国首个"绿色金融"保险服务创新实验室，通过引入专业金融机构丰富金融业态聚集发展。

3. 贵州省以"大数据"支撑的绿色金融基础设施领先全国，这是贵安发展绿色金融的自信来源

目前，已建立贵州省企业公共信用信息平台、"贵州金融云"平台，运用大数据、区块链等技术加强金融管理部门与生态环保部、市场监管总局等部门之间的信用信息共享；省安监局建设了"贵州省企业安全生产信用信息公示系统"，将安全生产失信信息及时公示并传送到省企业公共信用信息平台；中国人民银行贵阳中心支行正在加快建设农村信用信息平台；省环保厅建立了贵州省环境信用信息公示平台、行政处罚行政许可双公示系统，实现企业环境信息

的动态更新和查询。

4. 建立健全绿色金融改革创新政策，为贵安新区发展绿色金融营造良好环境

按照高标准规划建设的绿色金融港一期工程已经封顶，根据目前的统计情况看，金融机构入驻意愿踊跃。贵州省财政厅会同省金融办印发了《贵州省金融业态发展资金管理办法》，于 2017—2019 年每年预算安排 3000 万元专项资金，用于金融机构改善金融业发展环境、推动金融创新、绿色项目贴息和风险补偿等方面的奖励。

第三篇　大扶贫篇

（一）贵安新区扶贫基本情况

2012 年 12 月贵安新区成立前，贵安新区的贫困发生率为 11.6%，虽然较全省平均状况要好，但贫困程度显然较深，贫困面显然较大，不容忽视。2012年 12 月 31 日数据显示，贵安新区内有贫困村 33 个，占新区村总数的 38.4%；贫困户 6600 户，占新区总户数的 19.1%；贫困人口 16 728 人，占新区总人口11.6%。

贵安新区成立后，坚持精准扶贫、精准脱贫基本方略，深入实施大扶贫战略行动，着力激发贫困人口内生动力，着力夯实贫困人口稳定脱贫基础，重点围绕脱贫攻坚春风行动、夏秋攻势及脱贫攻坚存在问题专项整治等重点工作，精准谋划、科学决策、强力推进，实现脱贫攻坚各项目标任务圆满完成。目前，贵安新区总人口 30.61 万人、农村户籍人口数 15.18 万人，其中建档立卡贫困户 1987 户 7086 人，贫困发生率为 0.86%。实现贫困人口减贫 1317 户 5527人，除政策兜底 670 户 1559 人外，其余已实现整体脱贫，贫困村贫困人口人均收入 6000 元以上，集体经济 10 万元以上。

（二）贵安新区扶贫效果良好的原因分析

贵安新区良好的扶贫效果，与贫困人口自身努力及各级领导和全体工作人员的努力分不开，但更与其区位优势，国家级新区的地位，较为丰裕的资金、人力、技术等各类资源在贵安新区大手笔开发过程中对区内原住人口巨大的正

外部效应息息相关。除开上述基础性因素外，切实有效应用大数据提升扶贫效果、适宜的产业扶贫措施，以及突出强调城乡统筹协调发展是贵安新区快速全面高标准脱贫的主要原因。

（三）有效应用大数据和互联网提升扶贫精准度

精准扶贫，重在精准，难在精准。贵安新区有效应用大数据，大幅度提升了扶贫精准度。具体而言，贵安新区通过构建"贵安新区大数据农业指挥中心"，以"一套系统两朵云五个平台"模式，促进了大扶贫与大数据的协同发展，有效引领帮扶下沉，督促政策到位，精细培育扶贫产业，巩固扶贫成果，实现了云端扶贫。

一套系统：大数据农业指挥中心。

两朵云：云上农场、云上农校。

五个平台：贵安新区大数据农业精准扶贫云平台、大数据农业监管平台、视频电商销售平台、民生监督公开公示平台和民生监督查询平台。

贵安新区大数据农业指挥中心是贵安新区农林水务局为精准管理现代农业、精准管理扶贫对象打造的"数据管家"，通过整合贵安新区已有的远程视频监控系统、扶贫管理系统等，新增传统手工艺视频电商系统，充分利用大数据技术，实现对蔬菜种植、林下养殖、乡村旅游、传统手工艺等多个产业领域全覆盖的农业信息化综合应用。

贵安新区大数据农业精准扶贫云平台主要由云上农场、云上农校、视频电商、远程视频监控以及贫困户信息 5 个模块组成，以 GIS 和可视化技术为依托，为各级领导实时决策和调度提供依据。贫困户信息系统包括后台数据管理系统、前端 App 和大屏展示终端 3 个子模块。各层之间采用松耦合机制，既相对独立，又相互配合。各业务功能模块采用模块化的功能架构，各模块在总线的统一调度下，实现各业务功能，同时实现信息互联互通。

贵安新区大数据农业远程视频监控系统是"智慧贵安"及农林水务局"智慧农业"建设的一部分，是一套科学、有效的高科技智能管控系统，利用智能识别前端视频、综合分析平台等科学技术，依托远程云上农校、视频监控等手段，实现全域监管，实现了对农村面源的科学管控，有力地保护了贵安新区山水林田湖等自然资源环境，具有良好的经济效益、社会效益、生态效益。

民生监督公开公示平台和民生监督查询平台主要充分运用贵安新区大数据优势，实现对民生项目和资金的事前、事中、事后监督。民生监督公开公示平台主要是公开公示村两委议事决策及本村集体资金管理使用情况，对涉及全村群众利益的民主决策事项直接在平台上公开。民生监督查询平台主要是方便群众了解民生政策和民生资金落实情况，通过互联网，在电脑、手机 App 终端和有线电视上进行自助查询。

（四）采取适宜的产业扶贫措施

1．优化农业产业结构

从调整粮经比入手，减少传统作物的种植面积，大力发展山地高效农业和优势特色产业，推出产量高、质量好的优良品种，推广科学栽培技术，提高经济作物产出率，着力推进农业提质增效。

2．以产业模式助推"六个万亩"工程

全面落实全省深度贫困地区脱贫攻坚工作推进大会和省委、省政府春风行动、夏秋攻势、"1＋5＋1"专项治理等部署，结合实际起草了《贵安新区"六个万亩"工程实施方案》，按计划推进万亩樱花、万亩葡萄、万亩经果、万亩茶园、万亩草场、万亩香稻等"六个万亩"工程。

3．实施品牌发展质量强农战略

采取"委托服务＋以奖代补"方式，委托欧托普公司在整区推进"三品一标"认证 28 家。全力打造"贵安山禾"农产品品牌，现已设计出产品包装 20 余种，让"贵安山禾"系列农特产品逐步成为贵安新区绿色特色产品的形象代言。

4．重视畜禽养殖污染防治工作

摸底调查涉及贵安新区粪污质量未达环保要求的 12 个规模化养殖场，对畜禽养殖场在养殖环节中存在的污染问题进行汇总梳理，强化各乡镇按照属地管理原则，落实主体责任，加快推进新区禁养区内畜禽养殖场关闭搬迁工作。

5．加快推行农业保险政策实施

促进全区政策性农业保险和特色农业保险持续、健康发展，贵安新区财政每年兑现年度政策性农业保险资金。

6．大力引进龙头企业

引进了华龙公司、贵红公司、贵安尚菊公司、栗香茶业公司、南馨茶业公

司等 6 家龙头企业，培育专业合作社 22 家，其中林卡辣椒农民专业合作社和王家院水晶葡萄农民专业合作社 2 家入选国家级专业合作社。发展曹家庄林下鸡生态养殖基地、贵安新区羊坡隆种植家庭农场、顺玉养殖场、彦霓鱼种场、阳光林场等家庭农场 5 家。

（五）推动城乡统筹融合发展

1. 农民朝职业化、市民化、工人化转型

合理有效引进社会资源，开办农业技术讲习所，实行全员轮训，农民通过劳动力和技术入股的方式发展产业，解决了农民成为职业农民的问题；同时加大财政投入，改善农村居住环境，大力打造环境优美、交通便利、高端智能、生活方便的新型农村社区，促进了生态的有效保护与利用，让农民享受与城市居民一样的生活；大力推动"公司＋专业合作社＋农户"的资源整合，引进农业企业入驻盘活资源，形成"保底分红"利益共享机制，农民变成了有租金、有股金、领佣金的产业工人，实现生态资源变资本，将生态自然资源变成了农民增收的致富资产，最终实现贵安新区农民全面脱贫致富奔小康的目标。

2. 优先优惠村民安置

城乡融合发展是扶贫和巩固扶贫效果、提升扶贫内生动力的根本举措。贵安新区融合城乡发展工作稳步推进，创新执行征地拆迁政策，推行"一建二转三保四有"的安置模式，让贵安新区原住民成为贵安新区开发建设最大的受益者。启动 12 个安置点建设，建设 260 万平方米安置房，其中商业门面占 86.6 万平方米；组织群众参与贵安新区建设，推进"一户一人"就业工程，贵安新区道路施工、绿化及产业园区企业就近提供 20 000 余个就业岗位。

3. 加快美丽乡村建设

编制了《贵安新区直管区城乡一体化发展规划》《贵安新区绿色村寨建设和村庄整治工作方案》，86 个村居 369 个自然寨发展与贵安新区总体规划无缝对接，科学划分"三型五类"发展路径，完成 25 个村 78 个自然村寨 7668 户美丽乡村建设。已基本完成贵安新区美丽乡村北斗七寨（平寨村、毛昌村）提升改造工程项目和贵安新区高峰镇王家院村青鱼塘美丽乡村建设项目；龙山进村道路沿线景观、广场景观、戏台改造已完成。完成美丽乡村项目投资 9362.18 万元。

贵州"互联网＋农业"发展模式分析

贵州大学公共管理学院　　武洁萌　刘玲芳

摘　要　"互联网＋农业"发展模式为传统农业实现现代化转变提供了全新思考，是"十三五"期间推进乡村振兴的重要路径。但由于贵州特殊的自然地理环境和特定的社会经济条件，决定了其在引进新型"互联网＋农业"发展模式时需要因地制宜。本文从"互联网＋农业"发展模式提出的背景、理论概念与运行模式及特点进行理论性框架建构，选取贵州推进"互联网＋农业"发展模式的典型案例，分析并总结其成功经验，进而探求该模式在贵州农村发展的一般路径，以期通过本次研究为贵州进一步推动农业现代化、促进农村产业升级、提高农民收入水平，从而实现乡村振兴提供可操作性建议，同时为"互联网＋农业"发展模式创新的理论与实践提供参考。

关键词　"互联网＋农业"；新型农业现代化；产业升级；贵州农村

引言

"三农"问题是关系国计民生的根本性问题。2018年中央一号文件指出，实施乡村振兴战略，是党的十九大作出的重大决策部署，是决胜全面建成小康社会、全面建设社会主义现代化国家的重大历史任务，是新时代"三农"工作的总抓手。2015年7月，国务院印发的《关于积极推进"互联网＋"行动的指导意见》为加快推动互联网与各领域深入融合和创新发展，充分发挥"互联网＋"对稳增长、促改革、调结构、惠民生、防风险的重要作用提供了战略性指导。其中，就农业发展方面，提出"互联网＋农业"发展模式，提出利用互联网提升农业生产、经营、管理和服务水平，培育一批网络化、智能化、精细化的现代"种养加"生态农业新模式，形成示范带动效应，加快完善新型农业生产经营体系，培育多样化农业互联网管理服务模式，逐步建立农副产品、农资质量安全追溯体系，促进农业现代化水平明显提升。

"互联网＋农业"发展模式是新时期推进农业现代化、促进农村产业升级、提高农民收入水平，从而实现乡村振兴的重要路径。从理论和实践角度来看，信息技术与传统农业的跨界融合不仅需要农村互联网、物流等基础设施建设作为其基础，更需要资金、技术、人才等为农村"互联网＋农业"发展模式打通道路。随着这一模式在贵州推广，各地区逐步形成了具有当地特色的发展模式，各类模式既遵循"互联网＋农业"发展模式的一般运作规律，又立足本地，有所创新，使该模式具体化、可操作化。将"互联网＋农业"发展模式理论分析与贵州推进"互联网＋农业"发展模式的典型案例相结合，不仅对于深化和完善这一模式理论具有重要意义，而且会为贵州不同地区因地制宜推进"互联网＋农业"发展模式提供参考。

一、文献综述

国内研究学者对"互联网＋农业"的研究主要集中在以下三个方面："互联网＋"背景下的农业产业链发展、农业产业化发展以及基于互联网的电子商务发展。

（一）关于农业产业链发展的研究

我国学界从产业链的机理、运作模式等出发，把握农业产业链未来发展形势，刘丽伟等（2015）从多维度、多层次认知"互联网＋"及"互联网＋农业"，分析探究"互联网＋"嵌入并作用于农业产业链的内在机理，提出运用"互联网＋"促进农业发展方式转变成现实需求的方法。高艳、王蕾等（2017）从农产品的视角出发，对传统的农产品产业链的特点和具有利益相关性的博弈主体之间的关系进行分析，并综合我国当前的实际情况，通过总结我国现阶段推进"互联网＋"战略的农产品市场化改革经验和信息建设的特点，运用大数据的思维模式，设计出农产品全产业链的未来发展模式。

（二）关于农业产业化发展的研究

吴絮颖（2016）通过分析发达国家"互联网＋"对农业产业升级的应用经验，并结合我国当前在农业领域对"互联网＋"的应用现状，提出"互联网＋农业"存在互联网普及程度低、农业信息数据库建设不完善、专业人才缺乏等问题，由此提出加大"互联网＋人才"培养，提高农村网络服务水平，构建和完善信息整合系统、创新农业产业营销模式、健全电商融资平台等建议。杨秋海（2016）以现代农业经营主体为切入点，分析"互联网＋农业"视域下的现代农业特征与发展模式，改革和创新现代农业产业化的组织模式。

（三）从农业电子商务的角度对"互联网＋农业"发展模式的研究

丁明华（2016）立足于农村农业经济的发展，通过阐述我国农业电子商务的发展现状，分析当前农业电子商务市场的发展潜力，探索出适合我国农业电子商务发展的路径。成晨、丁冬（2016）通过对电子商务在发展过程中存在的问题进行分析，并针对"互联网＋"环境下农业电子商务热潮，得出我国农业电子商务发展的模式创新以及实现路径，促进我国农业电子商务未来的应用与发展。

国内许多研究学者对"互联网＋农业"已经进行了大量研究，本文在前人研究的基础上，从系统性、多功能的角度对贵州"互联网＋农业"发展模式进行综合性研究。基于贵州农业发展的实际情况，以"互联网＋"背景下的农村农业为出发点展开研究，立足于农户自身情况、政府政策支持、企业扶助、互联网平台以及农业方面的经济环境与社会环境，推动"互联网＋"与农业的深度融合，在推进农业产业化、信息化、智能化的基础上，不断创新发展新形式，实现现代化农业发展的新变革。

二、"互联网＋农业"发展模式理论分析

（一）"互联网＋"的概念

关于"互联网＋"概念，先后有易观国际集团董事长于扬、腾讯公司董事长马化腾对此进行了阐述，而李克强总理也在2015年政府工作报告中官方界

定了其内涵，并将之提升至国家战略层面。综合前人对"互联网＋"概念的界定，包含三方面：一是将互联网视为现代社会经济发展中的一种重要生产要素；二是强调互联网在资源配置中的作用；三是利用信息通信技术以及互联网平台，让互联网与传统行业、经济社会的各个领域进行深度融合，创造新的发展生态。

（二）"互联网＋农业"

一般意义上，农业是指以土地资源为生产对象，通过培育动植物产品从而生产食品及工业原料的产业，是国民经济中一个重要产业部门。近代以来，随着工业化进程不断推进，现代化农业机械、技术等在世界范围内推广，传统农业向现代农业转变，推动农业实现现代化。农业现代化包括农业生产机械化、生产技术科学化、农业经营方式产业化、农业信息化。其中，农业信息化是指将互联网技术、微电子和软件应用于农业领域，建立起一种"互联网＋农业"发展模式。

"互联网＋农业"是指依托互联网的信息技术和通信平台，将互联网技术与农业生产、加工、销售等产业链环节深度结合，以线上信息交流与线下交通物流为支撑，从而实现农业发展科技化、智能化、信息化的农业发展方式。其实质上是建立一个面向城市市场的消费者服务和农产品双向供给网络，关键是打通一条完整的上下游供应链条，并将其规模化、低成本化和高效化。通过互联网为生产和消费链条进行数字化赋能，实现消费者数据、生产者数据和物流数据的整合，从而实现多主体的共赢。

（三）"互联网＋农业"发展模式的内容

1."互联网＋农业"发展模式的核心要素

（1）多元经营主体

"互联网＋农业"发展模式下的现代化农业是政府引导下的以农民为主体、企业和其他社会组织共同参与的多元主体发展模式，通过经营主体的多元化，实现多方力量的整合，从而促进农业的精准化、动态化、智能化。

首先，要求把传统的农民转变为"新农人"，而"新农人"的标准是其不但要掌握现代农业生产技能、具备经营管理能力和服务市场的意识，还应具备互联网的思维、科学文化素养，掌握现代互联网信息技术，将现代信息技术运用到农业的生产、经营、销售各个环节之中。为此，在推进"互联网＋农业"时，其农民应通过参加培训以提高运用现代信息技术的能力，实现从传统农民到"新农人"的转变。

其次，政府作为"互联网＋农业"发展模式的推动者和引导者，应致力于建立一条覆盖农业大数据采集、加工、存储等全环节的完整信息链，服务于生产与销售的各个环节。不仅要通过互联网技术和物流配送实现农产品和市场的对接，更要通过发展农产品加工，增加其附加值，推动农村农业产业升级，并且根据当地特色农产品，重视农业品牌建设。

在引进企业方面，中央政府应与各地方政府共同制定多项优惠政策吸引外部企业走进农村，通过设立创业专项基金的方式鼓励企业或个人进行农业投资和农业产业化建设，以此使企业或个人与政府和农村建立起紧密联系。不仅激发民间资本进入农业领域的活力，而且延长农业产业链。

在农业资金方面，政府不仅要加大财政支农的力度以弥补农村农业发展的资金缺口，还要通过优惠政策鼓励和扶持大中小企业和个体进入农业领域进行创业投资，为农村农业注入资金支持。

在培养新型农民、引进人才等方面，政府不仅要加大宣传力度，改变农民对诸如玉米等传统作物的种养习惯，克服农民对高效农业的畏难情绪，增强农民对市场经济的信心，还应通过建立健全新型职业农民教育培训体系和职业农民制度，以及完善相关的配套政策体系等，逐步培养一批"新型农民"。同时，政府应出台相关优惠政策，引进一批既掌握现代信息技术又掌握现代农业技术和市场经营的高端人才，走入农村、扎根农村，以此打开农村农业发展新格局，为实现信息技术与现代化农业结合提供技术保证。

在基础设施建设方面，政府不仅要提供资金和技术支持，还要科学布局、循序推进、统筹发展，扮演好引导者、组织者和宣传者的角色。

再次，国内企业应主动承担其社会责任，与政府展开广泛合作，通过建立农业电子商务平台有效地实现"大市场""小农户""农产品消费者"三者之间的直接对接，共同推进农业现代化。企业应精加工当地特色农产品，重视品牌打造，并兼顾农产品的消费习性、文化特色，从而有效开拓国内外市场。另外，利用互联网的个性化、分享性，采取线上线下销售一体化模式，加大宣传力度。

（2）多样化组织形式

目前，常见的经营组织有家庭农场、合作社和农业企业。家庭农场是以农业生产为主要收入来源的组织形式，当前我国农业发展主要以种植业为主，农户自身很难进行前期的产品研发以及延展农产品产业链；合作社侧重于资源整合的组织形式，既可以从事农业生产，又可以进行生产前的生产资料和产品研发以及生产之后的流通、加工等增加农产品附加值的环节；农业企业主要通过与农户和农村合作社合作延长农产品产业链，增加其附加值，并将产品推向全国市场。因此，在"互联网＋农业"发展模式下，选择合作社与农业企业经营组织形式具有其必然性和必要性。而农业企业经营组织形式在实际操作中又形成了"公司＋基地＋农户""合作社＋公司＋农户"，以及由政府、集体经济组织、民营企业、农户、外商投资共同兴建，以企业化的方式进行运作的多种产业化模式。

以"公司＋基地＋农户"这一模式为例，在该模式下，龙头企业作为现代农业开发和经营主体，本着"自愿、有偿、规范、有序"的原则，采用"公司＋基地＋农户"的产业化组织形式，租赁农户的土地使用权，将大量分散在千家万户农民中的土地纳入企业的经营开发活动中，将其业务延伸至产业链的上下游，进而打通整条产业链。

（3）可持续发展市场

"互联网＋农业"发展模式推进的关键因素为市场的扩大和可持续性发展，而农业项目的选择则是影响其市场的主要因素。由于各区域的自然地理环境不同，所选择的农业项目总是与该地区的自然环境、气候等相适应，这就容易形成区域性项目，即每个区域的农产品具有同一性，使得地区之间产品同质化现象严重，且该农业生产方式也不适合"互联网＋农业"发展模式。"互联网＋农业"发展模式是多元化的农业发展模式，具有主体多元、产品多元、经营组织多元的特征，农业项目是"互联网＋农业"的内容之一，也应具有多样性。如何选择区域项目是"互联网＋农业"发展模式推进的重点。

在"互联网＋农业"发展模式下，实行以种植业与养殖业相结合为主，以加工业为辅的生产方式。同时，在现代科学技术的帮助下，可以进行多项目的选择，但是所选择的农业项目必须与所构建的"互联网＋农业"发展模式形成的产业链相配套，从而推动市场的扩大和可持续性发展。

2. 一般运作模式

(1) 线上信息交流

在农业生产上，农户一方面通过互联网了解农业生产所需种子、化肥、农药等生产资料的来源信息，结合自身具体生产需要，从网络电商平台定制性价比较高的优质种子和适合作物不同季节养分需求的科学配方化肥以及针对不同农业灾害问题的特色农药；另一方面通过互联网信息交流，了解农业生产新技术，并通过与农业方面的专业技术人员在线交流解决现实农业生产中出现的技术问题，从而形成精耕细作的"现代化生态农业"模式，提高农产品的产量和质量。此外，农户通过互联网了解政府政策导向和市场导向，及时调整农产品生产规模与种类，从而更好地服务于国家现代化建设需要和提升自身的经济效益。

在农资提供上，一方面，城市农业生产资料制造商通过互联网与农户实现联通，利用大数据、云计算等测量农村农资市场规模，并针对不同农户需求，提供优质农业生产资料的综合服务；另一方面，农业生产可利用互联网筹集发展资金，为新型"互联网＋农业"发展模式提供支持（图1）。

在农产品销售上，消费者则通过网络电商平台获取农产品的相关信息，购买到物美价廉的农产品。在此过程中，农户与消费者通过互联网直接联通，减少了流通环节，不仅降低了农产品实现商品化的成本，也节省了时间与精力。

(2) 线下交通物流

政府牵头搭建县、乡两级物流配送服务点，实现城乡之间、农产品与消费市场的有效联通。通过共享共建第三方运输平台，针对不同农产品的特性进行特殊模式和一般模式的统一物流运输和配送。

为实现物流环节的整体协调性，推行农村合作站点模式。合作站点作为农产品与消费市场的流通枢纽，不仅为农户农产品的稳定销售提供服务，为农产品消费市场提供有效保障，还通过与加工厂合作，提高农产品附加值和延长农产品保质期，从而提高农民收益，降低农产品滞销时带来的损失。

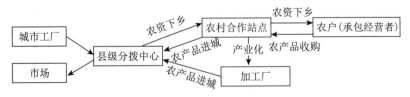

图1 "互联网＋农业"发展模式的一般运作

（四）"互联网＋农业"发展模式的主要特征

1．农业生产的标准化和规范化

"互联网＋农业"发展模式是以互联网、云计算、大数据和物联网等高端技术为核心的农业生产方式，处于"互联网＋"系统下的农业生产适于采用企业化生产而非家庭经营，企业生产导致农业模式向商业模式的转移，这也就决定了互联网背景下的农业产品必须符合标准。

2．传统农业的在线化和数据化

传统农业经营方式单一，农产品的交换采取线下流通方式，而"互联网＋"为农产品在生产者与消费者之间的流通搭建了网络营销平台，为农产品的线上流通提供了重要的途径。"互联网＋"所提供的信息数据和广阔市场以及"大数据""物联网"等平台的构建为农产品的经营流通拓宽了渠道，利用这种业务模式改变了以往封闭在单一领域的传统模式，可以随时在产业链的上下游、协作主体之间以最低的成本流动和交换，从而实现农业发展的在线化和数据化。

3．以"互联网＋"各农业结构及农业过程为核心

"互联网＋农业"是农业生产要素多元融合发展的产业链，将互联网信息技术广泛应用于现代农业的各种过程、各种要素、各部门，推动信息科学技术、现代农业技术装备在农业领域的应用。"互联网＋农业"发展模式就是围绕农业结构和农业过程进行革新，运用互联网的信息技术采集农业生产的信息，为农业信息高速路创造优质资源，促进农业科学化、集约化与产业化。

基于以上理论分析，农业模式的创新就是农业模式中各构成要素的整体或依次变化给农业生产、供应和销售方面带来的系统性变革。因此，对"互联网＋农业"发展模式在贵州地区实现路径的探索，其核心就是分析该模式创新的构成要素，同时总结这些要素之间的逻辑或因果关系，进而构建一个针对贵州地区"互联网＋农业"发展模式实现的系统性框架。

下面选取贵州遵义务川县、铜仁万山区、毕节市等地的典型案例，描述其"互联网＋农业"发展模式的具体运作情况，分析其成功的经验，进而探求贵州省推进"互联网＋农业"发展模式的一般路径。

三、贵州"互联网＋农业"发展模式的典型案例分析

（一）遵义务川县多元主体式的"互联网＋农业"发展模式

2009年，贵州省务川县发起大力发展茶产业的号召，在浙江龙井茶基地打工多年的陈爱由于掌握种茶和茶叶加工技术，决定回家乡务川县分水村办茶园。2015年，其茶园出产的大叶茶在香港国际茶展上获得金奖，仅茶青就卖到一斤70～80元。

由于茶树3～5年才能产茶，陈爱选择自己先种，之前是净投入，风险太大，贫困户不敢进入。现在茶园盈利，越来越多的农户也愿意加入，陈爱与周边270多家茶农（包括17户贫困户）成立了合作社。此外，陈爱还组织建立起茶叶加工厂，收购其他农户的茶叶一起加工。陈爱在自己发展茶产业的基础上，成立公司和合作社，带动农户共同发展，促进该地区逐步形成多元主体式"互联网＋农业"发展模式。其模式图示如图2所示：

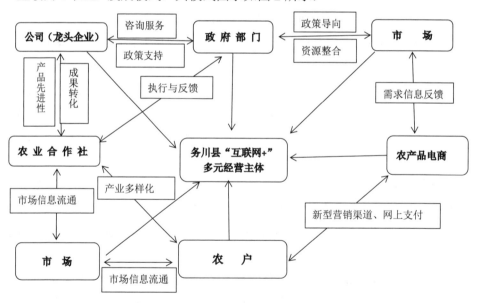

图2　遵义务川县多元主体式的"互联网＋农业"发展模式

首先，通过"互联网＋"发展茶叶订单模式。务川县充分利用互联网市场，大力发展电子商务，解决群众农产品销售难的问题，极大拓宽了群众农产品的销售渠道。通过电商渠道取代传统的经销商和终端店，创新产品流通模

式，迅速打开全国销量，提高务川县在全国的茶叶市场占有率，网络经营主体由线下发展成线上和线下相结合的组织形式。

其次，通过"互联网＋"促进茶叶产业化程度提高。务川县出台了《关于加快实施 10 万亩茶叶工程的意见》，制定了一系列优惠政策，按照"抓基地、创规模、扶龙头、树品牌"的发展思路，把茶叶作为务川县的主导产业发展。因此，"互联网＋"对扩大投产茶园的建设规模，对茶农实行集约化管理，引进知识技能培训，提升茶农的专业化程度具有很大的作用。此外，大规模引进加工企业，改进加工技术，增强生产能力，创造多元化的经营模式，增进专业合作组织、加工企业与种植户的联结，提高农业产业化程度与现代互联网的引进息息相关。

最后，通过"互联网＋"实现茶叶经营主体的多元化创新。务川县致力于打造以茶叶为主的生态经济园区，围绕"公司＋合作＋农户"多元化主体进行生产，实行"农户＋企业帮扶＋合作社助产＋电商助销＋政府支持"的驱动式发展模式。务川县长期以来的茶叶生产方式为一家一户的家庭生产，很难满足互联网对产品供应量的需求，市场推广程度低，生产和销售等各环节的投入产出率低，缺乏市场竞争力。

"互联网＋"为现代农业产业化经营组织形式的创新提供了很好的发展机遇。随着互联网、移动通信技术等在农村渗透率的提高，现代农业企业的新型经营主体逐步形成。务川县通过成立茶叶加工公司，实现茶叶产品升级，企业、合作社与农户等各经营主体相互结合，有利于提升茶叶的附加值。这种以龙头企业为主的农业企业经营通过采取"公司＋农户"的组织模式实现农业产业化的升级，在农村合作社的基础上，利用龙头企业创建多种利益联结机制，为农业的大发展提供生产成本，带动农户从事专业化和效率化生产，实现生产、加工、销售的有机结合，实施一体化经营，茶叶的加工和销售以龙头企业为主导。

务川县发展以农村合作社为基础的"合作经济组织＋农户"的组织模式，扩大农业经营的自主权，农村合作社通过合理分工，将各生产环节中的分散要素重新整合，提高了人力资源的利用效率，也解决了生产效率和市场规模问题。农村合作社通过赋予农户以股权和股东的身份，吸引农户投入生产，这种以合作制或利益股份制为利益纽带建立起来的经营体系，有利于激发农民生产的积极性和主动性，增强农业产业链的全过程的活力，从而从源头上提高茶叶的生产效率，进而实现农户与企业的直接连通。

政府部门对农业的发展起着促进和引导作用。务川县政府通过发展种养结合的农业形式促进农业资本在各产业间的相互流通，为农户提供相关的专业培训。政府的财政政策支持为务川县茶叶企业的发展提供了丰厚的资源条件，电商平台为农业销售主体提供了新渠道。务川县通过引进"互联网＋"拓宽茶叶销售市场，促进"大市场""农户"与"消费者"三者直接连通，利用数据分析及时了解市场形势，提高农业的生产效率。这种流畅的产业链需要农户、公司、合作社、电商平台之间的完全联结和高效合作，需要政府的大力引导和政策支持。

务川县以"电商＋实体店"为销售平台，大力发展以"线上交易、线下配送"为重点的新型流通业态，采用"政府引导、企业主导、合作社执行"的合作模式，为县域经济的可持续发展提供了新路径。

（二）铜仁万山区的村淘发展模式

2015年，贵州铜仁万山区与阿里巴巴集团签订了农村电子商务合作战略协议，大力推进"千县万村计划"，立足本地实际，创新理念，采用农村电商"3＋"模式发展农村淘宝，实现了迅速发展。其模式图示如图3所示：

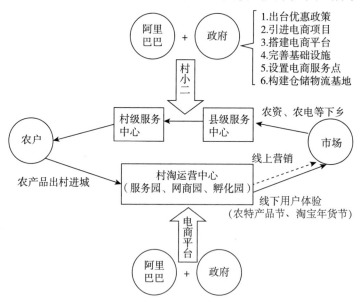

图3　铜仁万山区的村淘发展模式

在该模式下，首先，区政府通过"机制＋政策"为农村电商增强动力。2015年6月，万山区在区政府办公室下设电子商务发展工作领导小组，并挂牌成立了电子商务产业发展促进局。在9个乡镇（街道）分别设置电商服务点，构建起"县乡两级联动基地（企业）"的农村电商服务格局。同时，出台《万山区农村电子商务产业发展工作方案》《万山区电子商务发展扶持政策》等文件，加大对农村电商创业扶持力度。此外，还安排专项资金对电商创业和先进示范个人或企业进行物质奖励，为电商发展营造了良好的环境。

其次，区政府与国内电商共同构建"平台＋能人"模式，破解农村电商发展瓶颈。一方面，万山区致力于打造服务园、网商园、孵化园三大板块建设，并进行了高标准、高水平的规划。通过积极引进电商项目、搭建电商平台、完善基础设施、构建仓储物流基地、发展第三方电商服务机构等一系列措施，为农村电商发展提供硬件方面的有效保障。另一方面，政府先是出台优惠政策引进一批农村淘宝合伙人——"村小二"，然后培训"村小二"，由他们向农民普及农村电商营销经验，进而建立一个面向农村市场的消费者服务和货品双向供给网络。同时，针对电商人才队伍的开发和建设加大财政投入力度，不断扩大培训对象和丰富培训内容，注重实际操作，为农村电商发展提供软件方面的有力保障。

最后，由政府引导，农户、电商共同参与，通过"模式＋服务"强化品牌，提高效益。万山区村淘发展模式不仅强调线上营销，还特别注重线下体验。在农户和政府的支持下，电商平台通过举办农特产品节、淘宝年货节等增强线下产品体验感，塑造农村淘宝"达人"，积极开展各种促销活动，从而进一步扩展市场。

（三）毕节市"乌蒙山宝·毕节珍好"的品牌打造模式

为了实施农业品牌战略，促进区域农产品协调发展，实现农民增收，毕节市依托马铃薯、经果林、蔬菜、草地生态畜牧业、茶叶、中药材等六大特色优势产业，成功策划并注册了全省第一个区域公共品牌——"乌蒙山宝·毕节珍好"。其后，毕节市继续打造创新式农产品品牌，使之成为彰显毕节农产品"绿色、生态、优质、安全"等特点的统一认证标识。其模式图示如图4所示：

图4　毕节市"乌蒙山宝·毕节珍好"的品牌打造模式

首先，市委、市政府通过制定优惠政策打造多元主体参与模式，采取多种宣传形式提升农产品知名度。经过市农委党政领导、各科室、委属各部门负责人及有关专家的广泛参与和充分论证，毕节市政府制定了《"乌蒙山宝·毕节珍好"农产品区域公共品牌使用许可合同》《"乌蒙山宝·毕节珍好"农产品区域公共品牌暂行管理办法》，并成立了"毕节珍好"区域农产品公共品牌运营中心，形成了政府主导、企业参与、部门监管的品牌运营管理模式。在宣传方面，通过新闻发布会、电视、报刊、网络、广播、户外广告和组织产品参加全国、全省的"农博会""农交会"等多形式、多渠道的宣传推介活动，使"毕节珍好"区域农产品的形象和知名度得到了极大的提升。

其次，由市政府引导、龙头企业参与，共同组织线下展销会和建立线上电子平台有力拓展农产品市场。线下，毕节市先后17次组织"毕节珍好"优质农特产品展销会，全市200个（次）企业500多个特色农产品参加了展示展销，有力提高了"乌蒙山宝·毕节珍好"公用品牌的市场知名度和占有率；线上，开设电子交易平台，并在电商平台上开设电子商务商铺。与此同时，与毕节邮政局建立物流战略合作协议，建立起"网上宣传交易，网下销售配送"模式。

最后，政府鼓励、支持大中小企业通过多种线下营销模式强化服务、树立形象。毕节农产品发展除了强调线上营销外，还特别注重线下市场开拓。在市内各县区及北京、广州、杭州等12个大中城市开设专卖店和直销店，积极开展各种促销活动,为民众提供优质服务,进而在国内市场树立优质品牌形象。

"乌蒙山宝·毕节珍好"品牌作为毕节市发展农特产品的一个大平台,通过"互联网＋农业"发展模式下的各类宣传载体,多元主体参与经营、多渠道全方位开展宣传,将这一品牌在全国范围内进一步推广,积极提高市场认可度。

结论与讨论

当前,贵州"互联网＋农业"发展模式推进势头良好,各地形成了极具地方特色的运行模式。而该模式的有效推进得益于各地区立足自身实际,将"互联网＋农业"发展模式具体化、可操作化,而政府同时扮演了优惠政策制定者、发展模式引导者、经营形式组织者和农产品宣传者等多重角色,进而构建起多经营主体参与、多资金、技术链条支撑的发展模式。

本文尝试将"互联网＋农业"发展模式理论分析与贵州推进"互联网＋农业"发展模式的典型案例相结合,总结其成功经验,为贵州进一步推进农业现代化、信息化、解决"三农"问题提供参考。但不足之处在于,对宏观理论分析得尚不完善,并且对该模式运行机制研究不够、缺乏创新,导致内容上存在很大的局限性。希望后来的学者能够针对"互联网＋农业"发展模式的理论与实践研究作进一步的阐释与分析。

参考文献

[1] 新华社北京. 坚定不移沿着中国特色社会主义道路前进 为全面建成小康社会而奋斗 [R].2012-11-08.

[2] 新华社北京. 中共中央国务院关于实施乡村振兴战略的意见[R].2018.01.02.

[3] 刘丽伟,高中理."互联网＋"促进农业经济发展方式转变的路径研究——基于农业产业链视角[J].世界经济,2015(12):18–23.

[4] 高艳,王蕾,李征,等."互联网＋农业":重构农产品全产业链发展模式[J].世界农业,2017(12).

[5] 吴絮颖."互联网＋"对农业产业升级促进作用探究[J].中国农业资源与区划,2016,

37（5）：208-212.

[6] 杨秋海."互联网＋"视域下现代农业产业化组织模式创新研究[J].中州学刊,2016（9）.

[7] 丁明华."互联网＋农业"构建我国农村电子商务发展的新路径[J].商业经济研究,2016（15）.

[8] 成晨,丁冬."互联网＋农业电子商务"：现代农业信息化的发展路径[J].情报科学,2016,34（11）.

[9] 于扬.所有传统和服务应该被互联网改变[EB/OL].[2012-11-14].https://tech.qq.com/a/20121114/000080.htm.

[10] 马化腾.关于以"互联网＋"为驱动 推进我国经济社会创新发展的建议[N].腾讯研究院.2015.04.13.

[11] 马化腾."互联网＋"激活更多信息能源[EB/OL].[2015-04-29].https://tech.qq.com/a/20150429/043168.htm.

[12] 新华社北京.国务院关于积极推进"互联网＋"行动的指导意见[R].2015.07.04.

[13] 潘洪刚,王礼力.改造中国传统农业的困境与出路[J].西北工业大学学报（社会科学版）,2008,28（3）.

[14] 贵州特色农业发展各地有实招 百花齐放态势良好[EB/OL].[2014-08-22].http://www.gywb.cn/content/2014-08/22/content_1261505.htm.

[15] 连玉明.重新定义大数据——改变未来的十大驱动力[M].北京：机械工业出版社,2017.

农村集体经济组织建设的几个关键问题

贵州省农科院现代农业发展研究所　　詹　瑜

摘　要　推进农村集体经济发展的难点及重点在于重构农村集体经济组织。重构农村集体经济组织，以适应新时代市场经济发展要求，一方面有助于推进农业适度规模经营、优化配置土地等农业生产要素、完善农村社会治理，另一方面保障了农民集体财产权益。当前，农村集体经济组织建设的关键问题是要厘清现阶段农村集体经济组织的职能、治理结构、管理层激励及监督机制。本文认为，农村集体经济组织是参与市场经济活动的市场主体，在职能、成员构成等方面与村委会明显不同，集体经济组织应与村委会相互独立。股份合作制比较符合农村集体经济组织的特点，比较适应市场经济的发展要求，是当前及今后一段时间内农村集体经济组织的发展方向。管理层的选择及激励约束仍然是农村集体经济组织发展面临的一大问题，需要完善内部经营管理制度，也需要建立外部监督机制。

关键词　农村集体经济组织；股份合作制；激励

"农村集体经济组织"一词来源于1982年修订的《中华人民共和国地方各级人民代表大会和地方各级人民政府组织法》。我国宪法第八条规定了"农村集体经济组织实行家庭承包经营为基础、统分结合的双层经营体制"。农村集体经济组织的前身是计划经济时期逐步形成的"三级所有，队为基础"的农村集体经济组织架构。改革开放以来，我国农村实行了以家庭承包经营为基础、统分结合的双层经营体制，将土地所有权和承包经营权分设，所有权归集体经济组织成员集体，承包经营权归农户，极大地调动了亿万农民的积极性，有效解决了温饱问题，农村改革取得重大成果。但同时，承担"统"的功能的集体经济组织则实质上逐渐消亡。少数经济比较发达的地方将人民公社更名为农工商总公司，全国农村的绝大多数地方既没有将人民公社改名也没有将人民公社作为经济组织实际运行，实际上处于消亡的状态，作为农村集体经济组织的生产大队几乎不存在了，但其经济职能则为村委会代为行使。由于农村集体经济管理主体缺位，导致了农村集体资产的统一经营管理功能逐步弱化，村级集体经济发展明显滞后。一些地区甚至出现了农村集体资产被贪污、挪用、侵占、损坏、挥霍浪费、随意非法改变权属、无偿调拨占用、低价承包、变卖处置等严重流失。集体经济弱化导致了大量"无钱办事"的集体经济"空壳村"的出现，党在农村的凝聚力、号召力和战斗力逐步弱化，乡村治理体系和治理能力亟待强化。

与计划经济时代以及改革开放初期明显不同的是，我国现阶段农业农村发展处于一个新的转折时期。首先，在已经解决温饱问题的基础上，加快推进农业转型升级。加快农业现代化建设是我国农业发展的主要方向及目标，而这与当前过于分散化的小农生产经营格局、过于碎片化的土地利用方式之间的矛盾越来越突出。其次，随着农村集体经济业务的增多，特别是一些城镇化发展速度较快的地区由于土地增值导致集体资金迅速增加，集体成员与集体资产之间的权益关系模糊，加之农村人口流动加快，集体成员边界更加不明，集体资产流失的风险加大，保障农民集体资产财产权利显得更加紧迫。农村集体经济组织发展的环境及要求已经发生了明显变化，原有集体经济组织模式已远远不能满足集体经济发展的现实需要。要推进农业供给侧结构性改革，农村集体经济组织作为农村集体经济发展的实体，其构建要适应新时代市场经济发展的要求，在推进农业适度规模经营、优化配置土地等农业生产要素、完善农村社会治理等方面要有所作为。因此，有必要厘清现阶段农村集体经济组织的职能、定位、组织形式、决策运行机制等关键问题。只有激活集体经济组织的内生发展动力，集体经济组织才能健康发展，否则有可能只是制造了新矛盾及新问题。

一、农村集体经济组织与村民自治组织的关系

我国法律对村级集体经济组织和村委会的关系并没有明确界定。村级集体经济组织地位不清、概念模糊、功能混乱。现有法律规定了集体经济组织和村委会管理集体所有的土地及其他财产的权力，二者在职能上存在交叉重叠。因此，对集体经济组织和村委会的关系一直存有争论。在改革开放以后很长一段时间，全国大部分地区原有的村级集体经济组织——生产大队逐渐消亡，其经济职能为村委会代为行使。有观点认为，基于许多地方村委会已经在事实上替代了村集体经济组织，而且两者决策机制相似，实践中职能相互重叠，因此没有必要在村委会之外重新设立农村集体经济组织，或者只是将农村集体经济组织作为村委会的下设机构。这种观点不仅在学术争论中存在，而且在基层的领导及民众中也存在，但笔者并不认同。

首先，农村集体经济组织与村委会在职能上并不相同。尽管有部分重叠，但并不是完全不可分。按照《中华人民共和国宪法》和《中华人民共和国村民委员会组织法》，村委会要"办理本村的公共事务和公益事业，调解民间纠纷，协助维护社会治安，向人民政府反映村民的意见、要求和提出建议"。按照《中华人民共和国农业法》，农村集体经济组织"应当在家庭承包经营的基础上，依法管理集体资产，为其成员提供生产、技术、信息等服务，组织合理开发、利用集体资源，壮大经济实力"。村委会的首要职能是提供社区公共服务及公益服务，并承担一定的政府职能。而农村集体经济组织是市场主体，其职责是合理利用和有效保护集体资产，遵循市场经济运行逻辑。由此看，农村集体经济组织与村委会在职能上有明显不同。虽然农村集体经济组织也有兴办公益事业的职能，但随着城乡公共服务一体化进程的加快及政府投资能力的增强，建设农村基础设施等公益事业的职能将更多由政府承担。因此，农村集体经济组织与村委会在职能上并不存在完全不可分的基础。农村集体经济组织是市场主体，但不能要求其无限制地承担公益职能，否则在市场竞争中只会处于劣势，有必要将其公益职能圈定在小范围内。

其次，由村委会代行农村集体经济组织对集体资产的管理经营权，易导致公权力对农村集体经济组织成员的经营管理自主权的干预及侵害，也易滋生腐败。村委会有可能为了解决村内民事纠纷，或者为了谋求政治利益或声誉而干

预农村集体经济组织的经营决策及利益分配。比如贵州省内很多所谓"村社合一"的村庄，在分配中都将集体股分红的比例提高到了30%以上，还将一定比例的红利无偿用于扶贫。虽然看起来政治正确，但在一定程度上侵害了农村集体经济组织成员的财产权益。由于村委会是农村群众自治组织，组织体极为松散，内部人控制问题比较突出，当前许多村干部违法犯罪和腐败案件都与贪污、侵占、挪用、挥霍集体财产有关，在土地征用问题上尤其突出。

再次，人员构成不同。村委会的服务对象是村民，在当前流动人口不断增加的情形下，外来人口也成为村委会的服务对象，一些村委会提供的公共服务的受益人同样包括外来人口。《中华人民共和国村民委员会组织法》也有规定"户籍不在本村，在本村居住一年以上，本人申请参加选举，并且经村民会议或者村民代表会议同意参加选举的公民"，说明在一定条件下，外来人口也可成为有选举权的村民。而集体经济组织历经长期演变，其成员的确定比较复杂。目前全国并没有统一的政策及确定标准，有的省根据历史及现实条件制定了地区性的确定标准。由上可知，村民与农村集体经济组织成员不一定重叠。如果由村委会代行农村集体经济组织职能，则要求村民与农村集体经济组织成员在身份上重叠，而这样的做法必然导致农村集体经济组织成员反对外来人口获得"村民"身份进而在村民会议中获得投票权，同样也会排斥外来人口参与村委会选举。这种排斥也与《中华人民共和国村民委员会组织法》的本意相违背。

基于以上理由，笔者认为应分设村委会及农村集体经济组织，并独立行使职责，实行村社分离。在没有建立农村集体经济组织的村，首先应做到账、物分离，为农村集体经济组织的建立做好准备。考虑当前各村实际发展环境及发展程度的差别，特别是经济欠发达地区存在大量"空壳村"的事实，农村集体经济组织更需要村委会、村党委的支持及推动。因此，村委会及农村集体经济组织在人员上不强调分离，可以通过正常选举程序实现交叉任职。

二、农村集体经济组织的治理机制

作为特别法人，农村集体经济组织的产权关系以及治理结构如何，当前法律及政策并没有明确规定或指导，还处于试点探索阶段。2016年，中共中央、国务院出台的《关于稳步推进农村集体产权制度改革的意见》中明确提出：

"有序推进经营性资产股份合作制改革。将农村集体经营性资产以股份或者份额形式量化到本集体成员，作为其参加集体收益分配的基本依据。"2017 年，农业部在全国确定了 100 个县市作为农村集体产权制度改革的试点单位，贵州省安顺市平坝区、遵义市播州区、水城县成为试点单位。当前试点的方向是建立集体经营性资产股份合作制。笔者认为股份合作制比较符合农村集体经济组织的特点及适应市场经济发展，是今后发展的方向。

虽然农村集体产权制度改革全国性的试点工作近两年才启动，但农村集体经济组织进行股份合作制改革并不是一个新鲜事物。如同家庭联产承包责任制最早是农民的一种自发创举，股份合作制改革最早也是自发形成。20 多年前，在一些经济发达省份，群众自发地进行了农村集体经济组织的股份合作制改革。如广东南海于 1992 年开启了股份合作制改革，是我国较早实施股份合作制的地区。集体经济合作社进行股份合作制改革，虽然后期有政府支持的原因，但更多的是市场选择的结果。实践表明，将股份制的一些做法吸收进合作制能促进集体经济发展。股份合作制从发达省份的一些土地被征用、集体资产较多、干部坚强有力的村，扩展到土地征用不多、集体资产不多的村，也从沿海发达省份向内陆欠发达省份扩展。贵州省安顺市平坝区塘约村探索出的"七权同确""合股联营"的集体经济发展路径，实现了产业结构调整和生产组织化与规模化发展，在农村产权制度改革和壮大村集体经济中取得了明显成效。塘约村的成功，证实了股份合作制在欠发达省份同样适用，原因如下：

首先，将集体资产的所有权具象化，产权关系更加明晰。我国宪法规定农村土地等资源资产属集体所有，但是关于集体所有是"共同共有""总有"，还是"法人所有"，在理论界没有统一定论。在实践中，计划经济时期的生产大队、在改革开放以后留存的一些农村集体经济组织，具有一些相同特点，如在分配上主要根据家庭人口以及劳动进行分配，成员无权要求分割集体资产；成员无权自愿退出农村集体经济组织。这些做法越来越不能适应市场经济的要求。一是目前相当一部分农村集体经济组织已经不直接经营集体资产，而是通过出租、出让、入股集体土地经营权等方式交由其他经营主体经营使用，还有的虽然直接经营集体资产，但并不是所有的集体成员都参与劳动。这与计划经济时期成员们一起劳动的情况有很大不同，客观上要求对分配方式进行改革，主要根据成员数量将集体资产进行股权量化，以此作为分配依据，操作简便、易被群众接受。二是随着城镇化发展，大量农村居民有进城落户、脱离原集体经济组织的需求。这部分成员在集体中的利益需要得到保障，成员利益通过股权量化得以确定，虽然不直接分割集体资产，但为今后通过股权转让进行变现留出了空间。

其次，没有经过股份合作制改造的农村集体经济组织，在没有理顺及建立起决策、管理、监督、收益分配等相关制度的情形下，尽管也获得了一定的发展，但其发展动力主要依靠村支两委的强力带动和外部的各种支持，而不是组织自身的制度优势及活力。集体成员不积极参与民主管理和监督，这样的发展难以有可持续性，也难以复制。将农村集体经济组织从封闭管理向现代企业管理拓展，参照股份制治理结构，建立较为完善的决策、执行、监督机制，设立股东（代表）大会、董事会（理事会）和监事会，明确机构职责、议事规则和管理制度，更能激发农村集体经济组织的内生发展动力。股东的"投票权"即为剩余控制权的主要表现形式。

最后，经过股份合作制改造的农村集体经济组织在参与市场经济活动过程中，能减少经济纠纷。比如在土地流转市场上，经过股份合作制改造的农村集体经济组织由于更规范的流转运作、更多的政府支持、与当地农户更多更紧密的经济与社会联系，相比未经改造的农村集体经济组织和其他经营主体，当地农户会认为流转风险更小，更易将农民手中分散的土地集中起来，通过统一经营或者统一对外招标，实现土地的规模经营，激活土地资本。另外，在欠发达地区，将财政支农扶贫资金确权到经过股份合作制改造的农村集体经济组织，明确资金的管理、使用、受益主体，能激活财政支农扶贫资金。还有，农村集体经济组织的股份合作制改造需要基层领导和农民的全员参与，能加强、加深民众对现代经营管理制度的了解，提升民主意识、合作意识、参与能力，挖掘培养农村职业经理人，激活人力资本。

三、农村集体经济组织管理层激励与约束

对任何经济组织而言，充分调动管理层的积极性都是组织发展的重要条件，农村集体经济组织也是一样。尽管农村集体经济组织经股份合作制改造使得产权关系更加清晰，并相应设立了股东（代表）大会、董事会、监事会治理结

构，但对管理层的选择及激励约束仍然是农村集体经济组织发展面临的一大问题。一些村集体经济组织的董事会（理事会）人员以及主要的管理人员仍由原村委会人员兼任，沿用旧有的管理制度，对管理层既缺乏激励也缺乏约束。一方面，管理层人员的报酬与管理层人员的工作投入以及他们在组织中的重要性难以匹配，较低的收入水平难以激发管理层干事创业的热情，做事效率低，在组织出现经营困境时相互推脱甚至逃避责任。另一方面，经股份合作制改造的农村集体经济组织由于股权较为平均及分散，造成小股东参与决策及监督的成本过高从而在决策及监督过程中持消极态度，存在管理层"内部人控制"的风险，造成小股东利益的侵害。另外，农村集体经济组织的股权目前还是一种封闭结构，股东无法通过出售股权实现"用脚投票"，因而农村集体经济组织在外部竞争机制上先天有所不足。经营者的激励及监督机制的完善，需要内部经营管理制度的完善，也需要外部监督机制的建立，建议从以下几个方面进行完善。

第一，建立管理层收益分享制度。可以参照发达地区已有的一些做法，一是探索以及外聘职业经理人、独立董事等经营管理机制。外聘职业经理人、独立董事满足了农村集体经济组织经济活动增多，管理复杂化、专业化的需求，也是理顺管理者与董事会委托代理关系，防止"内部人控制"的手段。二是建立健全以集体资产保值增值为主要内容的经济责任制，通过与经营管理者签订契约建立经营班子年薪制、风险抵押金制，实现经营管理绩效与经营者收入挂钩。三是探索股权激励机制，激发经营者的积极性。对经营绩效明显改进的经营者，在一定限度内可加持农村集体经济组织的股权。

第二，建设内部控制制度。对村集体资产进行重大投融资、整体出租、抵质押贷款等事项，由股东大会或由股东大会授权的股东代表大会决定。村集体经济组织要努力提高管理意识、加强人才培养、引入多方监督评价机制、强化绩效激励、运用现代化信息管理手段，逐渐完善内部控制体系。村集体经济组织应制定相应的财务管理制度，明确单位负责人和有关业务人员的职权和责任，完善相关经济业务的程序和手续，定期开展内部审计，加强内部控制的力度及效率。

第三，以"三资管理"为重点建立外部监督制度。"三资"交易容易成为腐败的重灾区，建议区、县、县级市对原有的"三资"监管平台进行优化、整合、拓展，建成集登记服务、交易管理、信息公开、监督于一体的信息管理交易平台，实现县（区、县级市）、镇、村三级联网。在集体资产资源所有权确权的基础上，对集体资产资源产权进行在线登记。将集体产权交易、工程项目等整合进入"三资"信息管理交易系统。村集体统一组织的土地流转、"四荒"使用权、林权、集体经营性资产、生产设施设备、小型水利设施使用权、农业类知识产权以及工程建设项目招标、产业项目招商和转让等村集体资产资源流转交易，应逐步进入集体资产资源管理交易平台交易，通过公开拍卖、招标、招租、发包等市场运作方式。实行农村集体"三资"网络化监管，实现对村集体"三资"运行情况的实时查询、实时分析和实时监管。

参考文献

[1] 王启杰，孙艳萍，段庆广.村级集体经济组织职能问题探析[J].吉林农业，2014（1）：18.

[2] 郑水明.浙江农村社区股份合作制改革的发展特点和趋势[J].农村经营管理，2008（11）：44.

[3] 黄延信.发展农村集体经济的几个问题[J].农业经济问题，2015（7）：4-8.

重访"六山六水":改革开放40年来榕江县怎东瑶族发展变迁

贵州民族大学　毛　威

摘　要　榕江县怎东村瑶族是贵州瑶族历史变迁的一个缩影,具有极高的代表性和研究价值。20世纪80年代初期,贵州进行"六山六水"民族综合科学考察,迄今已有30余年历史。本文以榕江县怎东瑶族为个案,在深入田野考察形成调查成果的基础上,对"六山六水"民族综合考察期间形成的《榕江县塔石公社瑶族调查》进行比较研究,借以探讨改革开放40年来榕江县怎东瑶族的发展变迁。

关键词　六山六水;怎东瑶族;发展变迁

榕江县塔石乡怎东村,是一个典型的贵州瑶族传统村落,瑶族传统文化资源丰富,且极具代表性。早在20世纪80年代初,贵州"六山六水"民族综合科学考察队就关注到了塔石乡怎东村瑶族,石开忠、石海波、柏果成等学界前辈组成的贵州民族学院调查组,在深入考察塔石公社田野的基础上,写成了《榕江县塔石公社瑶族调查》,内容涉及概况、社会历史、经济、生活现状、教育、人口等方方面面,收录于《贵州民族调查(之二)》中。改革开放40年来,怎东村的社会、经济、教育等各方面都发生了翻天覆地的变化。笔者于2017年8月带领贵州民族大学历史系2015级本科生,在怎东村进行了为期一个月的田野考察,编成了《怎东村志(初稿)》。在对两个调查文本进行比较的基础上，初步探讨怎东瑶族的发展变迁。

一、榕江县塔石乡怎东村基本概况

怎东村位于贵州省榕江县西北部的塔石瑶族水族乡南部，距省城贵阳约 300 公里，距榕江县县城 70 公里，距塔石乡政府驻地约 30 公里。怎东村是榕江县瑶族人口比例最高的行政村，怎东瑶寨是榕江县最大、保存最完好的传统瑶寨。怎东村地处榕江县与雷山县的交界处，雷公山脉的延伸地带，八宝山和大平山山麓。东邻宰勇村，北靠党相村，南接三江乡分从村、冷堆两村，西接雷山县达地水族乡背略村。距 308 省道雷榕公路 12 公里，有村级水泥硬化路共 12 公里，横贯全村连接各个自然寨。怎东村下辖 6 个行政组、7 个自然寨，村域总面积约 42 平方公里。乌荣河是村境内较大的一条河流，从大平山下的"飞水崖"发源，流经二组、三组直通永乐河。根据村委会数据，怎东村约有 213 户 828 人（截至 2017 年）。主要有盘、袁（袁家坳）、韦（袁家坳）、刘（一组大寨旁）、王（高坡）、罗（乌美）6 个姓氏。其中，以盘姓居多，占总户数和总人口的 90% 以上，分为三个支系，是最早对怎东村进行开发和建设的家族，在怎东村生存繁衍已逾两百年。怎东村民族主要以瑶族为主，间杂汉族、侗族、水族。盘姓全部是瑶族，属于"盘瑶"（又称"过山瑶"）的一支；水族（韦氏）只有 6 户左右，居住在六组袁家坳；侗族（袁氏）仅有 4 户，也居住在六组袁家坳。瑶族以外的民族所占人口比例较小，日常生活习惯受瑶族文化影响比较深刻。

在清代时，怎东村就出现了成熟的定居农业种植生产。农作物种植以水稻为主，全村有水田面积 383 亩，但人均不到 0.5 亩，劳动力富余。除水稻以外，还种植有玉米、红薯、辣椒、黄瓜等杂粮、蔬菜。经济作物以杉木、竹林为主，全村有杉木林 3000 亩以上、竹林 1000 亩左右。杉木除了日常建房需要以外，主要是用来外销，是当地极为重要的经济来源之一。竹林中主要盛产楠竹，除出售成品竹以外，也加工竹质生活用品、工艺品以及竹笋等。牲畜养殖方面，香羊、洋鸭、稻花鱼的养殖比较普遍，不仅是地方特色，而且是村民增产增收的重要来源。

怎东村历史文化遗存丰富，包括遗址、碑刻、民间文书及各种非物质文化遗产。例如非物质文化遗产项目"盘瓠崇拜""还盘王愿"等。"盘瓠崇拜"是怎东村信仰和传说的核心，也是文化遗存所表现出来的最突出的一种特色。"还盘王愿"作为最隆重的宗教活动，集宗教信仰、人生礼仪、风俗习惯、书画艺术等内容于一体，是传统瑶族文化的集中体现。另外，还有冲杵舞、长鼓舞等民族舞蹈。由于瑶族传统文化资源丰富，怎东瑶寨被列入第二批国家传统村落名录，是唯一一个以"瑶寨"命名的传统村落，对于发扬与保护瑶族传统文化的意义不言而喻。

怎东村民风淳朴，重视文教，人才辈出，远近闻名，在政治、教育、科研等领域涌现出一批杰出人才。例如贵州省民族宗教事务委员会党组书记盘太福、贵州民族大学教授盘淼、榕江县塔石乡乡长盘英等。

二、"六山六水"调查与《怎东村志》调查

《怎东村志》调查，与20世纪80年代"六山六水"综合考察中的塔石公社瑶族调查一脉相承，在继承的基础上有所创新。

（一）"六山六水"综合考察的背景与意义

1982年6月，贵州省民族研究学会第二届年会在贵阳召开，会议积极讨论了贵州"六山六水"民族综合科学考察及其筹备工作。1983年，"六山六水"考察正式启动，并延续至今。对于黔东南瑶族的调查，在"六山六水"调查中占据了重要地位。榕江塔石公社瑶族调查，正是在这样的背景下展开的。

榕江、荔波一带的瑶族，历来社会经济发展滞后，长期处于贫困落后状态中。对贵州瑶族进行综合考察，初衷之一便是研究如何让瑶族群众脱贫致富。早在"六山六水"民族综合科学考察开始前，新华社记者杨锡玲为摸清贵州贫困状况，1980年，就来到荔波县瑶山进行调查，写了《瑶山人民至今仍过着贫穷落后的生活——贵州省瑶山见闻》一文。文中瑶山的贫困落后状况令人震惊，引起了党和国家的高度重视。时任总书记的胡耀邦亲自批示："少数特别落后地区要派大员去用心研究、切实帮助那里的人民在二三年内翻过身来。"1981年，贵州省委第一书记池必卿指示，印发胡耀邦批示和杨锡铃的文章，并随文附信指出，要认真调查分析瑶山人民深度贫困的具体情况及相关政

治、经济、历史原因。在通过思想政治工作以及经济扶持进行切实帮助的同时，循序渐进，发动和组织群众自力更生。由此一来，对瑶山的调查与研究引起了各方高度重视。瑶山一带也成了"六山六水"民族综合科学考察的首要目标。

1983 年初，贵州民族学院调查组奔赴瑶山，将瑶山作为"六山六水"民族综合科学考察的试点和开端之一。这不仅是因为瑶山在民族学领域的代表性意义，更是希望能够对瑶山的社会经济发展出谋划策，作出贡献。正如贵州民族学院原历史系教授史继忠老先生所说："我们并不是'为学术而学术'，而是要透过瑶山的社会探索一条扶贫的道路。这也许就是后来'瑶山麻山社会调查'的良好开端，是贵州较早的扶贫调查工作。"在荔波瑶山调查之后，调查组扩大范围，调查了黎平、榕江、从江、三都一带的瑶族，最终在调查材料的基础之上，写成了《贵州瑶族》一书。《贵州瑶族》一书不仅填补了专门研究贵州瑶族历史与现状相关学术的空白，而且阐明了瑶族经济的实际情况及造成落后现状的根源，为政府决策提供了依据。该书对于加速民族地区的两个文明建设，振兴民族地区经济，无疑是十分重要的。

"六山六水"民族综合科学考察是贵州民族研究领域的重要课题，不仅保存了大量研究资料，培养了大批人才，也开创了省内大规模专题民族考察的先例，为地方社会经济建设作出了积极贡献。在"六山六水"民族综合科学考察 20 周年总结研讨会上，不少专家学者都提出了要把调查继续下去的期盼和展望。史继忠老先生说："'六山六水'调查不仅在贵州民族研究上是一件大事，在全国也引人注目。"何耀华老先生表示："希望中国西南民族研究学会的会员及广大科研工作者认真学习贵州经验，与时俱进，立足创新，持之以恒，把本会倡导的区域性民族综合科学考察坚持下去，为我国民族地区的改革、开放和现代化建设作出更大的贡献。"

（二）《怎东村志》调查的背景与意义

时过境迁，曾经落后的瑶山发生了翻天覆地的变化。如今的怎东村，群众面临的首要问题不是如何脱贫致富，而是在市场经济影响下，随着生活水平的不断提高，如何传承和保护传统文化的问题。2013 年，怎东村被列入第二批中国传统村落名录后，更是成为新时期人们考察和研究瑶山的首要目标。我们的调查，即是在这一形势下，回顾"六山六水"民族综合科学考察，系统摸排怎东瑶族传统文化，最终将调研成果编撰成书。在助力传承传统文化的基础上，为怎东传统村落保护提供历史与现实依据。这不仅是继承了老一辈学人的志愿，在"六山六水"民族综合科学考察的基础上持续调查，努力取得更多成果，也是传承了老一辈学人以学术研究服务地方经济社会建设的崇高旨趣及构想。

（三）坚持实践、与时俱进、立足创新

几十年来，"六山六水"民族综合科学考察为学术研究以及地方文化传承提供了丰富的学术养料。但是我们必须注意到，此考察坚持从真实的田野中发现问题，得出成果。"它们的可贵还不在于'多'，更重要的是'实'，是如实地记录了贵州各民族的社会历史状况。这里保留了大量的历史信息，也反映了贵州民族的现实状况。"一些令人困扰的学术问题与纠纷，都可以在田野中找到答案。他们在这一时期通过深入考察形成了一系列成果，有不少成了各自学术研究领域的开山之作，立足于田野实践以及丰富的第一手材料而著成，具有极高的学术价值，是我们后辈学习的楷模。就拿第一本专门介绍贵州瑶族历史文化的《贵州瑶族》来说，其开创作用以及价值是显而易见的。"我可以自信地告诉读者，它是真实的，没有一点掺假。虽然只有 13 万字，但它毕竟是贵州第一本全面、系统研究瑶族社会历史和文化的书，从这里可以体会到'只有实践才能出真知'。"

学者总结了"六山六水"民族综合科学考察有着两个重要特点："一是与时俱进；二是立足创新。"改革开放以来，随着社会经济发展的飞速进步，少数民族地区发生了巨大改变，经济发展日新月异。"六山六水"民族综合科学考察不断与时俱进，坚持解决民族地区的实际问题，其调查的内容已经扩大到经济发展、社会治理、生态建设等领域。如今国家大力推行乡村振兴以及传统村落保护，怎东瑶寨作为被重点保护的传统村落，这些重要政策的落地与实施应建立在对地方的详细认识及了解上。《怎东村志》的调查以及后续的编撰工作，基于我们在田野调查中发现的新问题、收集的新资料、得出的新成果。我们缩小调查范围，深挖当地文化资源，为村修志，将一个村落民族或家族的生计方式、生活习俗、宗教仪式、文化遗存、口头传说、民间文书等记录在册，创新实行村落文化面貌的综合调查记录和保护。这与"六山六水"考察的主要特点不谋而

合，是在新时期对"六山六水"考察工作的继承和创新。

（四）在田野考察中学习成长

"六山六水"民族综合科学考察是许多老一辈学人民族研究生涯的起点，诸如杨庭硕、石海波、石开忠、张胜荣等专家学者都是在这一实践中成长起来的。他们的经历及成果也是我们后辈学习和仿效的标杆。虽然时隔30多年，但是在田野实践中发现问题、解决问题的乐趣，以及长期野外工作对人的锻炼，其效果却是相通的。我们从史继忠老先生的调查回忆录中完全可以体会到这一点。

我们在瑶山住了20多天，生活极其艰苦，无论天晴下雨都要去走村串寨，从清晨到傍晚不停地走。在瑶山小学旁边的一所旧屋中住宿，行李自带，一切都很简陋，完全没有"招待所"的概念，更谈不上什么"宾馆"。过的是集体生活，烧火煮饭都是自己动手，赶场天去割二斤肉，平时大抵都是"一锅煮"的菜。深入调查，就必须和群众打成一片，访贫问苦，参加他们的婚丧嫁娶活动。这里流行麻风病，饮食接触都要特别小心。那正是初夏时节，太阳火辣辣的，外出一趟总是汗流浃背。但大家都不言苦，像"痴迷者"似的，回来乐呵呵的，畅谈一天的收获。

在怎东进行田野调查的一个月里，我们的际遇与当年石海波老师、石开忠老师的经历别无二致。田野调查生活依旧非常艰苦。怎东村落分散，从一个组走到另一个组，步行都需要近一个小时。时值夏季，遇到的蛇虫鼠蚁不计其数。每天的调查任务非常繁重，无论烈日当空还是大雨滂沱，都要按时完成。平时的生活同样要自行解决，不仅是调查方法，先辈们的"一锅煮"也被完整继承了下来。调查组同样和群众打成一片，参与了地方上的各种仪式与活动，获得了大量第一手资料。从象牙塔到田野乡村，大家感受到的不是环境的落差，而是接触了原生文化以及第一手材料之时发现真实问题的喜悦。这次调查经历，成了我们受用一生的财富。

三、改革开放40年来怎东瑶寨的发展变迁

将《榕江县塔石公社瑶族调查》的相关记载与现今发展情况对比，可以清晰地看到30余年来怎东瑶族的巨大发展。简要将生计、生活水平、教育水平等方面的发展变迁介绍如下。

（一）生计结构与生活水平变迁

生产生活方式的变革是变化最为显著的板块之一，这种变化深刻表明前30年对瑶山脱贫致富的调查研究与实践，取得了良好效果。

根据《榕江县塔石公社瑶族调查》的相关记录，塔石一带瑶族村寨生产生活虽然在贵州瑶族地区相对较好，但总体上仍旧比较落后。农业种植方面，塔石公社田土较少，而且阴、冷、烂锈田占了很大一部分。粮食作物品种有水稻、苞谷、小米、红薯、洋芋、黄豆、饭豆等。套种比较普遍，一般是旱谷与油菜套种，苞谷、红薯与豆类套种，水稻和洋芋套种。从粮食产量结构来看，杂粮是口粮的重要组成部分。林业方面，虽然在收入中占重要地位，但是大部分属于集体林场，体制改革不彻底，生产效率较低，亏空较大。牧业方面，普遍养殖牛、羊、猪等，但是商品率不高。马匹养殖不多，主要用于运输，但是由于效率较低，也有被代替的趋势。渔业方面，以稻田养鱼为主，商品率不高。副业方面，除塔石、宰勇两个生产队外，多数生产队副业开展不多，没有摆脱眼盯农田的局面。但是怎东大队的农业生产水平较高，且多与汉族通婚，"从习惯到语言受汉族影响很大。由于大量吸收了汉族的先进技术，1983年怎东大队人均收入达80元，人均粮食达800斤，1983年全公社人均吃粮水平400斤，人均收入30元，怎东大队超出平均水平一倍以上"。此外，因包干到户推行时间较短，依旧存在诸多问题，田土分配不合理等现象比较突出：人多地少，剩余劳动力较多，人地矛盾比较尖锐；思想观念陈旧，落后的生产方式一时间难以改变，丰富的自然资源没有得到有效开发；村民收入虽然高于地区平均水平，但是依旧徘徊在温饱线上。

根据这些现状，考察组提出了切实有效的发展建议：积极发展副业，例如兴办林场、砖瓦厂、农副产品加工厂等，并为民众提供相关技术指导；促进剩余劳动力外出务工；等等。

据我们如今的调查来看，怎东瑶族的生计结构和生活水平按照当初的发展建议与思路不断向前发展。

首先是生计结构。虽然不少村民仍然务农，但是闲暇时会外出务工。与20世纪80年代初相比，不仅收入水平大大提高，人地矛盾也得到了有效缓解。怎东村进行了所有制改革，林业种植和养殖业良性发展，形成规模产业，是农民增收的重要经济来源。通过30余年来的基础教育，劳动力素质得到了显著提升，年轻一代纷纷创新创业或是外出务工，为整个地区的发展注入了新的活力。

其次是生活水平。经过多年发展，除极个别因为特殊原因依旧比较贫困，需要基准扶贫帮扶者以外，怎东村已经基本实现脱贫。村民的收入多投向教育、医疗以及购买汽车等方面。

生计结构与生活水平的飞跃式发展，是基于怎东瑶族人民的不懈努力和奋斗，但是也与当初考察组通过深入调查，切实发现问题，提出中肯建议，帮助地方发展出谋划策分不开。

（二）教育发展变迁

教育是提高人口素质、增强地区发展动力、实现可持续发展的重要保障。根据《榕江塔石公社瑶族调查》的相关记录来看，20世纪80年代初，地区教育设施水平较低，与经济发展互相掣肘。

塔石公社教育基础十分薄弱，清代以后才传入私塾教育，新式教育在20世纪40年代才逐渐发展起来。虽然瑶族群众较为重视教育，儿童入学率保持在80%以上，但是由于生活水平较低，巩固率只有20%。而且还存在在校生合格率低、女生入学水平低、返盲现象严重等问题。在教育投入方面，学校基础设施严重不完善、师资力量不足、教师待遇差……总的来说，基础教育发展不够完善，人口素质不高。全塔石公社每千人拥有小学及以上文化程度人口数分别为高中5.28人、初中51.95人、小学288.92人，没有一个大学生。虽然相比新中国成立初已经有了很大发展，但是依旧比较落后。贵州民族学院考察组根据这些现实问题指出，地区发展不仅需要推动教育水平不断提高，也需要将这些受过教育的群众组织起来，调动他们的积极性以及专业技术知识，以推动地方经济和教育的发展。

怎东村的情况与塔石公社基本相同，教育形势十分严峻，经过艰难求索，现今取得了丰硕的成果，新式教育在 20 世纪 50 年代初蓬勃开展起来。1968 年之前，全村唯一的香棚沟小学（又名丰乐小学）办学断断续续，几近停办，仅有一名民办教师和一名公办教师在苦苦维持日常教学。1970 年，全国普及小学教育，学校又重新运转起来。1970 年至 1983 年，始终保持三位老师在岗，这才基本满足了全村的基础教育需要。由于小学校址距离各个居民点都较远，学生入学年龄普遍偏高。学校建在全村位置最低的河谷中，常常遭遇洪水威胁。河面上连桥梁都没有，只要略下中雨，就只能停课，或是由老师背着学生过河，全校师生始终处于安全隐患中。这种情形持续了近 20 年，直到 1997 年在上级资金支持下才得到初步解决。90 年代以后，农民文化技术教育也得到了发展，农村文化技术学校兴盛一时。怎东村在这一时期基本完成了扫盲工作。1993 年，"两基"工程全面实施，带动了成人教育的发展。怎东村的农村文化技术学校开设了"菌种制作与栽培技术""治理病虫害"等培训班，为提高村民文化技术水平作出了积极贡献。

改革开放 40 年来，经过地方政府的不断投入，以及香棚沟小学教师的坚守，怎东瑶族的基础教育得以向前发展。在基本完成脱盲教育以及"两基"工程的基础上，培养出一批高级知识分子。1983 年，全塔石公社没有一名大学生。截至 2017 年，仅怎东村中专及中专以上学历人数便有近 80 人，其中本科生占四分之一。这些具有较高文化素养的瑶族知识分子，不仅走出了大山，为社会作出积极贡献，而且成了地区发展的新生代力量。

（三）信仰仪式变迁以及非物质文化保护

根据《榕江县塔石公社瑶族调查》记载，在 20 世纪 80 年代初期，塔石一带仍在举行不少信仰仪式，有"交愿""还愿法事""封白口""神判"等。尤其是"还愿法事"，极具代表性，是当地瑶族最为隆重的宗教活动，也是每一个成年男子必须要完成的一项敬奉祖先的任务。如果没有进行"还愿"，则不能被列入自己家族的"法名谱"，从而得不到后代的侍奉。"还愿法事"蕴含了丰富的瑶族传统文化内容，包括历史渊源、迁徙过程、神话传说等。"还愿法事"是一项重要活动，涉及的家族集会、人情往来也是地方社会互动的重要方式之一。在遇到争端时，常常用"神判"的方式来解决，以"赌咒""捞油锅""斩鸡头"这几种形式为主。

但是从如今的调查情况来看，虽然这些信仰仪式是传统文化的重要组成部分，但以"还盘王愿""挂灯"为代表的传统信仰与仪式已极少进行了。年轻一代多不重视或不理解这些仪式所蕴含的文化传承。而且仪式长达几天几夜，花费巨大，也不适应现代快节奏的市场经济生活。这样一来，祖先崇拜中的"家先"崇拜也面临问题，失去了法名以及没有经过"挂灯"的老辈逝者，始终与传统的"家先"有所区别，不可同日而语。怎东瑶族拥有丰富的瑶族传统文化积淀，物质以及非物质文化遗产都十分丰富，但是这些传统信仰仪式以及一系列非物质文化遗产，缺乏有效的保护和传承措施。虽然瑶族盘王节、"瑶族舂子舞"等少数列入了县级非物质文化遗产，但是保护以及传承措施却没有得到很好的落实。

怎东瑶族的生计结构、生活水平等各领域的发展变迁，是改革开放40年来贵州瑶族历史发展的缩影。总体来看，瑶山的瑶族群众在国家的帮扶和支持下，社会经济发展取得了翻天覆地的变化。这也证明了"六山六水"民族综合科学考察期间针对瑶山发展提出的建议，切实为当地提供了相应的决策建议以及智力支持，有力地支持了地方发展，实现了坚持实践、创新学术研究、服务社会发展的初衷和目标。

四、怎东瑶族未来发展展望

随着经济发展及生活水平的不断提高，脱贫致富已经不再是怎东瑶族发展面临的首要难题。在国家精准扶贫的大力支持下，怎东瑶族能够与广大少数民族地区同步发展。但是与众多少数民族地区一样，怎东瑶族文化也面临着保护、传承和发展的严重问题。在现代社会多元文化交融的背景下，瑶族传统文化受到强烈冲击。虽然怎东瑶寨已经被列入第二批国家传统村落名录，保护措施也在逐步落实，但是怎东瑶族的传统文化如何与现代生活相适应，已经成了一个必须要面对的现实问题。

（一）文化保护是发展的关键问题

怎东盘瑶从历史上的"游耕"发展到定居的水稻种植，农业一直是其传统生计。故而绝大部分传统风俗习惯，均围绕农业生产而发展演变。但在新时代市场经济条件下，有限的耕地与人口增长、生产方式单一的矛盾越来越突出，单一的农业生产已经远远不能满足人们物质和精神文化生活需求。传统的农业文化，面临着生产方式转变的直接冲击。具体表现在从业人口方面，目前从事农业种植者，都是上了年纪的老人，年轻一代多外出求学或者打工。传统农业文化及与之有关的风俗习惯，面临失传的危机。此外，瑶族本有自己的语言以及土俗字，但年轻群体对于自己本民族语言缺乏认可，没有系统地学习和传承，对民族传统文化缺乏足够的认同感。

（二）怎东瑶族发展变迁需要持续关注和研究

怎东瑶族的发展变迁是贵州瑶族发展的缩影，其发展变迁也应该从整体上去认识。首先，怎东瑶族的发展是历史的。怎东村有着特殊的历史变迁过程，从怎东盘瑶的历史迁徙到村落的建立、从咸同之乱的冲击到改革开放的推动，怎东自有一套发展变迁的逻辑。其次，怎东盘瑶的生计变迁，从历史时期的游耕游猎生活到传统的稻作农业生产，再到如今的外出务工等，完整再现了传统农村生产生活转型过程。最后，信仰层面的变化，怎东瑶族一方面坚持传统信仰，另一方面则随时代的发展不断更新信仰仪式和活动。怎东延续瑶族传统，与不断变化的社会历史环境相适应，这一系列整体性变化，必须回归到具体的历史背景当中去认识其价值。

此外，目前怎东村已经被列为传统村落进行保护。在传统村落的运行与发展中，居民的生产生活并不是单独孤立的，而是与环境中的各类因素相结合。这就涵盖了村落作为一个整体，与环境的有机和谐的过程。怎东村传统的杉木"种、养、伐、售"体系，稻田中的"牛棚—水稻—田鱼"生态循环体系，都包含了人与自然的互动关系。这一活态的、立体的生存空间，是怎东瑶族传统村落的重要价值所在，也是推行保护措施的重要出发点。

总之，怎东瑶族代表了瑶族迁入贵州以后，由迁徙漂泊到逐渐定居的变迁过程，最终产生一系列富有民族特色与地方特色的仪式、信仰以及传统习俗，是瑶族历史发展变迁的典型案例。怎东瑶族定居以后，不断努力改造和利用怎东这一地区的自然地理环境及资源，形成了良好的人居环境以及生态循环、和谐可持续的生存发展系统。对于其发展的关注与研究，应该是关注其家族、民族、村落以及村落变迁过程中形成的人与自然和谐共生的系列衍生文化产品的综合。而这样的持续关注和研究，需要我们这些新生代力量在继承老辈学人优秀传统的基础上，立足实践，坚持创新，不断推动其向前发展。

结语

怎东瑶族作为贵州瑶族历史发展变迁的缩影，具有极高的代表性和研究价值。"六山六水"民族综合科学考察是贵州省民族调查研究的一座丰碑，其实践经验、学术追求都值得学习和铭记。"六山六水"综合考察初期形成的一系列丰硕成果，正迎合了改革开放 40 周年的历史契机。追寻老一辈学人的学术实践，对"六山六水"进行系统回访调查，立足实践，坚持创新，不仅具有极高的学术价值，而且能够发挥服务社会的功效，对现今贵州的经济社会发展具有重要意义。

安顺市旧州镇旅游新型城镇化的路径选择

安顺学院 2015 级旅游管理专业本科生　　陈丹丹

摘　要　文章以安顺市旧州为例，提出了在生态资源富集的旧州镇发展文旅融合和农旅融合，建设生态旅游、养生旅游、休闲度假旅游等多种类型的旅游区；在新型城镇化背景下，对旧州旅游业进行升级并提高当地旅游服务质量；梳理了旅游和文化、农业之间的关系。由此提出，旅游引导的新型城镇化模式，应采取以下有力措施：第一，编制文旅融合发展专项规划，促进旧州文旅融合；第二，多措施并举，推动新型城镇化与农旅融合发展；第三，打造个性化旅游品牌；第四，强化宣传，营销方式新颖、多样化。

关键词　旧州；旅游；新型城镇化；文旅融合；农旅融合

随着经济的快速发展，城镇化成了当今文明时代的一个重要标志。在新型城镇化背景下，不仅强调旅游的差异化发展，同时也注重农业和旅游的融合发展。党的十八大报告提出，"我们要坚持走中国特色新型城镇化道路"。旅游作为城镇化推进的主导产业，其发展问题渐渐显现出来。

旧州城镇化建设的前提是文旅融合，基础是农旅融合。下面结合旧州旅游城镇化发展过程中所面临的问题及当今社会发展趋势，对旅游城镇化模式优化路径提出有利的建议。

一、安顺市旧州镇概况

（一）旧州镇简介

旧州古镇地处黔中腹地，西距安顺市区 37 公里，是古安顺地区的政治、经济、文化、商贸中心。其地势平坦，河流密布，全镇总面积 116 平方公里，平均海拔 1356 米；总人口 4.4 万人，少数民族人口占 38.1%。旧州古镇建于元至正十一年（1351 年），且被设为安顺州府所在地，古云"安顺州"。

（二）旧州镇的旅游资源概述

1. 历史文化

从民俗工艺的角度来看，旧州镇拥有铁匠、木匠和木艺雕刻、玉雕、石雕、傩面雕刻、芦笙制作、丝头系腰、唱书、地戏等各类的手工艺者和非遗传承者共计 500 多名；从社会文化的角度来看，在旧州镇的周边有古墙遗址、四坊五匠、地戏面具雕刻、石头技艺、服饰、屯堡的"节"与"会"、屯堡婚俗文化、历史残存、非物质文化遗产；从饮食文化角度来看，当地每逢过年过节就能买到上乘的鸡辣子、腊味、马烧腊、麻饼等具有屯堡特色的年货；从民俗活动来看，这里拥有丰富的民间活动，如地戏表演、花灯戏、唱书、"玉皇会"、"抬汪公"等。这些都是旧州新型城镇化建设的重要元素。其中，影响最大、最具代表性的就是"屯堡文化"和"屯堡地戏"。

（1）屯堡文化

明朝初期，明太祖朱元璋为加强在西南地区的统治，由南京派兵赴云南剿灭元朝残余势力后，把部分军队留在今安顺旧州一带，又下令垒墙筑堡，驻军屯垦。当地的军队居住地称"屯"，移民或商人所修建的居所称为"堡"，而其后人称为"屯堡人"。而今 600 多年过去了，当地的屯堡人保留了先祖的文化传统，融合了明朝汉人的文化和生活习俗，经过不断的演变，形成今天独具特色的"屯堡文化"。

（2）屯堡地戏

地戏是旧州数百年历史变迁中最浓墨重彩的一笔，以其奔放的艺术个性和深邃的文化内涵吸引着旅游者。虽诞生于江南，却被旧州的这片山水保留延续至今。

面具在地戏中最为关键，有着非常重要的作用，通常为丁香木或白杨木精雕细刻而成，神态生动。由面孔、帽盔、耳子三部分组成，面相分文、武、老、少、女五类，俗称"五色相"。除主将外，还有小军、道人、丑角、动物等类别。

过去地戏的表演者都是男性。角色分为文、武两类。文者有帝王、文官、道人、小军、歪嘴、和尚、土地菩萨等；武者有老将、少将、女将、正将、反将（指"番邦"将领）等。

地戏的产生和传承都离不开屯堡人，他们将角色视作神灵。地戏与屯堡人的生活密切相关，增强了屯堡人的依托感和内聚力。可以说是旧州屯堡文化中，人文精神最为显现的一面。

2. 建筑景观

旧州镇的屯堡建筑既有江南四合院的特点，又有华东四合院的布局，几乎所有的室外部分都为石材建成的全封闭格局。历经沧桑的古驿道、古城墙、古遗址等文化遗址彰显出古镇厚重的历史文化底蕴。当地有这样一种说法："石头的路面石头的墙，石头的瓦盖石头房，石头的碾子石头的磨，石头的板凳石头的缸。"人行于其间，仿佛置身于一个石头的世界。旧州镇目前有土司庄园、谷氏旧居、曾氏老宅、鲁式老宅、周之冕老宅、孙家大院、饶家大院、金家大院，万寿宫、清元宫、城隍庙、天主教堂、玉皇阁、五显庙、北极观、关岳庙、三元阁、四官庙、华严洞寺等景点。

（三）旧州镇的旅游发展历程和现状

旧州镇生态环境良好，文化底蕴丰富，是中国屯堡文化的发源地和聚集地区之一，是全国美丽宜居小镇和国家 4A 级生态文化旅游小镇，被誉为"梦里小江南·西南第一州"。

旧州镇先后完成了土司衙门、古民居、古街道、古驿道等修复工程，并且对旧州客栈、鲁氏老宅、土司食府进行升级打造，引进了"旧州时光"等投资者，培育了 1 个国家湿地公园、1 个 4A 级国家生态文化旅游景区、2 个特色观光农业示范园区，符合旅游新型城镇化下的农旅和文旅的融合发展条件。昆明金控集团投资 7 亿元建设现代观光农业区，在旧州镇和浪塘之间修建了山里江南、屯堡古寨、观光小火车、慢行系统、农耕文化园等项目。旧州镇政府为了增加农民收入，在五翠田坝流转土地 1520 亩开发现代观光农业园；打造浪塘乡村旅游，争取上级扶贫资金，鼓励和引导村民经营农家乐和农家旅馆，目前有农家乐 17 家、农家旅馆 5 家。村委会还引导农户成立了龙腾蔬菜种植协会和劳务公司，在增加农民收入的同时，促进了农业和旅游的融合发展。

2001 年，天龙古镇开发了屯堡文化旅游；2013 年，旧州镇完成了部分基础设施建设工作，例如修复了西街、南街；2014 年初，景区对外开放，免门票，"五一""十一"期间游客爆满，出现了道路拥堵、餐馆和住宿业接待能力不足等状况；2015 年，旅游接待总人数达到 40 万人次，旅游总收入为 2.53 亿元；2016 年，"十一"黄金周接待游客人数比 2015 年增长了 19.1%，争取到国家发改委建设资金 5000 万元，还款期限 20 年，设计投入 19 亿余元对镇区 3 条环路、旅游公厕、停车场、文昌路和碧波路进行建设；2017 年，经过不断发展和完善，旧州由昔日的农村变成了景区，旅游业的发展带动了当地民宿、特色农庄的快速发展，说明旧州镇在旅游新型城镇化方面具有较大的潜力和发展空间。

二、安顺市旧州旅游新型城镇化发展面临的问题

"十三五"旅游业发展规划要求业态创新，实施"旅游＋"战略，推动旅游与城镇化、新型工业化、农业现代化和现代服务业的融合发展，拓展旅游发展新领域。旧州镇在旅游开发过程中，一方面着重保护老城、历史古迹和屯堡民居；另一方面拓展新城，沿邢江河两侧打造集旅游、休闲、购物于一体的小城镇综合体。

目前，旧州旅游新型城镇化仍处于初级阶段，还有很长的路要走，在发展的过程中面临着一些问题，本文主要从文旅融合和农旅融合发展的角度探究。

（一）文旅融合发展面临的问题

1. 文旅融合意识淡薄

尽管旧州镇政府注重文化与旅游的结合，但在实际发展过程中，文化与旅游就像两条平行线，并未实现真正意义上的有机融合。当地民俗文化旅游资源开发利用不够，丰富多彩的文化资源与旅游需求结合不足，产生的经济效益较低，大多数旅游者对当地旅游形象的了解只停留在表面上。

2．缺乏文化传承和保护的危机意识

旧州镇不仅有地戏、唱花灯、朝山拜佛、春节、五月二十八抬菩萨、七月半等独特的屯堡文化节日活动，甚至还有传承 600 余年的"凤阳汉装""南京明服"。这些文化资源是独一无二的，在旅游新型城镇化建设中占据重要地位。然而随着经济的快速发展，多数年轻人选择在外打拼，留守在旧州且穿着汉服的多数都是中老年人。若对传统文化的保护力度不够，屯堡文化将面临无人继承的窘境。

旧州镇的传统文化是当地旅游业的生命之源，而旅游文化是传统文化的载体，因此在旅游新型城镇化建设中应着重保护传统文化，以免形成"千城一面""文化个性失落"等现象。

3．不规范的公共服务体系

交通体系尚不健全。由于没有合理的交通规划，来往的车辆随意性大，噪声和灰尘等都影响着旧州整体风貌，不仅为游客带来极大的不便，还容易出现交通事故，破坏游客对旧州的良好印象。

文化旅游缺乏互动性。旅游产品文化内涵不足，互动项目较少，传统又仅停留于表层展示的观光旅游已不能满足旅游者的多种需求。旧州的民俗文化旅游场所较分散，旅游者无法直接体验民俗风情，更谈不上系统了解文化内涵了。

产业链不完善。由于缺乏硬性约束机制和服务意识，旧州既不能形成文旅融合，又不能形成品牌效应，再加上在文化旅游产品的外延和服务方面缺乏有效对接，也影响了旧州旅游产业和新型城镇化的动力和后劲。

4．宣传方式单一，缺乏新意

深入挖掘文化内涵和提升文化品位，是旧州文旅融合实现品牌化发展的必然选择。虽然旧州是国家 AAAA 级旅游目的地，政府不断宣传旧州的文化旅游资源，但面向外界的宣传缺乏创新，知名度较低，没有代表性且令人印象深刻的标语。

（二）农旅融合发展面临的问题

近年来，以旧州古镇为集散中心，打造浪塘、文星、邢江、罗官、茶岭和新寨等旅游环线，力争通过两年努力，实现旅游交通基本畅通、旅游标识系统基本完善、旅游厕所基本达标、景区停车场基本满足等目标。旧州旅游业虽取得了一定成绩，但旅游新型城镇化建设尚处于初级阶段，农旅融合方面还存在一些问题，主要表现在以下几个方面：

1. 农旅融合机制尚未健全

旧州镇的农业旅游活动还停留在简单的农事体验旅游模式上，并未围绕食、住、行、游、购、娱六大要素，与生态环境有机融合起来，形成农旅融合产业链。农业和旅游规划未能有效结合，布局随意及缺乏差异性，未挖掘农旅融合拓展功能，优势不明显。在开发时只考虑现有资源和眼前利益，缺乏长远规划，没有考虑到全域旅游同步，容易造成资源浪费。

2. 发展单一，体验性不足

旧州曾是以种植、养殖、加工为主的农业乡镇。在推进特色小城镇建设过程中，旧州没有依托良好的生态环境，开发适合旅游者深度体验的项目，旅游产品结构有待转型升级。

3. 品牌意识薄弱，规划布局不合理

旧州的农业休闲旅游缺少总体规划，布局不尽合理，基础设施配套和服务功能欠缺。目前，旧州镇正在打造花旅与果旅、药旅与茶旅、粮旅与菜旅等融合发展的产业链条，但真正有品牌、有规模的农旅融合基地并不多。

4. 营销方式单一，没有形成整体综合优势

政府和社会资本都投入不足，农旅融合先天不足，缺乏后劲发展。当地居民从只农耕转变为既干活又从事农旅接待等一系列工作，但没有经过专业训练，思想观念陈旧，更缺乏管理服务经验与意识。在旅游开发过程中，没有形成整体合力，仍以单打独斗为主。

三、安顺市旧州镇旅游新型城镇化发展的路径

"十二五"以来，贵州省坚持"加速发展、加快转型、推动跨越"主基调，大力实施"城镇化带动"主战略，着力推进山地特色新型城镇化。新型城镇化是推动旧州经济增长的重要因素，是经济增长方式的转变以及扩大内需的有力杠杆。旧州旅游新型城镇化是提高人民物质文化生活水平的必然要求。

那么，如何在当今全域旅游激烈的竞争态势下脱颖而出？发展特色旅游小

城镇就是可选择路径之一。

（一）文旅融合发展

1. 营造文化旅游氛围

旅游者都希望在旅游目的地经历与自己惯常生活环境不同的文化体验，而这种体验深受地域文化氛围的烘托和影响。新型城镇化建设下，文旅融合的发展中只凭历史遗留下来的文化资源是不能满足旅游者的心理需求的，应在旅游的各个要素上弘扬地方文化。旧州旅游区建筑风格别具特色，但这只是表面，其文化内涵尚待挖掘。旧州拥有深厚的文化底蕴，旅游者需要的正是这种原汁原味的本土文化气息。因此，要培养有素质的解说人才，提高旧州文化附加值，向大众传播旧州文化内涵。

2. 做好文化传承与保护工作

旧州镇是安顺市屯堡旅游圈战略的重要节点，是中国屯堡文化的发源地和聚集区之一，其旅游新型城镇化建设的重任就是要做好文化传承工作，并按照文化旅游建设的新内容，走出一条新型城镇化与文化产业融合发展的特色之路。在开发文化旅游资源的过程中，要注重文化原真性的保护与传承，出现问题时再采取保护措施就难以控制局面了。

在继承传统文化的基础上，找准定位，从旅游新型城镇化建设的视角深入挖掘旧州独特的民族文化、历史文化、民俗文化、节日文化、饮食文化等；加强文化遗产整体保护，认识到屯堡文化和文脉的重要性，在旅游活动中利用各种方式展示旧州文化，例如，让旅游者参与民俗表演、体验民间生活，从多角度去深度了解旧州文化；坚持可持续发展观，正确处理好开发与保护的关系，修订和完善文化旅游产业发展的总体规划，重视实施旅游新型城镇化的各个环节，科学、合理地利用文化资源，才能更好地促进文旅融合发展。只有做好旧州镇文化资源的传承和保护工作，才能取得文化与旅游互惠互利的局面。

3. 完善文化旅游产业链，建设规范的公共服务体系

文化旅游产业是一项周期长且可持续发展的产业，开发文化旅游项目并做强、做优，应做到以下几点：

其一，创建良好的营商环境，鼓励多元化经营，推进和加快整体开发经营，形成整体效益。提升旧州文化内涵和旅游产业生命力，促进旅游产业转型

升级；挖掘旧州文化资源，创新体制机制，培育文旅融合主体；发挥市场配置资源的优势，运用特色文化旅游资源吸引良好的投资商，培育文旅融合的市场主体。

其二，区域联动发展，构建以文旅融合为主导的特色小镇。在弘扬旧州民族文化的同时，突出特色，不断创新，努力打造独具文化旅游魅力的品牌旅游目的地。

其三，打造规范的公共服务体系，规划合理的交通布局，共同建设新型城镇化下的特色文化旅游路线。培养高素质服务人才，提高服务意识，以增强产业竞争力；寻找产业结合点，打破各自发展的局面，进行整体营销，形成旧州知名景点。

4. 创新文化旅游产品及宣传方式

首先，文化是旅游新型城镇化建设的灵魂，将旧州秀美的自然景观与民俗文化相结合，根据不同的文化主题，尝试文化演艺活动，开发影视旅游产业。其次，设计出不同的文化旅游发展模式，再予以包装，开发出满足游客求新心理的文化旅游产品，丰富景区内容，推动旅游新型城镇化建设。最后，打造一体化的旅游宣传体系，例如，设计具有代表性的标语，在各大媒体平台上宣传，以提升旧州的影响力，吸引游客。

5. 文化资源与旅游的有效融合路径

旧州历史文化资源丰富，为文旅融合、促进旅游产业转型和升级创造了优越的条件。当下，旧州走在一条文化旅游创新道路上，依托自身得天独厚的自然山水资源，以旅游新型城镇化建设为核心，坚持文旅融合，吸收各种文化资源，不断丰富文化旅游的内涵。

6. 区域融合是文旅融合的一种空间拓展路径

区域融合既是增强旅游市场竞争力的市场行为，也是实现文旅融合最优化发展的一种选择。在文化旅游实践中，将旅游、文化与城镇化三者融合共建，可避免重复性建设，节约资源，也能使融合区域的经济和旅游收益最大化。

7. 处理文化旅游与文化基础二者关系的路径

要发展旅游新型城镇化，就要正确处理文化旅游与文化基础的关系。有了一定的文化基础，才能将文旅融合推动旅游新型城镇化的发展。文化是旅游发展的灵魂，旅游是文化繁荣的途径，只有充满文化内涵的旅游才能让人驻足品味。旧州不断提升旅游形象，提高旅游服务质量，改善服务设施，开创出一条新型城镇化发展之路。

（二）农旅融合发展

农旅融合旅游近年来备受人们关注，旧州自然资源丰富，最适合开展农旅融合旅游。以旧州、天龙、云峰为重点的大屯堡旅游圈，推动农业旅游与文化旅游的融合发展，已形成较完善的景区体系。为了促进旧州旅游新型城镇化背景下的农旅深度融合，提出以下发展路径：

1. 制定农旅融合发展规划

旧州农业与旅游业发展步调不一致，难以形成合力。需以旧州农业特色资源为载体，推动农旅深度融合，同时提升旅游接待能力，完善农旅参与机制，加快旅游标准化建设，打造农家采摘体验活动。在旧州新型城镇化建设中，融入农业、科技、人文等元素，发展田园景观、农艺等创意农业产业，定制会展农业活动等新型城镇化农业业态；推出多种旅游特色产品，例如，开发农耕、采摘、摄影、饲养等农事休闲项目，提高当地农业产品附加值。

2. 合理利用农旅产业资源，提升品牌效应

建立集农产品休闲观光、生产、销售为一体的产业链，设计旧州特色农耕文化明信片，在品牌创新、市场开发、吸引投资等方面给予一定帮助，使农产品转变为旅游产品，提高经济效益，创新农旅融合产品的开发，完善旅游线路。以农促旅、以旅强农，以此路径，旧州将建设成为立足周边的休闲农业示范区和旅游目的地，实现农业增效和旅游增色。

3. 创新多种营销渠道，完善旅游要素产业链

深入挖掘农耕文化，以旧州为重要纽带连接周边乡镇，根据区域特征创新产品营销策划，可展开协作塑造统一品牌，并实现转型，在维护现有的融合成果的基础上，鼓励农旅新融合点的开发；创新人才发展机制，引进和培养人才，重点发展创意农业。除了实体店的体验式线下营销外，还可创新"互联网＋农业"整体的线上营销，农业科普旅游、农产品种植养殖等多种形态的有机融合，打造整体营销系统。

4. 完善基础设施，促进区域升级转型

大力发展休闲农业和宜居养生农业，打造一流的自然环境，完善相关基础

设施和服务设施,提高农业旅游档次。旧州的文化资源特色适合体验而非走马观花式的一带而过,从单一农业观光转向多元化的休闲旅游产品,将田园生活、自然风光与历史遗留建筑等旅游资源与农业相结合,使旅游者体验到农旅融合的乐趣。与此同时,发展特色果蔬、休闲养生为一体的精品农旅融合旅游路线,提高农旅融合产业的美誉度。

5. 建设旧州镇农业旅游产业基地的路径

农业资源具有丰富的景观要素、良好的生态基础及多样的游憩空间,乡村旅游是全面提升农村建设的重要方式。因此,农业与旅游业的产业融合正是促进农业转型和升级的重要途径。打造具有观赏价值和食用价值的农业基地,利用当地独特的自然条件,种植健康、无污染的有机农作物吸引消费者,运用农旅融合促进旧州新型城镇化的发展。

6. 技术融合是新型城镇化农旅融合发展的核心和关键

随着现代科技与创意产业的快速发展,技术成果转化加快。各种有创新、有理念的新兴旅游产品陆续进入旅游市场,不断丰富农业旅游产品和服务,给人们带来新的体验和感受,也赋予旅游产业新的内涵。近年来,一些重大的旅游项目都离不开技术的支持,技术融合是农业旅游产业融合发展的重要推进剂。

7. 整合农业资源,提供体验式农居生活的路径

旧州农业资源丰富,从农旅融合角度出发,分析农业资源,进行统一规划设计和整合。例如,增建简易的木屋农舍,与其他农业资源配合,形成立体化、全方位的农村生活缩影呈现与覆盖,依托旧州天然生态古镇开发吃农家饭、住农家屋、体验民风民俗等活动。

四、安顺市旧州镇旅游新型城镇化建设的保障措施

2015 年,国家发改委批复同意设立贵州山地特色新型城镇化示范区,旧州新型城镇化发展迎来重大机遇。当地充分利用文化资源和自然资源等有利条件,扫除文旅融合和农旅融合发展中的体制障碍,推进文旅融合的体制改革和农旅融合的机制创新,进一步加快速度,探究出一条不同于其他地区的新型城镇化道路。

（一）编制文旅融合发展专项规划，构建旧州镇文旅融合

在助推旧州特色新型城镇化发展的过程中，文旅融合起着不可估量的作用。

第一，制定文化产业发展规划，调整产业结构各环节的搭配，要根据旅游产业链上的内在结构关系进行合理配置，否则会造成资源和人力的浪费。

第二，在制定旧州文化旅游发展规划时，把整个旧州镇及周边都纳入新型城镇化发展战略，在更大的空间上布局产业；同时，要注重各产业间的分配及产业链的发展，使其是一个完整的产业系统，调节文化产业发展各个相关中心环节。

第三，将独特的屯堡文化、地戏文化、民俗活动融入旅游项目。文化旅游涉及内容宽泛，因此应总体规划成一个集食、住、行、游、购、娱为一体的大旅游区。

（二）多措施并举，推动新型城镇化与农旅融合发展

资源整合，合理规划。引进新的发展理念与模式，在旅游新型城镇化开发中贯穿以农业为支撑、以旅游为载体的思路。通过融合的方式推动旧州农业旅游更上一个台阶，把握自身特点，整合农业旅游资源和投资资金，并找准切入点，实现全域旅游城镇化建设新局面。

走可持续发展的农旅融合道路。在农业旅游发展特色的基础上规划可持续发展的农旅融合道路，促进旅游和生态资源等合理利用，提高其经济价值，加大旧州镇农业与旅游发展硬件与软件基础建设，走出一条属于自己的创新之路。

农旅融合是一种重要的产业融合形式，坚持"农业＋基地"的发展模式，打造一批集休闲、餐饮、娱乐、度假于一体的特色产业基地，对当地经济有积极的促进作用。

（三）打造个性化品牌

品牌转型，由"单一观光品牌"向"文旅融合和农旅融合的综合品牌"转型。特别是相关行业和部门，应统一规划与布局，展示出旧州文化魅力，打造出一个能够代表本土文化底蕴的全国知名品牌。

立足长远发展，将商品与景区人文有机结合起来，不断提高旧州知名度和美誉度，打造旅游新型城镇化度假区。任何品牌的打造都需要有一个过程，旅游商品尤其如此，需要经历不断琢磨才能最终赢得信赖。

（四）强化宣传，营销方式新颖多样化

开展营销宣传。树立品牌意识，抓好特色旅游宣传推广工作，实现旅游和文化、农业的融合式发展，推进全产业发展。当今是一个信息泛滥的时代，要从中脱颖而出并吸引到旅游者，宣传方式就必须新颖，要跟上时代潮流，符合大众的消费心理。

随着微信和网络使用的普及化，利用微信平台进行宣传营销成效显著，可带动区域旅游的全面发展。

结语

本文分析了农旅融合、文旅融合在旅游新型城镇化下有机结合的关键问题。在旧州旅游新型城镇化进程中，产业升级、经济结构调整带动了相关产业的发展，同时促进了文化生态的保护、地区间文化交流和资源交流。以可持续发展的旅游新型城镇化建设的理念为指导，为走出一条科学发展、功能完善、个性鲜明的新型城镇化建设道路，提出了文旅融合、农旅融合发展之路。

通过研究，为旧州旅游新型城镇化中文旅融合和农旅融合发展战略提供第一手资料，对完善旧州旅游市场具有重要意义。

参考文献

[1] 匡玲.古镇中心保护区修缮整治方法研究———以贵州安顺旧州镇为例[J].低碳世界，2016（6）.

[2] 赵世钊.旧州屯堡古镇文化体验旅游发展的路径[J].贵州民族研究，2017，38（5）：182-186.

[3] 王仕莲.楚雄州文化旅游资源的保护研究[J].楚雄师范学院学报，2016，31（3）：69-73.

[4]　赵世钊，万平，罗傲霜.旧州屯堡古镇旅游发展的 SWOT 分析[J].赤峰学院学报（自然科学版），2017, 33（7）：103-105.

[5]　王旭，朱广德.文旅融合创新——凤凰古城经验[J].旅游纵览（下半月），2014（1）：207-208.

[6]　娄丽慧，孙冬冬.论甘孜州文化旅游[J].旅游管理研究，2013（8）：27-28.

[7]　陈显军，广西文化产业与旅游业融合发展研究[D].桂林：广西师范大学，2013（4）.

[8]　谢燕玲，农旅融合背景下乡村旅游区规划设计研究——以钟山县龙泉乡村旅游区为例[J].中国园艺文摘，2016（12）：155-156.

旧州民宿旅游特色发展路径浅析

安顺学院旅游学院 2015 级旅游管理本科班学生　　张愉慧

摘　要　全域旅游概念的提出及发展、旧州古镇的不断建设及宣传，极大地促进了旧州旅游业的发展。民宿旅游是一种发展较晚但前景广阔的产业，对于旧州旅游业的发展也具有一定的促进作用。本文旨在探讨旧州旅游业中民宿旅游的发展情况，分析存在的问题及解决的路径。研究内容对旧州民宿旅游的发展具有一定的启示作用。

关键词　旧州古镇；旅游业；民宿旅游；发展路径

民宿属于住宿业、第三产业范畴。民宿旅游的兴起适应了当今社会的发展，从侧面反映出人们的旅游需求呈现出个性化的态势。发展民宿旅游是一项综合性的系统工程，对于实现旅游业中住宿业类型的多样化，进一步推进旧州旅游业的发展，以及带动当地民众就业具有重要的现实意义。

一、民宿及民宿旅游的发展概述

民宿最早起源于英国，但民宿一词却来源于日语，每个国家对于民宿的称谓都不同。最初，民宿仅是简单地为旅游者提供食宿。随着社会经济的不断发展和人们观念的不断变化，旅游者选择在假期离开繁华喧嚣的都市外出旅行，寻找一个更宁静的、更接近大自然的地方度假，民宿就成了首选。有学者认为民宿是"利用自用住宅空闲房间，或者闲置的房间，结合当地人文、自然景观、生态、环境资源及农林渔牧生产活动，以家庭副业方式经营，为游客提供乡野生活的住处"。内地民宿业发展较晚，虽然国家旅游局出台了相关行业标准，但有些地区民宿的发展没有按照此标准，发展得也不成熟，存在很多问题，如经营标准不完善、基础设施不健全、服务规范化标准模糊、产品特色雷同等。民宿旅游没有具体的学术定义，有学者认为民宿旅游是指："利用居民资源、农事资源、景观资源，设计个性化的经营项目，形成一个以住宿接待为基础，包含水吧、餐吧、作坊、民艺等休闲业态的高端农家乐集群，是乡村旅游的高级发展模式。"我国内地与民宿形式接近的是"农家乐"，但有些地方的称谓不同，如北京称为"民俗旅游接待户"，上海、四川及大部分地区称为"农家乐"。随着旅游规模的不断扩展，为了给旅游者在景区附近提供住所，以农家乐为主的民宿逐渐形成规模。

民宿是一种新的住宿业态，是旅游业的附属产业，是重要的旅游吸引物，民宿旅游具有极大的发展潜力。

民宿旅游深受旅游者欢迎的一个原因在于它是有温度的产业。相对于传统的酒店，民宿可让旅游者体验到更加温馨、休闲、像家一样的感觉。当今旅游者对外出旅游有更高的要求，不仅在于到景区打卡，还在于对旅游目的地的深入了解，在旅游中获得更多的体验。民宿的建设融入了当地的文化资源、自然资源，旅游者可以亲身体验民族风情，了解不同地域之间的差异。

二、旧州古镇及民宿旅游的发展现状

（一）旧州古镇的发展现状

旧州古镇位于贵州省中部，安顺市西秀区东南部，2006 年获省级历史文化名镇称号，2008 年成功申报国家级历史文化名镇并获批准授牌。它是古时黔中经济、政治、文化中心，在历史上拥有过较高的政治地位。走进旧州古镇，映入眼帘的是刻着精致图案的木质门窗、用石板建成的房屋、青石板铺的小路、一条条老街巷、马路两边潺潺的小溪，处处透着浓浓江南小镇的气息，置身其中让人全然忘记自己正身处西南山区的贵州。除此之外，旧州文化底蕴丰厚。如屯堡服饰、屯堡地戏、屯堡特色建筑等，不仅是黔中地区"屯堡文化"的典型代表，也为后人研究 600 余年来汉文化的变迁提供了完好的例证。

(二)旧州古镇旅游市场的发展现状

旧州古镇以"文化＋生态"为引领,按照"镇在山中、山在绿中、山环水绕、人行景中"的规划理念,推进特色小城镇建设,完成了旅游慢道、旅游小火车、游客服务中心等旅游基础设施建设。除此之外,旧州还围绕屯堡文化构建"山里江南"旅游发展战略。这些都有利于推进旧州旅游业及相关产业的发展,并带动就业。

(三)旧州古镇民宿旅游业的发展情况

笔者在对旧州民宿进行调研时,了解到旧州古镇经营较成功的特色民宿客栈共有三家,分别是:旧州客栈、中川花园、归来客栈。它们都是以投资者投资经营为主,价格适中,装修风格外观各有不同,但房间内的摆设大致一样,客房数都超过 14 间。内外建筑风格和装修样式体现出当地特色,蕴含当地文化气息,但是在设计上缺乏情怀。2017 年 8 月 21 日,国家旅游局发布了四项民宿行业标准,其中有一条是:民宿单栋建筑客房数量应不超过 14 间(套)。按照民宿行业标准,这三家民宿显然不符合规定。

近年来,旧州民宿旅游发展呈日渐上升趋势。2015 年,旧州古镇接待游客近 40 万人次,实现旅游总收入 2.53 亿元。旅游业的发展带动了民宿客栈、特色农庄的迅速发展,全年解决镇区和周边乡镇 6000 人就业,其中 1000 余人为异地搬迁人员。由此可见,民宿旅游既能解决居民就业问题,又能拉动当地经济。

三、旧州古镇民宿旅游发展的瓶颈

(一)知名度不高

旧州是一个小城市,仅对于安顺人民有认知度,外地旅游者对其了解不多。这是旧州民宿发展的一个短板。旧州依托得天独厚的资源优势,旅游业得以迅速发展,但往往留不住人,旅游者游玩后多选择到其他地方住宿,既不知道这里有民宿,也不知道民宿的情况。来到陌生的地方,不了解当地情况,旅游者会有一种排斥感甚至是恐惧心理,虽然网上也有相关产品介绍,但是因为不了解,害怕会出现性价比不高的情况。民宿的发展与宣传也有一定关系,只有宣传才能将信息扩散给更多的旅游者。当地旅游协会或民族经营者可以定期举办推介活动，吸引旅游者上门体验，形成口碑效应。同时，政府应给予政策优惠和资金扶持，提高旧州知名度，助推旧州民宿旅游的发展。

（二）屯堡文化特色不明显

旧州特有的屯堡文化传承至今已有 600 多年的历史，但是屯堡文化元素在民宿建设中没有体现出来，缺少文化内涵是民宿发展的另一个短板。旧州的民宿只有简单的内部装饰及仿古简朴的外部装修，室内很少有关于屯堡文化的内容。民宿中的"民"字体现的是一种区域的民俗文化性，民宿旅游也应打造"民俗＋体验"，体验当地文化，这样才具有吸引力。随着旅游业的不断发展，旅游者更多的是想要体验不同地区的生产生活，在一个具有独特性的地方体验民族文化。旧州屯堡文化是中国汉民族传统民俗的再现，发展民宿旅游时更应加强文化性的建设，彰显独特的屯堡文化，这也是民宿旅游发展的一大优势。

（三）民宿旅游产品单一，个性化不明显

旧州的几家民宿距离很近，都位于古镇内。民宿应具有乡土气息且风格各异，才能给旅游者不一样的体验。虽然这几家民宿的装修风格不一样，但都没有自己的特色，民宿产品比较单一。发展民宿前应对民宿旅游市场进行调研，细分市场。因为每一类市场主体的需求都不一样，因此不能随便建设民宿。民宿的发展是顺应旅游者的需求和融合当地民风民俗的，如果偏离了主题，就会失去特色。目前，旧州民宿旅游还处于探索阶段，所以在开发民宿时不应盲目，应做好开发前的规划工作。民宿经营者必须具备经营理念，理解民宿不只是给旅游者提供食宿的场所，在开发时也要建立自己的经营品牌，彰显个性、文化特色。

（四）民宿旅游市场管理不规范

台湾民宿发展较早，后来大陆开始效仿。调查数据显示，现在云南、浙江民宿的数量超过了上海、四川。民宿最初仅是为了解决旅游者的住宿问题，所以没有相关的行业法规约束，行业准入标准出台晚，大部分的民宿只是有一个名字，而没有民宿的性质。

2015 年，中国民宿总数达 42 658 家，贵州有 531 家，而黔东南就有 406家。这些数据从侧面显示出旧州民宿旅游发展的不成熟。2016 年，民宿总数达 53 825 家。2015—2016 年两年内民宿客栈的涨幅高达 78%，这也表明民宿旅游具有很大的发展潜力。

虽然贵州旅游业起步较晚，但通过各方的努力，现已成为旅游大省。旅游是贵州的一张风光名片，但是观光旅游已渐渐无法满足旅游者的需求。发展民宿旅游，是维持贵州旅游业可持续发展的一种新方式。旧州民宿发展总体而言，标准制定较晚、发展缓慢、入住率较低。

四、旧州古镇民宿旅游发展的路径

（一）加大宣传力度

现在是互联网时代，传统营销已无法适应市场需要。虽然旧州的几家民宿采用了开通微信公众号、入驻美团等新的推广渠道，但是这要旅游者关注了才能知道。民宿旅游经过长期的发展，已经被旅游者所接受，现今也可不再依附于景区，单独成为新兴的旅游吸引物。民宿是一种房间数量有限的、小型的，提供住宿、餐饮，供游客体验民宿生产生活的旅游产品，因此民宿的经营者也可以自己推出旅游活动，不定期打造主题活动，利用各种新兴网络媒体宣传，加强市场营销。通过互联网发展线上线下的营销方式等，实时更新产品信息，提供给旅游者不一样的住宿体验。同时，这也需要政府和旅游协会的鼓励与支持。相信通过加大宣传力度，能提高旧州民宿的知名度。

（二）融入屯堡文化

旧州古镇拥有悠久的历史文化，具有其他地方不可比拟的优势。现在的旅游从观光到体验，从仅在景区观光到进行深入的了解，都是因为旅游者的旅游需求在不断地变化。民宿旅游正是因此而迅速发展。

旧州古镇至今依然在民居、服饰、饮食、民间信仰、娱乐方式等方面沿袭着 600 多年前的明代习俗，彰显着大明古风。江南古韵、屯军古堡、美食古味、民间古艺，这些都是屯堡文化的特点。文化是一个地方独特的名片，是其他地方不能模仿到的。旧州民宿旅游的发展也能促进屯堡文化的传播。因此，应将屯堡文化融入旧州民宿旅游，让旅游者在游玩的时候也能感受不同地方的文化特色。

（三）加强民宿旅游产品的多元化、个性化建设

旧州民宿的建设应向多样化、个性化发展，而不只是千篇一律，面对广大的旅游市场，要根据不同需求，设计不一样的民宿风格，同时也使产品更具有针对性和个性化，使旅游者有更多的选择。旧州屯堡特色鲜明，适合发展以休闲、度假、体验为主导的乡村旅游，打造乡村民俗度假体验产品，由此来增强旧州民宿的吸引力，使得旧州民宿在建设中由简单的对其改造到充分地体现其地域风情的转变，让旅游者能有所选择。除此之外，还应完善民宿旅游产品体系，或开发相关的有纪念意义的民宿产品，出售相关的土特产品，这样也相应地能增加民宿经营者的收入。旅游者入住民宿的原因也是想体验当地的生活，民宿经营者针对这一现象可以开发一些让旅游者可以参与其中的活动，增强旅游者的参与度和体验感，这样不仅能延长民宿发展的产业链，也有利于培养旅游者的好感，获得良好的宣传口碑，无形中也转换成了一笔财富。

（四）加强管理、规范服务

民宿的管理与服务是很重要的，虽然旅游者入住民宿是为了体验旅游地的风俗和文化，但如果没有好的服务，就会造成游客的不满意，所以在经营民宿前要对员工进行培训，提升民宿的服务理念和整体形象。对于民宿的建设不只是增加其数量，还要提升服务质量，也就是小而精，让旅游者感到选择入住民宿是值得的。除此之外，经营者也要有很高的综合素质，作为民宿的老板，旅游者肯定会想要与其进行沟通，了解到民宿的经营理念、文化内涵。同时，政府在发展的后期也要加强对旧州民宿旅游的监管，执行国家的民宿旅游市场准入原则，加强标准化的管理，规范服务。

综上所述，民宿旅游顺应当前旅游市场发展潮流，旧州在推进特色小城镇建设过程中，也加快了对旅游基础设施的建设，这有助于当地旅游业的发展。住宿是旅游的六大要素之一，也是旅游者相当关注的旅游产品。随着旅游方式的不断扩展、旅游内容的不断丰富，人们的旅游观念也随之更新。针对旧州当前民宿旅游业的发展情况，本文提出了发展类型多样化、融入当地特有的屯堡

文化、服务管理规范化、民宿宣传现代化等特色发展的思路。民宿作为一种较为新颖的、特殊的旅游接待设施，能给旅游者一种温馨、亲切的家的感觉。民宿也是文化的一种表达方式，是人们体验旅游地风俗和文化的载体，而不仅仅只是一种旅游接待设施。因此，民宿旅游作为一种有温度的产业，定会受到旅游者的欢迎。

参考文献

[1] 龚桂莉.民宿旅游理论与案例研究[J].山西农经，2017（17）：54-56.

[2] 张雪丽，胡敏.乡村旅游转型升级背景下的民宿产业定位、现状及其发展途径分析
——以杭州市民宿业为例[J].价值工程，2016（23）：101-103.

[3] 万卓.民宿，旅游开发新突破[J].植物医生，2016（12）：78.

[4] 周静.旧州融入全域旅游探微[N].多彩贵州网–贵州日报.

[5] 潘丽霞.旅游景区民宿的发展战略和实施探讨[J].经贸实践，2017（18）：160-162.

[6] 李泽芬.生态文化旅游视角下的民宿旅游发展策略研究[J].时代金融，2017（6）：
299-300.

[7] 石洪凡.我国乡村旅游中民宿的产生背景、特色定位及其发展策略[J].农业经济，
2017（12）：54-55.

[8] 孙美瑶.台湾民宿产业对贵州乡村旅游发展的启示[J].商界论坛，2015（41）：271.

[9] 罗力.对利川民宿旅游现状及发展策略的研究[J].科技创业月刊，2017（12）：41-42.

[10] 冉红芳，李军，朱秋红.武陵山区特色村寨建设与民宿旅游研究——以湖北省利川市
为例[J].三峡大学学报（人文社会科学版），2017（1）：62-67.

[11] 许宸，张毅玲.黄山市特色民宿旅游发展研究[J].商场现代化，2016（12）：93-94.

[12] 吕跃.旧州古镇："文化＋生态"打造旅游特色小镇[EB/OL].[2017-08-28].http://www.
ddcpc.cn/2017/finance_0828/109141.html.

[13] 蒋志洲.民宿旅游的短板与窘境[J].质量与标准化，2016（4）：9-10.

[14] 李琼.全域旅游视域下的民宿设计浅析[J].西部皮革，2017（22）：92.

略论乡村振兴背景下毛尖镇茶旅发展

贵州财经大学　何　琼　罗强月 ①

摘　要　茶文化旅游是一种关联性大、带动性强的生态和富民产业，也是实现农村产业兴旺和乡村振兴的有效途径。本文以贵州省都匀市毛尖镇的茶文化旅游发展为例，结合当前国家的乡村振兴背景，分析了当地在发展茶文化旅游过程中所具有的优势、发展现状及存在的问题，并找出了制约其茶旅发展的瓶颈因素。认为起步晚、开发水平低、缺乏建设资金、客源少、游客结构单一、文旅融合度低、地方特色不明显等诸多问题是致使当地茶旅发展陷入困境的主要原因。为突破其发展困境，提出了应加大对外招商力度，拓宽融资渠道，创新茶旅营销模式，进一步提升品牌知名度，提高产品文化内涵，延伸茶旅产业链的几点建议，以期对当地的茶旅发展和乡村振兴提供一些深层次的启发与思考。

关键词　乡村振兴；毛尖镇；茶旅；发展

长期以来，我国城乡二元结构矛盾突出，与城市相比，农村较为落后的发展趋势一直未能从根本上得到有效转变。因此，发展农村经济、实现乡村复兴成了我国现阶段急需解决的重大民生问题。为此，中国共产党在十九大中针对目前城乡发展不充分、不平衡的现状提出了乡村振兴战略，旨在通过该战略来

---

① 何琼：贵州财经大学教授、硕导，贵州省级重点学科学术带头人。罗强月：贵州财经大学中国少数民族经济硕士研究生。

推动农村地区的全面发展并实现农村"产业兴旺、生态宜居、乡风文明、治理有效、生活富裕"的繁荣景象。在此背景下，作为中国十大名茶之一——都匀毛尖茶主产地的毛尖镇也迎来了更大的发展机遇。当地借助良好的自然生态和厚重的茶文化历史大力发展茶产业，并依托都匀毛尖茶这一品牌优势努力探索出了一条茶旅融合发展的新路径，以试图通过此方法来带动地方经济的发展。但是，当地在进行茶旅融合发展的过程中由于各种原因不可避免地出现了一系列问题并陷入了发展困境。面对诸多问题，如何结合当前国家的乡村振兴背景来进行分析，为突破其发展瓶颈找到解决方法，将是本文论述的重点。

一、毛尖镇茶旅发展优势分析

茶文化旅游是一种关联性大、带动性强的生态和富民产业，最早兴起于20世纪90年代，如今已成为旅游业中的一支劲旅。在茶文化旅游的发展模式中尤其注重将茶业的生态环境、茶生产、自然资源、茶文化内涵等融为一体进行综合式开发。因此，其发展需以旅游地的资源优势为基础，并依托市场化运作将当地人们有关茶的生产活动、生活方式、民风民俗、思维观念呈现给游客观赏和体验，是一种新型的旅游形式。作为都匀毛尖茶主产地的毛尖镇，具有发展茶文化旅游的先天优势。其主要体现在：

（一）地理区位条件优越

从纵向看，毛尖镇位于都匀西部，与贵广高铁和夏蓉高速公路接壤，交通位置便利，是西南地区出海的重要通道，这为都匀毛尖茶产业的向外辐射发展提供了便捷的区位条件。从横向看，毛尖镇离都匀市中心仅44公里，距离省会城市的贵阳和贵州民族旅游精品路线的凯里地区较近，仅需1～2个小时的车程便可到达，且在毛尖镇产区的25公里内有922县道全程穿过。这将便于毛尖镇与周边主要旅游景区从空间上进行资源整合，实现景区间的联动式发展，打破景区间分散、小规模、不成状的发展格局。除此之外，都匀市正在规划筹建轻轨路线，拟投资100亿元来建设线路总长为60公里的快速轻轨，届时将实现城区与景区的无缝连接。以上这些优越的区域条件为毛尖镇的茶旅发展提供了良好的区位条件。

（二）良好的自然生态环境

毛尖镇生态环境极佳，属典型的喀斯特地貌山区。不仅邻近国家级自然风景区斗篷山和都匀石门坎水库的水源发源地，而且森林覆盖率在74%以上。境内多大山、峡谷，森林中自然资源极为丰富，有大量的野生中草药如天麻、杜仲、人参等。除此之外，辖区海拔较高、气候温润，平均海拔1480米，年平均气温13.2℃，属中亚热带湿润季风气候，具有四季分明、湿度大、日照少、常年云雾缭绕等特征。加上当地多为布依族居民，由于民族习惯，他们多居住于平坝或河谷地带，村前多有潺潺流淌的溪河，寨后则有高大挺拔的古树，俗称"风水树"或"保寨树"，整体环境较为宁静优美。因此，总体来说，毛尖镇的自然生态及人文环境都较为优越，特别适宜茶叶、野生天麻、杜仲、海花草等多种植物的生长，是发展茶旅的一块宝地。

（三）厚重的茶文化历史

都匀毛尖茶历史悠久，其名气可追溯到明朝，当时被作为朝廷贡茶而被崇祯皇帝喜爱并赐名"鱼钩"茶，后于1915年与茅台酒一起在万国博览会上一举荣获金奖而走出国门。因而，在贵州便有了"北有茅台，南有都匀毛尖"的美誉。此后，都匀毛尖经过多年的发展，到1956年迎来了最关键的转折期。因为这一年都匀毛尖被都匀茶农作为礼物送到了中央毛主席处，主席喝后对其品质十分满意并亲自赐名"都匀毛尖"，使其名气大增。1982年，被评为"中国十大名茶"；2009年，获"贵州十大名片"称号；2010年，入选"中国世博会十大名茶"；2013年，列入省级非物质文化遗产；2014年，习近平总书记参加"两会"期间表达了期盼贵州发挥足、利用好其绿水青山的优势，将"都匀毛尖"这一品牌打出去的殷切希望。这些都表明了都匀毛尖茶经过长期发展，是经得住市场考验的可信赖品牌，这将为其茶旅的融合发展提供厚重的历史文化支撑。

（四）独具一格的布依族民风民俗

毛尖镇坐落在少数民族聚集的螺蛳壳高山上，这里长期居住着布依族、苗族等少数民族，尤以布依族居多。因此，茶在少数民族的生产生活中打上了深深的烙印，主要表现于当地农民的待客、婚恋、丧礼、祭祀与节庆等方面。诸如布依族酒席的"进门茶"、六月六祭茶神的"祭祀茶"、恋爱时的"姑娘茶"、青年男女婚恋时的"定亲茶"及人们建房时的"建房茶"、各大喜事的"唱山歌"等。例如，布依族在日常生活中比较重礼好客，每当家里有客人到访时都会倒上一碗满满的毛尖茶以供客人解渴。寨上举办各种大大小小的酒席时，来帮忙的左邻右舍都会替主人家在入大院的路口前设置"拦路酒"，如遇不能喝酒的客人则需要以茶代酒喝了后才能进入堂屋以表示布依族人民的热情好客。在每年六月六节庆时，布依族村民们都会自发地组织到茶山下祭祀茶神和举行"茶山歌会"活动，以祈求山神保佑来年风调雨顺，茶叶免受病虫灾害等。每到清明节前后，布依族姑娘们便会上山采摘青翠欲滴的嫩芽制作成形态及口感极佳的"姑娘茶"。它代表着布依族姑娘纯洁、珍贵的感情象征，一般将其作为珍贵礼品赠送给亲朋好友或在订婚时作为信物赠送给恋人。这些纯朴的民风民俗反映了布依族作为传统农耕民族在大山的特殊环境下所形成的生存智慧和茶饮习惯，为其茶旅的开发奠定了浓郁的文化底蕴。

（五）政府的支持力度

都匀毛尖是黔南州的支柱性产业，其衍生的茶旅产业也一直受到政府的重视。自 2014 年起，每年市财政会拿出 2000 万元专门用于支持茶产业的发展。除此之外，在茶旅建设方面，当地政府还积极吸引社会资金准备投资 45 亿元来打造毛尖镇 4A 级茶园景区和茶旅特色小镇。为了促使茶产业的更快发展，政府还成立了都匀毛尖茶发展局及颁布了其品牌标准化体系，并成功申报都匀毛尖地理标志产品保护。为了发展茶文化旅游，政府对毛尖镇茶旅发展的规划主要分茶区的景区建设和市郊的茶文化宣传平台搭建两方面。在茶产区内主要打造茶山旅游路线，游客可从茶园自驾车到 1743 米海拔的螺蛳壳高山上观赏风力电风车，一览云雾缭绕的茶园景色。在市内近郊，修建了集旅游参观和康体养生为一体的生态茶博园和毛尖特色小镇，并将此作为都匀毛尖茶文化的主宣传平台，以供爱茶的游客或朋友到此了解都匀毛尖茶的发展历史和当地民族的茶风茶俗。除此之外，还将两景点与都匀秦汉影视城相连接以形成连片旅游景区，这为弘扬都匀毛尖茶文化，促进茶旅的融合发展起到了重要的宣传作用，每年吸引了大量的游客前来观赏。

二、毛尖镇茶旅发展现状及困境分析

（一）毛尖镇茶旅发展现状

毛尖镇地理环境优越，拥有秀丽的自然生态景观和原生态的民族文化，加上是毛尖茶的主产地，其漫山遍野的生态茶园使当地的景色更加浑然天成，犹如一幅美丽的山水画卷。在这片土地上居住着大量以农耕为主的布依族居民，他们在长期的生产生活中孕育了浓郁的农耕文明。因此，满目青山的自然景观加上当地淳朴的农耕生产景象让这里成了人们向往的人间天堂。但以往封闭的交通条件等原因导致了当地的相对贫穷，其资源优势未能得到有效开发，是守着青山绿水而勒紧裤腰带过日子的典型贫困区。近几年来，随着毛尖茶这一品牌名气的提升和贵州发展战略的调整，贵州省省长陈敏尔2015年在都匀调研茶产业发展情况时，要求在生态文明建设的当今背景下，贵州应大力将绿色、生态、健康的茶产业作为贵州发展的新优势以带动茶区人民的经济发展。为此，当地政府加大了支持力度，重点将毛尖镇打造成集旅游观光、茶文化体验、文旅小镇、茶产业加工园于一体的5A级旅游景区。目前已建成百里毛尖茶场、茶旅观光路线、螺蛳壳山顶风力电风车、茶区高寨水库景区、茶神殿、茶山通天台等配套设施，并在当地举办了多届茶旅推介会，配合都匀各种茶文化活动进行全面的宣传。不仅邀请了中央电视台到当地茶区拍摄了毛尖纪录片，还借助了现代影视媒介等宣传形式，拍摄了主宣传都匀毛尖茶文化的电视剧《星火云雾街》。这些基础设施的兴建和多渠道的宣传极大地推动了毛尖镇的茶旅发展，同时也为实现当地的乡村振兴提供了必要的硬件基础。如今，毛尖镇每年的游客数量在逐渐递增，仅2016年茶旅游接待量就达120万人次，实现茶旅综合收入2.1亿元，这不仅带动了当地旅游经济的发展，也促使了当地布依族文化和乡村经济的复兴。但由于其茶旅的发展模式是近几年才开始探索并逐步开发起来的，也出现了一系列急需解决的新问题。

（二）毛尖镇茶旅发展的困境分析

1. 起步晚，开发水平低，缺乏建设资金

旅游设施的配套是茶文化旅游发展的硬性基础。毛尖镇在政府的大力宣传和当地村民的配合下，一步一步将景区的基础设施建设从无到有、从初步建成到基本完善耗费了几年时间。主要包括景区茶园的改造、茶山路线的修建、茶区水库观光设施的建设、茶神殿的修葺、总阳布依村寨的包装打造等。这些基础设施的建设使原本浑然天成的茶区景色变得婀娜多姿，让人心旷神怡，吸引了很多远道而来的游客到此踏青或游玩。他们一边观赏逶迤的茶园风光，一边感受和体验着当地的布依族文化和农耕生活，暂时远离了城市的喧嚣，释放了工作压力。这也成了景区吸引游客的最佳亮点。但是近几年来，随着茶旅的进一步宣传，景区人数不断增加，加之当地的茶旅开发起步较晚、开发水平低、缺乏建设资金等问题导致了景区的配套设施跟不上茶旅发展和游客日益个性化和多样化的需要。例如，景区的路标设置点较少、公共卫生间有限、农家乐和民宿距离中心景区较远、购物点少、缺乏必要的医疗诊所等。在调研途中我们就遇到有自驾车因路标少而找不到总阳民族村寨，最后开着导航在水库周边绕了半小时的情况。除此之外，还有游客反映，由于景区附近未设置医疗诊所，小孩生病了就只能急忙忙地赶回市里就医。这些不仅给游客带来了不便，也无法留住旅客在此消费，对当地的旅游经济造成了一些不良影响。

2. 客源少、游客结构单一、宣传力度不足

由于毛尖镇地处螺蛳壳高山上，坡度陡峭，实属盘山公路，如遇雨天便大雾弥漫，这不仅给交通带来很大障碍，也对司机的驾驶技术提出了较高要求。加上距离市内需要一段时间，而且目前还没有开通至景区的旅游大巴，多数游客都选择在天气较好的情况下自己开私家车到当地游玩，而那些从外地而来或驾驶技术不过硬的部分游客因交通问题只能放弃行程，导致当地除了在旅游高峰期或举办各种茶旅活动时游客较多之外，平日里游客稀少，不成规模，且游客结构较为单一，多数都是都匀市近郊的城里人，外地游客较少。另外，当地的旅游项目选择性较少，多以参观自然景观为主、购买当地农产品为辅，缺乏其他的游玩项目，一些游客在第一次游玩后就不愿再次重游了，导致其出访率和重游率较低，一部分游客也因此随之流失。虽然近几年都匀毛尖茶的名气较以往有了较大的提升，但是其茶旅的宣传范围多数还仅限于省内，省外宣传相对较少，这也是游客较为单一的一个重要原因。

3. 民族文化融合度低，地方特色不明显

旅游业是一个集食、住、行、游、购、娱为一体，对服务内容和服务水平要求很高的行业。

而茶文化旅游还需在此基础上突出当地独特的茶园生态和茶文化特色，其中浓郁又独具一格的民风茶俗便是茶文化旅游的核心吸引物和独特卖点。毛尖镇在开发的过程中一直注重对茶区景点的打造，站在茶园顶端可以看到满目苍翠的茶山风光。自然的环境、绿色的田野及清新的空气让人有一种"满目山河空念远"的超脱感。但是，到目前为止，景区的开发还处在较为初级的开发阶段，多数仅停留在田园观光上。尽管近年来政府对当地茶文化旅游的宣传力度加大，将当地独有的布依族文化作为一张名片来对外大力宣传，在一定程度上带动了当地村民参与宣传的积极性，布依族民族服装和濒临失传的布依族山歌在各种节日活动的举办中再次流行起来，使当地的布依族文化出现了复兴的迹象，但是在当地的茶文化旅游中对布依族文化元素的运用还远远不够，多数还只是一些浅层次的表演，民族文化被表浅化、表演化的现象比较严重，缺少具有价值内涵的民俗纪念品和能够体现出毛尖文化的大型生态茶庄等，没有将当地独有的布依族文化凸显出来。这导致很多游客除了观茶山、吃农家饭和观看几场民俗演出外就没有其他可供游玩和体验项目的尴尬局面。

三、毛尖镇茶旅发展的突围路径

通过以上分析，毛尖镇有着得天独厚的自然生态和独特的民族文化优势，加上历史上都匀毛尖的品牌影响，当地具有发展旅游和建设美丽乡村的资源基础，符合当前国家实施乡村振兴的发展要求，当地政府也紧抓机遇，大力发展茶文化旅游。但是在发展过程中，如何突破其发展困境，对实现当地旅游经济的可持续发展和乡村经济的繁荣具有至关重要的作用。基于此，通过实地调研和综合分析，提出了以下几点建议：

（一）加大对外招商力度，拓宽融资渠道

完善的基础设施是茶文化旅游发展的基础条件。毛尖镇因起步晚，开发程度低，景区设施配套不齐全，给游客带来了诸多不便，也制约了当地旅游经济的发展。这种现象的出现，究其原因，其实是因为旅游地缺乏充足的项目建设资金，主要以当地政府的资金投入为主，而其他形式的投资却相对较少造成的。但是由于政府的财力有限，决定其不可能像其他大型旅游集团那样对旅游

景区给予大量而持续的资金投入，从而将其打造成极具特色又高大上的茶文化旅游景点。对此，政府应该加大对外招商力度，不断进行招商引资，尤其是实力雄厚或管理规范的大型旅游公司。在保证各参与主体利益的基础上创新融资模式，广泛地吸引社会资本和民间资本到当地景区投资，形成政府主导、社会参与、民间推动的投资氛围和发展格局以解决当地景区建设的各种资金难题，从而完善景区的设施配套，提高景区的建设水平和开发层次，为当地旅游经济的长远发展提供硬件基础。同时，这些基础设施的完善和景区环境的改造也将会大大提升毛尖镇的茶文化旅游品牌，吸引更多慕名而来的游客到此游玩、休闲度假和康体养生等。届时将会带来大量的人流、物流、信息流从而激活当地的农产品市场，于无形之中促使相关产业的联动发展，为当地加快实现乡村振兴提供必要的基础条件。

（二）创新茶旅营销模式，进一步提升品牌知名度

旅游经济的发展离不开现代化的宣传新模式。毛尖镇是都匀毛尖茶的生产基地，这是一种不可多得的先天优势，原本可以作为当地的一张名片来对外宣传以带动地方旅游经济的发展。但回顾过去，距当初凭借优异的品质在万国博览会上和茅台酒一并拿下食品类金奖后至今已有 103 年，但是为什么在这100 多年的发展历程中，都匀毛尖茶并没有在中国的茶叶市场上得到消费者更进一步的认可，反而被其他后生品牌赶超了呢？是产品本身的质量问题还是其他问题？如果从市场营销的角度来看，我们的品牌宣传并不到位，市场占有率低，一直处于"养在深闺无人知"的原生状态。作为与茶业相关的茶旅产业，尽管在国家提倡美丽乡村建设和实施乡村振兴的背景下，政府举全州之力依托当地的自然生态、民风民俗等资源优势进行强势宣传，还花费巨资邀请台湾影视明星林志玲代言都匀毛尖茶，但是从客观效果来看，并没有达到预想的效果。为此，我们需要突破原有模式，找准亮点，从而创新茶旅宣传模式。如为了推广形象，产生话题效益，可以采用一些事件营销、文化营销、创意营销等多渠道的营销方式来开展对外宣传。这样不仅可以在短时间内提升知名度，还可以节约大笔的明星代言费用，尤其对于茶旅开发初期的旅游宣传而言能够起到事半功倍的效果。如云南通过制作重走茶马古道的事件吸引了各大媒体争相报道，从而获得了广泛关注；杭州利用文化传播方式向西湖游客展示茶艺；

福建利用创意营销邀请张艺谋导演制作了《印象大红袍》等。这些创意的营销方式不仅产生了轰动效应，而且在短时间内提升了品牌知名度。都匀毛尖作为少数民族地区的茶品牌，也可根据当地的特色资源和文化优势来开展创意营销。如在举办全国少数民族运动会期间可以创新地运用当地的民风茶俗结合赛事进行捆绑报道，借助新闻媒体的力量来提高其知名度和美誉度等。除此之外，也可以运用现代互联网技术与电商、旅行社等平台来研发新型销售模式。如可在茶区安置全监控设备，通过与城市消费者建立"认养"合作等方式让消费者在电商平台上认养茶树，认养者可让茶农代为管理，还可通过电脑联网随时查看自己茶园的管护情况。认养者需要茶叶时，茶农可帮其加工并直接邮寄到认养者手中。此外，认养者在节假日或闲暇时还可免费到茶区旅游度假或了解有关茶的制作工艺或茶文化知识等。通过这种新型销售模式，可以有效地扩大茶旅的品牌知名度和宣传毛尖茶文化，提高消费者对毛尖茶的了解和认可，吸引更多的游客到生产地参观或访问，从而突破旅游地目前客源少和游客较为单一的发展现状。

（三）提高产品文化内涵，延伸茶旅产业链

旅游业是一个关联度大、带动性强的产业，而茶文化旅游更是实现文旅融合发展的一种新型旅游形式。它不仅可以通过与当地的茶文化及民风茶俗有机融合来开发新的旅游产品，丰富茶旅地的产品种类和旅游项目，提高其文化内涵，延伸其产业链，带动当地相关产业的发展，而且在延伸产业链的过程中可以不断地丰富茶旅产品和旅游项目的内容和形式，以突破地方特色不明显、产品卖点不突出的瓶颈。毛尖镇虽然拥有优美的自然风光、浓厚的布依族文化，是发展茶旅的胜地，但是当地在茶旅的开发中，对布依族文化的开发利用程度还较低，对民俗文化的创新运用能力不足，绝大多数还停留在文化事象的视觉呈现形式上，缺乏深层次文化蕴意的茶旅产品或民俗纪念品等。一般仅是在举行相关的祭祀活动或旅游宣传时，村民们才会较为自觉地穿上布依族民族服装，进行茶山歌会演唱、跳竹竿舞、举行婚俗表演和打糍粑活动等。但是这些民族活动的举办由于缺乏与旅游产品，如农产品、民族工艺品的结合，无法使其真正转换为商品对游客进行出售。取而代之的是几小时的活动结束后，游客和村民便纷纷离开了，就像什么也没发生过一样，并没有给当地带来实质性

的经济收入。鉴于此,当地在发展茶文化旅游的过程中应该充分挖掘布依族文化和毛尖茶历史文化,将其有价值的文化元素与当地的特色产品特别是茶器、民俗表演、旅游纪念品、农家乐、生态茶庄等融合起来,运用一些现代的技术来开发出具有较高文化内涵的高端茶具、表演节目、饮品、饰品、农家饭菜和生态产品等以突出地方特色。同时,还可以根据当地的生态茶园、高山瀑布、养蜂基地、风力电发车、中草药种等特色资源来开发出内容多样和形式新颖的特色旅游路线等。如高山自行车道游、云上茶海游、茶峰大观园游、中草药种植园游等不同特色的游览路线。最后,还可借鉴法国葡萄酒庄园的成果经验,立足当地的自然生态及民俗文化优势打造一种集旅游观光、文化体验、宣传接待、科研参观和历史追寻的大型生态茶庄等,探索出一条"以茶宣旅""以旅带茶""茶旅共融"的新型发展模式。这样不仅增加了当地旅游产品的文化内涵和地域特色,满足了现代游客的个性化和多样化需求,还带动上下游产业的互动发展,为当地的乡村经济建设提供更广阔的实现途径。

总之,茶文化旅游是一种关联性大、带动性强的生态和富民产业,也是实现农村产业兴旺和乡村振兴的一种有效途径。而拥有得天独厚的自然资源及人文资源的都匀毛尖镇因起步晚、开发水平低、缺乏建设资金、客源少、游客结构单一、文旅融合度低、地方特色不明显等诸多问题制约了其茶旅的可持续发展。为突破其发展瓶颈,应加大对外招商力度,拓宽融资渠道、创新茶旅营销模式,进一步提升品牌知名度,提高产品文化内涵,延伸茶旅产业链,以促使其更加有效地融入当地的乡村振兴与经济发展中。

参考文献

[1] 张军.乡村价值定位与乡村振兴[J].中国农村经济,2018(1).

[2] 余悦,王柳芳.茶文化旅游概论[M].北京:世界图书出版公司,2014.

[3] 房士林.当代乡村旅游事业的现状与展望[M].镇江:江苏大学出版社,2013.

[4] 孔祥瑞.福建省茶产业发展的现状、问题及策略[J].湖南农业科学,2013(16).

[5] 李天翼.贵州民族村寨旅游开发模式研究[M].成都:西南交通大学出版社,2014.

[6] 张文磊.都匀毛尖茶文化与旅游[M].成都:西南交通大学出版社,2016.

[7] 魏明禄.鱼钩巷[M].北京:光明日报出版社,2016.

[8] 李丽.少数民族茶文化旅游模式的开发与建设[J].福建茶叶,2016(7).

[9] 李霞林.民族文化旅游与贵州民族地区经济发展[J].贵州民族研究,2005(6).

[10] 邓思胜.四川民族地区民俗文化旅游的现实与对策研究[J].贵州民族研究,2015(3).

[11] 黔南布依族苗族自治州史志编纂委员会.黔南布依族苗族自治州志[M].贵阳:贵州人民出版社,2007.

三、 智辨社会治理

贵州改革开放 40 年坚持和完善民族区域自治制度的经验及思考

贵州民族大学　王　婷　王宁宁

摘　要　改革开放 40 年来，贵州坚持民族区域自治制度，经济社会取得了前所未有的大发展，各民族自治地方面貌发生了翻天覆地的变化。回顾 40 年来贵州实施民族区域自治制度取得的成效，总结其 40 年来积累的宝贵经验，并对未来贵州坚持和完善民族区域自治制度进行思考，具有深远的现实意义。

关键词　贵州；改革开放；民族区域自治

贵州是我国八大多民族省份之一，辖有 3 个自治州、11 个自治县、253 个自治乡。根据 2010 年全国第六次人口普查，全省共有 54 个少数民族，18 个世居少数民族，其中苗族、布依族、侗族、彝族、仡佬族、土家族、水族、回族、壮族、瑶族等少数民族人口约占全省人口的四分之一。贵州多民族、多文化、发展不平衡的特点决定了在其境内实行民族区域自治的重要性。民族区域自治是中国共产党运用马克思列宁主义解决我国民族问题的基本政策，是国家的一项基本政治制度。改革开放 40 年来，贵州认真贯彻落实民族区域自治基本政策，遵守《中华人民共和国民族区域自治法》，坚持和完善民族区域自治制度，促进了贵州民族自治地方的经济发展和社会进步。实践证明，民族区域自治 40 年来，贵州民族自治地方的各族人民达到了空前团结，民族关系十分融洽，贵州社会整体氛围十分和谐。

一、贵州改革开放40年坚持和完善民族区域自治制度取得的基本成效

习近平总书记在2014年召开的中央民族工作会议上指出，民族区域自治是我国一大基本政治制度。40年来，贵州坚持民族区域自治，在经济、文化、教育等方面取得了许多成效。

（一）贵州各民族自治地方以经济建设为中心，促进各项事业蓬勃发展

随着民族区域自治制度的贯彻实施，贵州民族自治地方的经济稳固发展，取得了瞩目的成就，各项事业繁荣发展。

在经济上，全省民族自治地方经济综合实力显著增强，经济结构不断优化，人民群众生活环境得到明显改善，城乡居民收入大幅增加，人民生活水平显著提高。2017年，全省民族自治地方完成生产总值从1978年的16.42亿元，增加到2017年的4243.99亿元，年均增长10.6%；人均生产总值从1978年的150元，增加到2017年的30 912元，年均增长11.1%。在经济保持较快增长的同时，全省民族自治地方一般公共预算财政收入由1978年的1.49亿元，增加到2017年的376.37亿元。其中，黔西南州全州生产总值由1978年的2.63亿元增加到2017年的1067.6亿元，呈现良好发展势头。黔南州全州生产总值由1978年的4.55亿元增加到2017年的1160.59亿元，在全国30个少数民族自治州的排位由2000年的第10位上升至第5位。黔东南州在"十二五"期间，地区生产总值年均增长15.4%，增速位居贵州省第一，实现了跨越式发展。贵州民族自治地方广大干部和人民群众从自身实际出发，不断优化产业结构，发展适合本地的优势产业，有力地推动了民族自治地方经济高速发展。

在教育上，贵州现已形成较为完善的民族教育体系，并在实践中趋于完善。全省独立设置各级各类民族学校，并给予大量政策支持，其中包括民族小学、民族中学、民族高等职业学院、民族师范学院和民族大学等。贵州大力实施"双培"三年行动计划、"双百"工程和民族民间文化进校园工程，培养刺绣、蜡染、剪纸等民族文化人才，并且在高校开设民族预科班，在职业院校建设民族特色学科。值得一提的是，黔东南州率先在贵州全省实施农村寄宿制小

学建设，农村寄宿制学校建设"十有"经验在全省、全国推广。贵州省委、省政府对民族自治地方制定因地制宜的民族教育政策，落实教育经费，积极培育民族地区师资力量，积极开展双语教学，赋予贵州各民族自治地方民族教育蓬勃的生命力。

在文化上，民族区域自治制度的实行，使贵州各少数民族的语言文字、风俗习惯和民族文化得到了空前的尊重和保护，传统民族手工艺和民族体育运动得到了蓬勃的发展。40 年来，贵州各民族自治地方积极保护和开发民族文化，巩固民族文化资源丰富这一得天独厚的优势，将"多彩贵州"亮丽名片传递到祖国大地，传送到世界各国。在"多彩贵州"文化品牌的发展推动下，一大批以贵州民族文化为题材的精品力作脱颖而出。同时，贵州文体设施不断完善，民族艺术、群文活动日益丰富，文艺创作精品不断涌现，民族艺术、文学、竞技体育成果显著，加快构建贵州"精神高地"，增强了贵州各族人民的文化自觉与文化自信。

（二）贵州各民族更加团结，社会主义民族关系不断巩固和发展

贵州独特的多山地貌，导致民族分布情况十分复杂，各民族呈大杂居、小聚居的分布格局，各民族之间建立了密切的联系。实行民族区域自治制度，建立民族区域自治地方，使贵州各民族更加团结，逐步形成了"汉族离不开少数民族、少数民族离不开汉族、少数民族之间相互离不开"的民族关系。2012 年10 月 6 日，温家宝在贵州考察时指出："千百年来，各民族和睦相处，在贵州这块土地上繁衍生息、同舟共济，共同创造了多姿多彩的贵州文化，成为民族团结的典范。"贵州被党和国家称为"民族团结的典范"，是党和国家对贵州在民族团结方面取得良好成绩的充分肯定。在国家民族宗教事务委员会的领导下，贵州省正全力建设民族团结进步繁荣发展示范区，稳步推进民族团结进步宣传教育。贵州省委、省政府规定每四年举办一次全省少数民族文艺会演、少数民族传统体育运动会。对自治州、自治县逢十周年举行庆典活动时，贵州省委、省政府高度重视，并给予大量资金支持。贵州大力推进民族团结进步宣传教育进校园，积极开展民族团结进步宣传月活动，建立一批教育基地。贵州重视民族团结进步教育事业，通过开展一系列活动，巩固和发展了平等、团结、互助、和谐的新型社会主义民族关系。

(三)贵州民族法制建设成效显著

在遵循《中华人民共和国民族区域自治法》的前提下,贵州积极开展民族自治地区民族法律法规建设,民族法律法规的内容不断丰富和扩大。2005年,贵州省人大常委会通过了《贵州省实施〈中华人民共和国民族区域自治法〉若干规定》。随着各项新法出台,民族法律法规体系逐步完善,为贵州民族工作提供了坚实的法律保障。40年来,贵州民族法制建设不断取得进步,形成了完备的少数民族干部培养体系,自治州、自治县享有一级财政的职权,民族自治地区自治权利得到充分保障。民族自治地方依据自身情况,纷纷制定维护人民群众利益的各项制度,拓宽为人民服务的渠道。黔南州积极探索建立政府法律顾问制度,研究出台《黔南州政府法律顾问管理办法》,设立政府法律顾问室,开展政府法律顾问工作。目前,黔南州政府法律顾问500余人,政府法律顾问工作格局基本形成。黔南州建立各级法律援助机构致力于切实维护农民工的合法权益,办理了一大批涉及农民工讨薪、工伤赔偿、劳务纠纷等典型的"涉农案件"。贵州民族法制建设不断取得新的进展,广大群众逐渐形成"遇事找法、办事依法、解决问题靠法"的法治理念。

二、贵州改革开放40年坚持和完善民族区域自治制度积累的宝贵经验

习近平总书记在第二次中央新疆工作座谈会上指出,要坚定不移坚持党的民族政策、坚持民族区域自治制度。贵州改革开放40年来,着力坚持和完善民族区域自治制度,因地制宜地实施适合民族自治地方发展的民族政策,积累了丰富的经验。

(一)坚持和完善民族区域自治制度,保障各少数民族的政治权利

民族自治,其中一个重要指标是民族干部的数量。20世纪50年代,周恩来在《关于我国民族政策的几个问题》中进一步指出:"既然是民族自治,就要培养民族干部。"贵州民族自治地方坚持和完善民族区域自治制度,确立了各民族平等的地位,培养和造就了一支宏大的少数民族干部队伍,有利于民族自治地方的民主政治建设。改革开放40年来,贵州全省民族自治地方的政府机

关首长均由自治主体民族的公民担任，并且确定了民族自治地方权力机关、行政机关的领导成员和工作人员中民族干部的配置比例。贵州重视培养少数民族干部，省民族宗教事务委员会针对20个极贫乡镇启动"民族教育双百工程"，扶持举办20个民族高中班和宏志班，协调指导民族职业技术院校开办少数民族特色示范班，进一步扩大"双语"招生规模。同时，积极举办国家通用语培训班、深度贫困民族特色村寨支书（主任）培训班等。黔东南州少数民族干部从1956年的4900余人发展到了2015年的70 000余人，少数民族人才从1956年的4900余人发展到2015年的15 900余人。少数民族干部是民族区域自治顺利实施和民族政策贯彻执行的关键。各民族自治地方的民族干部队伍不断扩大，有力地保障了各少数民族的政治权利。

（二）坚持和完善民族区域自治制度，保障各少数民族的经济权益

贵州坚持以经济建设为中心，以全面建成小康社会为总目标，积极拓宽民族群众和民族地区脱贫致富的基本门路，全力推进贵州各民族地区实现与全国其他地区同步小康。贵州积极推动人口较少民族的发展，新增8个人口较少民族村基本实现全面小康；协调落实民贸民品优惠贷款贴息政策，2017年全省民贸民品企业优惠利率贷款贴息预计达到2.5亿元；打造"黔系列"民族文化产业品牌积极推动"黔货出山"，大力扶持民族传统手工艺产业；开展少数民族特色村镇保护与发展工作，打造一批民族特色小镇和民族村寨，大力助推乡村旅游发展。通过深入开展工作，贵州少数民族特色村寨资源得到很好的保护和利用，建成和保护了一批少数民族村寨群落，培育了"西江千户苗寨""黎平肇兴侗寨""贵定音寨""惠水好花红""贵阳泉城五韵"等一批少数民族特色村寨品牌，有效带动了经济发展，促进了少数民族群众脱贫致富，实现了经济效益与社会效益双赢。

（三）坚持和完善民族区域自治制度，增强各民族对贵州文化的认同

在漫长的历史长河中，各族先民在贵州这块土地上创造了丰富多彩的文化，留下了丰厚的文化遗产。改革开放40年来，贵州走向文化引领发展、呈现文化自觉自信自强的新阶段，贵州文化多元一体、和谐共生的特色得到广泛认同，影响力进一步增强，文化软实力进一步提升，正大步向"多彩贵州"民族

特色文化强省迈进。贵州着力保护和开发特色民族文化，探索大文化助推大扶贫的模式，在发扬贵州文化的同时助推民族自治地方人民精准脱贫；通过非物质文化遗产展示展演，在积极推介贵州丰富多彩的非物质文化遗产的同时，极大地增强了各民族对贵州文化的认同；全省上下合力打造"多彩贵州"文化品牌，构建了以"多彩贵州"文化品牌为龙头，各地民族特色文化品牌为支撑，覆盖全省的文化品牌体系，形成了独特的贵州文化凝聚力。2018 年春节联欢晚会贵州分会场设在了贵州省黔东南苗族侗族自治州黎平县肇兴侗寨，晚会的成功举办增强了各少数民族群众对贵州文化的认同，让全国乃至全世界人民看到了"多彩贵州"民族文化的无穷魅力。

三、贵州坚持和完善民族区域自治制度未来思考

习近平总书记在党的十九大报告中指出"全面贯彻党的民族政策"，为新时代做好民族工作提出了新的要求。贵州必须坚定不移地坚持中国共产党的领导，维护国家统一，坚持和完善民族区域自治制度，贯彻落实好民族区域自治法，全力促进民族自治地方经济社会发展。

（一）坚定不移坚持中国共产党的领导、维护国家统一

中国共产党是我国执政党，带领劳动人民浴血奋战最终迎来了新中国的成立，人民从此翻身做主人。新中国刚成立时，国家一穷二白，在中国共产党的正确领导下，我国人民逐渐解决了温饱问题，正行进于全面小康社会的进程中，为实现中华民族伟大复兴而不懈努力。民族区域自治，是中国共产党把马克思主义民族理论与中国民族和民族问题实际相结合解决中国民族问题的伟大创举，是我国的基本政治制度之一。事实证明，民族区域自治推动了全国各民族和民族地区稳步发展，推动了贵州各民族自治地方各项事业取得显著成效。坚持中国共产党的领导，是实行民族区域自治最可靠的政治保障。从贵州省情出发，要加快贵州民族自治地方的经济发展，实现民族自治地方和其他地区同步建成小康社会，必须坚定不移坚持中国共产党的领导，维护国家统一，坚持和完善民族区域自治制度。

（二）坚定不移贯彻落实好民族区域自治法，建设法治贵州

依法治国是社会主义法治国家治国安邦的方针。在邓小平同志的领导下，《中华人民共和国民族区域自治法》出台，我国的民族工作有了法律保障，走向法治化的道路。民族区域自治作为地方治理的特别治理模式，是国家治理体系的重要组成部分，也是法治中国建设的重要内容。贵州必须坚定不移地贯彻落实好民族区域自治法，走依法自治之路。第一，加强贵州民族法制建设，贵州民族法制建设的完善是健全贵州法制体系的重要组成部分，是进一步建设法治贵州的有力补充和拓展。贵州民族法制建设稳固发展，有利于保证贵州民族自治地方依法行使自治权，保障少数民族合法权益。第二，稳步推进法治政府建设。全力实现县级以上政府法律顾问制度全覆盖，运用大数据促进法治管理转型升级。第三，建立完善的监督机制。切实加大监督工作力度，保障民族区域自治法及相关法律法规的有效执行。第四，加强法治宣传教育。邓小平同志提出："加强法治重要的是要进行教育，根本问题是要教育人。"建设法治贵州必须不断加强人民群众对民族政策和法律法规的学习宣传，让法治信仰渗透到人们心中。

（三）坚定不移发展各民族自治地方民族经济，改善民生

习近平总书记在中央民族工作会议上指出，落实民族区域自治制度，关键是帮助民族自治地方发展经济、改善民生。贵州省要始终坚持以经济建设为中心，深入实施大扶贫、大数据、大健康三大战略行动，切实加快贵州民族自治地方经济社会发展和全面建成小康社会步伐。发展是解决民族地区各种问题的总钥匙。第一，牢牢把握各民族"共同团结奋斗，共同繁荣发展"的主题，努力缩小与全省乃至全国其他地方的经济发展差距。加快贵州民族自治地方经济发展，既需要发达地区的对口支援，也离不开贵州民族自治地方自身的努力，大力发展优势产业，达到共同繁荣。第二，要不断加强和完善扶持民族自治地方经济社会发展的各项政策，加大支持和帮助民族地区经济发展的力度。第三，加大对民族自治地方民生项目的支持力度，改善民生。全面优化住房、交通、医疗、教育及公共服务设施建设，改变民族自治地方偏远农村医疗卫生条件，保障村民身体健康和生命安全。第四，重视和发展民族文化旅游和民族医药，不断增加农民收入。重视生态环境保护，既要金山银山，又要绿水青

山，"守住两条底线、用好两个宝贝，打造国内外知名民族文化旅游目的地"，大力发展民族文化旅游，带动贵州经济社会全面、协调、可持续发展。

参考文献

[1] 国家民族事务委员会.中国共产党关于民族问题的基本观点和政策（干部读本）[M].北京：民族出版社，2002.

[2] 邓小平.邓小平文选（第三卷）[M].北京：人民出版社，1993.

[3] 习近平在第二次中央新疆工作座谈会上发表重要讲话[N].人民日报，2014-05-30（1）.

[4] 习近平.在中央民族工作会议暨国务院第六次全国民族团结进步表彰大会上的讲话[N].人民日报，2014-09-30（01）.

[5] 习近平.决胜全面建成小康社会 夺取新时代中国特色社会主义伟大胜利——在中国共产党第十九次全国代表大会上的报告[M].北京：人民出版社，2017.

[6] 杨昌儒，等.多元与自治——贵州民族区域自治六十年[M].成都：电子科技大学出版社，2011.

[7] 金炳镐，田烨.新世纪中国民族区域自治制度创新的一个亮点——"民族自治市"[J].西北民族大学学报（哲学社会科学版），2007（5）：42.

[8] 董强.全面落实民族区域自治法 推进民族事务治理法治化[N].贵州民族报，2015-05-19（A02）.

[9] 杜再江.贵州："民族团结的典范"[N].贵州民族报，2013-01-01（A12）.

贵州改革开放 40 年民族团结发展经验总结及路径探析

贵州民族大学马克思主义学院　　王乾慧

摘　要　改革开放40年来，贵州各民族间交往更加密切。贵州省是多民族聚居的省份，其民族团结进步工作一直备受关注。回望贵州民族团结进步事业的发展历程，既是一个新的民族团结发展的开端，也是历史的积淀。总结好的发展经验，可助推民族团结，实现共同发展。

关键词　民族团结；经验总结；路径探析

一、贵州改革开放40年民族团结的基本成效

（一）经济迅速发展，成效非常显著

2016 年，贵州省第一次脱贫攻坚结束后，贫困人口减少了 120.8 万人，这是易地搬迁扶贫工作的第一个战绩。有资料显示，在贵州省 45.8 万搬迁农村人口中，建档立卡的贫困人口就有 36.2 万人。易地扶贫搬迁在很大程度上改善了人们的生活条件。2017 年上半年，贵州旅游业发展取得非常成效，带动了全省产业经济发展。从整体上看，在节假日期间的旅游增长速度较快；同时景区建设不断推进，基础设施不断完善。省委、省政府发出了 2018 年脱贫攻坚春风行动令，令出必行，全省各地围绕脱贫攻坚"四场硬仗"迅速行动起来。一年之计在于春，春天是希望萌芽的季节，是调整农业产业结构的关键时节，减玉米种植，增特色优势经济作物种植，一场农业产业的"加减法"成

了这个春天的一道别样风景。贵州省各地区发挥各自的种植优势，大力发展产业扶贫，基础设施建设、易地扶贫搬迁、教育医疗住房"三保障"。另外"三场硬仗"同样紧锣密鼓，路通则百业兴，在打好基础设施建设硬仗中，加快农村"组组通"公路建设是重要一环。据资料统计，贵阳市2017年实现地区生产总值3537.96亿元，同比增长11.3%。其中，第一产业增加值147.33亿元，增长6.3%；第二产业增加值1375.18亿元，增长10.0%；第三产业增加值2015.45亿元，增长12.6%。人均生产总值74 493元，同比增长9.2%。黔东南州强力推进农村"组组通"公路三年大决战，加大乡村产业路和旅游公路建设力度，2018年完成3414公里的农村通组硬化公路建设；遵义市重点推进30户以上村民组"组组通硬化路"，新增农村"组组通"公路4000公里，切实解决行路难、运输难问题。同时，挪穷窝、换穷业、拔穷根，易地扶贫搬迁工作加快推进。遵义市的经济发展情况也比较乐观，资料显示，2017年全市地区生产总值2748.59亿元，比上年增长12.1%。按产业分，第一产业增加值402.34亿元，增长6.8%；第二产业增加值1241.05亿元，增长11.9%；第三产业增加值1105.20亿元，增长14.3%。一、二、三产业增加值占地区生产总值的比重分别为14.6%、45.2%、40.2%。人均地区生产总值达到44 060元，比上年增加5351元。

从2015年至2018年这三年的发展情况来看，贵州经济发展呈现上升趋势，经济发展又促进了各民族之间的交流。总的来说，得益于国家精准扶贫政策的实施，得益于政府的大力支持与帮助，得益于各地区民族干部的辛勤付出，贵州贫困县在减少，教育、医疗、交通等各方面有了很大改善。

（二）民族关系融洽，民族交往环境和谐

贵州省在贯彻落实民族团结政策的过程中，各民族关系发生细微变化，各区域、各族人民间的交往越发频繁，民族关系融洽，民族交往环境和谐。2015年，为落实中央和全省民族工作会议精神，推进全市民族团结进步创建活动，扎实建设民族团结进步繁荣发展示范区，贵阳市采取了三项措施加强民族团结进步创建"六进"活动：一是深入开展民族团结进步宣传教育活动，制订《2015年民族团结进步宣传教育活动工作方案》，结合一年一度的苗族"四月八"民族团结周、"全省民族团结进步宣传教育活动月"等活动，运用报刊、电视、网络等，多形式、多渠道地深入推进党和国家民族政策、民族理论、民族法

律法规和民族基本知识等的宣传教育工作，全市拟创建命名市级示范单位65个，争创省级示范单位39个；二是积极帮助少数民族和民族地区发展经济，同时，为深入落实《关于贯彻落实〈中共贵州省委　贵州省人民政府关于建设民族团结进步繁荣发展示范区的意见〉的实施意见》《关于支持民族乡村加速发展同步实现小康的实施意见》等一系列文件精神，投入2000余万元民族发展资金、民族工作经费，采取项目捆绑、整体推进等方式，整合各级各部门资源和力量，努力帮助少数民族和民族地区实现经济社会更好更快地发展；三是切实维护少数民族群众合法权益，在开展民族团结进步创建活动中，维护社会主义法制、维护人民群众根本利益、维护祖国统一、维护民族团结和社会稳定，每季度开展一次影响民族关系、民族团结的矛盾纠纷排查工作，及时、妥善、正确地处理影响民族团结的问题，同时加强市、区（市、县）少数民族流动人口服务中心（新疆籍人员工作服务站）建设，提升城市少数民族流动人口的服务与管理水平，在就业（创业）、就医、入学、社保等方面提供帮助，依法保护他们的合法权益，促进少数民族流动人口与城市实现"双向"适应。白云区大山洞社区、白云区民族事务局等都相继开展了民族团结四项教育宣传活动。

2015年3月，贵阳市民宗委举办了"七项举措"推进民族团结进步创建活动。一是抓组织领导。进一步健全和完善民族团结进步创建活动领导小组，明确主抓领导和具体抓落实的分管领导和责任人员，做到市、区（市、县）、乡镇（单位）、村层层有人抓、处处有人管。二是抓调查研究。组成调研组，深入区（市、县）、民族乡（镇）、村开展调查研究，了解和掌握民族团结进步创建活动中存在的问题和困难，帮助、指导区（市、县）开展创建活动。三是抓经费保障。将民族团结进步创建工作经费列入年度预算，保证创建活动的经费开支。四是抓宣传报道。采取下发文件、召开动员会以及利用民宗委门户网站、《贵阳日报》等网络和新闻媒体，广泛宣传民族团结进步创建活动。五是抓专题活动。举办民族文艺表演、民族民间文化教育进校园活动，"平安社区"等多种形式的主题实践活动，引导各族群众互相尊重、互相帮助、和谐相处。六是抓典型示范。全市广泛开展争创民族团结进步示范典型活动，并选取在创建活动中成绩特别突出的区（县、市）、单位和个人进行命名或表彰。七是抓督促检查。协调相关部门采取定期与不定期相结合、听取汇报与召开座谈会相结合等方式，对参与创建的区（市、县）、乡镇、社区、村和单位开展督促检查，确保创建活动真正落到实处，取得实效。例如，2015 年 10 月观山湖区卫计系统"民族团结月"主题活动异彩纷呈。为了全面深入贯彻落实中央和全省民族工作会议精神，进一步巩固和发展"平等、团结、互助、和谐"的社会主义民族关系，推进民族团结进步繁荣发展示范区建设，贵阳观山湖区卫计局、计生协会积极组织全区各级卫计系统结合各自优势，以"全方位、多元化"的视角开展了内容丰富的宣传月活动。2016 年，贵阳乌当区审计局为认真贯彻落实"共同团结进步、共同繁荣发展"创建活动实施意见，进一步推进审计系统民族团结进步创建活动，积极行动，周密安排，充分发挥审计"免疫系统"功能。同时，2016 年 12 月 20 日，逸景社区深入开展民族团结进步宣传活动。2016 年，黔东南州举行了第九届运动会暨第三届少数民族传统体育运动会。2017 年，遵义汇川区大连路街道医新社区、遵义医学院联合开展"社区＋院校"创建模式，把示范社区创建与示范院校创建紧密结合，使社区、学院形成了"我中有你，你中有我"的创建格局，彰显了遵义市汇川区民族团结进步创建工作的特色和亮点。2018 年，黔南的荔波县积极创建全国民族团结进步示范县，开展民族团结进乡镇、进机关、进村寨、进学校、进企业、进社区、进部队、进寺庙活动。

总的来说，贵州省各民族间的交往更加频繁，民族关系也随之呈现出融洽、和谐的趋势。

二、贵州改革开放40年民族团结的基本经验

（一）始终坚持民族平等、团结原则，实行民族区域自治制度

追溯改革开放后民族团结政策制定的发展历程，最终要追溯到伟大领袖毛泽东时代。马克思主义民族理论中国化的雏形形成于新民主主义革命时期和新中国成立初期，集中体现为毛泽东民族理论。毛泽东民族理论是毛泽东思想的一个重要组成部分，融聚了中国共产党第一代领导人集体的智慧，具有非常系统和丰富的理论体系。一方面，这一理论体系科学地解释了"中华民族"的含义；另一方面，以坚持民族平等和团结为原则。在新中国成立后不久，毛泽东就指导了民族识别工作，在 1953 年中共中央讨论《关于过去几年内党在少数民族中进行工作的主要经验总结》中说："科学的分析是可以的，但政治上不要去区分哪个是民族，哪个是部族或部落。"从整体上来说，这是对中国传统

民族观的突破，更是发展了经典作家的民族理论，并在实践中对斯大林的经典"民族"定义进行了辨析。

当时，国家开始实行民族区域自治制度，对少数民族地区进行扶持。毛泽东认为，解决中国的民族问题仅仅依赖"怀柔羁縻的老办法是行不通的"；他对联邦制建国模式持否定态度，把民族自治作为民族自决的一个重要部分，承认在中国境内的各少数民族有平等自治的权利。这不仅摆脱了"中国本部"和"边疆外藩"传统观念的束缚，而且证实了经典作家关于"落后民族和国家直接过渡到社会主义"的设想，丰富了经典作家关于"民族间事实上不平等"问题的理论，并在实践中体现了反对两种民族主义，特别是大汉族主义的思想，真心实意地去帮助少数民族同胞。实行民族区域自治有利于少数民族地区的发展与团结。民族团结政策的实施对我国这一多民族国家来说是非常重要的一项举措，关乎能否有效解决社会生活中影响民族团结、民族繁荣发展的一系列问题。

（二）因地制宜，致力于经济发展

贵州省共由 56 个民族成分构成，原居住民族包括汉、苗、彝、侗、回、白、瑶、壮、畲、羌、满、毛南、仫佬、布依、土家、蒙古、亿佬族等 18 个民族。可见，贵州民族文化源远流长、丰富多彩，可谓中华民族文化宝库中的瑰宝。随着社会的发展，贵州各民族与内地的联系日趋频繁，促进了民族文化的传播和变异。同时，贵州省五大古族系长期交往、集结的历史背景，形成了贵州民族文化诸多的特色和深厚的底蕴。贵州民族文化在自然生态和社会生态的相互作用下有顺序地发展、变化着。贵州民族文化非常特别，因为它是以家庭为一个单元、以血缘为纽带、以民族为标志、以社区为范围、以自然经济为基础的山地农耕文化。但是，经济发展较好地区与经济发展较弱地区的民族之间存在一定隔阂，这是民族交往必然要经历的过程。

2012 年 2 月，国发 2 号文件明确提出，要把贵州打造为"民族团结进步繁荣发展示范区"；2013 年 1 月，中共贵州省委、贵州省人民政府出台《关于建设民族团结进步繁荣发展示范区的意见》，对建成"民族团结进步繁荣发展示范区"的有关政策措施提出了详细要求，这在一定层面上响应了中央精神，促进了每个民族和社会一同发展，为贵州和谐发展提供了非常好的渠道。2015

年 4 月 23 日，《贵州省促进民族团结进步条例》新闻发布会在贵阳召开，再一次提出将贵州建成"民族团结进步繁荣发展示范区"，该条例表达了各民族人民的期盼，也得到了各族人民的拥护。一方面，体现了政府具有非常高的战略眼光和浓厚的为民情怀；另一方面，促进民族地区快速发展，促使各民族间交往、交流、交融，为经济快速发展和社会进步提供了法制支持和保障。贵州省政协副主席、党组副书记蒙启良在发布会上指出，贵州作为一个多民族聚居的省份，直至现今还没有一部有关促进民族团结进步的法律法规。因此，为加强贵州省民族法制建设，推动民族工作步入法治化道路，民族团结进步事业快速发展，巩固和发展平等、团结、互助、和谐的社会主义民族关系，完成全面建成小康社会目标，贵州省更加需要结合本省现实情况，加快经济建设。同时还指出，贵州当前最主要的任务是加快发展，就是要把《贵州省促进民族团结进步条例》作为各地、各有关部门和单位的长期任务，使全省民族团结进步事业再登上一个新的阶梯。

自从党的十八大召开以后，习近平总书记在关于民族团结的一系列重要讲话中，对各代表委员们加油打气，嘱咐要对民族共同团结奋斗、共同繁荣发展的发展景象充满信心。特别是在 2018 年全国"两会"期间，习近平总书记在参加新疆代表团审议时指出，爱护民族团结就像爱护自己的眼睛一样，珍视民族团结就像珍视自己的生命一样。2018 年 3 月 11 日晚上，全国"两会"少数民族代表委员的茶话会在人民大会堂举行，在会上，大家指出要坚持各民族的最高利益，就是要维护各民族之间的团结和国家统一，在这一个大家庭中要守望相助、团结和睦、共同发展，总的目的就在于呈现民族团结景象，让我们一同共筑中国梦。

2018 年 4 月，贵州颁布了《关于推进民族地区干部双语学习工作的实施办法》，其中指出贵州省必须奋力去做好民族地区干部的双语学习，因为贵州省是一个多民族省份。施行这一办法，对贵州省实现脱贫、建成小康社会是非常有利的。它继承了中国共产党的优良传统，为贵州省的工作大局提供服务，进一步加强了干部作风建设，使干部与各民族群众更加密切联系，促进了各民族间的交往、交流、交融。该实施办法再次指出，要以"民族团结花绽放，多彩贵州共繁荣"为奋斗目标，贯彻落实我国语言文字方针政策和法律法规，在任务的要求下扎实推进民族地区干部的双语学习，提升干部的双语学习能力。一方面，要以坚持团结目标为基本原则，通过学习双语，促进各民族间交往、交流、交融，在语言、感情、心灵上保持相通，促进民族团结进步事业的发展，维护民族地区的发展稳定；另一方面，必须要坚持因地制宜，创新学习的方式和方法，加强相互配合，提高干部的学习效率。

总的来说，改革开放以来，贵州的发展惊人，得益于国家的支持、党的好政策，坚持了因地制宜的发展方向，更注重经济发展，从而助推贵州的发展。

三、贵州改革开放40年民族团结发展路径探析

随着社会的发展，贵州各民族地区面临一系列新的问题。在应对新问题时，应采取新的举措，对症下药，从而有效解决民族问题。当然，社会发展总会遵循一定规律，我们更应该掌握发展规律，对未来做一定规划，才能更好地应对不断产生的新问题，这是当前最值得思考的问题及需要奋斗的方向。如何才能合理地应对民族交往间出现的问题？我认为应当做到"具体事情，具体分析"，深剖其本质，发现问题的本质，从而对症下药。贵州省是多民族省份，受自然因素和社会因素制约，各民族间还是存在一定的差别，民族间在交流、交往过程中，总会出现不和谐的现象。金炳镐在《民族关系理论通论》一书中指出，民族在交往的过程中往往受到不同的影响因素，造成一些摩擦。其影响因素主要表现为，一方面，在民族之间交往的过程中，由于各个民族具有本民族的自然特征，各民族之间总会存在一定区别，表现较为明显的是民族之间的在生活条件、风俗习惯、语言、心理状态、宗教信仰等方面的不同，这就容易产生民族矛盾。另一方面，民族具有的社会性质也会引发一些民族问题，例如，错误的政策导致的问题等。因此，我们应该找出导致该问题的主要原因，才能正确地把握本质，及时采取相应的应对措施。

民族团结工作是一项非常艰巨的任务，具有一定的挑战性。贵州要做好民族团结工作，就应当牢牢地把握其内部发展的规律，掌握其面临的新问题。全面建成小康社会是当前最主要的任务，乡村振兴是贵州当前的奋斗目标。党的十八大报告中首次提出全面建成小康社会这一宏伟目标。"建设"与"建成"虽然只有一个词的区别，但是意义却不同。追溯"小康社会"的由来，它是邓小平于20世纪70年代末80年代初在规划中国经济社会发展蓝图时提出的战略

构想。随着中国特色社会主义建设事业的不断发展，小康社会的内涵和意义得到了丰富和发展。从十九大到二十大，是"两个一百年"奋斗目标的历史交汇期。我们既要全面建成小康社会、实现第一个百年奋斗目标，又要借机开启全面建设社会主义现代化国家新征程，向第二个百年奋斗目标奋力前进。习近平总书记提出，综合分析国际国内形势和我国发展条件，从 2020 年到 21 世纪中叶可以分两个阶段来进行。第一个阶段，就是从 2020 年到 2035 年，在实现全面建成小康社会的基础上，再奋斗 15 年，基本实现社会主义现代化。我国呈现出欣欣向荣的态势，经济实力、科技实力将大幅跃升，跻身创新型国家前列；社会文明程度达到了新的高度，国家文化软实力显著增强，中华文化影响也更加广泛深入；人民平等参与、平等发展的权利得到充分保障，法治国家、法治政府、法治社会基本建成，各方面制度更加完善，国家治理体系和治理能力现代化基本实现；人民生活越来越好，中等收入群体比例明显提高，城乡区域发展差距和居民生活水平差距也显著缩小，基本公共服务均等化基本实现，全体人民共同富裕迈出坚实步伐；现代社会治理格局基本形成，社会充满活力又和谐有序；生态环境根本好转，美丽中国目标基本实现。第二个阶段，从 2035 年到 21 世纪中叶，在基本实现现代化的基础上，再奋斗 15 年，把我国建成富强、民主、文明、和谐、美丽的社会主义现代化强国。我国将会表现为这样一个趋势：物质文明、政治文明、精神文明、社会文明、生态文明将全面提升；全体人民共同富裕基本实现，我国人民将享有更加幸福安康的生活；实现国家治理体系和治理能力现代化，成为综合国力和国际影响力领先的国家；中华民族将以更加昂扬的姿态屹立于世界民族之林。习近平总书记还强调，从全面建成小康社会到基本实现现代化，再发展到全面建成社会主义现代化强国，是新时代中国特色社会主义发展的战略安排，而我们要坚忍不拔、锲而不舍、奋力谱写社会主义现代化新征程的壮丽篇章。在这短暂的时间内，全面建成小康社会的任务变得更加艰巨。因此，实现民族团结进步、共同繁荣发展，更加需要我们贯彻落实好全面建成小康社会这项艰巨的任务，打好这场扶贫攻坚战。

面对当前的发展状况，贵州必须加快全面建成小康社会的步伐，合理地应对民族间出现的问题，加大贵州文化事业的建设力度，展现多彩贵州的迷人魅力。

（一）紧抓经济发展，同步全面小康

至 2020 年全面建成小康社会还有两年时间，时间紧、任务重，我认为必须紧抓经济发展，同时始终坚持产业兴、百姓富、乡村美这三个重要的发展方向。

第一，实现产业兴。产业兴对民族地区的发展是极为重要的，只有产业兴旺，才能促进经济发展，加快全面建成小康社会的步伐。贵州省具有丰富的自然资源、文化资源，适合发展旅游业。从近三年的旅游业发展情况来看，旅游业能实现贵州产业兴的目标。因此，贵州应当注重旅游业的发展，发挥自身资源优势，从而使得贵州又好又快地发展。

第二，实现百姓富。陈敏尔在中国共产党贵州省第十二次代表大会上把"奋力开创百姓富、生态美的多彩贵州新未来"作为党代会的主题内容之一。他认为，开创多彩贵州新未来最根本的目标就是实现百姓富、生态美。在现实生活中，事实就是如此，只有百姓发展起来了，贵州才会发展。百姓富，即让百姓在物质和精神上都富足。实现百姓富，就是在居住环境、收入、教育、卫生、医疗、文化等方面下足功夫，使百姓在各方面得到保障。

第三，实现乡村美。什么是乡村美？通俗地说，就是人美、环境美，乡村经济发展好、生态环境好。如何实现乡村美？注重可持续发展，始终保持"既要金山银山又要绿水青山"的发展理念，在振兴乡村的同时保护生态环境。让贵州山清水秀、居住环境优美，提升人们对生态文明的意识。

（二）必须加大贵州文化事业建设力度

文化事业建设在各民族地区发展中具有重要作用，要实现民族团结进步、共同繁荣发展，必须加大文化事业建设力度，实现"美人之美、各美其美、美美与共"。民族文化是一个民族的灵魂，各民族的文化不同，各有特点。贵州具有丰富多彩的民族文化，各民族文化分别绽放出属于自己的美。各民族的文化在人们的心里根深蒂固，一旦受到威胁，就会产生更大的矛盾。贵州更加要注意处理好民族文化发展的问题。因此，必须加大贵州文化事业建设力度，为民族团结进步、繁荣发展提供有力保障。

如何加大文化事业建设力度？政府应当提升对少数民族文化的保护力度，在民族地区建立民族文化展示场所，做好民族文化传承工作；举行一些助于民

族团结的活动，增进各民族之间的感情；等等。

（三）加强民族团结意识

要推进民族团结进步、共同繁荣发展，就需要加强民族团结意识。它要求各族人民具有维护民族团结的意识，维护民族团结不是个人的事，而是一个团体集体奋斗的事，需要各族人民齐心协力。民族团结的根基是人们的民族团结意识。要让各族人民认识到，民族团结不是一个口号，而是一个具体的行动过程。这就要求我们从意识上着手，结合实际行动，才能真正实现民族团结。当然，广泛建立民族团结意识是一个循序渐进的过程，当前我们最应该做的是加大宣传力度，让人们认识、理解民族团结的概念。

另外，民族团结教育应落实到现实中去，比如贯穿到学校教育、家庭教育等各环节。在学校教育中，加大民族团结进步教育力度，培养民族团结意识。发展离不开教育，教育对一个国家的发展具有很大的影响力。通过民族教育才能对民族观、民族意识有一个正确的认识。在学校里，经常开展民族团结教育活动，促进各民族人民友好相处。这就要求学校应打造更加优秀的师资队伍，加强对教师的培训。在家庭教育中，培育好孩子，使孩子形成好的个性品质和道德情操。因此，应从多渠道指导父母，让民族团结观念落实到每个家庭中去。

（四）提高民族干部工作素养

在实现民族团结进步、共同繁荣发展这一目标的过程中，民族干部起着非常重要的作用。民族干部是民族团结工作的主心骨。他们搭建了一架有利于国家与民族之间更好地交往的桥梁。做好民族团结工作，要求民族干部具有一定的民族素养，也就是在处理民族事务时做到将心比心、以心换心。第一，将心比心，就是要把国家的事当作自己的事。民族干部要有大情怀，要有民族意识，要把国家的事当作自己的事情一样对待，认认真真为人民服务；对待各族人民就像对待自己的兄弟姐妹一样，对他们负责任。民族干部是指引各民族发展的领头人，应具备高度的责任感，敢于担起这一重任。第二，以心换心，就是要求民族干部真正地融入这个民族，体恤人民的痛苦与快乐。现实生活中往往会出现一些不好的社会现象，有时候人们会与民族干部发生正面冲突，使得民族团结工作无法展开与继续。原因多是民族干部不知道人们真正需要的是什么，只是一味地执行自己的任务。其实，民族干部应该去了解人们的内心，掌握他们真正需要的是什么，如此，才能使得各族人们感受到国家的关爱，才能使民族团结工作顺利而有效地进行下去。因此，提高民族干部素养非常有必要的。

团结就像一首歌，有词、有曲、有不同的和音等才能演奏出华丽的乐章。贵州是一个多民族省份，应始终坚持美人之美、各美其美、美美与共这一发展原则。当然，实现民族团结进步、共同繁荣发展，归根结底就是要发展。发展才是硬道理，只有经济、文化等方面都得到很好的发展，才能促进民族团结进步。

参考文献

[1] 吴仕民.中国民族理论新编[M].北京：中央民族大学出版社，2008.

[2] 金炳镐.民族关系理论通论[M].北京：中央民族大学出版社，2007.

[3] 杨昌儒.贵阳市民族关系初探[J].贵州民族学院学报（哲学社会科学版），2006（4）.

[4] 杨昌儒.民族团结是新常态下民族工作的主线[N].贵州民族报，2017-02-16.

[5] 杨昌儒，李盛龙.全面建设成小康社会 实现民族团结进步的"中国梦"[N].贵州民族报，2017-02-07.

[6] 赵俊义.党的十八大精神的学习与实践[J].科技资讯，2013（24）.

[7] 朱喜坤.党的十八大的理论亮点与思想贡献[J].思想政治教育研究，2012（6）.

[8] 白明彦.贵州省制定出台民族团结进步创建活动试行实施办法[J].贵州民族，2012（2）.

[9] 陈瑾.开启全面建成小康社会新征程[J].企业经济，2013（1）.

[10] 马宁，董燕萍.略论马克思主义民族理论在我国的实践和发展——纪念中国共产党成立90周年[J].思想战线，2011（S1）.

[11] 颜勇，雷秀武.贵州民族文化传统节日综论[J].贵州民族研究，2007（6）.

[12] 上官文慧，中和，杨成.民族关系基本层面——民族关系理论研究之二[J].黑龙江民族丛刊，2008（2）.

地方政府数据开放平台建设导向及选择规律分析[①]

福建师范大学公共管理学院　曹慧琴　张廷君[②]*

摘　要　本文以中国 25 个地方政府数据开放平台为分析单位，运用内容分析法，从中探索中国 25 个地方政府数据开放平台建设导向模式，通过定量分析总结并提出中国地方政府数据开放平台建设的四种导向模式，即并进发展型、平台优先发展型、数据优先发展型、缓进发展型。在此基础上，探索导向选择规律，并进一步提出完善地方政府数据开放平台的建议。

关键词　地方政府；数据开放平台；数据层；平台层

2009 年，美国联邦政府推出了数据开放门户网站 Data.Gov，此后英国、加拿大、韩国、新加坡等国家和地区纷纷建立起了政府数据开放平台，开启了全球开放政府数据的浪潮。随着政府数据的剧增、数据处理技术的进步以及国内外环境的不断变化，中国地方政府数据开放平台也得以蓬勃发展。2012 年以来，我国各个地方政府陆续推出政府数据开放平台，先行先试，积极探索，积累了丰富的经验，也面临着平台导向选择、数据层完善、平台层完善等一系列挑战。

---

①基金项目：福建网龙计算机网络信息技术有限公司与福建师范大学合作课题"大数据与城市公共服务绩效管理"（编号：HJ-716）。

②曹慧琴，福建南平人，福建师范大学公共管理学院行政管理专业，全日制研究生。

　张廷君，福建福州人，福建师范大学公共管理学院副教授，博士，硕士生导师。

　*为通讯作者。

一、文献回顾与研究设计

（一）文献回顾

开放政府数据是政府发展的新方向，可以实现政府的透明化，增强公众的参与和协助能力，促进政府与公众的双向互动，并实现政府大数据的公众价值。政府数据开放平台，是由政府牵头、各政务部门共同参与建设的平台，其致力于各政府部门可公开数据的下载和服务，为企业和个人开展政务信息资源的社会化开发利用提供数据支持，推动信息资源增值服务业的发展以及相关数据分析和研究工作的开展。政府数据开放平台的建设，是实现政府数据开放共享最有效的途径之一。

对于政府数据开放，国外学者普遍称之为开放政府数据（Open Government Data，OGD），OGD 是一个组合概念，结合了开放数据、开放政府数据、开放政府等多种定义，是指通过基于互联网的 OGD 网站向公民和相关利益者提供可浏览、可获取、可再加工利用、依法公开的政府数据集。2007 年 12 月，30 位开放数据倡导者聚集在美国加利福尼亚州，首次提出开放政府数据的八大原则：完整的、原始的、及时的、可公开获取的、可机器读取的、非歧视获取的、非专属的、免于授权许可的。Bertot（2014）以美国政府开放数据为例进行了相关的研究，分析了数据获取、发布、隐私、安全、准确性和归档方面存在的问题和不足之处，并提出了相关的改善意见。葡萄牙学者 Lourenco（2015）提出了质量、完整性、可获取性和可见性、可用性和易懂性、时效性、价值与有用性、颗粒度、可比性等 8 项数据透明度评价准则，以此评估了各国的政府数据开放门户，并根据这 8 项准则对各平台提出了相应的建议。依托万维网基金研究中心组织开展的"开放数据晴雨表"（Open Data Barometer）等，我国构建了基于"基础""数据""平台"三个层面共 13 个维度的评价框架，其中二级指标包含组织管理、政治环境决策、数据质量、开放性、元数据等具体观测指标。

在中国，地方政府数据开放平台的建设一方面为实现政府数据开放共享提供了最有效的途径，另一方面也为 2018 年中央政府层面实现数据统一共享交换平台奠定了良好的基础。自 2012 年上海市首创政府数据开放平台以来，中国学者对此进行了大量研究，有学者对政府数据开放的内涵进行了总结，提出政府数据开放是在确保国家安全的条件下，政府向公众免费开放财政、资源、人口等公共数据信息，以增强公众参与社会管理的意愿和能力，进而提升政府治理水平。郑磊和高丰（2015）指出，我国政府建立了基于基础层（组织和管理、政治和法律、经济和社会）、数据层（数据数量、开放性、元数据、时效性、易用性）、平台层（数据引导、数据获取、数据应用、互动交流、界面体验）三大维度共 13 个指标构成的评估框架。国家公共数据开放的有关要求指出，要保证数据的完整性、准确性、原始性、可读性、非歧视性、及时性。2017 年发布的《中国地方政府数据开放平台报告》指出，我国政府数据开放平台存在开放政府数据的地区分布不均、平台数据开放度不足、平台数据更新慢、平台与公众互动少等问题，并根据问题提出了相应的解决对策。也有学者从用户利用的角度出发，通过定量与定性相结合的研究方法，分析目前我国政府数据开放平台的价值评价与存在的问题，提出建议，如陈水湘（2017）。

综上所述，现有理论主要集中于政府数据开放的界定，以及对地方政府数据开放平台的评估、建设现状及对策等方面的研究，这为更深入的探索奠定了基础。然而，现有研究中普遍缺乏对中国地方政府数据开放平台建设导向与选择规律的比较研究。因此，本文将在现有研究中国地方政府数据开放平台的基础上，通过对中国 25 个地方政府数据开放平台的建设现状的比较分析，探索其中的内在规律及导向模型特点，形成中国地方政府数据开放平台建设导向范式，并基于此提出完善地方政府数据开放平台的建议。

（二）研究设计

本文以中国 25 个地方政府数据开放平台作为分析单位，运用内容分析法这一文献研究方法从中发现地方政府数据开放平台建设的导向及选择规律。在总结规律与发现问题的同时，进一步提出完善地方政府数据开放平台的建议。因此，本研究未采取假设检验的研究框架，而是通过描述性研究加以展示与讨论。

本研究采用内容分析法和比较归纳法相结合的分析方法。首先，通过内容分析法，对 25 个地方政府数据开放平台相关信息进行分组，即把与研究目的相关的信息分为一组，根据这 25 个平台所提供的数据信息、板块设计及相应功能等进行量化分析。同时，结合中国地方政府开放数据平台所处的发展阶段，因现阶段相应的平台建设制度和外部环境还不够成熟，因此本研究的重点置于数据开放平台的供应端即政府一方，提取出以下8个衡量指标：开放部门数、主题覆盖数、数据可视化、下载方式、公众互动、数据搜索引导、网站数据统计信息、数据应用。其次，采取分类归纳法对内容分析法结果进行分析，同时结合前人对政府数据开放平台的研究指标划分，将8个衡量指标归纳为数据层（开放部门数、主题覆盖数、数据可视化、下载方式）、平台层（公众互动、数据搜索引导、网站数据统计信息、数据应用）两个维度（详见图1），并以这两个维度来构建开放平台建设导向轴，借此来回答研究拟讨论的问题，完成对本研究的理论探索与研究内容的规律描述。

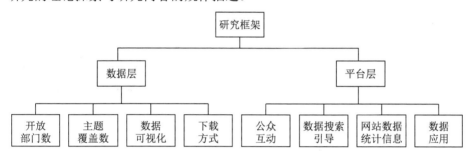

图1 地方政府数据开放平台研究指标框架

数据来源：本研究制作

二、研究对象及其特征

（一）研究对象

研究用百度搜索山西省、海南省、青海省、辽宁省、吉林省、黑龙江省、山东省、河南省、河北省、江苏省、浙江省、安徽省、江西省、广东省、陕西省、湖北省、湖南省、四川省、贵州省、云南省、甘肃省、福建省、五个自治区以及四个直辖市所有省级、副省级、地级市，发现截至2018年4月我国已经上线运行的政府数据开放平台，将符合以下条件的开放数据平台纳入评估范围：

平台域名中出现 gov.cn，作为确定其为政府官方认可的数据开放平台依据。

平台形式为"统一专有式"或"统一嵌入式"。"统一专有式"，即开放数据统一汇聚在一个专门的平台上开放；而"统一嵌入式"，即开放数据统一汇聚为一个栏目板块。嵌入在政府门户网站或政务服务网站上的未被纳入本次样本选择范围。如梅州市人民政府数据开放平台、肇庆市人民政府"用数据"模块、广安市人民政府数据开放平台等。

平台政府所代表的地方政府的行政级别一般为地级市以上。广东省佛山市南海区的"数说南海网"作为最早的且唯一的区级平台，具有一定的代表性，特被纳入本次研究。

平台上确实开放了电子格式的，可通过下载或链接形式获取结构化的数据集。其中石家庄统计大数据平台因只对专人开放，一般公众无法通过注册进入；南平市政府数据开放平台因无下载功能，所以皆不纳入本次研究范围。

基于以上选择标准，纳入本次研究对象的地方政府数据开放平台共25个，这些地方政府的平台符合政府数据开放的基本特征，是我国开放政府数据的先行者。具体平台名称、上线年份、层级、平台域名等详见下表（表1）。

表1 纳入研究对象的地方政府数据开放平台

序号	平台名称	上线年份	地 点	层 级	地理分布	平台域名
1	上海政府数据服务网	2012年	上海市	省级	华东	http://www.datashanghai.gov.cn/
2	北京市政务数据资源网	2012年	北京市	省级	华北	http: www.bjdata.gov.cn/
3	无锡市政府数据服务网	2014年	江苏省无锡市	地级	华东	http://opendata.wuxi.gov.cn/
4	湛江市政府数据服务网	2014年	广东省湛江市	地级	华南	http://data.zhanjiang.gov.cn/
5	数说南海网	2014年	广东省佛山市南海区	区级	华南	http://data.nanhai.gov.cn/
6	武汉市政府公开数据服务网	2015年	湖北省武汉市	副省级	华中	http://www.wuhandata.gov.cn
7	数据东莞网	2015年	广东省东莞市	地级	华南	http://dataopen.dg.gov.cn/
8	浙江政务服务网	2015年	浙江省	省级	华东	http://data.zjzwfw.gov.cn/
9	青岛市政府数据开放网	2015年	山东省青岛市	副省级	华东	http://data.qingdao.gov.cn/
10	开放广东数据服务网	2016年	广东省	省级	华南	http://www.gddata.gov.cn

序号	平台名称	上线年份	地 点	层 级	地理分布	平台域名
11	贵州省政府数据开放平台	2016年	贵州省	省级	西南	http://www.gzdata.gov.cn/
12	广州市政府数据统一开放平台	2016年	广东省广州市	副省级	华南	http://www.datagz.gov.cn/
13	哈尔滨市政府数据开放平台	2016年	黑龙江省哈尔滨市	副省级	东北	http://data.harbin.gov.cn
14	深圳市政府数据开放平台	2016年	广东省深圳市	副省级	华南	http://opendata.sz.gov.cn/
15	长沙数据开放	2016年	湖南省长沙市	地级	华中	http://data.changsha.gov.cn/
16	佛山市数据开放平台	2017年	广东省佛山市	地级	华南	http://www.fsdata.gov.cn/
17	贵阳市政府数据开放平台	2017年	贵州省贵阳市	地级	西南	http://www.gyopendata.gov.cn/
18	苏州市政府数据开放平台	2017年	江苏省苏州市	地级	华东	http://www.suzhou.gov.cn/
19	厦门政府数据服务网	2017年	福建省厦门市	副省级	华东	http://www.xmdata.gov.cn/
20	珠海市民生数据开放平台	2017年	广东省珠海市	地级	华南	http://data.zhuhai.gov.cn/#/
21	开放江门	2017年	广东省江门市	地级	华南	http://opendata.jiangmen.gov.cn/
22	济南数据开放网	2018年	山东省济南市	副省级	华东	http://www.jndata.gov.cn/
23	开放惠州	2018年	广东省惠州市	地级	华南	http://data.huizhou.gov.cn/
24	中山市政府数据统一开放平台	2018年	广东省中山市	地级	华南	http://zsdata.zs.gov.cn/
25	山东公共数据开放网	2018年	山东省	省级	华东	http://data.sd.gov.cn/

资料来源：本研究根据中国地方政府数据开放相关平台整理。

（二）研究对象的基本特征

从这25个地方政府数据开放平台的行政层级及分布来看，目前各地上线的地方政府行政级别为地级的数量最多，达到11个，占比44.0%；副省级7个，占比为28.0%；省级行政区6个，占比24.0%；区级仅1个，占比4.0%。我国共有省级行政区（除港、澳、台外）31个、副省级城市15个、地级市334个，政府数据开放平台地区总数与省级行政区、副省级城市、地级市的总数相比，明显偏低（图2）。

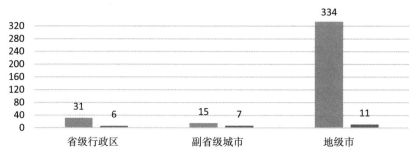

图 2　各地方政府数据开放平台行政层级及分布

数据来源：本研究制作。

从政府数据开放平台分布的地理地区来看，主要分布在华南地区和华东地区，占比分别为 44% 和 32%，剩余的开放平台则分布在西南地区、华中地区、东北地区、华北地区，西北地区暂无政府数据开放平台。从分布特点来看，主要分布在沿海地区，内陆地区分布较少（图 3）。

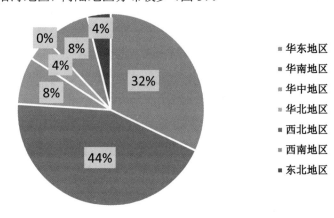

图 3　各地方政府数据开放平台地理分布

数据来源：本研究制作。

从各地区政府数据开放平台的上线时间来看，在 2015 年之前，有 5 个政府数据开放平台上线。2015 年 8 月，国务院《促进大数据发展行动纲要》印发后，各地区政府纷纷响应，多地政府数据开放平台上线。2016 年、2017 年均有6 个政府平台上线。2018 年数据截至 4 月，已有 4 个开放平台上线，根据各地方政府工作规划,2018 年下半年政府数据开放平台上线数量将会有一个新的增幅(图4)。

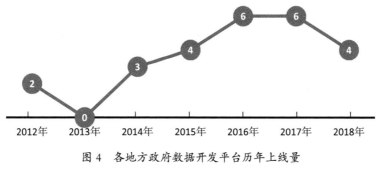

图 4 各地方政府数据开发平台历年上线量

数据来源:本研究制作。

三、研究分析与结果

(一)地方政府数据开放平台建设导向分析

研究对各个地方政府数据开放平台在"数据层""平台层"两大维度的 8 个衡量指标进行统计。

1. 数据层

"开放部门数"指平台中提供了各类开放数据的部门数量。

"主题覆盖数"指平台开放主题在《中国地方政府数据开放平台报告》规定的 14 个主题(财税金融、经贸物流、交通出行、机构团体、文化休闲、医疗卫生、教育科技、社会民生、资源环境、城建住房、公共安全、农业农村、社保就业、信用服务)中的占比。

"数据可视化"指该平台数据中是否有提供数据预览、数据信息、数据统计量等信息。

"下载方式"指该平台数据文件是直接下载型还是需注册登入下载型。

为了便于对"数据层"进行量化指标统计,将有提供"数据可视化"指标的用 1 表示,无提供的则用 0 表示;可直接下载数据文件的用 1 表示,需注册登入下载数据文件的用 0 表示。最后将 4 个指标相加,所得数量即为该平台"数据层"数量(表2)。

各地方政府在"数据层"层面，省级、副省级地区和地级市各指标数量差距较大，省级、副省级地区均值达标率普遍要高于地级市政府和区级政府（图5）。

表2　各地方政府数据开放平台"数据层"各指标情况统计

数据层					
序号	地点	开放部门数（个）	主题覆盖数（个）	数据可视化	下载方式	总计
1	上海	42	11	0	1	54
2	北京	45	12	1	0	58
3	无锡	48	12	0	1	61
4	湛江	11	5	0	1	17
5	南海区	43	12	1	0	56
6	武汉	48	11	0	0	59
7	东莞	69	1	1	0	71
8	浙江	39	7	0	1	47
9	青岛	57	14	1	0	72
10	广东	42	10	1	1	54
11	贵州	52	12	1	1	66
12	广州	66	13	1	0	80
13	哈尔滨	53	13	1	0	67
14	深圳	37	12	1	0	50
15	长沙	0	9	0	1	10
16	佛山	45	10	1	0	56
17	贵阳	52	13	1	0	66
18	苏州	8	8	0	0	16
19	厦门	44	11	1	0	56
20	珠海	69	11	1	0	81
21	江门	36	8	1	0	45
22	济南	54	12	1	0	67
23	惠州	18	9	1	0	28
24	中山	33	10	1	1	45

续表

数据层					
序号	地点	开放部门数（个）	主题覆盖数（个）	数据可视化	下载方式	总计
25	山东	55	10	1	0	66
	总计	1066	256	18	8	1348
	*均值	42.6	10.2	0.7	0.3	53.9

数据来源：本研究制作。

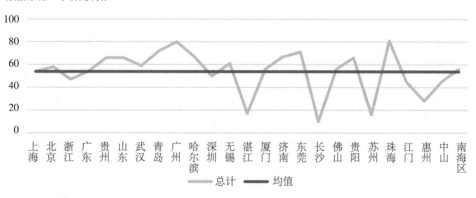

图 5　各地方政府数据开放平台"数据层"各指标数量曲线图（数据来源：本研究制作）

2. 平台层

"公众互动"指标指平台有提供咨询建议、需求调查等功能。

"数据搜索引导"指标指平台中的高级搜索功能，进行数据搜索时可根据数据主题、数据开放部门等详细筛选条件进行。这不仅可以让使用者以最快的速度找到自己需要的数据，也有利于使用者通过这些筛选条件对整个平台有个大致了解。

"网站数据统计信息"指标在不同平台有不同叫法，如广州平台称之为"网站统计"，济南称之为"开放数据"，江门称之为"数据分析"。实际上所展现的内容是一样的，指的是平台上提供的关于数据的下载量、浏览量、主题开放量、部门数据提供量、关键词等图表信息。

"数据应用"指标包含两个内容，一是"网页应用"，二是"移动应用"。"网页应用"指一项公开数据提供与该数据相关的网页链接，如数据提供部门网站链接或是相关办事平台链接；"移动应用"指平台给使用者提供的各类 App。"数据应用"的数量是"网页应用"和"移动应用"两者之和。

为了便于对 25 个地方政府数据开放平台的"平台层"进行量化指标统计，现将平台中有提供"公众互动"的用 1 表示，无"公众互动"的则用 0 表示；平台中有"数据搜索引导"功能的用 1 表示，无该功能的则用 0 表示；平台中有提供"网站数据统计信息"板块的用 1 表示，无该板块的则用 0 表示。最后将 4 个指标相加，所得数量即为该平台"平台层"数量（表 3）。

各地方政府在"平台层"维度，均值达标率要低于"数据层"均值达标率，由此可见，现阶段开放平台"数据层"建设要比"平台层"建设更加完善。"平台层"中，上海、武汉的数量远高于其他地区，省级、副省级地区平台均值达标率也同样高于地级市、区级平台（图 6）。

研究进一步对地方政府数据开放平台的"数据层""平台层"两大维度进行分析，将 25 个地方政府数据开放平台的"数据层"和"平台层"中各自的总量按均值分为高、低两类。低于均值的为低数据完善度、低平台完善度，高于均值的为高数据完善度、高平台完善度。基于此，建立 25 个地方政府数据开放平台建设导向模型，以数据完善度为横坐标（X），以平台完善度为纵坐标（Y），两个坐标垂直交叉所形成的四个象限，用以对 25 个地方政府数据导向模型进行分类型划分，形成四大开放平台建设导向类型：并进发展型、平台优先发展型、数据优先发展型、缓进发展型（图 7）。

表 3　各地方政府数据开放平台"平台层"各指标情况统计

		平台层				
序号	地点	公众互动	数据搜索引导	网站数据统计信息	数据应用	总计
1	上海	1	1	1	60	63
2	北京	1	1	0	16	18
3	无锡	1	1	0	12	14
4	湛江	1	1	0	2	4
5	南海区	0	0	1	5	6
6	武汉	1	1	0	54	56
7	东莞	1	1	0	0	2
8	浙江	1	0	0	8	9
9	青岛	1	0	1	20	22
10	广东	1	0	0	22	23

续表

平台层					
序号	地点	公众互动	数据搜索引导	网站数据统计信息	数据应用	总计
11	贵州	1	0	1	13	15
12	广州	1	0	1	8	10
13	哈尔滨	1	0	1	4	6
14	深圳	1	0	0	19	20
15	长沙	0	0	0	0	0
16	佛山	1	0	1	6	8
17	贵阳	1	0	1	13	15
18	苏州	0	0	0	0	0
19	厦门	1	0	1	8	10
20	珠海	0	0	1	0	1
21	江门	1	0	1	4	6
22	济南	1	0	1	15	17
23	惠州	1	0	0	2	3
24	中山	0	1	0	20	21
25	山东	1	0	1	21	23
总计		20	7	13	332	372
*均值		0.8	0.3	0.5	13.3	14.9

数据来源：本研究制作。

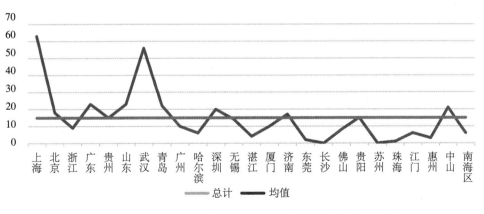

图 6 各地方政府数据开放平台"平台层"数据指标数量曲线图

数据来源：本研究制作。

所谓并进发展型指的是在"数据层"和"平台层"两个维度的数量高于均值，如省级（直辖市、自治区）中的上海、北京、广东、贵州、山东，以及市级中的武汉、青岛、贵阳、济南；所谓平台优先发展型，即在政府数据开放平台建设中，以推进平台完善度的建设较多，高于均值，数据层面的建设较少，低于均值，如市级中的深圳、中山；所谓数据优先发展型，即在政府数据开放平台建设中，以推进数据完善度的建设较多，高于均值，平台完善度的建设较少，低于均值，如市级中的无锡、东莞、广州、哈尔滨、佛山、厦门、珠海，区级中的南海区；所谓缓进发展型，即在"数据层""平台层"两个维度的建设都较为薄弱，低于均值，如省级（直辖市、自治区）中的浙江，市级中的湛江、长沙、苏州、江门、惠州。

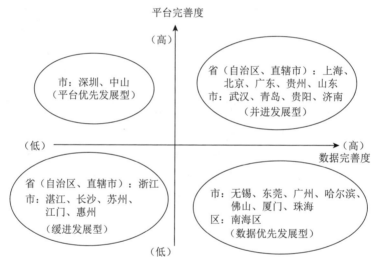

图7　地方政府数据开放平台建设的类型学分析

资料来源：本研究制作。

（二）地方政府数据平台建设四大导向选择规律分析

地方政府在管理创新的路径选择上，究竟采取并进发展型、平台优先发展型、数据优先发展型，还是缓进发展型，研究对其选择规律进行了探索：

1. 经济发展状况对地方政府数据开放平台建设导向型的影响

从这25个地方政府数据开放平台的建设导向分布来看，并进发展型中的

9 个地区，有 8 个地区的行政层级为省级、副省级，占比为 69.2%；数据优先发展型的省级行政区、副省级城市共 3 个，占比为 23.1%；平台优先发展型和缓进发展型的省级行政区、副省级城市皆为 1 个，占比为 7.6%。省级行政区和副省级城市的经济发展普遍要比一般城市来得快，这意味着经济会对地方政府数据开放平台建设导向产生影响。经济发展越快的地区，其数据层完善度和平台层完善度越要高于其他地区。但另外三种平台建设导向类型中也存在着省级行政区和副省级城市，与此规律存在偏差，特别是数据优先发展型导向模式，副省级城市有广州、哈尔滨、厦门，其经济发展都较快，但还属于数据优先发展型；贵阳则与之相反，经济发展较缓，但政府数据开放却较完善。这意味着除经济因素外，不排除其他因素影响或制约着地方政府数据开放平台的建设导向与选择规律。

2. 国家政策导向对地方政府数据开放平台建设导向型的影响

从这 25 个地方政府数据开放平台数据完善度——平台完善度的分布来看，侧重于"数据层"建设的（共 14 个地区，占比为 56.0%）比侧重于"平台层"建设的（共 11 个地区，占比为 44.0%）要更突出、更活跃。2015 年，国务院颁布的《促进大数据发展行动纲要》中提出按照"增量先行"的方式，加强对政府部门数据的国家统筹管理，提出要稳步推动公共数据资源开放，加快建设国家政府数据统一开放平台；2017 年 9 月，南海区便与多个政府部门及企事业单位签署了 21 项合作协议，以"数据"为媒，南海区开启了新型智慧城市建设新篇章。政府相关政策文件对"数据"的重视，以及中国传统的"以量取胜"的观念，使得地方政府数据开放平台在建设过程中更为重视"数据层"建设。并进发展型中上海、北京、广东、山东、贵州等地区，以及数据优先发展型中的广州、厦门、哈尔滨等地区皆为省级或是直辖市、自治区，在响应国家政策上更为快速，因此地方政府数据开放平台建设导向会受国家政策导向的影响。所以，除了经济发展的影响因素外，地方政府的政策导向也是地方政府数据开放平台建设导向选择的影响因素之一。

3. 地区产业环境对地方政府数据开放平台建设导向型的影响

平台导向型中的深圳、中山两地区皆位于珠三角地区，而今珠三角已发展成为全世界最重要的电子信息产业制造基地之一，是 IT 产业的聚集地。深圳是中国具有一定国际影响力的新兴现代化城市，是高新技术产业基地和区域性金融中心、信息中心。IT产业巨头高度重视中山搭建起来的产业平台,国内外IT产业加速向中山转移,充分体现了中山作为IT产业新贵的凝聚力。深圳、中山作为IT产业的聚集地,IT人才济济,所以在政府数据开放平台建设中平台层导向明显。数据优先发展型中的南海区、无锡、哈尔滨因为自身并非IT产业聚集地,市场对数据应用的需求并不多,同时缺乏科研院所资源,没有足够支撑政府数据开放平台发展的IT人才,所以平台层的建设较为薄弱。由此,可看出地区产业环境对地方政府数据开放平台建设导向型的选择也存在影响。

4. 政府重视度对地方政府数据开放平台建设导向型的影响

政府的重视度可通过政府发布的相关政策、政府领导干部的重视、相关机构的组建等几个方面体现。本文以相关机构的组建为切入点,通过是否组建大数据管理机构来判断政府对数据管理的重视程度。

组建大数据管理中心,构建数据资源共享体系,实现跨层级、跨部门、跨系统、跨业务的数据共享和交换,是重要方法之一。大数据管理中心将使包括党政机关、群团组织等在内的各类服务数据汇集互联和共享应用,使分散、孤立的数据成为汇集综合的数据,使管理的数据成为应用的数据。推动技术融合、业务融合、数据融合,打通信息壁垒,形成覆盖全市、统筹利用、统一接入的数据共享大平台,构建全市数据资源共享体系。国内最早设立大数据管理机构的,可追溯至2014年2月,广东成为这项试点的"先行者"。

从这25个地方政府设立大数据管理机构分布来看,有设立该机构的地区基本属于并进发展型,占比达88.9%(详见表4),从这个占比中可看出地方政府的重视程度是地方政府数据开放平台建设导向型的影响因素之一。这一特点亦可对前文述及的贵州经济不发达,但仍属于并进发展型有一定的解释:地方政府数据开放平台建设导向型会受到政府重视度的影响,2015年10月,贵州大数据管理局挂牌成立时,便是贵州省政府直属的正厅级事业单位,由贵州省政府副秘书长兼任局长,以增强对其他政府职能部门的协调能力。并进发展型中,仅武汉未成立大数据管理机构;而江门市虽然有成立大数据管理机构,但其仍属于缓进发展型。这两个地区表明了政府重视度不是影响地方政府数据开放平台建设导向型选择的唯一因素。

表4 25个地方政府大数据管理机构设置情况

序 号	地 点	是否设有专门的大数据管理机构	大数据管理机构名称
1	上海市	有	上海大数据技术与应用创新中心
2	北京市	有	北京大数据研究院
3	江苏省无锡市	无	
4	广东省湛江市	无	
5	广东省佛山市南海区	无	
6	湖北省武汉市	无	
7	广东省东莞市	无	
8	浙江省	有	浙江省数据管理中心
9	山东省青岛市	有	青岛市大数据发展促进局
10	广东省	有	广东省大数据发展管理局
11	贵州省	有	贵州省大数据发展管理局
12	广东省广州市	有	广州市信息化服务中心
13	黑龙江省哈尔滨市	有	哈尔滨数据交易中心
14	广东省深圳市	无	
15	湖南省长沙市	无	
16	广东省佛山市	无	
17	贵州省贵阳市	有	贵阳市大数据中心
18	江苏省苏州市	无	
19	福建省厦门市	无	
20	广东省珠海市	无	
21	广东省江门市	有	江门市网络信息统筹局
22	山东省济南市	无	
23	广东省惠州市	无	
24	广东省中山市	无	
25	山东省	有	山东省大数据研究院

数据来源：本研究制作。

5．政府数据开放平台上线发展时间对地方政府数据开放平台建设导向型的影响

根据图7地方政府数据开放平台建设导向类型，结合表1各地方政府数据开放平台上线时间来看，平台建设属于并进发展型的上海、北京、武汉等地区，平台上线时间长，数据层和平台层建设更为完善。虽然贵阳、山东、济南

等平台上线时间短，但定位准、发展快、思路清晰、创新意识强，符合国际政府数据开放系统建设的方向，所以平台建设也比较完善。缓进发展型中的长沙、苏州、江门、惠州等地区平台上线时间较晚，所以数据层、平台层的建设也较为缓慢。由此可得出，平台上线发展时间也是影响地方政府数据开放平台建设导向型选择的因素。

四、完善中国各地方政府数据开放平台的建议

本文研究分析得出，中国地方政府数据开放平台建设导向与当地的经济发展状况、地区产业环境有较大的联系。从这 25 个地方政府数据开放平台的建设导向分布来看，各地区经济、地区产业环境不同，各地方政府数据平台导向也不一样。但总体而言，数据层的建设要比平台层的建设更为完善。基于中国地方政府数据开放平台建设的现状及规律，提出以下几点完善数据开放平台的建议：

（一）因地制宜地推进平台优先发展型、数据优先发展型、缓进发展型向并进发展型过渡

从这 25 个地方政府数据开放平台的建设导向来看，业已形成了四种不同的导向模式：并进发展型、平台优先发展型、数据优先发展型、缓进发展型。建设导向不同，主要是由各地区不同的经济发展状况、国家政策导向等因素导致。因此，在政府数据开放平台建设中应因地制宜，同时结合当前政府数据开放平台现状，针对不同导向型提出整改建议。对于平台优先发展型、数据优先发展型的地区，应积极推动向并进发展型导向过渡；而对于缓进发展型的地区应结合当地经济、政策逐步地完善数据层和平台层的建设，从而实现向并进发展型导向的过渡。

（二）加大对数据产业的投入以及技术人才的培养与引进

地区产业环境及 IT 技术人才是政府数据平台建设导向选择的重要影响因素。而今，政府数据开放平台建设的现状是，平台层的建设缓慢于数据层的建设，因此加快平台层的建设至关重要。平台层的建设需要技术的支持、技术人

才的支持。Gartner 咨询公司预测，大数据产业的发展将为全球带来 440 万个 IT 新岗位，这势必会冲击我国的人才结构，迫使我国进行人才结构的调整和改革；麦肯锡公司预计，美国到 2018 年深度数据分析技术人才的供需差额将达到 14 万～ 19 万人。而在我国，与大数据相关的产业发展薄弱，专业人才更为稀缺。在此背景下，各地方政府应加大对数据产业的投资，为政府数据开放平台的发展奠定坚实的基础。同时，培养和引进技术型人才，不仅能解决当前政府数据开放平台建设中平台层的发展困境，也能为平台将来的发展提供有力保障。

（三）重视政府数据开放平台的建设，加大相关政策支持

美国政府数据开放平台的建设成功离不开政府高层领导的重视，奥巴马一直高度重视开放政府的建设，并对此做了大量工作。同样，我国政府对政府数据开放平台的重视程度也是平台导向选择的重要影响因素。因此，政府必须要高度关注政府数据开放平台的建设工作，各级领导干部应具备数据开放意识，掌握数据开放相关知识。政府数据开放平台的建设还需要大量的人力、物力支持，以及大量的时间投入，所以各地政府除了要提供大量的技术、人力外，还需要提供大量资金。

国家政策导向也对地方政府数据开放平台建设有着重要的影响。首先，应制定国家层面的政府数据开放平台建设的战略目标与规划，对各地方政府数据开放平台建设及时予以指导；数据是开放数据的核心，平台是开放数据的载体，两者都是地方政府数据开放平台的建设重点，所以数据层建设和平台层建设应齐头并进，相关政策中平台层建设也应跟进，尽快完善政府数据开放平台建设的相关政策。

参考文献

[1] 李平. 开放政府视野下的政府数据开放机制及策略研究[J]. 电子政务, 2016（1）：80-87.

[2] 中国地方政府数据开放平台报告[R]. 上海：复旦大学 & 提升政府治理能力大数据应用技术国家工程实验室，2017：3.

[3] Bertot J C.The policy framework of big data and open data：problems policies and suggestions［J］.Zheng lei, Xu huina and Bao Linda.Trans.E−Government, 2014（1）：6−14.

[4] Open Government Data Working Group.Eight principles of open government data[EB/OL].[2016−09−01].http：//www.open−gov data.Org/.

[5] Rui P L.An analysis of open government portals：A perspective of transparency for accountability［J］.Government Information Quarterly, 2015, 32（3）：278−290.

[6] 姜悦霞.政府数据开放网站绩效评价指标体系及应用研究［D］.合肥：合肥工业大学, 2017.

[7] 郑磊，高丰.中国开放政府数据平台研究：框架、现状与建议［J］.电子政务, 2015（7）：8−16.

[8] 陈水湘.基于用户利用的政府数据开放平台价值评价研究——以 19 家地方政府数据开放平台为例［J］.情报科学, 2017（10）：94−102.

[9] 张琪.大数据管理局是啥来头？青岛两年前就有了［N］.齐鲁晚报, 2018−02−08.

[10] 张爱舒.大数据环境下我国政府数据开放平台建设策略研究［D］.湘潭：湘潭大学, 2017.

大数据时代地方政府政务服务流程再造研究

——以贵州为例

贵州民族大学　王红梅　杨雪峰

摘　要　党的十九大报告提出，必须深化简政放权、放管结合、优化服务的过程，推进国家治理能力现代化。随着大数据时代的来临，网上办事大厅作为电子政务的核心，是政府运用信息化手段管理自身和服务大众的重要渠道。政府流程再造是以技术创新为基础，以公众需求为核心，实现提升行政效能的目标。以政府流程再造理论为分析框架，研究"大数据＋政务服务"模式的创新发展，从公众服务和数据思维重塑行政理念再造、横向扁平化与纵向柔性化组织系统再造、多元协同和审批简化的业务流程再造、电子监察和绩效评估的体制保障再造等方面尝试探析，寻求大数据时代地方政府行政职责的重构和服务方式的创新，促进地方政府治理体系改革和地方政府治理能力进一步提升。

关键词　政务服务；网上办事大厅；流程再造；大数据

新时代，科学技术的日新月异必然给人类社会生活带来重要影响。当历史的摆钟敲响到今天的时候，大多互联终端的使用不再只是简单的信息传递和电话联系，过去通过这些终端收集海量的图片、文字、方位等基础信息，如今这些终端经互联网快速把数据信息汇聚到大型的网站和信息中心。21 世纪信息化已然成为一种势不可当的世界潮流，无论是发达国家还是发展中国家，信息化发展彰显了现代国家治理现代化水平的价值。特别是近年来云计算、互联网、移动客户端的发展，互联网的思维应运而生并向社会服务领域扩展深化。由于大数据能够有效地集成国家政治、经济、文化、社会、生态等领域林林总总的信息资源，不难发现，它正在冲击传统的政务服务模式，政务信息化也显得缓慢与滞重。基于这样的大背景下，驱动政府管理和公共服务模式的重构和创新是尤为重要的选择。政府在互联网时代面临一种新常态的挑战，必须充分思考互联网思维的特点，加快创新政务服务方式，不断提升政府网上公共服务水平并推进国家治理能力现代化。大力发展政府网上服务是当前加快转变政府职能、建设服务型政府的必然要求。贵州网上办事大厅是全国"互联网＋政务服务"试点示范的重大成果，也是目前全国唯一实现覆盖全省五级各部门的"互联网＋政务"服务平台。近年来，贵州省一直在大量探索并坚持理念创新和实践创新，致力于在信息化时代运用互联网思维转变施政及服务方式。本文试图用政府流程再造理论对"贵州模式"进行分析研究，寻求大数据时代地方政府行政职责的重构和服务方式的创新，促进地方政府治理体系改革和地方政府治理能力进一步提升。

一、政府流程再造理论

（一）基本内涵

政府流程再造理论的实质就是按照企业流程再造理论的精神来实现政府部门的业务流程再造。在传统官僚制管理模式下，政府业务流程呈现出机械性、串联性和封闭性等特点。流程再造不同于全面质量管理，是一种大革新手段，能使用的场合少之又少，旨在反思传统工作流程的弊端，运用现代信息技术，对政府部门原有组织结构、服务流程进行全面、彻底的重组，形成政府组织内部决策、执行、监督的有机联系和互动，以减低行政成本，提高行政效能，使公共产品或服务更能取得社会公众的认可和满意。政府流程再造是一项涉及理念、目标、结构、方法的系统工程。

1. 体现以公众需求为导向的理念

传统的官僚制部门结构过于精细化导致整体流程处于割裂状态，再加上政府职能扩张使部门之间的协调和联动机制失效，政府缺乏对公众诉求的理解和回应。而流程再造以提高政府部门的执行力和公信力为目的，由"职能"变

"需求"的理念为导向实现其价值。

2．是一项多向互动的结构系统工程

流程再造涉及政府部门内部机构之间、政府部门之间、政府与社会组织之间、政府与社会公众之间的沟通与互动，必然会带来政府部门在组织结构、决策程序、运行机制、评估体系、激励机制等方面的显著变化。因此，政府流程再造绝非在原有流程上的修修补补，而是一场彻底、深刻、持续的内部革命。

3．以公众满意度为指标实现的组织绩效

奥斯特罗姆认为："虽然效率准则规定稀缺资源应被用到其能生产最大纯收益的地方，但公平的目标则可能缓解这一目的，致使有利于特别是非常贫困的人群的设施得到发展。"其表现为人们对公共服务的需求呈现多元化，从政府绩效来看，这不仅仅是政府部门提供的高效与便捷服务，更要求服务是公平公正的。在这样的过程中，公众希望政府政务服务过程是透明的，政府则期望调动公民参与和监督的积极性。

4．对传统社会管理服务进行的自我革新的方法

根据专业组织的划分模式，改变过去以职能主导的分工格局，坚持全方位、一体化的宏观定位，通过职能重构的过程，来实现以职能流程化为实施导向的行政模式。相关部门的行政职能应在组合中集成，突破职能分工的界限，这无疑是政府部门的公共服务模式改革与创新。

（二）基本原则

1．优化原则

根据木桶短板效应，组织流程中整体效益取决于效益最低的环节。正如杜拉克所说："系统运行的链条最容易从薄弱环节断裂，从'水桶'的'短板'中入手改进会取得最佳效果。"因此，必须利用环节设计不断去改进以获得最满意的结果。

2．创新原则

流程再造不仅仅是简单地依靠简化或整合完成重构。实际上现代信息技术迫使运营的执行层与决策层面对面沟通，弱化了中间层价值中的真实性和必要性。这就需要转变过去习惯性的思维方式，发挥组织在流程再造中的创新能力。这意味着政府活动需要根据相对独立、相互制约的组织管理原则，来实行

政府流程的控制、协调、监督。

3．便民原则

政府服务的对象具有普遍性，如受公共政策和公共管理行为影响的社会公众；政府服务的对象也具有特殊性，政府的角色是"服务而非掌控"，政府流程必须以满足各种各样的公共需求为前提。在执行和决策的传递过程中应注意部门职能的整合，如此一来，公众在办事流程里往来于各职能部门的时间、距离等实际消耗率会降低。

二、地方政府政务服务的实践探索——"贵州模式"

随着国内互联网和电子商务的快速发展与大量普及，互联网在社会生活中开始像空气和水一样重要，它的出现无疑是对社会生活的改变。这既是密切相关又是潜移默化的。2015 年初，中央政府开始提出"互联网＋"，李克强总理在 2016 年"两会"中指出"互联网＋政务服务"的理念，着重实现各政府职能部门之间的数据共享。

（一）总体建设历程

2014 年，贵州省委、省政府想解决全省政务的"信息孤岛"问题，随后为推进服务型政府载体的政务服务体系建设，贵州省政务服务中心应运而生。该中心依照"统一顶层设计，统一开发建设，统一推进应用"的原则，利用云计算、大数据等新兴技术，在原有省级网上办事大厅的基础上构建省、市、县、乡、村五级聚政务、事务、商务的贵州省网上办事大厅，汇聚了"进一张网可以办全省事"的政务服务平台。它的工作目标是全覆盖、全联通、全方位、全天候、全过程的"五全服务"，是目前全国唯一实现覆盖全省五级各部门"一网办理、一系统审批、一数据库汇聚、一标准开放共享"的服务平台，创新性地推出了独特的贵州政务服务模式。事实上，"贵州模式"的建设离不开大数据技术革命契机带来的蓬勃发展环境。2015 年，贵州建成了覆盖省、市、县三级政务服务中心向镇（街道）、村（社区）的机构，逐渐形成了三级向五级延伸的政务服务体系，并接入省级、9 个市州、贵安新区、90 多个县级站点应用，其中纳入全省 13 800 多个部门的 14 万余项办理指南、16 万余项政务服务事项等。

贵州省网上办事大厅的建设，一方面服务于省、市、县、乡、村五级审批服务工作人员和办事群众和企业等，用户数在 1000 万人以上，每天约有 3 万人登录平台办理业务，有效地创新出群众和企业"单点登录、一次认证、多点互联、全网通办"线上办事模式，重要意义在于实现了网上办事零纸质材料、零人工干预、群众零跑动；另一方面促进了权力运行深度公开、全过程大数据留痕以及政务服务数据的大汇聚。贵州省通过大数据信息资源的应用更好地促进了政务服务工作的智慧化、标准化与规范化。

（二）重要举措及取得的主要成效

近年来，贵州致力于提升高效畅通的电子政务，一直坚持理念创新和实践创新。不负众望，在 2016 中国智慧政府发展年会上，贵州省网上办事大厅荣获第二届（2016）中国"互联网＋政务"优秀实践案例 50 强殊荣。这是贵州要求简政放权的有益实践，更是行政体制改革的积极探索。

1. 整合资源、统一系统，实现服务方式多元化

为提升政务服务质量与实效，贵州省利用云计算平台和大数据提供了新的思路、探索了新的途径。针对全省各地复杂的实际情况，统筹各级政务服务中心的公开办事系统，力求实现全省五级统一、数据共建共享、无障碍的互联服务方式。一是实现便民服务机构形成三级向五级延伸的政务服务体系。在网上办事大厅的五级纵向联通和各职能部门横向联动的建设中特别注意大数据的技术开发与应用，根据顶层设计的要求，横向汇聚便民服务、在线办理、信息公开和电子监察合为一体，纵向则梳理归类省、市、县、乡镇、社区五级联通，形成不同深度的一体化网格平台。二是实现资源整合上的集成创新。继网上办事大厅建设后，整合了原来来自各地各职能部门的政务信息资源，把杂乱无章的数据通过云计算平台整合成有逻辑关联性的统一方式，在一定程度上有助于政府提升行政效能。

2. 优化审批、明确权责，实现服务事项标准化

在线服务是一种新型的管理组织的运行机制，它的建设不是单纯地把办事流程照搬到网上，而是要在信息技术下扩展和重构，实现政府高效地服务于公众。其中，行政审批和服务事项是基础性工作，也是最关键的工作。网上行政审批是电子政务建设的核心内容和应用标志，因此在推进电子政务的过程中，

可以通过网上审批有效地整合政务信息资源，全面集成共享系统，发挥信息系统规模效应，促进政务信息化水平的提高。为此，对于网上办事系统的可操作性和审批系统的可优化性做了大量的工作。一是建成审批工作的信息化系统。将过去的"人工跑腿与纸质材料"模式转变为现在的"互联网传递电子材料"模式，推动材料受理的电子化、标准化。二是改变了原有的传统行政审批模式。企业和公众足不出户就可以登录网上办事大厅填写各种资料，政府各部门网上受理后自行在线上完成各种审批事务。这既降低了行政成本，又进一步提高了服务质量。三是增加政府透明度，促进政府工作人员的责任意识和效率意识。根据国务院和省的文件批示，网上办事大厅全面公开梳理并逐步完善行政审批和服务事项下放的目录。就审批项目公开而言，贵州省在 2008 年就开始启动建设全省行政审批电子监察系统，为了强化网上办事在线监察功能，同步建立电子监察制度，还完成了全省审批业务数据的监察，以达到系统性的审批规范和监督强化。

3. 功能拓展、形式丰富，实现在线服务交互化

网上办事大厅是重构政府职责和治理方式的重要方式，这就需要政府积极拓展网上办事功能，提供丰富的服务资源。一是增强政府服务能力，方便群众办事。它是根据办理对象的不同推送不同的服务，过去是企业和个人主动找政府，现在政府可以通过大数据由被动变为主动。二是加强政府与公众间的交互沟通，提升公众对政府服务的满意度。"贵博士"智能服务系统的开发（图1），使网上办事大厅"8 小时的政府"变为 24 小时的"全天候政府"，它的服务还能避免大量人工回复不及时、不准确带来的纠纷和尴尬，从而提升服务满意度和用户体验。三是优化线上服务质量，增强了公众的参与感。当今社会使用最广泛、最便捷的智能终端是手机，公众对需要的信息和服务在广度和深度上都大大增加，政府可以将手机作为一个重要平台，推出网上办事大厅手机版等多种应用方式，从网上办事浏览模式向服务办事模式转型。

图 1 "贵博士"智能服务系统

三、大数据时代地方政府政务服务的主要策略及学理性分析

伴随国内互联网基础设施的完善,在提供增值社会服务层面,电子政务已经从中级阶段向高级阶段迈进。在这种情况下,政府信息化服务出现了信息孤岛、办理烦琐、服务深度不高、服务事项"两张皮"等问题。而新时代推进服务型政府建设中转变政府职能的必然要求是积极发展在线服务。贵州省网上办事大厅一直坚持"数字政府"的建设,国务院办公厅在 2016 年《关于"互联网+政务服务"试点工作的总结报告》中,概括为"贵州模式",即"积极探索符合西部民族地区电子政务经济发展的政务服务创新",还获得了国家领导人的批示肯定。与此同时,《省级政府网上政务服务能力调查评估报告(2018)》已公布,综合评估显示,贵州省以 93.76 分的总分名列前茅。

(一)实施简政放权、促进政府职能改变——流程型组织基础

"群众'跑断腿'办不成事""证明我妈是我妈"等社会问题的出现,让不少地方积极探索建立"审批权力清单"。国内有学者认为再造通过变革组织政府、管理流程、最大化流程使用价值、最小化组织管理结构,实现政府绩效跃进提高。

为此，针对行政审批事项和办事流程，逐步由职能型组织向流程型组织转变。一方面是优化在线办事流程。近年来中央加大了行政精简和权力下放的力度，减少了过去烦琐的审批流程和公众办事时间，重要的意义是提升了政府行政效率。大数据时代下使"互联网＋政务服务"延伸推广，不仅优化了政府办事流程，简政放权还上升至新高度。以前，群众每一次到政府部门办理业务时需要出具各种各样的证明，在不同部门来回奔波，有时还要看行政人员的脸色办事。有了"互联网＋政务服务"，政府行政审批的允许事项可以直接通过网上办理，并且通过"一窗受理、同时分送、信息共享、联合审批、限时结办"的原则，缩短了办事时间，减少了办事环节，降低了企业以及群众的办事成本。除此之外，审批程序必须以法立据，不管是环节还是材料都必须找到相应的法律依据。因此，2016 年贵州省政府对省级许可事项进行了删减，共减少365 个审批程序和 287 份申请材料。另一方面是整合行政审批事项。基于降环节、减材料、优流程的基础上，将行政审批"八公开"统一细化为 60 要素的办事指南模板，每天可新增办件 4 万余件，全省省级行政许可事项网上申请率达100%。这是探索行政审批流程和办事服务流程再造的有机统一，进一步提升了政府办事的行政效能。

（二）打破信息孤岛、实现政府数据共享——流程技术的基础

长期以来，各级各部门的信息化建设都存在"各自搭台、分头唱戏"的现象。由于部门之间数据无法共享，办事人时常承担后果，这样的现象后被群众称为"奇葩"证明。从这一现象来看，数据开放和共享"难"。云计算技术的运用为解决这类问题创造了新的路径。一是统筹数据互通。贵州根据整体建设的要求，采用"一点统筹建设、多点接入应用"的建设模式，实现区域之间的数据互联互通。二是统筹数据共享。贵州统一使用一个网上办公审批系统服务，坚决取消了部门自建的审批服务项目信息系统。目前，省、市、县有 3768 个部门、1480 多个乡镇、17 210 多个村，每天有 9 万多名审批人员在同一个系统开展审批 50 多万个政务服务事项的工作。利用数据交换平台建设共享，编制服务信息资源目录。这个过程呈现出从政府机构工具信息化、事务信息化、管理信息化到组织信息化的发展轨迹，由此实现了公共事务的管理和公共服务的提供从分散的、各自为政的方式向集成整合的、无缝隙的方式转变。

（三）拓宽服务渠道、增强政府服务能力——流程文化的基础

在《无缝隙政府——公共部门再造指南》中，拉塞尔·林登指出企业管理的最终目标是实现利益最大化，而政府管理的目标是满足公众的需求，而公共服务就是公众需求的直接体现，公共服务的最大特点就是服务性和公益性。

第一，转变了传统的行政审批模式。可以采用人机对话，网上审批模式的转变使得审批行为愈加规范化，也相应减少了人情审批导致的违反乱纪等问题。同时，智慧审批系统新模式的推进，更方便群众在网上办事大厅办理审批后远程打印证件照，不用跨地域、花时间在村里即可申办领证。第二，树立用户思维，提高了办事效率。首先，通过"互联网＋全程代理"的网格化管理，网上办事大厅一网流转审批和办理，实现一窗收发，可以有效打破部门条块业务分割，办事群众在家等电话就可以收到自己办理的证件。其次，"贵博士"智能机器人时刻向公众提供 24 小时的自动应答服务。目前，有 40 多万要素全面和精确内容的办事指南服务事项包含在内，为申请人提供了"标准答案"，数据分析网上申请率达 100%。然后，它可以办理多种类型的政务服务事项，实现人们日常生活中常见的查询服务以及部分公共企事业单位办事公开和在线缴费引导。目前，初步覆盖了全省的政务、事务、商务服务。这种关注服务对象，以服务对象需求为导向、以提高公共服务质量争取公众满意的行政观念，正是实施政府流程再造的组织文化基础（图 2）。

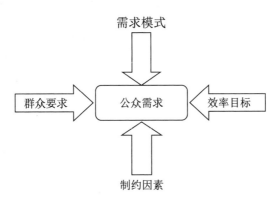

图 2　地方政府流程再造公众需求要素分析

（四）深化政府信息、促进政务透明公开——流程制度的基础

随着网络新媒体的发展，政务信息公开以覆盖面广、传播率高、存储量大、检索快等新特点成为政务信息公开的主要渠道。《中华人民共和国政府信息公开条例》的颁布，通过政府的创新实践，实现了政务公开的规范化、法治化。网上办事大厅专设"数据统计"和"权力清单"专栏，并引入社会力量和第三方机构进行实时评估与监测，向社会公布具体的信息数量情况（图3）。

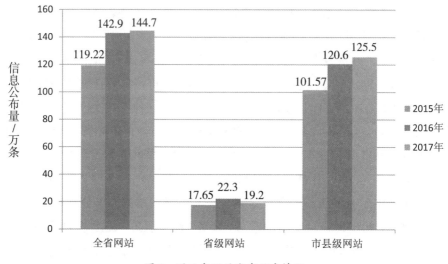

图 3　近三年网站发布信息情况

《贵州省 2017 年度政府信息公开报告》数据表明：政府网站公开政府信息数达到 1 446 672 条，集中公开政府信息。其中，省政府及部门发布 19.2 万条，市县级政府及部门发布 125.5 万条。依托网上反馈和政务热线，政府信息公开不仅保障了公众的监督权和知情权，还进一步提高了公共管理服务的处理能力和反馈能力。

四、实现政府流程再造，推进地方政府治理能力体系和治理能力现代化

结合当前地方政府网上政务普遍存在的服务精准度低、信息共享和业务协同弱、相关法规制度不完善等问题，根据贵州模式的经验提炼，我们不难看

出，以服务质量和效率为中心，通过政府流程有效重塑再造，构建大数据时代地方政府政务服务能力建设的长效发展机制，才能更好地促进线上和线下办事服务高效整合。

（一）行政理念再造

行政理念贯穿于政府全过程，影响职能结构、行为决策，确立政府价值取向的基本理念与原则。政府流程再造的过程是围绕公众构建的以公众需求为导向，政府部门原有的行政组织结构及服务流程为重组。而大数据作为影响社会经济发展的新兴技术，要求政府必须树立"大数据"思维。

1. 以公众服务为理念

政府业务流程的对象既是普遍的又是特殊的，登哈特评价他们不是公共产品和服务的被动接受者，而是公共权力的"所有者或主人"，政府的角色是"服务，而不是掌舵"。

要将过去以政府为中心的流程组织方式，转变为以公众为中心的流程组织方式。贵州省网上办事大厅采取"供给导向"的服务模式，尽管如今网站的内容在添加与更新，但是对于广大公众的真实需求还存在一定的差距，因此，需要更进一步对公众需求为导向的流程再造环境作深度分析。

2. 以数据思维为理念

大数据思维反映了一种思维态度和思维方式。它包括数据开放、数据共享、数据决策三个层面。一是数据开放理念。现在政府形态正在步入侧重于"每个人为中心"的 3.0 时代，政府的目标不再是围绕职能与权力继承信息，而是向社会开放更多信息和公众直接互动。因此，必须树立"以人为本"的理念，主动公开信息，保障公众主动参与。二是数据共享理念。过去是传统的科层制体系下的分割状态，出现了数据信息孤岛等问题，虽然在一定程度上得到了缓解，但是仍然不能从根本上消除这个问题。因此，必须树立数据共享的理念，实现网上政务服务"一体化"的多元协同。三是数据决策理念。在线服务大厅的开发通常采用传统的经验决策，大数据时代下强调大量、高速、多样、价值的特征，通过对大数据的核心价值进行科学决策，积极识别公共服务需求，及时关注社会热点问题，由此为公众提供更好的服务。

（二）组织系统再造

组织系统结构作为政府业务流程运作的载体，必然影响流程再造的实现效果。互联网和云计算的不断更新，实质上促进了政府结构和组织方式的变化。大数据分析技术重塑了传统界限的新整合，网上办事大厅作为"虚拟组织"的平台需要突破传统化，走向扁平化、柔性化的发展。一是从纵向结构层面来看，贵州省创新出覆盖五级统一建设的网上办事大厅门户，梳理归类每级的现有服务事项整合设计成"一站式"办事服务平台，但是对于信息资源的整合性要着重注意按照信息资源的有机整合才能增强行政效率，减少相应的行政成本。二是从横向结构层面来看，在行政组织中，政府所担负的职责和功能按照一定的行政组织目标和业务范围横向分工。网上办事大厅虽然是虚拟组织，但是仍然是由不同部门、不同人员来使用和操作的。这就强调围绕"公众"展开的政府与公众、政府与企业、线上与线下之间的互相配合和分工协作，实现政府职能的流程化和规范化。

（三）业务流程再造

传统的行政业务流程严格按照官僚制的专业化和规则化原则运转，部门之间主要是按照职能领域和职能关系编织成为一条严密的、先后顺序的管理链条。流程再造不仅仅是机构精简或单纯的技术变革，而是把行政业务流程系统化相互联动。大数据技术的到来，为这些虚拟组织重新配置了元素，重塑了公共部门的内部、跨政府部门和对外服务业务流程，如此才能真正做到落实政府政务服务能力建设的核心。

1. 公共部门的内部业务流程再造

其主要是通过政府部门内部协作，减少职能管理机构的重叠部分，做到机构不再重叠、业务不再重复。目前，贵州省网上办事大厅具备一定的电子化流程，如电子材料上传、电子签批、申请表单制作等数据资料，虽然拥有了结构化数据和少量的非结构化数据，但是对于数据的集成还需要不断地推进数据层在政府部门的数据共享库的建立。此外，行政审批网络办公系统是网上办事大厅的重点建设项目。首先，简化审批程序，提高审批效率。经过大量梳理和调整，按照科学规范的行政审批流程将由多个窗口受理环节的审批程序转化为网上申请、后台审批的环节。例如，物价局将托儿费、教育费等 17 项审批项目从承诺调整为即办事项，只要通过网上办事大厅电子申报材料齐全的即来即办，及时办结。其次，基于贵州云平台实现数据共享的并联审批和决策通过（图4）。

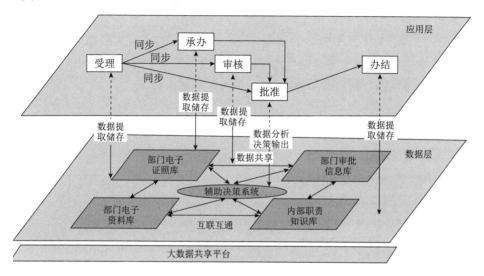

图4　基于大数据共享平台的公共部门内部业务流程再造

2.跨政府部门的业务流程再造

以公共服务完整性为维度，通过跨多个职能边界部门的流程再造，使不同业务和政府部门有效整合成为一个完整的业务处理流程，突破了单一化部门的传统，实现了跨部门的网络化协同办公。以开办零售超市为例，该类型的企业的联合审批需要通过跨部门、多事项的业务流程再造和重组。公众开办餐饮企业的服务要求在网上办事大厅作为数据请求，政府部门网上审批应答使数据响应。如果公众的在线申请请求涉及多个政府部门，系统将自动将请求的信息流分发给相关部门，其涉及的部门根据职能权限同时应答。这实现了跨部门的业务协同和政务信息资源的共享，从而为公众提供"一体化"服务。

3.政府对外服务业务流程再造

政府对外服务业务流程再造存在的困境就是实现公共部门与公众两者沟通与服务最优化。一是准确识别公众对服务的需求，从被动向主动转变。这需要利用大数据技术来主动识别公众需求和推荐服务。二是关注服务热点，从供给走向需求。网上办事大厅是沟通政府与公众之间的桥梁，是政府利用互联网思维通过虚拟网提供公共服务的"前台"。采用大数据技术分析网上办事大厅的综合访问质量，通过导航类页面上的点击所对应的内容追踪公众的服务需求。三是整合服务联动，从分散走向整合。以互联网和移动新媒体为落脚点，公众可以利用电脑、平板和手机终端等方式实现网上办事。但是，实体与虚拟的服务组织存在管理和整合的问题，针对这一问题，集合大数据时代政府的主动服务，就迫切要求推荐网上办事大厅和政务服务中心的整合，以实现"线上"和"线下"办理相结合的O2O的电子政务服务新模式。

（四）监控体系再造

全程在线的网上审批模式要求政府部门对电子档案的真实性和合法性进行认可，不过目前政府部门对这方面尚无明确有效的法理依据。因此，科学设计对网上政务服务能力的绩效评估标准化和技术保障标准化是至关重要的流程再造。

1. 加强地方政府流程再造绩效评估

泰勒是绩效考核流程研究的推动者。地方政府流程再造绩效评估指标是政府绩效评估内容的具体体现，以价值原则为落脚点，定量分析政务网上服务各流程的特点、工作量和环节的关联性，如办事大厅应以在线服务、互动交流为考核内容，以网上审批、电子监管、公众反馈为载体，强调用户评价和满意度。以评估促管理，充分调动工作人员的积极性，也可以提高网上办事服务水平。只有经过科学充分的量化研究才能实现流程再造的基础性工作，真正提升政府服务水平。

2. 完善电子政务服务法律保障机制

电子政务的发展涉及面广，目前许多发达国家将电子政务作为国家战略的一部分，同时出台了一系列配套监管措施，这些都利于电子政务的顺利发展。相比之下，中国的电子政务发展则缺乏宏观计划，再加上在发展过程中存在较大的技术风险，所以必须完善法律法规来确保网上办事大厅的顺利运营。同时，从事电子政务的工作者应该具备更高的工作能力。

3. 健全网上服务技术支撑保障体系

网上办事大厅的建设离不开有力的技术支撑和保障。政府需要从宏观规划的视角统筹协调不同部门的碎片化状态，规范和统一政务服务平台建设的技术标准，为信息共享和业务协同奠定基础。网上办事大厅在互动交流栏目中有网上评价和网上投诉，但更多的是"有名无实"，所以政府要健全网上政务服务评价体系，及时从评价和投诉中获得反馈，不断优化提升服务质量和效率。由于电子印章、电子文件等多方面的信息资源缺乏制度保障，可以借鉴其他省级网上办事大厅的运行经验，探索国家级政务服务线上平台的建设。

4．构建在线政务服务的精准化体系

随着互联网和信息化技术的发展与普及，我国政府的电子政务发展已经从"最初"进入"增效"的中级发展阶段。例如，贵州省网上办事大厅都通过网站和移动 App 为广大民众提供相关事项的在线办理服务，优化了民众的公共服务体验。不过，其不足之处是仅仅将互联网作为政务服务事项公开的一个工具，而没有真正构建出全流程、一体化的政务服务事项的在线办理模式。同时，虽然五级统一现有服务事项整合，但是仍然存在部分政务服务事项的在线办理流程不规范、不统一的现象。因此，应规范在线政务服务标准体系，提高政府治理和服务效能，为民众创建全流程、一体化的政务服务事项在线办理平台。

参考文献

[1]　段龙飞．流程再造与我国行政服务中心建设研究——以北京市怀柔区行政服务中心为例［J］．公共管理评论，2006（2）：63-74．

[2]　姜晓萍，汪梦．国外政府流程再造的核心问题与启示［J］．社会科学研究，2009（6）：41-45．

[3]　姜晓萍．政府流程再造的基础理论与现实意义［J］．中国行政管理，2006（5）：37-41．

[4]　刘金荣．地方政府流程再造研究——以淮安市为例［J］．黑龙江史志，2009（8）：8-9．

[5]　叶勇．政府流程再造的理论概观［J］．理论观察，2009（5）：37-39．

[6]　何洋．政务流程再造浅析［J］．电子政务，2007（8）：45-52．

[7]　魏琴，龙剑．贵州：谋划"大智能"创新体系［J］．中国建设信息化，2018（3）．

[8]　中国电子政务网．省级政府网上政务服务能力调查评估报告（2018）［EB/OL］．http：//www.egovernment.gov.cn/．

[9]　董新宇，苏竣．电子政务与政府流程再造——兼谈新公共管理［J］．公共管理学报，

2004, 1（4）：46-52.

[10] 宁鑫."互联网＋政务服务"推动政府职能转变的价值与挑战[J].石家庄铁道大学学报（社会科学版），2017（2）.

[11] 蔡立辉.基于电子政务应用的行政流程再造：问题与对策[J].天津行政学院学报，2007（3）.

[12] 肖芳.衡阳市政府网站一站式服务流程再造研究[D].长沙：中南大学，2013.

[13] 姜晓萍.我国政府流程再造的公共需求与可行性分析[J].理论与改革，2009（4）：5-9.

[14] 贵州人民政府.2017年政府信息公开工作年度报告[EB/OL].[2018-03-29]. http://www.gzgov.gov.cn.

[15] 耿新芳.科学发展观视野下的服务型政府建设[D].苏州：苏州大学，2007.

网上行政审批服务创新研究

浙江大学公共管理学院　胡税根　孙学智[①]

摘　要　随着信息技术迅猛发展，人类社会已经进入大数据时代，数字经济发展进入快车道。信息技术的发展大大提高了社会的整体效率。我国行政体制改革不断深化，行政审批制度改革不断深入，人民群众对于公共服务的需求日益增长，线上线下融合是政务服务创新发展的方向。本文介绍浙江政务服务网的实践探索，分析网上行政审批服务面临的问题与挑战，并提出打造线上线下融合政务体系、大力推进政府部门间数据共享、增加全流程网上行政审批事项、完善"互联网＋政务服务"制度和完善网上行政审批服务绩效评估制度的发展思路。

关键词　网上行政审批；权力规制；电子政务；大数据；公共服务

一、问题的提出

随着经济全球化与大数据时代的到来，在世界范围内掀起了行政改革与技术革命的浪潮。政府从"划船者"的角色逐渐转变为"掌舵者"，公共管理水平不断提升，公共服务质量不断提高，公众可以得到更加优质、便捷和高效的公共服务。我国行政体制改革不断深化，行政审批制度改革不断深入，人民群众

[①] 胡税根，浙江大学公共服务与绩效评估研究中心主任，教授，博士生导师。

　孙学智，浙江大学公共管理学院硕士研究生。

对于公共服务的需求日益增长。线下平台实体政务大厅办理量大，但会受到时间与空间限制，一般节假日不提供服务且实体政务大厅空间有限；网上行政审批办事方便，但全流程网上办理事项目前较少。因此，线上线下融合是政务服务创新发展的方向。

党的十一届三中全会开启了我国改革开放的伟大征程，我国由高度集中的计划经济逐步走向充满生机与活力的市场经济，政府逐步减少不必要的干预。自1983年起，截至2008年，我国已经先后进行了六次行政管理体制改革。转变政府职能是行政管理体制改革的核心，只有把政府职能转变到适应市场经济发展的轨道上来，中国的行政管理体制才能和国际接轨，才能促进中国经济社会发展。党的十七届二中全会通过的《关于深化行政管理体制改革的意见》明确提出了行政管理体制改革的总目标，以政府职能转变为核心，加强社会管理，提供优质的公共服务，深化行政审批制度改革。党的十八大报告提出，要深化行政体制改革，深化行政审批制度改革，继续简政放权，推动政府职能向创造良好发展环境、提供优质公共服务、维护社会公平正义转变。

党的十八届三中全会通过了《中共中央关于全面深化改革若干重大问题的决定》（以下简称《决定》）。《决定》指出，全面深化改革的总目标是完善和发展中国特色社会主义制度，推进国家治理体系和治理能力的现代化。遵循这一目标，新时期行政体制改革的目标在于推进政府治理体系和治理能力的现代化。党的十九大报告提出要深化机构和行政体制改革，转变政府职能，深化简政放权，创新监管方式，增强政府公信力和执行力，建设人民满意的服务型政府。新时代行政体制改革的主要任务是推进简政放权、放管结合、优化服务等改革，改革进入深水区和攻坚期。新时代对行政审批改革也提出了新要求，行政审批改革进入新阶段。

随着信息技术迅猛发展，人类社会已经进入大数据时代，数字经济发展进入快车道。信息技术的发展大大提高了社会的整体效率。智慧政府可以为国家治理体系和治理能力的现代化提供一种现实路径。智慧政府首先要求智慧公共决策，智慧公共决策的本质是以大数据驱动为核心、以新一代信息技术为支撑、以公共利益最大化为目标，具有全面感知、客观透明、实时连续、自主预置和多元共治等特征。智慧政府的落脚点是智慧政务服务。2015年8月，国务院印发《促进大数据发展行动纲要》（以下简称《纲要》）。《纲要》提出，要加快政府数据开放共享，推动资源整合，提升治理能力，大力推动政府部门数据共享，稳步推动公共数据资源开放。国家推动政府信息平台和信息系统整合和升级，逐步形成统一的网上政务服务平台，有效提升公共服务质量，实现"一站式"办理。通过大数据推动各政府部门业务协同、流程再造、决策支撑，有效提升政府治理能力。2016 年 9 月，国务院发布《关于加快推进"互联网＋政务服务"工作的指导意见》（以下简称《意见》）。《意见》指出，要开展政务服务大数据分析，把握和预判公众办事需求，提供智能化、个性化服务，变被动服务为主动服务。李克强总理在 2018 年《政府工作报告》中提出，要深入推进"互联网＋政务服务"，使更多事项在网上办理，必须到现场办的也要力争做到"只进一扇门""最多跑一次"。发展"互联网＋政务服务"就是要让数据多跑路，群众少跑腿，让线下"最多跑一次"升级为"不见面审批"。线上与线下办理行政审批事项相融合，既要"最多跑一次"，又能"不见面审批"。

二、文献综述

国外学者对于行政审批的研究大多使用"规制"（Regulation）一词。国外学者对政府规制的研究历史悠久，成果颇丰。G. J. Stigler（1971）认为规制作为一种规则，是对国家强制权的应用。James F. Gatti（1981）认为过多的政府规制会造成经济低效。John T. Scholz（1984）认为规制的目标不是制定最优的规则，而是提高专家系统处理强制性规制问题的可靠性和响应能力，政府规制需要反映社会和公众的期望值。Spulber（1989）认为政府规制是国家强制权力的运用，是一种法规。Lester Salamon（2002）认为规制有两种形式即经济规制和社会规制，经济规制控制公司的进出、价格和产出，社会规制处理的是经济行为对公民健康、福利或社会保障的影响，并认为经济规制强制性较高、自动性较低、直接性和可见性中等。

相较于西方规制理论，我国规制依存的制度环境、规制体制、规制改革等方面都具有很大差异。我国学者认为政府规制是政府部门依据有关法规直接对微观经济主体及其活动进行规范、约束和限制的行为，具有以下基本特征：第一，政府规制的主体是政府行政机构；第二，政府规制的对象是微观经济主体；第三，政府规制的手段是国家法律和法规；第四，政府规制的目标是直接控制各类微观经济主体的活动；第五，政府规制是规制者和规制对象的一种互动活动。朱光磊等（2005）提出了"规制—服务型"政府的概念，认为"规制—服务型"政府是一种以加强服务为政府工作的中心和政府改革、发展的基本目标，强调以完善和加强规制为主要措施的政府管理，同时也不排斥必要的政府统治行为的行政创新的目标范式。王健等（2009）提出具有中国特色的政府规制理论至少包括经济规制理论、社会规制理论和行政规制理论。江必新（2012）认为行政规制是特定的行政主体所采取的，直接影响市场主体及其市场行为的，设立规则、制定政策、实施干预措施等行政活动的总称。刘云亮（2015）认为权力清单是规制政府有形之手的有效措施，推行权力清单制度与规制政府有形之手两者之间具有特殊的关联性。胡税根等（2017）认为通过探讨确权规制、用权规制、评权规制和督权规制等政府权力规制的治理框架，设计规范权力运行的正式和非正式制度安排，可以构建公权力的有效制约和控制机制、推动权力规制作为一种治理方式实现政府权力在法治框架内的规范运行，从而创建政府权力规制的新治理模式。

我国学者对于行政审批、行政审批制度改革均有不少研究。张康之（2003）提出，行政审批是现代政府干预市场经济和管理社会的普遍形式，是属于政府干预市场经济的一项制度，并提出行政审批制度改革具有三个阶段：一是依法对审批项目进行清理；二是从公共利益出发来对行政审批项目进行审查；三是从构建服务型政府的目标出发，对行政审批项目进行清理，对管制取向的行政审批项目加以废止，对管理取向的项目进行修改。徐增辉（2008）认为深化我国行政审批制度改革需要更新行政观念、深化政府职能转变、整合精简政府机构和放弃运动式指标式改革。王佳宁等（2013）对北京、天津、上海和重庆四个直辖市行政审批制度改革的历程进行了比较研究，认为行政审批制度改革应以建设服务性政府为导引，与政府职能转变相结合。

我国目前关于网上行政审批的文献数量较少，大多数关注"互联网＋政务服务"这一主题。汪玉凯（2015）认为现代化政府包括两种结构：一是基于信息网络技术支撑的政府体系，这个政府体系应该具有整体政府、开放政府、协同政府、智慧政府四个特征；二是通过网络流程再造，在网上进行跨部门协同，提供智能化的管理和服务，进而实现现代化政府的目标，即法治政府、创新政府、廉洁政府和服务型政府。祝蕊（2015）认为网上行政审批系统是指一个政府行政审批部门进行审批业务受理、承办、审核、批准、结办的操作平台，也是一个企业和个人进行行政资格的申报、办理平台。陈涛等（2016）认为"互联网＋政务服务"不是实体政务服务中心的简单上网，而是要以互联网的思维对政府服务进行全新的业务整合与流程创新，构造一体化、全过程、无缝隙的政务服务体系，并提出了推进政务服务的数据统筹与信息共享、以大数据创新政务服务模式、以平台化思维构建惠民利民便民的开放服务体系等发展思路。张锐昕等（2017）阐述了电子行政审批的概念以及网上审批运行的保证措施。

三、我国政务服务网的实践探索

我国政务服务网虽然建设起步晚，但推动力度大。浙江、江苏、广东等地在推动行政审批制度改革进程中，不断完善政务服务网，探索"互联网＋政务服务"的新模式，在全国范围内起到了模范带头作用。山东、安徽等地也纷纷开通省级政务服务网，为群众提供"互联网＋政务服务"。

浙江政务服务网（www.zjzwfw.gov.cn），是以政务为主体、服务为主线，全省统一架构、五级联动的新型电子政务平台。其中，省、市、县（市、区）政府部门设服务窗口，乡镇（街道）、村（社区）设服务站点，为社会公众提供综合性、一站式的在线服务，于2014年6月正式上线。网站首页包括2个主体功能板块——个人办事、法人办事以及4个专项功能板块——行政审批、便民服务、阳光政务、数据开放，外加公共资源交易平台板块。在行政审批板块中，浙江政务服务网按照部门梳理了办事事项，对权力事项基本信息、详细流程都有统一编码，统一管理。每一项行政审批事项都编制有办事指南，具体包括权力编码、办件类型、适用范围、权力事项类型、权力来源、受理机构、决定机构、责任处室、事项审查类型、申请方式、联系电话等。此外，还设有投资项目在线审批监管平台。

江苏政务服务网（www.jszwfw.gov.cn）是集行政审批、公共资源交易、便民服务、12345政务服务热线等多种政务服务于一体，省市县统一架构、多级联动的网上政务服务平台，同各级已建的政务服务中心、公共资源交易中心和便民服务中心对接，构建线上线下一体化服务平台，集中办理所有政务服务事项，集中开展公共资源交易，集中提供12345热线服务，实现"进一个门、办所有事"，于2017年6月正式开通上线。网站首页包括2个主体功能板块——个人服务、法人服务以及3个集成板块——服务一站通、便民服务、综合服务旗舰店，首页设置审批服务和便民服务两大板块。江苏政务服务网全国首创不见面清单，并将不见面清单和政府部门权责清单等信息在首页公示，此外还提供办事服务进度在线查询服务。

（一）清单上网，推进网上行政审批制度改革

自2014年起，浙江省推行"四张清单一张网"。四张清单分别是权力清单、责任清单、企业投资项目负面清单、财政专项资金管理清单。权力清单明确政府部门的权力和边界，做到"法无授权不可为"；责任清单明确政府部门的法定职责，做到"法定职责必须为"；企业投资项目负面清单拓展了投资范围，突出企业的市场主体地位；财政专项资金管理清单规范专项资金分配权，更好地引导产业转型升级。通过"四张清单一张网"，构建起规范透明的行政权力网上运行机制，把权力关进制度的笼子里，有效规范政府行为。建立了全省统一的行政权力事项库与行政权力运行系统。此外，还建设了全省统一的电子监察系统，对行政审批办件公示、受理、承办、审核、批准、办结等进行全过程监督，设置预警提醒、督办纠错、绩效考核等环节予以把控。2017年5月1日，《浙江省公共数据和电子政务管理办法》正式施行，通过地方立法，对于网上行政审批服务提供法律保障。除浙江外，山东、江苏、辽宁等地也在首页公示权力清单。山东政务服务网可以通过公共服务、行政许可、行政权力、政府责任、中介服务查看省级清单，包括行政许可清单、行政权力清单、部门责任清单等。江苏政务服务网也在首页设置清单，群众可以查看行政权力事项清单、中央垂管部门行政权力事项清单、审核转报事项清单等。

（二）优化审批流程，提升用户满意度

一是政府依托政务服务网，转变工作方式，提升政府公共服务水平，提高政府工作效能。通过梳理权力运行业务流程图并上网公示，让群众对审批流程一目了然。推进跨部门网上并联审批、偷袭项目联合审批、企业注册证照联办，通过政务服务网实现网上"一窗受理、集成服务"。目前，全国大部分省级政务网均可以查看业务流程图。二是深入推进政务公开，推行"阳光政务"。

浙江政务服务网专设"阳光政务"板块,用户可以查看四张清单,并可以在"政务公报"专栏查看法规政策、新闻发布和省长之窗这三个子栏目。用户还可以查看重点事项公开,包括公务员考录、人事任免、财政预决算、招投标信息、城乡居民财政补助、扶贫专项基金、审批办件公告、行政处罚结果信息、浙江制造品牌建设和行政案例选编等栏目。江西政务服务网、安徽政务服务网首页均设置"阳光政务"板块。三是顺应移动互联网的发展趋势,积极开发并不断更新手机客户端。2014年浙江政务服务网上线后两个月,浙江政务服务网移动客户端(App)1.0版本也正式上线,2015年4月推出2.0版本,2016年6月推出3.0版本。用户通过手机客户端可以查询社保、公积金等信息,方便快捷、操作简单。江苏政务服务网也推出了移动客户端,此外,全国多地政务服务网还打造微信公众号等线上平台。四是构建网上统一支付平台。用户交款可以通过缴款单号、缴款书号、身份信息、执收单位四种方式缴款,还提供交通违法缴款、教育收费、水电气等专项缴款服务。五是打造智能"政小二",提供客服服务。浙江政务服务网各级页面都可以找到"AI客服"或"我要咨询"按钮,进入客服页面咨询,提供"热门问题"选项,用户可以通过"热门问题"查看网站操作常见问题或办事业务常见问题。山东政务服务网打造"智能机器人",安徽政务服务网"智能客服"在线提供咨询服务。通过系列措施,提升政务服务网用户满意度,让用户在网上得到需要的信息。

(三)促进政府部门数据共享,推动公共数据资源开放

2015年8月,国务院印发《促进大数据发展行动纲要》,加快政府数据开放共享,推动资源整合,提升治理能力,大力推动政府部门数据共享,稳步推动公共数据资源开放。2016年2月,浙江省政府印发《浙江省促进大数据发展实施计划》,提出了构建以大数据为支撑的"四张清单一张网"智慧政府体系,建立政府数据共享交换体系和共享机制,打造覆盖省、市、县三级的公共数据统一开放平台的发展目标。政府部门数据共享是推动政府治理数字化转型,打造智慧政府不可或缺的步骤。公共数据资源对公众开放是提升人民获得感、提升政府治理能力的重要环节。浙江政务服务网就是浙江省实现政府部门数据共享、公共数据资源开放的核心平台与有力工具。2017年3月,浙江省下发第一批《浙江省省级公共数据共享清单》,向全省各级政府机关、行政服务中心开

放29个省级部门2600余个公共数据项的共享权限。同年5月，公布第二批《浙江省省级公共数据共享清单》，编录28家省级单位1146个数据项。依托省级政务服务网，地方政府积极创新，政府数据开放共享能力显著提升。江苏省政府在2016年8月印发了《江苏省大数据发展行动计划》，强调要深化政府数据共享交换，推动数据资源共享开放。2017年9月，江苏省政府印发《江苏省政务信息系统整合共享工作实施方案》，提出要协同对接、促进交换，推动政务信息资源共享。

（四）不断更新完善政务服务网的功能，提升服务质量

2015年6月，浙江政务服务网移动应用汇聚平台在全国率先向所有设区市微信、支付宝一站式输出"城市服务"资源。2015年9月，"数据开放"平台上线，是浙江政务服务网继"行政审批""便民服务""阳光政务"之后的第四个专项功能板块。2016年3月，浙江政务服务网实现全省乡镇（街道）服务站全覆盖。同年6月，浙江政务服务网改版上线。政务服务网的建设不是一朝一夕就能完成的，各类服务功能也不是短时间内全部实现的，这需要网站的建设者统筹全局，紧跟时代的步伐，不断对政务服务网的各种页面、模块、功能进行更新迭代，一成不变的网站很快就会落后于整个时代。新时代对政务服务网的建设提出了更高的要求，各地政务服务网在建设过程中，均不断进行功能更新、内容更新、覆盖面扩大。

四、网上行政审批服务面临的问题与挑战

（一）线上政务服务中心与线下实体政务服务大厅各自独立发展，有待整合

早在1995年，深圳市为外商投资项目服务，组建了集合18个政府部门的专业性联合审批服务中心，一般认为这是线下实体政务服务大厅的雏形。经过20多年的发展，我国政务服务大厅呈现出多样化的发展趋势。从最开始的一个"收发室"的角色，变得越来越规范化、标准化。实体政务服务大厅从诞生起，就面临着权力清单制度、互联网平台快速发展、公共资源交易平台整合、公共服务提供模式与需求等一系列的挑战。有些地区还积极探索相对集中行政

许可权改革，设立行政审批局，探索融合模式。"互联网＋政务服务"是近几年才兴起的新型服务模式。可以说线上政务服务中心和线下实体政务服务大厅发展理念和体制机制截然不同，造成了两者发展程度不一致的局面，线下实体政务服务大厅模式较为固化，线上政务服务中心是伴随着大数据时代技术革命产生的新兴事物，发展速度快，更新迭代快。目前，有些地方出现了线上线下政务服务割裂式发展的情况，多网共存，不能在统一的渠道办事，线上线下政务服务渠道有待整合。

（二）信息共享与业务协同各地发展程度不一

各地政务服务网均是立足于自身需求、统筹本地资源建设的，政府数据是分割的，数据孤岛的现象依然存在。浙江省政府 2017 年 5 月正式施行的《浙江省公共数据和电子政务管理办法》是全国范围内首个专门规范公共数据的省级政府规章，其中明确规定各级政府部门打破数据壁垒、实行数据共享的义务，并规定在政务服务过程中可以通过公共数据平台提取的证明材料不得再要求服务对象提供，逐步推进省、市、县三级政务信息共享。中西部地区总体上距东部地区有一些差距，数据重复采集等情况多有出现，业务协同程度较低。部分地区网上行政审批系统之间数据不能共享复用，群众办事需要在多个平台和系统之间重复注册登录，互联网政务服务平台没有与本级政府门户网站前端整合，未形成统一服务入口，网上办事烦琐复杂。省、市、县三级信息共享只是国家大数据战略政府数据资源共享开放工程其中一个组成部分，实现省级数据与中央部委数据的对接与共享，跨地区（跨省）、跨部门、跨层级、跨业务的信息共享还需要更多努力。

（三）网上政务服务供给能力和水平有待提升

网上政务服务供给能力和水平还有待提升。一是网上行政审批功能不全面，服务范围不够广。一些地区网上行政审批系统未做好顶层设计就匆匆上马，只有很少的行政审批事项可以网上办理，网上政务服务中心变成了政府新闻网站或是只具有业务指南表格下载的功能，而不能真正在线办理业务。二是网上行政审批使用率较低。公众对于网上行政审批接受程度不高，用户多为年轻人，大多数公众对于网上行政审批还需要一定的适应期。如果网上行政审批服务比线下实体政务服务大厅方便快捷，将会产生积极的影响，会不断积累新活跃用户；如果网上行政审批流于形式，功能不够全面，实用性不强，用户就会不断流失。三是网上行政审批事项缺乏统一标准。不同层级事项名称不统一、办理流程不一致，不能"一网通办"。四是办事入口不统一。统一办事入口是方便群众找到和使用互联网政务服务平台的首要条件。但一些地方的互联网政务服务平台与政府门户网站"两张皮"，甚至出现同一事项内容不同、标准各异的现象，导致办事平台不好找、企业群众不愿用。国务院全国互联网政务服务平台检查指标中服务事项一级指标下设五个二级指标，包括要素全面性、内容准确性、流程清晰度、材料明确性和附件实用性。

（四）相关制度尚不完善

依法行政是依法治国基本方略的重要内容，也是网上行政审批服务的重要保障。目前，浙江、广东、福建等地出台了地方规章制度，但国家层面还未出台相关法律法规。建设人民满意的服务型政府，深入推进"放管服"改革，推进"互联网＋政务服务"，从"最多跑一次"升级到"不见面审批"还需有法律制度的保障。当前，网上行政审批立法层级较低，多为地方法规，缺乏高位阶的立法。2004年7月施行的《中华人民共和国行政许可法》第29条和第33条对网上行政审批进行了原则性的规定，2005年4月施行的《中华人民共和国电子签名法》确立了电子签名与传统手写签名和盖章具有同等的法律效力。此外，法律制度保障地区差异较大。华东地区电子政务、互联网技术发展较快，经济社会发展水平较高，地方法规数量较中西部多一些。

五、网上行政审批服务的发展思路

（一）打造线上线下融合政务服务体系

2016年9月，国务院《关于加快推进"互联网＋政务服务"工作的指导意见》指出，要推进实体政务服务大厅与网上服务平台融合发展，适应"互联网＋政务服务"发展需要，进一步提升实体政务服务大厅的服务能力，加快与网上服务平台融合，形成线上线下功能互补、相辅相成的政务服务新模式。要厘清实体政务服务大厅和网上服务平台的关系，明确各自发展模式，二者功能互补，相辅相成。不能认为实体政务服务大厅是主流，忽视网上服务平台的建设，也不能认为网上服务平台是未来发展的趋势，甚至可以取代实体政务服务大厅承担所有行政审批的职能。实体政务服务大厅关注服务质量，面对面咨询辅导解决问题，注重办事环境、软硬件设施以及群众办事效率。网上服务平台则注重平台建设，提供全面的功能，优化线上审批流程。目前，大多数地区还是以实体政务服务大厅为主，网上服务平台建设不够完善，群众对于网上行政审批知晓度不够，不清楚网上行政审批的流程。一方面优化线下政务服务大厅的服务，另一方面加强网上行政审批平台的建设与推广。要逐步推动线上线下相融合，打造线上线下融合政务服务体系。

（二）大力推进部门间政务数据共享，破解信息孤岛

2016 年 9 月国务院印发《政务信息资源共享管理暂行办法》（以下简称《办法》），《办法》提出四项政务信息资源共享的原则，即以"共享为原则，不共享为例外""需求导向，无偿使用""统一标准，统筹建设""建立机制，保障安全"。2017 年 5 月，国务院办公厅印发了《政务信息系统整合共享实施方案》，提出要加快部门内部信息系统整合共享，推进接入统一数据共享交换平台，推进全国政务信息共享网站建设，加快构建政务信息共享标准体系，规范网上政务服务平台体系建设等"十件大事"。一方面，对政府部门来说，要稳步推进政务信息化建设，加强政府部门间政务数据共享，以跨地区、跨层级、跨部门、跨业务为目标，破解信息孤岛，最终实现政府数据共享。另一方面，公共数据资源要对社会公众开放。抓住"共享"与"开放"这两个关键点，才能建设数据强国，释放技术红利、制度红利和创新红利，从而发挥数据红利。因此，要大力推进部门间政务数据共享，推动基础设施集约化发展。

（三）增加全流程网上行政审批事项，提升网上行政审批服务覆盖率

线上平台能够办结的事项较少，集中在材料审核、信息登记、结果查询等功能，全流程网上行政审批事项还较少。因此，要努力提升网上行政审批服务覆盖率，积极探索，增加全流程网上行政审批事项，让和人民群众自身密切相关的事项能够在网上受理、网上办结。优化网上行政审批流程，让网上行政审

批更人性化、更便捷、更高效，努力提升网上公共服务质量。从统一入口、栏目设置、站内搜索、合理分类、在线注册、咨询互动等六大方面提升网上服务平台功能。一方面，通过政务信息化建设，公众参与度将大大提高，从而提高公众对政府提供公共服务的满意度，公共服务信息化有利于提高政府公信力。另一方面，对于企业来说，企业办事方便快捷，也会吸引更多的优秀企业来投资，从而优化当地营商环境，进而带动当地经济发展。

（四）完善"互联网＋政务服务"制度，加强制度化建设

一是要为网上行政审批提供法律支持。国家应尽快出台网上行政审批服务法律体系，对网上行政审批服务的范围和流程进行详细表述，对电子文件、扫描件材料、电子证照等的法律效力进行立法认证，对网上行政审批应该遵循的原则进行明确规定。各级地方政府也要出台网上行政审批服务相关法律的实施细则和规范性文件。二是建立健全制度标准规范，制定完善相关管理制度和服务规范。明确电子证照、电子公文、电子签章等的法律效力，编制电子证照、统一身份认证、政务云、大数据应用等标准规范，统筹推进统一、规范、多级联动的"互联网＋政务服务"技术和服务体系建设。

（五）健全监督体系，完善绩效评估制度

要健全监督体系，优化网上行政审批服务环境。一是建立网上行政审批绩效评估常态化机制，建立网上行政审批服务绩效考核制度，纳入政府绩效考核体系，发挥第三方评估的作用，不断提升网上行政审批服务质量。二是要完善网上政务服务管理机制，对主管部门要充分授予相关权限，对网上行政审批服务要有全局的把控。三是运用好绩效评估的结果，对于与网上行政审批相关的公务员个人而言，绩效评估结果与公务员薪酬、晋升挂钩，将会对公务员个体产生激励作用。对于各政府部门而言，可以通过绩效评估结果分析产生差距的原因，总结经验，制定新一轮的发展计划。对于社会公众而言，通过绩效评估结果，一方面让社会公众了解、监督并参与评价，可以促进政府努力提升"互联网＋政务服务"的能力；另一方面，通过绩效评估结果的公布，也是一个对社会公众宣传网上行政审批的过程，让更多的社会公众成为政务服务网的用户，能够在网上办事。

抗战时期国民政府的县长选养制度及其效绩考察

——以贵州为例

贵州民族大学　莫子刚

摘　要　抗战时期，国民政府日益认识到县长选用的好坏直接关系到地方行政完成程度的重要性。这一时期，贵州省国民政府主要采取了选用青年才俊担任县长，建立严格的县长选用与考核制度，提出县政治理标准以及作风建设要求，注重培养与历练，努力提高县长们的执政能力和水平。这些政策和措施的实施取得了一定的成效，使这一时期涌现出一批杰出县长。

关键词　抗战时期；贵州；县长；县政

抗日战争的伟大胜利，不仅取决于前线的军事战斗，也取决于后方的政治、经济状况。民国以来，我国现代县政刚刚创建。而在西南各地，因受中央政府的政治关注一直较迟较弱，乡镇等最基层的地方的政府组织极不健全，功能虚弱混乱，难以或根本无法贯彻执行中央政令，故而县政府组织显得十分重要，可以说它是中央政令得以下达和广大民意得以上申的枢纽性关键机构。从上往下看，如果县长等人员庸碌无为、照本宣科，不去因地制宜地消化实施，中央政令就如同废纸，中央旨意就难以到达基层，只能停滞于县；从下往上看，如果县长等人员不深入民间做艰苦细致的调研工作，并在了解、熟知各地详情的基础上制颁相关政策、贯行中央政令，也难以使民意申达于中央。整个国家机器的健康运行与否在很大程度上取决于县政府及其县长。抗战时期，县长更是独当一面的地方大员，是抗建工作开展的领头羊和发动机，他们的组织、主持与模范带动作用不可小觑。一县地方政治的良与窳、经济发展的快和慢、社会进步程度的大或小等在较大程度上取决于县长的德、才、能。然而，目前学术界对此较重要问题的关注较少。笔者不揣浅陋，特撰写此文，祈望能够起到抛砖引玉之作用，以引起学界应有的重视。

一、抗战时期贵州重新选用县长的迫切性与重要性

1913 年 1 月，北洋政府颁布《划一现行各省地方行政官厅组织令》，贵州省各府、州、县一律改为县，县设县公署，长官称作知事。南京国民政府成立之后，1929 年颁布县组织法，从此开始了统一之县政。1935 年，国民党中央政府直接控制贵州后，全省共有 81 县，分别隶属于不同的行政督察区。以后又几经调划，到 1937 年"七七事变"爆发后，贵州全省总共设置有 79 县 1 市，1941 年新县制实行时，又调整为 78 县 1 市。

抗战爆发前夕，贵州各县设立县长 1 人，统管全县政务；设秘书 1 人，助理秘书 1 ～ 2 人，协助县长处理县务。就机构而言，最初仿省政府下设四厅的架构，各县政府也下设相应的民政、财政、教育、建设四科以及保警队。抗战爆发后，由于县政府的作用日显重要、事务日益繁多，从 1938 年开始，各县府机构日益扩大，先后增设了军事科（第五科）、地政科（第六科）以及军法室、税捐稽征处、工务局、卫生院、会计室、合作室、民众教育馆等。县政府的员额编制也由原来的几个人逐渐变为 40 ～ 60 人不等。

可见，由于上级政府的重视，贵州各地的县政组织机构得以建立和逐渐走向完善。但要真正搞好县政，使行政局面焕然一新，各项工作开展得有声有色、充满生机活力，更重要的问题还是如何调动以县长为首的广大县政官员们的主观积极性，最大限度地激发他们的工作热情。"机构"是死板不动的，"人"才是最为活跃的生产力。蒋介石认识到：革命要成功，"最重要最根本的一件事，就是'人'的建设，唯有能建设'人'，才能够生产一切物质和经济"。而县长是一县政务工作的组织者、发动者和主持者，因此抗战时期国民政府尤其重视县长的选养问题。

根据《县各级组织纲要》等法令，县政府受省政府之监督和指挥，执行办

理中央与省政府委托的各项事项。因此，县政府实际上是省政府的基层组织，而县以下的区乡机构，不过是县政府的分机构，执行其指挥命令而已。县政府上承中央和省府之命令，下负督率区乡长之重责，"是承上转下、推行国民党一切政策法令的主要环节部门"。县长兼职之多，最少的时候也有十几个，一些重要的官职往往都由县长亲自兼任。

县政府的地位如此重要，县长的职权如此之大，然而，抗战前夕贵州县长们的行政状况又如何呢？由于地方军阀的长期割据混战以及过去县政事务的烦琐、堆积，县长人选的不当，应该说是十分突出的。省政府主席吴鼎昌指出，他们或谨小慎微、胆小怕事、明哲保身；或干脆与黑暗腐败势力沆瀣一气，为非作歹。"贵州的县长中……可以说有两派人在内，一派是与地方上的土豪劣绅联合，通同作弊，狼狈为奸，拿土豪劣绅做他的背景，来做一切坏事……另一种是洁身自好的县长，他们把地方上的绅士都认为是土豪劣绅，绝不和他们往来。"县长的行政不作为或乱作为状况带来的示范效应使整个贵州地方官吏的行政状况极其不佳："一般官员中，惜少自动负责之人，大都甘居被动，告之左则左，呼之右则右，不告不呼，不左不右，求其自动的认识责任所在，凡所应为，不待命而行，视公事如家事者，真寥若晨星。"这种状态如若不及时予以扭正，则国民政府的整个行政系统都将难以畅行，最终只能走向瘫痪。

二、抗战时期贵州省政府选养县长的政策与措施

"地方最重要之官唯县长，最难作之官唯县长，最不容易做好之官亦县长""县长人选得当与否，关系地方政治的良窳至巨"。黔省"施政荆刺丛集"，"绝非一纸命令，几回巡视，数次演讲"所能奏效，要解决之，其首要条件必须是选用好县长等地方官员。出于对县长人选以及整饬吏治、扭转地方官员工作作风重要性的高度认识，整个抗战时期的贵州省国民政府在选用、养成县长方面主要采取了以下政策措施：

（一）选用青年才俊担任县长

整个抗战时期，贵州省国民政府基本上都在执行"行新政，用新人"的方针。在这里，所谓"新人"，指既年轻又有文化及相应行政知识与管理能力的青

年才俊。1936年蒋介石视察各省，发现有很多县长年龄过老、暮气太深、体格懦弱，他们尸位餐素，虽有良法美政，亦往往执行不当，以致最好的法令亦因"督率失宜而精意尽失"。据此，贵州省国民政府规定，以后对于县长人选"应选用体格健全、耳目聪明、通明治理、矢忠职守之人"。在年龄上，提出"宁用青年人偾事，不用老年人误事"的口号。抗战时期贵州全省的县长大都是30岁出头的青年才干，"有三分之一甚至二分之一是不足30岁年龄的"。在素质方面，尽量起用有文化者。当时，在贵州有文化之人十分稀少。据记载，贵州"全省识字者不到10%，大学生仅有4‰……各县不但很少有大学生，许多县份连个高中毕业生都很少"。但当时的贵州县长之中，大学生却占很大部分。例如1939年，在全省81名县长中，大学及专科毕业者有58人；1941年，在全省82名县长中，大学及专科毕业者已有74人，县府秘书、科长中，大学及专科毕业者占三分之一。自1938年到1944年，仅国民党中央政治学校毕业在贵州任县长的就达30人左右。为了搜罗青年才俊充任县长，贵州省国民政府想了不少办法，例如，任人唯贤，唯才是举，不论推荐人身份之高低，甚至县长也可保举县长，并负连带责任；把流落在外省的黔省籍文化人设法笼络回黔担任县长，而"黔人之在外服务归来之有能力者，尤为……注意考察之焦点"；对外省在黔服务的县长人才多方照顾、抚慰等。据统计，1939年、1940年全国12个省份937名县长中，大学及政专毕业者占总数的56.5%，和1932年度相比，约增长了10%，而以贵州省增长最快，达61.1%，此实在是由于贵州省当局大力吸收外省人才"所赐予之佳果"。此外，贵州省国民政府还会根据各地方的实际情况选任县长。例如，在那些少数民族分布较多之处，要求各县长要么自己听得懂当地语言，要么必须任用品行端正而又通晓方言者为县府科长。

（二）建立严格的县长选用与考核制度

因县长是地位特殊的"亲民之官"，抗战时期贵州省政府对于县长的选用和考核尤为重视，它于民政厅内设立一个"县长检定所"，专门负责审定县长人选资质的检定。申请成为县长候选人者必须具备以下条件之一：大学本科、专科毕业；中学毕业曾任县政府科秘工作三年以上；担任过省政府各厅处主任科员三年以上；县行政人员训练所毕业后担任区长两年以上且著有成绩；担任地方公职（如县参议员）两年以上且为群众拥护爱戴；高等行政人员考试及格者。候选资格审定之后，才能参加正式考试，考试时由省政府专门设立县长典试委员会和试务会，由省政府主席亲兼委员长和处长，各厅、局、处、会主管长官兼任委员，并聘若干监试委员襄理考试事宜。考试分笔试和面试。笔试考党义、国文、法规、地方财政、自治行政、本省实业及教育等项目。面试由省府主席及省民政厅厅长、高等法院院长等主持，参加面试者至少要获得五位评委中三位认定的合格考语，才能算是检定合格（当时俗称"过五关"）。笔试和面试的成绩各占总分的 80% 和 20%。各项考试合格后，由省政府委员会讨论通过、典试委员会张榜公示、省政府主席发给检定合格证书，才算是被正式荐用。

县长任期一般为三年。在这三年期间，省政府要严格按照《县长考绩百分比率标准》及《县长年终考绩办法》等条例对他们进行全面考核。县长绩效的考核包括工作、操行、学识三个方面，总成绩为 100 分。其中，"工作"一项占总分的 50%，其他两项各占 25%，60 分为及格。分数评定之后，分别制成县政工作成绩比率表和操行学识考绩表予以上报、备案并公示。在制定各年度的"县政工作成绩比率标准表"时，省政府往往根据各该年度工作任务的具体情况对一些重点县政事项的具体考核分值指标予以明确的硬性划分。例如 1943 年度的该种表格中规定，役政占总工作考绩的 35%，而其中的"征募、编练各占十四分，会计、人事合占七分"。操行学识表中又分为操行部分和学识部分，前者包括操守、仪表及精神、气度与性情、私生活等四项，后者则有行政经验、应付能力、统驭能力、学历、资历、语言文字能力、思想、法律常识及其他学术进修等九项，表中也对各小项在总考绩中所占的比率份额做了详尽规定。考核时，考绩委员会还应该把各县长平时的功过奖惩按照下列标准折算加减分数：平时记功一次者加 10 分，记大功一次者以记功三次计算；平时记过一次者减 10 分，记大过一次者以记过两次论处；平时得嘉奖一次者加 5 分；平时被申诫一次者减 5 分。每年年终，把各位县长在工作、操行、学识等三方面的考核成绩及平时的功过奖惩予以汇总，不及格者予以降职使用；得 60 分以上者不奖不罚，原职留用；得 70 分以上者记功一次，拟晋升一级；得 80 分以上者记大功一次，拟晋升两级。据统计，1943 年度，全省被考核的 38 个县长中，除了 4 人为原职留用以外，其余全部都得到晋升一级或两级的奖励。如徐实圃由镇远县县长提升为第一行政督察专员兼区保安司令；欧先哲由修文县县长提升为兴仁第三行政督察专员兼保安司令。也有一些县长由此受到惩罚，如涉嫌贪污的镇远县县长刘天远、盘县县长吴萍人等人，则受到撤职查办等严厉处分。为了使考绩制度得以贯彻落实，贵州省政府依据国民党中央设计、执行、考核三联制政策，设置省府与滇黔绥靖公署联合视察室，订立具体考核细节，选定对政策设计、执行情况及各地施政概要都十分娴熟的视察人员对各县进行巡回视察，以确定对县长等地方行政人员的褒贬黜陟。1941年新县制实施后，为了使县长们在繁杂的事务中明了自己的权责所在，同时提高考绩活动的可实际操作性，贵州省政府在和一些县长充分讨论的基础上，又制定了《贵州省各县与乡镇权责划分方案》（以下简称《权责划分方案》）。该方案基本上厘定了县政府的法律自治地位、各项具体的业务权责范围，详尽地规定了县政府与专员公署、乡镇等各级地方组织的行政隶属关系，较为清楚明确地划分和说明了县与乡镇各自应该负责执行的具体事项及其在财政收支、人员调用等方面的调配运用问题。《权责划分方案》一方面提高了县长的职权，例如授权县长可以监督其县境内一切文武机关部队；另一方面使县长及乡镇长们在共事时能够明晓自己的职责所在，分权合作。例如，规定县政府"对于自治行政，在不逾越中央及省立法令范围内者，可以自订单行办法"，对于国家行政，可以在"不违背立法原旨范围内，罗列事实、备举理由"之条件下加以建议和变通；"国家行政均由县政府主办，概不得委任乡镇公所办理，乡镇以下人员仅依命处于奉行地位"，县政府尤其应该直接办理兵役及国民训练、工役征集、田赋征实征购、征募捐款、治安、经济管制、财政等方面的事项；而乡镇则应负责办理本乡镇内卫生、教育、水利、乡村道修建等事项，并"接受县政府之指导"。

当时，中国在行政上存在的一种普遍现象是"在组织上，职权不分明，职务不清楚，责任交错，系统混乱，同一机关可以事事都管，同一事件可以机关重重，机关既无事不办，彼此间不能分工，机关复各行其是，彼此间不能合作"，而《权责划分方案》的颁布是前所未有的创举。该方案虽然没有被长久地坚持实施下去，但史实表明其对贵州县长等地方行政官员的工作起到了较明显的积极作用。1942年7月，时为财政部部长的孔祥熙在第一次全国田赋征实检讨会议上指出，上一年度的田赋征实成绩以四川、广东、贵州等六省最为突出。他总结这些省份成功的经验之一是各省的主席、厅长、专员、县长等均能深入基层，动员民众，而贵州尤其"得力于地籍及科则分明"。

（三）提出县政治理标准以及作风建设要求

抗战时期，贵州省国民政府深知"地方行政之骨干为省、县、乡、镇，县居于中层，推行法令，实施计划，至关重要"。因此，它对县政的治理成败标准以及县长的品德、能力、作风等方面提出了不少具体要求。在县政治成标准方面，吴鼎昌把孟子所说的"入其疆，土地辟，田野治，养老尊贤"作为衡量尺度。他说："如果入其疆，土地辟，田野治，那就是一个好县；如果入其疆，土地荒芜，田野不治，那就是一个坏县。"所谓"土地辟，田野治"主要是看造林、筑路、垦荒、水利等四个方面的工作成绩。他认为要完成这些工作，还有两项先决工作，即搞好治安、提供安定的社会环境，抓好卫生、预防疾病、增进体力，提供建设力量。在县长等地方官的素质方面，他要求必须具备以下几点：法立令行；识大体；不煦煦为人；忍辱负重；注意小节。所谓"法立令行"，首先要求县长等官员们在制定法令时"少"而"要"，必须根据本省省情，在不违背中央立法原旨的条件下因地制宜地予以制颁；其次，要求做到"身"而"亲"，不仅要自己率先切实遵循，还要教育好自己最亲近的人，使他们也努力遵守法纪法规。做到这两点，"法立令行"即可做到。所谓"识大体"，就是"不苛细，不扰乱，不发生流弊"，并要具有充分的常识，细心体会。所谓"不煦煦为仁"，就是要"不相信阴功，不怕私怨，不讲私惠"，作为官员，要对国家负责，无论做何事，只要是符合国家法令要求的，就应该坚决抛弃那些"私俭之见"、抛弃那些"计及阴功积德"，或迷信所谓"救人一命胜造七级浮屠"的观念，同时要不怕积公怨，任何法令的彻底执行决不能"面面俱到，方方见好"，而要从大处着手，勇于负责，敢作敢当，如若"拘拘为吏而敷衍因循，则应以贪污治罪"。在生活及工作作风方面，他提出"清""慎""勤"三字原则。所谓"清"，就是头脑要清楚，既要有学问和理论的修养，又要有实践方面的经验，对自己的职责、是非关系、公私关系、政策措施等，无一不清清楚楚、了然于胸；就是要廉洁奉公、操守清白、政简刑清、依法办事。所谓"慎"，就是要守法遵法，谨慎持重，"敏于事而慎于言"。所谓"勤"，就是要躬亲细事，勤政爱民，克服官僚作风，提高办事效率，不做事则无异于贪污，要求县长每年至少要拿出四分之一的时间下乡察访巡视，而要做到这一点，必须要戒除嗜好，摒绝私图。

（四）注重培养与历练，努力提高县长们的执政能力和水平

为了使县长等地方官员能够胜任繁重而复杂的地方工作，抗战时期的贵州省政府依据国民党中央的指示精神，尤其注重对他们进行培养历练。据记载，自 1938 年 6 月到 1940 年 6 月，贵州先后对全省保甲职员和县行政人员进行了初步训练。新县制开始实施之后，又依照"行新政，用新人"的方针，由省、区、县等各级训练机关对各级地方官员分期分批加以培训。当时，"新人的产生，必须经过甄考和训练两个程序，前者偏重学识的考查，后者偏重于经验的传授"。大约到 1942 年底，贵州所有各级地方干部人员都已经历过严格的考核和训练。1943 年，平塘县各乡长、副乡长中有 60% 以上的人接受过县级以上的各种训练。这种对地方各级官员的普遍大规模的培训，既可提高其他各级行政人员的行政能力与水平，也是对未来县长人选的考察、甄选和锻炼。吴鼎昌十分赞同战国末期韩非子"宰相必起于州部，猛将必发于卒伍"的用人策略，认为县长人员的选拔也必须在具有一定从政经历并卓有成绩的人员中擢升充任，因此，当时贵州全省县长由省政府各厅处的秘书、科长、视察以及县政府的秘书、科长中提升者几乎占了半数以上。同时，即使是中央要人介绍来贵州做县长人选，省政府也必先要求他们做一段时期的见习或视察员工作。

当然，对已经在位之县长的培训则主要是由国民党中央直接负责的。例如 1939 年，国民党中央在重庆设立中央训练团党政培训班，轮训包括全国各地县长在内的中上级党政军人员。每期受训的时间虽然只有短短一个月，但开设的课程却非常之多，除党（团）务课程、专门事务者课程、特约讲演之外，还专门设计了抗战建国工作者课程。后者内容主要有抗战建国纲领、抗战以来的军事、战时财政金融、战时教育、战时交通、国民经济建设运动、战地政治与经济、战时外交、战时经济建设、新生活运动推进办法、国民精神总动员运动、粮食问题、农村建设、战时社会工作，等等。其培训的根本目的就是要使县长等党政行政人员学会"做人的根本道理和办事的基本要领"，要求他们办事一定"要'五到'——心到、口到、目到、手到、足到，来切实尽到'四育'——管、教、养、卫的行政责任。另外，还要了解行政的内容为军事、民政、财政、教育、建设五个部门。至于领导办事的方法，则要多注重研究，以科学精神和科学方法做确实调查、精确统计，再设计出最好的方案"。

到 1940 年底，贵州总共有 30 多位县长受训。在省内，对县长们的训练培

养除平时工作实践当中的锻炼外，还利用各种会议场合。当时不少省份的县长形容其上峰对他们是"期之如圣贤，驱之如牛马"，而身为省主席的吴鼎昌对县长们是比较关心的，他时常在不同的会议上教导县长等地方官吏去如何应对、克服一些工作上的具体困难。例如，1942年7月初，他在贵阳市政府成立一周年纪念大会上勉励部下说：要改换旧思想，养成"管闲事"的习惯和具有"眼到、耳到，观察敏锐，照顾周到"的"管闲事"之本领；要发扬新精神，为政不但要勤，而且要随时求新。在行政过程中，当县长们感到事务太多、主次难分、无所适从的时候，吴鼎昌曾深刻地指出"根本的县政问题就是教育和生产即人力和物力的发展或进步问题""县政问题，只要以'土地辟，田野治'为标准，不要悬格太高，忽视实际"。他指出当时的县政工作应该从"知"字入手，不知即不能行。而"知"之要义应从"人"上用功夫，要注重深入民间调查走访，了解民间疾苦；县政目标应先实现"安"，由"安"而"进"，而欲求"安"字之实现，应从保甲团队入手，欲求人民生活之逐步改进，则须注重教育和卫生；推进县政之法，应执简驭繁，故法令唯求其"少"而"要"，力戒苛细扰民与滋生流弊。他的告勉和提醒影响了一大批县长，使他们受益匪浅。

有县长如此指出："主席对于培养干部之指示，对于通常县政三纲十目之说明，对于临时县政及禁烟之提示，对于财政及田赋征收食物之再三叮咛，对于保安干部戒条之规定，对于地方官应有之修养之训示，使吾人遵循有途。"为了交流行政经验，提高县长们的业务能力与水平，集思广益，更好地贯彻国民党中央法令意旨，贵州省国民政府还于1941年9月初召开了以各县县长为主体，有省政府各部负责长官、各区行政督察专员等共同参加的县政会议。在这次会议上，吴鼎昌专门讲解了作为县长应该具备的知识储备，列举了平时县政与战时县政的各项重要事情，提出了县行政的具体要求和最低标准，使与会者们"既可检查过去工作之缺点，复能明白将来工作之做法"。与会者们畅所欲言，积极介绍先进经验、提出问题困难、发表中肯意见、提出可行方案。"举凡各县政令之推行，计划之实施，靡不予大会中提纲挈领，详为研讨，而各地情形，也由县长率直陈述，期无隐漏，而谋所以解决之方。"

这次会议不仅使县长们更加了解了"省政之全貌与全盘县政之底蕴及其办理之方法"，而且使他们明白了"做人治事之道"，增加了行政勇气并提高了行政能力。过去"县政万端，平时所谓公文上之记载，仅知表面"。此次会议之后，不少县长表示，对于"全盘县政，知其底蕴"，以后"知之既真，行之必勇"，自当"不虑公怨，不畏艰难，勇往直前"；一些县长回到本地组织召开了全县行政会议，集合县力商讨解决本县所存在的问题。

三、简评

上述政策、措施的实施，在一段时期内取得了一定的成效。抗战初中期，贵州由此涌现出一批德才兼备的优秀县长。他们在自己的工作岗位上尽职尽责、任劳任怨、率先垂范、艰苦卓绝，成为省政府维护地方统治的得力助手和干将。他们的勤政与努力往往成为促使抗战后方社会经济得以一定发展和国家机器得以勉力运转的动力。虽然当时担任县长工作十分辛苦，有所谓"涂土""涂泥"之说，但许多县长还是干劲十足、颇有朝气，把县政办得有声有色。如桐梓县县长李紫珊在任期间"兵役征实治安造林各种县政，皆井井有序"，受到《大公报》记者王芸生的由衷称赞。桐梓县县长孔福民以身作则，深入民间，到任才四个月，工作成绩及作风就有极好表现，冯玉祥到贵州考察时，称赞他干练有为，赠之以"模范县长"称号。对于这位全国有名的模范县长，《新华日报》在1939年3月14日第3版《短评：贵州一县长应提升做主席》中指出："这位县长详查各户收入，规定纳税标准，清除积弊，减轻了人民的负担，并且勤查役政，鼓励人民控诉，对于出征军人家属，允许欠账，暂不归还，而且督促保甲长发动地方人民帮助他们耕种，因此政府法令更容易推行了，匪患也消除了。这是一件很有意义的事。由这里可以证明，只要对人民的生活有所改善，把他们的痛苦减轻一些，人民对政府的隔阂就容易消除，政府的政令就很容易推行。由这里更可证明，改善人民生活是使人民大众发挥伟大抗战力量的必要办法。县政是政府施政的重要基础。好的县长，对于政府政策的推行有极大关系，像孔福民君这样的县长，是政府所嘉许的，同时也是人民所拥护的，我们希望中国能有更多这样的好县长，那么，抗战的胜利也就更快些。"

贵筑县第一任县长张覆筱，有胆识、有魄力，凡是居住在贵阳的人，对于其大刀阔斧的政治作风，没有不耳闻目睹的。该县第二任县长吴椿会讲流利的英语，曾在山东邹平乡村建设研究所从事研究工作多年，他拒绝其他单位的高薪聘请，甘愿鞠躬尽瘁从事县政。他廉洁自守，对上不阿、对下不苛，十分难得，常常慨叹："作为百里侯的一县之长，老百姓誉为父母官，既可福于人民，亦可祸于人民。处今之世，吾当尽其可为而为之。"纳雍县第一任县长潘白坚谦恭待人，处世谨慎，注重发展文教事业，有人写对联称赞曰："敏则有功，三个月建立县治；劳而无怨，数万载得睹青天。"黎平县县长张止爱生活俭朴，经常身穿粗布衣服、头戴斗笠、脚穿草鞋，裤管卷齐膝盖，手举拐杖，走田间、窜村寨、游鼓楼，深得民众喜戴；他忠于职守，体恤百姓，以身作则，从不允许部下大吃大喝，至死都是两袖清风；他办事认真，"只要对国家和人民有益的事"都非常重视，曾通令全县清理被私人侵占的庵庙田户、绝产及市场为私人所把持的"斗息"等捐，提归学校做教育经费，他认为"家有千株桐，子孙不受穷"，把植树造林作为一项利国利民的大事来办，号召全县民众大力种植桐树；他令出必行，赏罚分明，他说"奖不宜尽其功，使有余望，罚有宜尽其意，使有余威"，使受奖者感到还有余地可以继续争取，使受罚者觉得处理从宽，知错而痛改前非。1945年秋抗战胜利，他卸任返归故里之时，全县各界名士自助路费饯行，并以"十载游黔土，两袖清风旋"之诗赠别。县城沿街百姓人家门前都摆上桌子，盛上清水，放一面镜子，誉他为"清如水、明如镜"的清官。

由于贵州省政府采取了前述选养县长的政策和措施，使得当时贵州省的县政在国统区颇有名气，许多省份都派人到贵州来学习。吴鼎昌写的《花溪闲笔》成为传诵一时的行政名篇，蒋介石也曾让自己的干儿子陈惠夫到贵州惠水县担任县长学习县政。1943年，国民党中央执行委员兼党政工作考核委员会委员李宗黄到贵州盘县考察，对该县县长等官员的行政作为推崇有加，他指出该县县政的优点如"县长对于管教养卫颇能灵活运用""在本年度内征拨新兵1700名，征获军粮达三万担，于民不扰，足见推行有方""整理市政，开辟市街路，修筑河堤给水工程及县道等，能于一个月内完成，足见实心任事""本县革命青年对于县政工作经验丰富，且有极浓厚之兴趣，办事负责到底，盘县新县制可望提前完成"。而在江苏，时人余井塘在《视察江苏各县县政感想》一文中对县长们的作为却充满了失望与批评，他指出："一是等事干的县长较多，找事做的县长较少；二是说得多的县长较多，做得多的县长较少；三是在城里做县长的较多，在乡下做县长的较少；四是能领导县政府职员去干的县长较多，能领导全县民众去干的县长较少；五是大呼困难的县长较多，不唤困难的县长较少，这是许多县长所犯的通病。"

当然，抗战时期贵州地区之所以涌现出不少好县长，归根到底，还是因为这些县长们是拥有挚诚炽热的爱国理念与民族情怀的知识分子。而抗战时期百废俱举、任务繁重，做好一县长确非易事，光靠热情和精神是远远不够的。尤其是新县制实行以后，县长的职责特别重大："民财建教保，样样都须好，兵工粮卫合，件件要不错……事事中心，件件第一，县政工作人员处如此场合下亦只有头昏眼花，手忙脚乱而已。"事实上，孕育和保持良好的县长生长之制度生态环境，才是最为根本有效的确保县长长期具备良好素质的办法途径。抗战后期，随着抗战胜局已定、国民党整个政治生态环境的日趋腐化，不少县长对自身要求不断放松、降低，斗志逐渐松散，最终变成庸官、昏官乃至贪官、暴官了。贵州地区徇私舞弊、腐败恶劣的县长不时爆出。如1943年任榕江县县长的刘汉昌，即是一个敲骨吸髓、搜刮民脂民膏的典型；江口县县长徐用恒虎头蛇尾，最终犯下了盗卖粮谷、贪污勒索、营私舞弊等耻行。而在纳雍县，除第一任县长潘白坚外，1944年之后历任该县县长者几乎难有一个被当地民众所喜欢和称道的了。他们在任期内要么独断专行、一味蛮干、镇压苗胞，要么贪得无厌、嗜烟如命、碌碌无为。

近代物价问题的第一次预演

——太平天国运动时期通货膨胀原因研究

包商银行博士后流动站、贵州省社会科学院　田　牛

摘　要　太平天国时期，为应对巨额军费开支，清政府被迫实行通货膨胀政策，引发近代史上第一次通货膨胀。既有研究认为太平天国运动是诱发通货膨胀的主要原因，部分成果甚至将其作为清政府腐朽的论据。笔者研究发现，太平天国运动时期通货膨胀原因较复杂，与古代通货膨胀相比具有鲜明的近代特色。全球视角而言，明代中期之后白银成为中国货币体系核心，中国经济发展受国际影响增大，国际白银减产客观导致中国经济萧条。与此同时，清王朝在历经200年统治之后步入衰世，社会病对经济不景气起到推波助澜的作用，缓慢的近代化步伐制约政府获取财政收入的途径。在内外因素的共同作用下，清政府财政危机日益加剧。面对突如其来的太平天国运动，清政府无奈采取通货膨胀弥补赤字，引致中国近代史首次通货膨胀。

关键词　通货膨胀；太平天国；财政危机

通货膨胀是经济失调在货币层面的体现。近代中国通货膨胀肇端于太平天国运动时期，发展于北洋军阀时期，国民政府统治末期达到登峰造极地步，对中国近代化产生重大影响。目前，研究现状与通货膨胀在近代史的影响并不相称。作为近代史第一次通货膨胀的太平天国时期通货膨胀的研究成果相对较少。关于该次通货膨胀研究主要集中于近代金融、货币史的兼论中。彭信

威在《中国货币史》中集中讨论清代物价问题，深入分析 19 世纪 50 年代主要币种购买力。严中平对近代银钱比价资料予以了量化梳理。巫宝三等在《中国近代经济思想与经济政策资料选辑（1840—1864）》一书中着重搜集晚清货币政策、财政政策史料。彭泽益在《十九世纪后半期的中国财政与经济》中专列《1853—1868 年的中国通货膨胀》一文，并运用阶级斗争范式解析揭示太平天国运动时期清政府运用通货膨胀渡过财政困难的动机。杨端六在《清代货币金融史稿》中专门探析咸丰朝通货膨胀问题，对各种劣币进行分类研习。张国辉则对咸丰时期通货膨胀的发生、发展过程进行详尽描述。近年来，太平天国通货膨胀问题研究进一步深入，河北师范大学李冠荣突破经济史研究范围将咸丰朝通货膨胀研究引入社会史范畴，对通货膨胀发生后不同阶层的反应有所讨论。虽然改革开放后太平天国时期通货膨胀研究呈现蓬勃发展趋势，但与民国通货膨胀相比，与其在近代经济史地位相比依然处于劣势。本文拟从长时间段和全球视野入手分析太平天国时期通货膨胀成因，并将其放置于中国近代化大背景下深入研究，揭示在财政权力外移、封建社会步入晚期的历史帷幕下，财政危机诱发的经济失调。

一、世界性白银短缺诱发中国经济萧条

新航路开辟后，伴随中外贸易扩大，白银自下而上取代宝钞成为中国货币体系核心。明武宗之后，明朝政府开支基本采用白银。万历年间，张居正颁布一条鞭法，正式确定白银官方货币地位。

白银作为主要货币，对中国经济产生重要影响。作为贵金属白银取代尚未完全成熟的宝钞和贱金属铜成为货币体系核心适应经济发展需要，是货币市场客观的呼唤。然则，中国属非产银国，白银供应基本依靠日本和南美。随着幕府封门锁国政策的实行，日本白银流入中国的总量有所减少，美洲白银成为币材主要来源地。明朝末年，美洲白银输华数量减少造成"钞法大坏"。清承明制，清政府继续执行重银轻钱政策，经济风险并未因满族取得执政地位而减小。清代，中国"国内货币供给量受制于国际市场货币金属价格的变化，无疑是经济持续增长的一大隐患"。

19 世纪初，拿破仑战争爆发，西班牙受战争冲击被迫放松对殖民地的控

制，土生白人乘机发动拉美独立战争。受战争影响，拉丁美洲白银产量锐减引发全球性经济萧条，宗主国相对集中的欧洲首先产生反应。1825 年，英国爆发全国性经济危机，揭开资本主义经济危机帷幕。18 世纪末，英国物价开始上涨，1812 年达到顶峰，为 334（以 1600 年为基期）。19 世纪 10—20 年代，英国物价开始下降，至鸦片战争前夕的 1835 年降至谷底，约为 185，降幅超过40%。以从中国主要进口商品茶叶为例。1783—1789 年，英国茶价约在每磅 2先令 10 便士至 3 先令 10 便士。1844—1846 年降为 2 先令 1 便士至 2 先令 4便士。虽然鸦片战争后，茶叶出口有所扩大，构成茶价下跌原因之一，但经济不景气却是决定性因素。

英国经济不景气必然引发政府对白银的渴望，当产量恒定之时，向外国掠取白银就成为唯一手段。为弥补对华贸易逆差，英国政府选择单位价值偏高的鸦片替代白银作为输华主要物资。在鸦片贸易作用下，中国白银开始外流，进一步加剧国内白银紧张，在国内存量、外来供应共同减少的情况下，中国经济面临新的挑战。

随着世界性白银减产、鸦片输入，中国经济整体形势恶化。鸦片泛滥、白银外流、贸易逆差、银钱比价失调、农作物产量下降、物价下降成为困扰清政府的重大难题。在各种因素因缘巧合作用下，19 世纪中国白银价格持续走高，币制问题发生根本性变化，由传统的银贱钱贵转为银贵钱贱。1808 年，银钱比价超过官价达到 1040 文，1820 年提高到 1225 文，鸦片战争前夕突破 1400 文，30 年内涨幅超过 30%。

清政府名义上采用银钱并重政策，实际执行中却重银轻钱。政府税收以白银为单位征收，或全收白银或银七钱三。民众缴纳税收时按照当时银钱比价加火耗等附加税上缴国库。这种税制客观要求银钱比价长时间段保持稳定。当银价快速提高时，居民的纳税能力将有所降低，最终威胁国家财政。1820 年，据给事中孙兰枝估计江浙两省因银价上涨，居民需向国家多交付制钱2 111 000 余串，农民已是以"一年四月之粮，完一年之赋"。经济史学家严中平对直隶省宁津县大柳镇"统泰生记"商店出入账分析后得出 1821—1839年间因银价提升，商人实际负担增加 30% 以上。

民众税负增加造成地方政府承担中央税款的能力下降。1812 年，户部统计各省拖欠中央税款情况，发现大多数省区皆存在数量不等的欠税，多者已达数百万两。据户部统计，"安徽、山东各四百余万，江宁、江苏各二百余万，福建、直隶、广东、浙江、江西、甘肃、河南、陕西、湖南、湖北各积欠百余万、数十万、数万不等"。引文显示未能按章缴付解款的省份多达14省，历来富庶的江苏、浙江同样未能及时征足税额，说明民众的纳税能力发生较大程度下降。受中央税款来源减少影响，户部银库存银进一步减少。道光六年（1826年）户部存银1758万两，较之嘉庆二十五年（1820年）下降40%，国家财政出现"费用不赀而逋赋日增月积，仓库所储，亦渐耗矣"的严峻局面。值得注意的是，此段时期清王朝内部大规模战事较少，而库存银数迅速下降，客观证明经济萧条对政府财政的消极作用。

二、王朝周期律作用下的财政危机

"内因是变化的依据，外因通过内因而起作用。"在全球化萌芽阶段的19世纪中叶，外来因素对中国冲击相对有限。但统治中国近200年的清王朝此时却已走出康乾盛世的繁荣，转而步入危机四伏、步履蹒跚的衰世之中。清朝本身的衰败在客观放大世界经济消极影响的同时，对本身财政形成较大冲击，最终与外因一起引爆道咸时期的财政危机。

乾隆末期，清政府政治日益腐败，社会矛盾逐渐尖锐。经过嘉庆年间发酵，道光时期已经形成积重难返的社会病。道光时朝的社会病主要体现为鸦片泛滥、宴席无度、赌博成风。社会病的蔓延证明生产关系与生产力有所脱节，政治制度、执政理念与社会发展不相适应。社会病持续扩散说明政府制度急需改革，以上层建筑的变化适应生产力发展。然则，道光时期盛世的影子依然存在，社会危机处于酝酿阶段，清政府缺乏从根本改革的动力，最终导致政治日益腐化，社会病亦成为"反映社会腐败深度"的产物。

道光帝面对江河日下的形势颇思振作，接受军机大臣英和的建议尝试整顿政治，从根本上治疗社会顽疾。道光帝指出不良官风造成"闾阎之盖藏，概耗于官司之朘削；民生困蔽，职此之由"。但道光帝的努力遇到现实的反抗，曾经阻止周春祺揭发户部银库贪腐案件的汤金钊以清理难度较大，且易滋生弊端为由劝止。汤金钊的建议得到部分官员的支持与附和。在官员的劝阻下，道光帝只好知难而退。

　　道光帝的退让无异于对腐败的纵容，客观诱发腐败制度化。英和被贬官后，清朝官场送礼行贿不仅存在于上下级之间，而且广泛出现在有关联的部门中，最终形成"为了办事，都要送礼，什么时候送、送多少、谁给谁送，经过多年实践，形成定规"。据后人统计，嘉道年间政府部门之间馈赠礼物分为：节寿礼、程仪、卯规、别敬、冰敬、炭敬等数十种。除礼节性贿赂之外，官员正常晋升、地方枭司审判、军官验收战舰皆需行贿方可获得。据张集馨统计，其仕宦生涯中每次调任或升迁皆需"孝敬"给有关部门，每次数额在 1.1 万～ 1.7 万两之间，5 年中先后送出贿款 5.5 ～ 5.6 万两，行贿范围遍及军机大臣和六部等各大衙署官员，同年、世好等亦有涉及，甚至职位较低的军机章京和负责监察的都御史同样名列其中。张集馨的名单说明嘉道年间清政府政治已高度腐败，不仅高层官员贪腐，负有监督职责的监察机构亦监守自盗，形同虚设，高度腐败的政权往往意味着它已步入王朝周期律之中。

　　政治腐败必然冲击国家财政。和珅专权后，清政府高层官员甘愿收受下级贿赂，形成明知下级存在问题"而不能问，且甘受其挟制"。少数谨慎官员不敢贪腐，上层官员则出面为贪官游说，直到其"受代而后已"。各级官吏腐败费用并非出自私囊，而是取之于国库，造成国家财政徒有虚名，而府库空虚的严峻的局面。当中央清查之时则横征暴敛，挪新掩旧，以民间财富抵补自身腐败造成的亏空。当中央清理腐败之后，州县陋规收入暂时性减少，基层官员缺乏收税动力，对长官要求"任催罔应"，造成府库空虚、国家贫困。道光年间，类似情况已是"一县如此，各县皆然，一省如此，天下皆然"，国家财政日益亏空，贪官污吏却中饱私囊。

　　受官场腐化影响，清政府户部银库管理日益松懈，政府银库成为相关官员的私家账房，以至于"库内侵蚀，子而孙，孙而子，据为家资六十余年矣"。乾隆后期开始，户部银库清查工作逐渐流于形式。嘉庆之后，出于财政安全需要清政府在管库大臣之外增设查库满汉御史，并时常派王公大臣清点库银，试图在制度层面构筑银库安全的最后保障。然而，事与愿违，清政府严查之下盗窃库银案件时有发生，清点工作则因"历次经奏请盘查，因款目繁多，盘查日期无几，未能彻底详查确数"。每逢检查，银库官员则行贿御史 300 ～ 3000 两不等，清查官员"模糊具奏报，未能彻底澄清"。伴随时间推移，不翼而飞的白银日益增加，少数正直的官员尝试揭露却被同僚制止。1830 年，御史周春祺试图奏报银库亏空遭到亲属汤金钊劝阻，制止理由居然是："此案若发，必籍数十百家，杀数十百人，沽一人之直而发此大难，何为者"，贪腐势力之大已使监察官员望而却步。

道光二十三年（1843年），库丁张诚保盗窃库银案发。道光帝令刑部尚书惟勤将"新旧各项逐一盘查"。经过一个月的详细盘查后发现户部银库实际存银与账面存在较大差距。户部账册反映刨除各项即将发生的开支后应存银12 182 116.747两，但是清点后发现银库中仅存库平银2 686 768.848两和低成色银3680两，外加常捐银、新收饭银、盈余银等各项收入共存银2 929 354.44两，无故亏空9 252 762.307两，相当于清政府年财政收入的25%。道光帝得知后称之为"从来未有之事"。因涉案人员过多，道光帝只好下令将乾隆后期开始担任户部的官员按级别分摊赔偿，人已故则追究子孙。因亏空巨大，赔偿工作并不理想。截至1849年，仅收回150余万两，较之亏空额差距依然较大。

当清王朝步入衰世之时，外患不约而至。1840年6月，英军到达广州海面，并于当月攻克定海，鸦片战争正式爆发。持续2年2个月的战争对清政府财政造成新的伤害主要体现在三个方面：战争消耗、战场破坏和战后赔款。

鸦片战争爆发后，清政府军费开支迅速增加。关于军费开支总数，时人与史学专家存在不同记载和研究。《清史稿》记录"一千数百万两"，和贾士毅统计相当。魏源则估计为"靡帑七千万"。茅海建估计清政府军费开支为2500万两，若包含捐输超过3000万两。笔者分析，一千数百万两可能是战区省份的直接军事开销，七千万两则包含战争引起的间接损失，茅海建先生估算的数字更接近事实。不论战争具体开支怎样，对清政府财政产生沉重压力却是不容置疑的。鸦片战争末期，浙江巡抚刘韵珂在《官兵在慈溪失利事势深可危虑折》中奏称"七省一月防费为数甚巨，即费难数计，靡饷劳师，伊于胡底"，直接指出战争已经使国家财政不堪重负，清政府已经丧失继续作战的财政能力。据统计，战后户部存银降为993万两，较之1826年下降数百万两。

随着《南京条约》签订，鸦片战争正式结束。清政府被迫承担战争赔款2100万元（约合1470万两）。道光二十二年（1842年），清政府财政收入约3150万两，盈余不过600万两。鸦片战争赔款1470万两相当于1842年财政盈余的2.5倍。另据《南京条约》规定，4年内结清赔款可免除利息，如未能偿还完毕，则每年需支付5%的利息。为减轻长期财政负担，清政府决定1842—

1845 年每年分别支付 426 万两、350 万两、350 万两和 280 万两赔款。虽然英方同意以部分掠夺财物抵充战争赔款，但此时"道光萧条"尚未结束，中国经济依然处于低谷，短期内财政支出骤增对财政压力可想而知。

鸦片战争的失败既是清王朝衰落的必然结果，亦对财政产生重大消极影响。战争结束后，清政府并未试图振作挽救统治危机，而是在迷茫中继续徘徊，对社会病依然故我地采取头痛医头、脚痛医脚的半回避态度。受此影响，清朝财政问题持续恶化。

鸦片战争后，中国经济依然在低迷中徘徊，银贵钱贱、物价下跌等萧条表象依旧如故。在经济萎靡的情况下，地方政府税收继续减少，对中央解款欠额逐渐扩大，国地双方陷入困境之中。吴承明认为鸦片战争后，中国经济"突出的现象是银贵钱贱，物价下跌，交易停滞，商民皆困"。

经济决定财政，在西方势力初步渗入的历史背景下，清政府财政收支失衡成为经济萧条在财政层面的折射。受清政府重银轻钱政策影响，制钱多用于小额交易，政府收税则以白银为标准。银价上升之时，极易造成"交易停滞，商民皆困"。近代初期，农业、手工业构成中国经济主体。此类产品体积大、附加值低，钱计物价涨幅有限。当银钱比价提高时，商品银计物价有所下降，引起商业萧条。以 1821 年为基期，1843—1850 年华北地区零售物价由 99.5 提高到116.4，农产品指数由 97.7 上升到 112.2，手工业品涨价幅度为 20%。同时期，银钱比价提高率则为 34%，超过物价增长速度。彭信威以 10 年为阶段对 19世纪中国物价进行梳理后发现，19 世纪 40 年代米价较 30 年代下降 6.7%。19世纪 40 年代，银计物价继续呈现下降趋势，表明经济萧条并未结束。

从财政学理论出发，经济萧条之时应实行扩张性财政政策，加大货币供应量，刺激总需求增长，促使经济复苏。但是，道光年间中国货币体系核心——白银，其供应权并非掌握于清政府之手，而是受到南美白银产量制约。在世界性白银短缺和白银外流的共同作用下，中国白银购买力持续提高，在清朝特色币制体系下形成物价层级性、铸造制钱成本过高等一系列问题。

清政府开支多以白银为主要币种，铸造制钱的成本同样以白银计算。当银价持续高涨之时，铸钱成本随之提高。1841 年，军机大臣潘世恩要求各省恢复铸造制钱，遭到部分督抚反对。在各省压力下，道光帝被迫同意部分省停止、暂缓铸造制钱。据统计，道光年间宝福局、宝直局等 9 家铸币厂停铸，宝陕局减半，只有东川、宝黔等寥寥数局继续铸造制钱。1846 年，铸造制钱成本已是铸造面额的 3 ～ 4 倍，以至于清政府内部争议不断。内阁学士朱嶟上奏称"工本日见其亏，钱价益流于滥，上失利柄，下困有司"。官铸减少之时，私铸开始泛滥。鸦片战争前夕，不仅民间私人铸币蔓延，甚至部分官局在政府额定之外擅自铸造制钱。1832 年，御史孙兰枝在苏州发现市面上公然存在私人伪造制钱和官方造币厂额外铸造制钱分别标价流通的现象。从经济层面分析，私铸是在经济萧条、政府铸钱削减之时对货币市场的有益补充。清政府将货币政策从属于财政政策则是传统财政、货币思想占据主体地位的反映，在维护财政收入的前提下，一味减少货币投放量会客观加剧了经济萧条。

面对财政亏空的现实，清政府尝试在传统范围内进行适度调整，而不是在制度层面学习西方实现财政体制近代化。近代财政制度相对于传统财政制度具有收入来源广泛、融资能力强等优点。鸦片战争后，面对财政困境，清政府采取广开捐输、克扣官员俸禄、减少铸钱等手段弥补财政赤字，对相对先进的西方财政制度缺乏应有的引进。同时，传统范畴内的调整同样存在局限。如定郡王载铨上奏建议以二两平银发八旗军饷，以节省政府开支。道光帝以安稳军心为由婉拒。川楚白莲教起义的事实证明八旗兵基本战斗力已丧失殆尽，只能作为治安力量存在。道光帝的守成做法虽然有利于维护社会稳定，但对于处在乱世之前的清朝而言无异于杯水车薪，难以挽救深重的社会危机。

三、太平天国运动爆发后清政府通货膨胀政策的诱发

随着清朝内部矛盾激化，咸丰初年终于以战争形式爆发。1851 年，太平天国起兵于广西，随之席卷南方大部分省区。为应对危局，清政府被迫调集全国军队迎战。庞大的军费开支自然是羸弱的财政难以支付的。战事初起，清政府国库、内帑即陷入空虚之中。当太平军中的北伐军兵锋指向天津之时，通货膨胀政策成为无法规避的选择。

1853 年 6 月，军机大臣祁寯藻奏报自太平天国运动爆发以来"（军费）已达二千九百六十三万余两"，除去样板银之外，可用之款不足 30 万两。唯一可靠的陕西、山西等省税银尚未到京，户部"所筹各款，为数无几"。伴随着战争区域扩大，战区各省无法按时、按量解交京饷，未受波及省份纷纷要求缓征。

当战事波及财税重镇江苏,币利银与两淮盐课锐减后,清政府正常财政手段已无法承受军费压力。祁寯藻感叹"备员户部,多或十余年,少亦一二载,未见窘迫情形,竟由至于今日者"。如果战争继续蔓延,"大局涣散,不堪设想"。咸丰三年(1853年)至咸丰五年(1855年),户部存银最高值仅为12.6万两,基本丧失应对危局能力。户部银库枯竭说明嘉道年间"虽有欠缺,尚可通融,虽非现银,尚可停待"惨淡经营的财政局面宣告破产。

在军费骤然增加、财政危机日益加剧的情况下,清政府陷入生死存亡的紧要关头。为应对太平军咄咄逼人的攻势,改革币制、筹措军费成为清政府的重大议题。在传统财政、货币思想占据主导地位和缺乏白银供应权的历史背景下,强化货币政策对财政的附属性,以通货膨胀解决财政危机成为无法回避的话题。

1853年3月,太平军攻克南京,膏腴之地的陷落进一步恶化清政府财政状况。大理寺卿恒春上奏请求将制钱重量降为一文,变相制造大钱。恒春的建议相对稳健,得到户部尚书孙瑞珍等部分官员的支持。孙瑞珍从历代鼓铸大钱失败的教训出发,力主先铸当十、当五两种大钱。咸丰帝在筹款无着的情况下批准孙瑞珍的奏折,财政赤字货币化政策正式实施,但通货膨胀已不可避免。

由于历代投放大钱会引起诸多社会问题,部分官员对大钱保持谨慎态度。户部侍郎王茂荫指出大钱投放必然引发私铸导致民心不稳、货币价值浮动。王茂荫的建议与现代货币银行学的观点不谋而合,弗里德曼曾指出在金属货币时代,决定货币价值的不是政府政策而是市场流通中的货币的数量和币材价值。尽管王茂荫的主张符合学理,却与政府财政需要不和而被束之高阁。

1853年11月,太平军中的北伐军进入直隶,军需紧急。咸丰帝无奈之下接受绵愉的主张,下令制造当千、当五百、当百等大面额大钱,并要求"各直省督抚,均照此次所定分两,一体铸造,以规划一"。次年,因部分督抚未能及时鼓铸大钱,咸丰帝批评相关省区,再次下旨命令"各省督抚、将军、都统等,查照户部原奏,酌量地方情形,迅速设立官钱局,并设法筹款开炉加铸"。随着咸丰帝圣旨的下达,地方督抚在制度层面获得制造大钱的权力,清政府财政权力在进一步下移的同时,通货膨胀在地方开始蔓延。

咸丰朝通货膨胀是中国近代史上第一次货币危机。通胀爆发之时,中国已步入近代史大门,社会性质悄然转变。根植于18世纪末的社会危机在剧烈变化中骤然爆发，最终诱发咸丰朝通货膨胀。以往对咸丰朝通货膨胀的研究成果将通胀发生的原因归结为巨额军费的压迫，甚至将其作为清政府腐朽的论据。本文认为咸丰朝通货膨胀的根本原因是清政府财政权力流失和王朝周期律共同作用的结果。外因而言，明代中期之后白银成为中国货币体系的核心，对中国经济发展和政府财政起到举足轻重的作用。但中国政府缺乏对白银供应的必要控制，国家经济对美洲白银的依附性逐渐增强。当拉美独立战争爆发后，南美洲白银产量锐减，中国经济逐步进入道光萧条阶段。经济决定财政，受经济不景气影响，清政府财政形势日益严峻，最终步入入不敷出的窘境。

纵观清代历史，太平天国运动并非清朝第一次大规模内战。18世纪末叶，川楚白莲教起义席卷川、楚、陕、甘等省，清政府为平息起义耗费白银2亿余两，巨额白银流入社会甚至成为短期内银钱比价下降的强心针。然则，大规模战争对物价冲击相对较小，直到1800年，米价指数方赶上战争爆发前的1794年的水平，物价指数则直至战乱行将平息的1803年方超过1794年。物价、米价在战时长期徘徊的原因较复杂，既有统计方式的原因（以银计物价做参考标准，在银钱比价下滑之时银计价格自然受到影响），亦有统计范围的差异，但不可否认川楚教乱期间中国物价相对平稳。究其原因，根本在于康乾盛世的影子尚未过去，长达百年的繁荣为清政府积累下巨额财富。战争爆发后，雄厚的财政积累成为政府军队可靠的财源保障。咸丰年间，清朝已走出繁华，逐步步入王朝周期律之中。嘉庆之后清王朝社会矛盾日益尖锐，社会危机逐渐显现，政治腐败对财政危害初露端倪。伴随经济不景气和政治腐化，清政府国库存银日渐减少，应对社会危机能力逐步降低。太平天国运动前夕，户部银库已呈现"甚形支绌"的状态。太平天国运动即将爆发的1850年，户部银库存储白银187万两，连同各省尚未送到者共计412万两，不仅低于康乾盛世时期，而且少于鸦片战争后的19世纪40年代。当社会秩序相对稳定之时，清政府库藏白银持续下降证明王朝已进入衰落时期，改朝换代的周期即将发挥作用。清王朝本身的缺陷将世界经济环境恶化效应持续放大，最终导致大规模的农民起义爆发时国库难以支撑大规模战争，被迫采取通货膨胀政策。

太平天国运动时期通货膨胀具有过渡时期特点，与古代史中通货膨胀相比具备财权外移的近代特征；和清末新政、中华民国时期通货膨胀相比兼具较浓厚的传统特点。咸丰朝通货膨胀发生在近代初期，传统因素继续发挥较大影响，并起到主导作用，它将世界经济不景气的消极性持续放大最终诱发通货膨胀。与此同时，外来因素构成此次通货膨胀的重要诱因。明代之后白银货币化在促进中国经济繁荣的同时，为经济发展埋下隐患。作为非产银国的中国缺乏必要的币材供应控制权，当世界性白银匮乏之时，中国经济难以避免陷入萧条。19世纪初叶，伴随世界主要产银区产量锐减，"道光萧条"随即爆发进而反作用于国家财政，客观造成咸丰初年清政府存银的迅速降低。太平天国运动时期通货膨胀在反映传统与现代因素交相呼应影响中国经济之时亦成为中国近代化缓慢问题的缩影，它以变体的方式推动近代中国社会新陈代谢。

四、 智力文化传承

城市化进程中乡村传统民俗文化的遗失与再建

安顺学院　王芳恒

摘　要　城市化（或城镇化）是发展中国家经济发展过程的必经路径，城市化对于更新农民观念、增加农民收入、改善农民生活起到非常重要的作用。然而，在城市化背景下，大量青壮年农民涌入城市，改变了农村原有的人员结构和生产生活状态，一定程度上导致乡村传统民俗文化遗失，务必采取有效措施给予补救。

关键词　城市化；劳动力转移；传统民俗文化遗失；补救

民俗文化，是指民间民众的风俗生活文化的统称，也泛指一个民族、一个地区集居的民众所创造、共享、传承的风俗生活习惯。乡村传统民俗文化一般通过民族节日、日常生活习俗等得到表现。民俗是集体遵从、反复演示、不断实践的结果，是一个社会群体在语言、行为和心理上的集体习惯，具有增强民族认同、强化民族精神、塑造民族品格的功能。因此，乡村传统民俗文化建设具有重要的意义。民俗节日文化、民俗戏曲文化、民俗歌舞文化等构成民俗文化的重要内容。城市化是促使少数民族传统文化发生变迁的一个重要途径，因此，城市化进程中，少数民族的文化变迁问题便成为学者们关注的一个焦点。在城市化浪潮中，布依族地区的乡村传统民俗有遗失现象，应采取措施加以补救。

一、劳动力转移成为乡村城市化的重要标志

所谓城市化，从人口学角度观察，就是农村人口向城镇转移的过程，是人

口的城乡结构问题；从劳动学角度观察，是就业在一、二、三次产业之间的分布，是就业结构问题；从经济学角度观察，是农业、加工业、服务业等三次产业结构的变动问题；从社会学角度观察，是工业社会的生产生活方式取代传统农业的社会生产和生活方式，用工业文明转换农业文明的问题。

人口城市化是经济发展和社会进步在人口地理分布上的体现，当前世界人口城市化趋势仍在继续。一般认为，人口城市化可粗略地分为三个阶段：第一阶段，农村人口主要向中小城镇转移和集中，亦称之为乡村城市化；第二阶段，乡村和中小城镇人口主要向大城市转移和集中，形成以超大城市组带为主导的人口城市化；第三阶段，大城市中心区人口向郊区和其他乡村迁居，称之为逆城市化。中国人口城市化经过改革开放以来的快速推进，城镇人口比例已由 1950 年的 11.2% 上升到 2005 年的 43% 左右，达到发展中国家的平均水平。对于布依族地区而言，其城市化进程尚处于"乡村城市化"的初始阶段，重要标志就是大量农村劳动力向城市转移。至于作为乡村城市化重要内容的县城经济、乡镇企业的发展等，尚处于探索、准备的阶段。本文拟以黔西南布依族苗族自治州农村劳动力向城市转移为例子，分析布依族地区农村人员构成变化与乡村传统民俗遗失问题，提出加强传统民俗建设的措施。

农村劳动力是指乡村人口中年龄在 16 岁以上、经常参加集体经济组织和家庭副业劳务的劳动力。据第二次农业普查资料，2006 年末，黔西南州乡村总户数 58.24 万户，农村劳动力资源数为 147.79 万人。从性别结构上看，男劳动力 76.19 万人，占 51.55%；女劳动力 71.60 万人，占 48.45%。从年龄结构上看，20 岁以下占 14.30%，21～50 岁占 63.54%；51 岁以上占 22.16%。从文化结构上看，文盲占 15.45%，小学文化程度占 47.75%；初中文化程度占 31.54%，高中文化程度占 4.30%，大专及以上文化程度占 0.96%。

随着城市化进程加快，黔西南州大量青壮年农民进城打工，仅有 11.27% 的劳动力留守农村。总体上看，劳动力的文化程度偏低，外出打工者中，小学、初中文化程度占多数，留下的劳动力主要是文盲和半文盲。"劳动力素质偏低，小学以下文化程度占 63.2%，初中以下文化程度占 94.74%，劳动力素质明显低于全省平均水平。"邓小平同志说过"人多是中国最大的难题"，要想使农民富，就要减少农民，主要措施就是促使农村劳动力向城市转移，这就是城市化的过程。"据第二次农业普查资料，2006 年末，全州农村外出从业劳动力 29.06 万人。按农业普查资料推算，2007 年末，全州农村外出从业劳动力达 29.66 万人，占农村剩余劳动力的 50.66%。"也就是说，黔西南州一半多的劳动力在外务工，从人口城市化的角度说，确实提高了城市化的比率。"农村剩余劳动力向城镇的转移是实现农村人口向城镇转移的先决条件。由于农村剩余劳动力的大批转移，提高了全州城镇化率。2007 年全州城镇化率为 23.5%，比 2000 年提高近 6 个百分点。"农村劳动力向城市转移，不仅加速了城市化进程，也增加了农民的收入，改善了农民的生活。"抽样调查显示，2007 年农民劳务性工资人均 668.10 元，比 2000 年增加 443.71 元，增长 1.98 倍，年均增长 16.88%；2007 年农民人均纯收入 2116.09 元，比 2000 年增加 851.78 元，增长 55.11%，年均增长 6.47%。也就是说，7 年间，农民劳务性工资收入人均增长速度显著高于农民人均纯收入增长速度，在农民人均纯收入增加额中 52%以上来自劳务性工资收入。"显然，黔西南州农村剩余劳动力转换的成效是可喜的，既解决了富余劳动力的就业问题，增加了收入，又扩大了城市化率。但是，这种成效的取得又必须付出一定的代价。因为，城市化并非简单地指农村人口向城市转移的地理迁移过程，也并非简单地意味着农民收入增加，而是人口转变、产业结构升级、现代工业文明撞击传统农业文明的过程。在此过程中，传统乡风民俗发生遗失现象在所难免。

二、劳动力转移与乡村民俗文化的遗失

农民进城后，收入增加了，生活条件改善了。但由农民在乡村创造的传统礼仪、村社组织、人文氤氲等闪烁着智慧光芒的古朴文化也可能随之遗失。

（一）城市中缺少古朴乡风民俗的土壤

陈可石教授感叹地说："我们有伟大的城市、伟大的地标，但是这些钢筋混凝土让我们远离了田园。人们的精神被扭曲了，行为被城市规矩化了。车在我们面前横冲直撞，马路越来越宽，人越来越渺小。马路越宽，越堵车，这是现在中国很普遍的城市现象。在很多城市，人没有办法步行，没有办法从这个地方走到那个地方，这违背了人们的愿望和生活目标。人们来到城市寻找幸福，却走上了相反的道路。城市规划中就存在着类似这样的很多问题，有很

多教条。城市应该是为人的，应该创造宜人的空间，应该有民俗。我们要做庆典，要参加城市的活动，可是现在大部分的城市都非常奇怪，什么都不发生。当然，这可能是我们城市发展的一个过程。"伴随着大批青壮年劳动力向城市转移，传统民俗的文明因子正处于损毁、灭绝的边缘。因为农民工远离了他们传承、丰富和维护民风民俗的故土，来到了一个他们努力融入却又常常被拒之门外的地方。1992年以后，深圳的"中国民俗村"住进了一批经过选拔的少数民族优秀青年。但他们在饮食、制度、文化等方面为融入城市经历了艰辛的过程。"远离了乡土的打工者，就如同没有根的浮萍，只能随遇而安，这是现代生活对他们提出的要求，也是他们要立足于城市的最基本的物质保证。"那些没有经过培训选拔、缺少一技之长的普通农民工，在城市里连基本生活都未必有保障，只有熟人的引领、同乡和亲戚的照应才是他乡的慰藉。在这样的环境中，散发着故乡泥土芳香的古风民俗，纯粹就是奢望了。

（二）农村传统社会结构和生活模式面临解构

农民要进入城市生活，实属不易，因为文化低。换句话说，文化程度较高者易于向城市转移。"从外出务工的农村劳动力文化程度构成看，2007年，初中以上文化程度的劳动力人数占外出劳动力人数的58.52%，高出全州农村劳动力平均文化水平21.7个百分点。说明了农村劳动力转移的对象主要是农村劳动力中文化程度相对较高的人员，文化程度越高，实现转移率越高。"即农民中尚未转移者，多数是文盲、半文盲及老、病、残者。从年龄结构上看，外出务工者多半是青壮年。"2007年，在农村外出从业人员中男性劳动力占61.30%，女性劳动力占到38.70%。从各年龄结构看，30岁以下的占70.02%，31～50岁的占28.30%，50岁以上的占1.68%。"由于基础比较薄弱，黔西南州城市化水平低，在本乡本土实现转移就业的劳动力少。多数都去了东部沿海发达地区，远离了故土，远离了传统民俗、民风赖以生长发展的环境。"城镇化水平低，对农村劳动力的吸纳能力弱。2007年我州城镇化率为23.5%，分别比全国、全省低21.4和4.7个百分点。全州仅有兴义1个小城市，其余7个县城镇建成区规模较小，且缺乏支柱产业。近几年，通过招商引资落户我州的企业绝大多数是资本技术密集型，劳动密集型企业较少。制约了农村劳动力向城镇、向企业转移。""据调查，2007年，外出从业的农村劳动力转移到省外的占

81.12%；转移到州外省内的占 3.37%；转移到县外州内的占 3.55%；转移到乡外县内的占 11.96%。转移到省外的农村劳动力中 89.56% 流向东部地区。"这就造成大量具有小学、初中文化和一定生存技能的劳动力向东部沿海地区转移，改变了乡村人员的构成。人员结构的变化，正在解构农村原有的生活方式，农村居民原先的公共社区、群团组织、公众活动严重削弱。而民风民俗恰恰要依靠集体的反复演示和实践。这就给传统民俗文化的传承、保护和发展提出了一系列新的问题。由于传统民俗维护和建设的主体缺失，农村文化活动的组织和开展都很困难，"在城市化进程的强烈冲击下，民族社区固有的边界会被逐渐打破，社区内部少数民族居民特有的民族文化所形成的自我维持力，在一定时期内仍然可以发挥作用。因此，当前民族社区的各民族传统文化仍将保持自身的特色，并努力维持社区各族居民的向心力和凝聚力，但在强大的城市化进程背景下，社区民族文化的逐步涵化仍然无法阻挡"。涵化是指两个或两个以上相异的文化群体发生不同程度、不同方式的接触后，导致一方或双方的文化模式发生变化的现象，其结果是一种文化接受其他文化因素，及对另一种文化的适应，从而不同文化的相同性日益增强。涵化包括文化的自由借取和改变以及外部压力下的文化变迁两种类型。城市化过程中，工业文明与农业文明之间的涵化，属于第二种类型。民族文化与其他文化的涵化，既可能有利于民族文化的革故鼎新，也可能使民族文化丧失自身特色。

（三）农村外出务工青年"男归女不归"现象导致性别失调、传统社交习俗遗失

一些女青年看到外面更精彩的世界，就产生了永不回乡的念头，再想到家乡的贫寒，环境条件之差、生活之苦，更是坚定了信念，决心找一个城镇的男青年结婚成家。在这样的情况下，就造成了本土男女青年的比例失调。大量青年外出务工和男女比例失调，还影响到布依族青年的社会交往。布依族男女青年是"自由恋爱"的捍卫者，这种恋爱一般是通过传统的"浪冒浪哨"来实现。"浪冒浪哨"虽有谈情说爱之意，但又不是纯粹的谈情说爱。它既是谈情说爱的前提，更是交流情感、沟通信息、结交异性朋友的方式。要经历由媒人介绍、自愿交谈、若谈话投机则深入交谈等过程。每年春节、六月六、七月半等是"浪冒浪哨"的节日。在过去，很多布依族乡镇的赶场天，也有很多青年男女去"浪

哨""浪冒"。这是布依族地区传统的习俗，不少布依族青年通过这种社交方式终成眷属。但是，随着大量青年男女外出打工，这种社交文化正面临消失。

（四）传统文化濒临失传，不健康文化滋长

优良传统道德及文化是农民世代生存发展的精神依靠，如史诗、民歌、故事、传说、神话、剪纸、锣鼓等。这些传统文化正濒临失传。民间文化形态的消亡必将影响文化生态的平衡，进而削弱民族的创造力，影响经济发展和社会进步。那些曾经漫山遍野的歌谣，那些曾经摇曳于民间的艺术，正面临着遗失的危险。与此同时，农村一部分文化基础较差的外出打工农民，接受了一些新的文化和观念，在缺少正确引导的情况下，对似是而非的东西分不清假恶丑、真善美，认识和行为会发生偏差。一部分外出务工农民染上了赌博等恶习，有的甚至走上了犯罪道路。有的把恶习带回乡村，甚至把在城镇习得的"文明"带到农村愚弄乡亲，给民族地区农村社会的和谐发展造成消极影响。农村文化生活贫乏，导致一些愚昧、落后和腐朽的封建迷信等不良风气乘虚而入。青少年一代知道本乡本土的历史，了解传统礼仪、风俗的人越来越少。更少有人去关心和继承带有地方特色的民俗风情、传统工艺、地方戏曲等，人们正在逐渐忘却千百年遗留下来的文化印迹。

（五）节日文化观念淡薄

布依族的节日有三月三、六月六、七月半、八月十五、大年节等。各地过节活动大体相同，仅存小异。在劳动力大量外出务工的情况下，节日文化观念逐渐淡薄，最显著者莫过于春节年味的逐渐稀薄。随着人们生活水平的提高与世界文化交融加剧，春节承担的传统功能大大弱化。布依族青年男女们没过完大年初三，就背着背包包车赶回务工的城市，春节的逐渐淡化已成必然趋势。对于进入中壮年时期的布依族人来说，春节"耍龙"、六月六"玩山"已成为童年的记忆。布依族千百年来对以家庭为核心的亲情文化的认同，使春节在通过亲人团聚获得精神慰藉方面有着不可替代的作用。如果春节失去了其深厚的传统文化内涵，成为徒有其名的空壳，这个节日的传承也就成了问题。"西方的民俗文化对中国民俗文化产生巨大的影响，一些外来民俗文化正悄悄地改变着本民族民俗文化的属性，本国民俗文化话语权逐渐失落，并在某些方面出现了

断层。"又如，在多数人的记忆中，端午节的一些习俗已经远去，只剩下吃粽子了。端午节等民俗文化已遭遇严重的集体失忆症。民间习俗背后都有着深刻的传统文化内涵，而今天的人们恰恰忽视了这些。如果有一天我们都不吃粽子了，也许已经找不到端午节民俗仅存的线索，从而丧失对传统文化的记忆。对于端午节，一般人只知道它是一个纪念诗人屈原的节日。

以上所列，仅为城市化进程中乡村传统民俗遗失之部分，借以催促珍视传统民俗文化的布依族同仁群策群力，抓紧乡村民俗文化的保护和建设工作。

三、乡村民俗文化的捡拾与再建

面对民俗尤其是传统节日文化淡薄的堪忧状况，我们认为，捡拾、抢救和保护民俗文化遗产迫在眉睫。"散布于乡土中国广袤土地上的服饰、建筑、生活习俗、节日庆典、民间游戏、民间文艺等民俗形式，依托于民众的生活和长于斯、传于斯的生态环境，它们彼此交融一体，共同构筑百姓生活的完整过程。然而，数不胜数的民俗事象越来越脱离其存在的自然环境和人文环境，从生存状态中被抽取出来，成为一种戏剧化、仪式化、观赏性的文化商品，日渐失去鲜活的生命力和震撼力，失去作为民俗存在的生活意义和文化价值。"冯骥才先生曾忧虑地告诫："几乎每一分钟，我们的田野里、山坳里、深邃的民间里，都有一些民间文化及其遗产悄然死去，更有一些风情独异的古村落转眼间不复存在。如果我们再不动手去抢救，再过二十年，至少有一半民间文化会化为乌有。"民俗文化保护是一项复杂的系统工程，既需要文化工作者积极引领、示范，更需要民族地区全民参与。遵循文化发展的规律，坚持保护与发展相结合的原则，细心捡拾、及时抢救、认真保护，并赋予传统民俗时代精神的内涵，使传统民俗绚丽之花常开放。

（一）进一步优化乡风民俗，形成乡风文明新风尚

布依族地区有着多姿多彩的乡风民俗，诸如节日民俗、婚嫁民俗、祭祀民俗、生产民俗、丧葬民俗，等等。民俗文化是民族传统文化最为丰富、最为重要的部分，是民族的非物质文化遗产，包括社会风俗、礼仪、节庆等内容。这些历史上传承下来的乡风民俗，大多数是优秀民族文化的体现，蕴藏着传统文

化的最深的根源，保留着形成布依族特色文化的原生状态以及民族特有的思维方式，对农民的生产、生活及社会行为有着重要的影响，应认真地加以甄别、保护。同时，应积极倡导新风尚，移风易俗，革除陋习，整治各种不良的社会风气。积极倡导科学、文明、法治的生活方式和生活观。注意保护、挖掘和弘扬布依族优秀的传统文化，注意保存鲜明的民族特色和地方特色，使传统文化和现代文明相互融合、相得益彰，形成健康向上的新农村社会新风尚。

（二）加大乡风民俗建设的投入

一是要加大人力的投入，布依族地区要安排专门人员从事基层文化工作，加强对文化工作的领导。要着力培养群众文化工作者、专业文化工作者、民间艺人、治安管理人员等多支文化人才队伍，以推进乡风民俗建设。二是要加大财力、物力投入，把乡风民俗的再建经费纳入各级政府的财政预算，增加经费投入，使乡风民俗建设专项资金投入增加的幅度与财政收入成正比增长；要加大村镇文化基础设施建设，形成农村文化服务网络，满足农民多层次、多方面的文化需求；要为农村业余精神文明活动提供必要的经费支持、场地支持和器材支持；要采取减免税、贷款优惠、资金补贴等办法鼓励兴办文化产业，充分挖掘具有民间特色的传统优秀文化。建立民族文化发展专项资金和基金，重点用于扶持布依族地区公益性文化事业发展、支持文化创新和精品生产、扶持具有示范性和导向性文化产业项目的研发，用于布依族地区重要文化遗产的保护和支持重大文化工程项目的建设，用于提升无线广播电视的覆盖率等。

（三）抓好乡风民俗保护和发展的制度建设

只有加强制度建设，才能保障乡风民俗建设常抓不懈。一是要建立健全村规民约。要在民主、自愿的基础上，制定和完善村规民约，把诚实守信、尊老爱幼、团结互助、移风易俗等内容约法立章，使农民行为不仅有法可依，且有规可循。二是要建立健全考评机制。"坚持政府主导、社会参与、明确职责、形成合力的原则，采用党委决策领导、政府牵头负责、有关部门联手协作、社会力量支持资助、族群社群广泛参与的管理和参与体制。"把乡风民俗建设完成情况纳入乡镇班子成员、单位负责人年终考核内容中，调动广大农村党员干部抓好乡风民俗建设的积极性、主动性和创造性。三是要建立健全奖惩机制。对在乡风民俗建设中表现突出的"文明户""文明村""五好家庭""科技带头人"等要给予精神和物质奖励,对败坏社会风气者要进行通报批评,对情节严重者应给予法律制裁。四是要建立健全监督机制。无论是干部还是群众,都要自觉对乡风民俗建设的落实情况进行监督,对不文明行为加以制止或举报。五是抓紧少数民族自治地方民俗保护的立法工作,使民俗保护有法可依、有章可循。

(四)让农民成为民俗文化建设的主体

布依族地区民俗文化再建,农民不应是袖手驻足的旁观者。农民应该有自己的新文化,民俗文化要靠农民自己保护和更新。农民群众具有巨大的创造力,只有充分激发出他们的主体性和创造性,才可能形成源于农村现实的土壤,散发着泥土芬芳的农村民俗新文化,才可能激发出农民建设新农村的巨大热情。例如,近年来贵州省遵义市农村因地制宜开展的以"富在农家、学在农家、乐在农家、美在农家"为主要内容的"四在农家"活动,是发挥农民主体作用的有益尝试。在"四在农家"创建活动中,当地党委、政府认真总结群众创造的新鲜经验,及时加以指导和推介,并多渠道组织力量予以支持,把农民的自发行动发展成为全社会的共同行为。在民俗旅游、休闲、娱乐等方面取得了显著成效,值得学习和借鉴。

(五)加强文化工作队伍建设

一是要组建民俗文化工作机构,科学制定其责任和职能,明确目标和任务,及时抢救濒临遗失的传统民俗,并给予再建和丰富。二是要建立一支专职和兼职相结合的民俗文化工作队伍,聘请和安排一批熟悉和热爱民俗文化的专家、学者和民间艺人作为专职工作人员,专门从事民俗文化保护工作。同时,聘请科研机构、大专院校、社会团体的民俗文化研究者、爱好者作为兼职人员。形成一支素质优良、结构合理的民俗文化工作队伍,发挥他们在民俗文化保护和发展中的作用。要注重挖掘培养农民中的积极分子,通过成立民间文艺团队、专业协会等形式把他们组织起来,提供学习提高的机会,发挥他们在当地民俗文化活动中的带头示范作用。要重视培养一批民俗文化的搜集者、整理者和研究者。三是要培养和爱护民俗文化的传承人,鼓励他们在捡拾、再建民俗文化的工作中作出新的贡献。

（六）加强民俗文化的保护和发展

要正确处理民俗文化的保护和发展的关系。保护是发展的基础，发展是最好的保护。保护民俗文化，就是保护布依族的特色文化。布依族的非物质文化遗产，如口传历史、表演艺术、风俗习惯、节日礼仪等，是民族的基本标记，是维系民族、社区存在的生命线，尤其需要我们加以保护。要尽快在布依族聚居区建立新的文化资源博物馆或民族文化遗产保护区。在历史实践中，传统文化在丰富生活、陶冶情操、占领阵地、教育群众等方面为农村的精神文明建设增了光添了彩。因此，要充分认识优秀传统文化的重要作用，要充分挖掘传统文化的底蕴，赋予其新的时代内涵，使之更具感染力。要根据各地的传统民风、民俗和人文环境等不同特点，利用农民喜闻乐见的形式，扬长避短，突出特色文化，营造健康向上的生活氛围。

（七）开展丰富多彩的民族节庆活动

加强民俗文化对外宣传、交流与合作，弘扬民族优秀传统文化。加强民族文艺团体建设，大力培养少数民族文化艺术人才和管理人才，努力发挥文艺团体和民间艺人在民俗文化保护中的作用。从世界的眼光看，经济和资源均有可比性，唯有民族文化不能相比。只有文化的独立存在，才能保持民族特色，保存民族的生存空间。要积极发挥布依族重要节庆和习俗的作用。坚持不懈地抓好移风易俗，创新形式，丰富内容，改造和再建富有浓郁民族特色的传统节庆、风俗、礼仪，维护民族文化的基本元素。充分发挥三月三、六月六、春节、元宵节、清明节、端午节、七夕节、中秋节、重阳节等传统民族节庆的作用，增强民族凝聚力，促进布依族地区社会和谐。高度重视节庆和纪念日在民俗文化保护中的宣传示范作用，广泛开展热爱党、热爱祖国、热爱人民、热爱社会主义的主题宣传教育活动。据悉，"查白歌节"是贵州省第二批唯一入选《中国节日志》的项目，这对于保存传统节日文化基因，传承和弘扬查白布依族文化，打造"查白歌节"品牌，发展地方民族旅游文化产业奠定了坚实的文化底蕴。其他布依族地区应该学习和借鉴。

此外，要大力做好民族民间文化进校园、进教材、进头脑的工作，深入认识"三进"工作的重要性、必要性，发挥课堂教学在传承、保护民俗文化中的作用。让青少年一代了解、熟悉和热爱本民族优良的古朴民俗，以之作为奋发图强的精神动源。

复活乡贤文化　振兴乡村文明

安顺市社会科学界联合会　高守应

一、乡贤文化发展的简要回顾

在中国漫长的农耕文明发展历史中，乡贤历来都是乡村社会民众普遍推崇与尊敬的一个文化群体。历代乡贤用自己的人生经历为乡民树立了榜样，成为乡村道德教化的楷模，成为乡村建设和发展的引领者和实践者，由此而成为具有地域性的精神文化标记，成为连接故土、维系乡情的精神纽带。

千百年来，很多从农村走出去的杰出人士回到自己的衣胞之地，基本上都是自觉自愿以道德文章滋润乡里，推进邻里和睦、社会秩序稳定、文化教育发展等，对乡民走向文明起到春风化雨、润物无声的作用。

明清两代500多年的时间里，各县州均建有乡贤祠，以供奉历代乡贤人物，并形成一套完整的官方纪念、祭奠仪式。进入乡贤祠的人，他们都曾在乡村自治与稳定上发挥了主力军的作用，否则是很难被请进"先贤祠"的。

自20世纪60年代以来，由于"唯成分论"的推行，传统乡绅被打倒、遭唾弃，加上较为完善的乡村管理系统，在乡村社会治理和管理中，乡贤的作用被彻底排斥。或者说，在乡村发展过程中乡贤的才华施展空间窄小，因此乡贤文化在乡村销声匿迹。

二、乡贤文化的现状

（一）城市化吸走了农村精英

城市化背景下的乡村该如何发展？乡村社会该如何治理？

随着城市化步伐的加快，城市繁荣了，而农村家庭承包责任制热潮随着城市化的推进逐渐消退。农民不再依恋土地，挣脱土地束缚的愿望日益强烈。成千上万的农民一代接着一代地涌向城市，掀起大规模的农民进城潮。在这场农民工进城的热潮中，农村人心离散、人去地荒，从而导致"农民空巢""农村空心""农业空壳"等现象。大量农村精英流向了城市，留在农村的多为妇女、儿童、老人。

（二）离乡精英不回乡

由于长期对乡绅的打击、对知识阶层的冷落，农村社会彻底忽视了对返乡精英（乡贤）在道德方面对社会结构和生活方式的引领，看不到乡贤在社会生活中仍然起着重要的支撑作用，是社会生活的内驱动力。一些人甚至害怕乡贤参与社会事务的管理，即参与乡村社会治理和管理。比如退休后的知识分子，他们选择在城镇居住养老，彻底与乡村隔绝；曾经被打倒的乡绅后代即使可以帮助家乡办事，但也因为没有人联系而变得无所适从。从而形成没有"出息"的人留守农村，在留守的人当中，很大一部分是没有文化和教养的人，"传染病"一般带坏乡村社会风气。

（三）现代乡贤的类别及他们不回乡的原因

第一类是退休的有相当威望的公职人员，第二类是成功的经商人士，第三类是学有成就的专家学者，第四类是积累丰富经验的返乡农民工。长期以来，成为乡贤的人，特别是党的十一届三中全会后走出衣胞之地功成名就，之前父辈又属于被打倒的文化人，大多选择把父母迁移到工作之地落籍居住。而那些留守故土的人们，排斥乡贤的思想根深蒂固，始终不愿意接受乡贤的指导和引领。即便走出去的乡贤不计前嫌，但村民也依然心存隔阂，乡贤们缺乏治理和管理乡村的社会氛围。再者，留守农村的人们的传统价值观也发生了根本性的变化。例如，官本位思想不是淡了而是强了，民本位的思想被削弱。很多村民一切向钱看的心态很重，乡贤们回乡，虽然一腔热血，希望做些好事、实事，但如果短期内不能争取到项目资金，只是进行道德教化、文化引领等，那些长期吃"救济粮"过日子，仍然靠低保度日的人们是不会认可乡贤的作用的。有些地方的村干部甚至排斥乡贤，认为这些人不是帮助推进乡村社会和谐发展，担心乡贤的参与会影响他们在基层的话语权和号召力。由此，热心组织参与公益事业的乡贤和村民在这样的社会环境和氛围下能不心灰意冷吗？所以，无论属于哪一类乡贤，都不愿意戴上"乡贤"的帽子。最终的结果是，离乡的精英不回乡，远离乡贤队伍。

（四）守望者的守望

虽然没有人研究乡贤在乡村社会治理和发展过程中起了多大的作用，但我们通过走访调查发现，乡贤对乡村文化的传承保护意识较强。他们既是乡村文化的守望者，又是传承保护的亲身实践者、推动者。

我们在安顺市的物质文化遗产传承保护田野调查中发现乡土文明的守望者不少。例如，普定县猴场乡仙马村的李贵福、王仁爱，是全国民运会传统射弩金牌获得者。他们长期坚持到所在村小学和猴场乡中学给孩子们传授射弩的知识和技巧，让"苗族射弩"这项非物质文化遗产得以传承和发展。关岭自治县永宁镇白岩村小学退休教师李正权，30多年来利用业余时间保护传承歪梳苗的芦笙制作和吹奏表演技艺，教授白岩小学苗族学生芦笙吹奏技艺和芦笙舞的表演，教授村内年轻人制作芦笙等，退休后，仍然坚持义务开展"民族民间文化进校园"活动，编制了《关岭苗文教材》，让回村读书的孩子学习掌握苗语。从小就离开高荡村的伍忠仕是镇宁自治县史志办主任，热心家乡的发展，主动把自己在高荡村的老屋拿出来建成"贵州省政协书画创作基地"工作室。兴伟集团董事长王伟，带领兴伟集团出资3.7亿元帮助家乡普定县秀水村脱贫攻坚，创造了一种兼顾公平、体现"仁义诚敬孝"社会主义核心价值观的"秀水五股"扶贫新模式。国武从某市农委退休后，回到家乡，带领乡亲们重铸朵贝古茶的辉煌。

三、新时代呼唤复活乡贤文化，乡贤文化是乡村文明建设的时代选择

（一）新时代呼唤复活乡贤文化

乡贤文化，是社会生活的内驱动力。在乡村振兴的实践过程中，乡贤在回馈家乡、引导家乡脱贫致富等方面发挥了积极作用。乡土文明的失落，呼唤乡贤文化的重建与复活，需要找回失去的乡土文明的"魂"，复活乡贤文化并发挥乡贤参与乡村治理、道德教化、乡土文明建设的作用，让新的乡贤成为真正的参与者、活标本、守望者，是时代的需要，也是文化自信的需要。特别是乡村振兴战略的实施，既要看到乡贤文化对促进乡风文明的重要作用，又要加大复活乡贤文化的力度。

（二）乡贤文化是乡村文明建设的时代选择

结合乡村振兴战略，推动中华优秀传统文化的传承发展，努力让乡贤文化在村落复活，发挥乡贤崇文兴学、教化乡民，热心公益、大做善事，主持公道、维护社会秩序，引领风气、移风易俗，经济回馈、反哺家乡等的重要作用。让他们回到衣胞之地，从根本上引领父老乡亲树立社会主义核心价值观，艰苦奋斗，崇德向善，增强志气，重视智力投入，建立和巩固良好的村风民风，让村寨真正走上"产业兴旺、生态宜居、乡风文明、治理有效、生活富裕"的乡村振兴大道。我们要以"贤"作为乡贤文化的核心，科学阐释和积极培育当代新乡贤的观念；重视新乡贤在乡村振兴战略实施中的示范作用，发挥他们在促进乡村治理和乡村文明建设的引领功能；正确认识乡贤文化与乡村振兴战略实施的关系，发挥乡贤文化在乡村治理中的践行功能；正确认识乡贤文化与社会主义核心价值观的关系，发挥乡贤文化在乡村文明建设中的示范功能。

四、复活乡贤文化、振兴乡村文明的路径思考

根据中共中央办公厅、国务院办公厅印发的《关于实施中华优秀传统文化传承发展工程的意见》和十九大乡村振兴战略，结合乡贤文化发展实际和优秀传统文化的传承发展需要，提出以下复活乡贤文化、振兴乡村文明的路径

思考。

（一）用好用足中央政策，领会重要讲话精神实质，把握重建方向

要认真按照 2015 年中央一号文件提出的"创新乡贤文化，弘扬善行义举，以乡情乡愁为纽带吸引和凝聚各方人士支持家乡建设，传承乡村文明"的要求，提高对乡贤文化的认识，重视乡贤文化的建设，把乡贤文化的复活与重建纳入推进乡村社会治理和乡村文明建设的重要议事日程，认真抓好、抓扎实。

（二）强化社会对乡贤的认同感

第一，既要看他们长期以来的德行是不是高尚，办事是不是公道正派，又要看是不是真心为人民服务。第二，是借助这些"贤人"来参与乡村社会的治理推动乡村文明的发展，而不是以直接命令来插手乡村事务。第三，在乡村被不正之风侵蚀的情况之下，乡贤所倡导的正能量和正确的价值观可能会遭到抵制，地方各级党委、政府要为他们"撑腰"。乡贤基于乡愁，为家乡的发展出谋划策。组织在动员他们回乡做事的同时，要给予他们周到的服务。双向互动，让乡贤文化发挥作用。

（三）搭建乡贤支持和反哺家乡的良好平台

要真正实现乡贤支持和反哺家乡，回流资金、回迁企业、返乡零距离指导家乡的建设发展，就必须为乡贤搭建良好的平台。同时，认真按照党和国家方针政策做好引导和服务工作，避免形成宗族势力。村支两委要向乡贤放权，实现相互信任。

（四）采取多种措施复活乡贤文化

新时期，乡贤文化的构成离不开退休干部、知识分子、优秀农民工、企业家等。这些群体在乡贤文化重建中始终起着引领作用。

2016 年 1 月 22 日，中共中央办公厅、国务院办公厅出台的《关于进一步加强和改进离退休干部工作的意见》，强调各地各部门要发挥离退休干部的政治优势、经验优势、威望优势，充分凝聚和释放正能量，这就帮我们指出了工作方向。因此，要对乡贤进行合理的分类，建档立卡，组建不同功能的"乡贤

会"等乡贤组织，让他们乐意扎根乡土，为家乡的事业发展服务，为家乡乡村治理和文明建设献计出力。

（五）注重"先贤"的挖掘整理和宣传

挖掘和整理先贤的思想、精神和先进事迹，然后出版书籍，再通过各种媒体和媒介，广泛宣传，做到家喻户晓，才能让今人以先贤为榜样，见贤思齐，传承先贤的人格魅力和道德力量，激发今人培养和树立"仁、义、诚、敬、孝"的思想和价值观，践行善行义举，引领良好的社会风尚。

旅游人类学视角下的贵州民族村寨
旅游产品同质化问题探讨

贵州师范大学　申卫丹　全明英　刘　佳　高　洋

摘　要　以少数民族文化为代表的特色乡村游是近些年贵州旅游业的重要组成部分和新的经济增长点，以少数民族聚居的黔东南州雷山县一带的西江、郎德等民族村寨旅游中的同质化现象为切入点，从少数民族文化出发，以旅游人类学的视角分析当前贵州少数民族地区乡村旅游中同时拥有多样文化的东道主与游客的关系，探讨在多样文化背景下却产生旅游产品同质化的原因，并提出相应的整改措施及建议，旨在更好地加强东道主与游客的双向互动和多方合作力度，促进文化产业保护传承和旅游业的共同、良性、高效发展。

关键词　旅游人类学；民族村寨；产品同质化；文化多样性；双向互动

一、引言

随着中国综合实力的逐步提升，以旅游业为代表的第三产业——服务业，也正蓬勃发展。贵州是中国西南地区一个欠发达、欠开发的少数民族聚居省份，但也正因为发展的相对滞后和其本身得天独厚的自然、人文条件，使得贵州成了一个以自然、人文资源为特色的旅游大省。然而，伴随着人们旅游需求的剧增和要求的增多，贵州本身发展就不够完善的旅游业面临巨大的挑战。旅游业是一个与人类活动密切相关的行业，所有的问题与矛盾也就围绕着主客关系,在旅游活动的开展中逐渐暴露出来,由此,"旅游人类学"这个新兴的、主要研究人与文化的学科便突显出了其解决实际问题的优越性,在此相关的方面,已有许多学者和专家有所涉及,诸如张晓萍教授、彭兆荣教授、张晓松教授、瓦伦·L.斯密斯、尼尔森·格雷本、纳什等,但总体看来,国内相关各方面的研究还不甚完善,仍处在对西方研究成果学习、借鉴和引进的初步阶段,研究较为宏观,研究质量和方法还有待提高。本文将在前人研究的基础上,运用"参与观察法",深入到调查对象中,做一定的田野调查;同时,查阅一定文献资料。此外,参考一些有价值的杰出学术文章和著作进行借鉴和学习,在掌握和熟悉了一定的理论知识背景的前提下,再加上亲身的实践经历和观察、学习,利用典型案例进行分析和学习,针对贵州的民族村寨旅游中的"旅游产品同质化"这一问题进行研究和探讨,提出一些较为合适的解决措施和方案,旨在能够优化、促进贵州乡村旅游,乃至整个旅游行业更健康、有序地发展。

二、人类学与旅游及民族村寨旅游的关系

(一)旅游与人类学

关于何谓"旅游",美国旅游人类学家瓦伦·L.斯密斯在《东道主与游客——旅游人类学研究》中谈道:"要对旅游一词下定义是困难的……但一般来说,一名旅游者指的是一个暂时休闲的人,他(她)自愿离开自己的家,到某一处地方参观、访问,目的是为了经历一种变化。旅游=休闲时间+可供自由支配的收入+积极的对旅游目的地的认可。"可以说,旅游的产生和进行都是离不开人类活动的,人的参与成了旅游得以继续的必要条件。

贵州拥有丰富的自然旅游资源和较好的生态民族聚居地。近年来,来贵州游览自然风光、体验少数民族文化、领略祥和的乡村旅游,已经成了一种新型的、十分流行的旅游类型和趋势,游客量正在逐年不断地增长,旅游行业的发展与推进已经为贵州综合实力的提升起到了不可忽视的重要作用。与此同时,在贵州民族村寨旅游中的一些不成熟和不完善的地方也渐渐暴露出来,因而必须找出一个行之有效的解决方案,对于"人"和"文化"本身的研究就显得极其有用和必要了。"旅游人类学"学科也应运而生,对于旅游人类学进行研究,其实就是对于文化和旅游参与者的研究,彭兆荣教授曾指出:"现代的旅游成为

索解现代社会现代性'迷失'和'神证'的一个最好注疏,而人类学正是一个专门解释人类社会'迷失'的学科。"

(二)文化与东道主、游客

如前文所说,旅游活动的进行与开展,始终是围绕着"人"而继续的,游客的到来,其初衷必定是为了体验和参与,感受别样的、新奇的(旅游目的地及当地居民)异域文化,寻求不一样的、短暂的另一种生活方式与风俗习惯。

在传统意义上,关于"东道主"和"游客"的理解往往从狭义上出发,即东道主指旅游地区当地的长住居民;游客指外来的、到该旅游地区从事旅游活动的旅游者。但为了更为全面地分析和解决问题,我认为有必要从广义上的"东道主"与"游客"来认识问题和提出观点,我们不妨这样来定义:东道主应该还包括当地的政府及当地旅游经营企业、旅游管理部门等一切本土的与该地区旅游相关的人群、机构或团体;游客还应该包括外来的,或是由当地引进的旅游管理、规划部门,旅游投资商等一切非本土的,却与当地旅游业相关的人群、机构或团体。但无论从哪个角度来看,不可否认的是随着旅游活动开展带来积极的促进作用的同时,外来文化与当地习俗势必会发生不同程度的冲突、摩擦和相互影响。因为文化的本质是多样、共享,且是后天习得、构建而形成,而并非是由生物遗传产生的。于是,从 20 世纪 60 年代开始,直到今天,都有许多诸如"旅游的本质是帝国主义的一种形式""旅游是一种新型的殖民主义活动"的说法。

在旅游活动逐步发展致使一个地区旅游业趋于成熟,甚至成为当地的支柱产业后,因为这样的文化冲击和渗透影响,主客关系会在不同程度上经历一种复杂而微妙的变化,主客矛盾和旅游地区各种问题也随之暴露。多克塞(1975)提出:随着旅游业的发展和在当地经济占的比例日益扩大,当地居民对于旅游业的态度转变可以划分为四个阶段:热情(欢迎旅游者,但旅游业发展缺乏控制和规划)、冷漠(视旅游者为平常人,旅游者与当地居民的接触变得更正规和规范化,对旅游业的规划更多关注旅游产品的营销)、厌烦(随着旅游业的发展经历停滞阶段,当地居民开始对旅游业的某些方面产生疑虑,规划人员增加旅游基础设施而不是限制旅游增长)、怨恨(公开表现出对旅游者和旅游业的不耐烦),规划是一种补救手段,加大促销力度以挽回旅游目的地的声誉。通常，人们对东道主的研究会多于对游客的探讨，因为游客客源纷繁复杂，难以统计和统一归纳总结，而且东道主往往是处于一个相对弱势的地位，其角色常常是"服务"和"接受"，他们或者并不情愿地经受着不同的外来文化的冲击，却也依赖着外来者的经济支持，或是羡慕，甚至是仰慕这些异域的新奇事物。

东道主是文化多样化的创造者和文化主体，他们提供了开展多样文化旅游的条件和资源基础，同时，游客本身也是文化多样化的体现者，他们二者理应到达一种以多样化为依据的旅游活动，建立一种令东道主和游客双方都满意的、可持续的旅游。但现实中的贵州乡村旅游却尚未达到这一令双方都满意的程度，反而存在一些制约乡村民族村寨旅游发展的问题。

三、贵州民族村寨旅游发展实例分析

（一）发展现状与实例分析

1. 良好的发展趋势

贵州旅游业发展大都以生态游、乡村游（主要是少数民族风情）为主线，而这样的旅游发展较为集中和突出的地区主要是在黔南、黔东南及安顺等地，游览内容多为苗族、布依族、侗族等少数民族文化体验。"在国家'十一五'期间，贵州旅游业发展平均增速达到34.31%，在全国名列前茅，其中2010年旅游总收入达到1061.23亿元，是2005年的4.23倍；接待旅游总人数1.29亿人次，是2005年的4.13倍。旅游业增加值占全省GDP的比重从4.7%上升到约6.6%。""黔东南州全州确定的108个重点旅游文化村寨，乡村旅游接待697万人次，旅游收入30.06亿元，占旅游收入的35%。"

可以看出，旅游业在贵州有着良好的发展势头，少数民族村寨游在少数民族聚居地区的旅游业中占了较大的比例，扮演着重要角色。

贵州拥有17个世居民族100多个民族村寨，独具特色的多样文化是不可多得的旅游资源和产品。经过在旅行社从事组团和门市管理的工作经历，可以发现，来贵州的普通游客（即除去诸如专家、学者、学生等特殊群体）大都采取散拼成团的方式游览，游客多来自较近且相对较为发达的周边省份城市，游览类型大致可分为四类：①单纯的乡村自然景观游，如黄果树、天星桥、龙宫、花溪、青岩、天河潭、南江、杉木河、高过河漂流等；②自然景观与少数民俗文化结合游，如西江剑河、西江荔波、天龙屯堡等；③自然风光与历史人文结合游，如遵义、红军山、息烽、海龙囤、镇远舞阳河、梵净山凤凰等；④单纯的少数民族风情游，如西江、郎德、三都、小黄等地。可见自然加文化构成产品和线路的多样化，但是当我们把目光集中到以民族文化为主题的乡村旅游目的地时，问题就出现了，多样化的民族文化资源出现了同质化现象。

2. 民族村寨旅游同质化问题

（1）以旅行社为代表的游览内容同质化

以黔东南州凯里市、雷山县一带的苗族村寨为例，笔者在旅行社工作期间，各家地接供应商安排行程时，秉承的一个原则就是要避免行程中景点的雷同或者游览内容的相似，甚至是重复，因此旅行社提供的游览行程中，没有"西江、郎德、季刀、苗寨一日游"等雷同行程，总是选取一些规模较大、收益高、可进入性好、与其他景区联系性强的民族村寨作为重点景点反复推介。例如西江和郎德文化类似，又处同一路线，而且沿着巴拉河，所有村寨游览内容都是一样的苗族歌舞和农家乐，对游客而言，两个村寨选一个就足够，且在2008年年底封闭修路之前，因为郎德不收门票，歌舞表演不打折也没有回扣，旅游企业无法从中获利，故除非游客要求，否则旅行社都会把郎德从行程上除掉。虽然从某种意义上来说，这能增加旅行的新鲜感，避免游客产生厌倦情绪，可从另一个层面上看，这体现了贵州民族村寨旅游的一个致命伤——旅游地彼此之间的旅游产品同质化。

①行程娱乐内容同质化。

进入任何一个苗族村寨，看到的都是居民用长长的队伍摆出的"拦门酒"，感受一样的"敬迎宾酒"活动；进到寨子里之后，游客经历的都是听芦笙奏鸣、歌声唱响、看铜鼓舞，而为了迎合游客追新猎奇的心理，不少的表演甚至融合了现代的潮流风格，表演者甚至无法讲出所表演内容的内涵，不乏生硬"编造"的嫌疑，或是不分时机地进行表演，完全将自己拥有的本该富有时节规律的文化内容商业化，诸如祭祀舞、祭祀活动、迎亲活动等，其实这些活动中的许多部分都是不应该成为平时的日程安排或是赚钱取悦的工具的。例如西江的芦笙，按照传统，是要在每年农历的二月二"龙抬头""祭桥节""翻鼓节"宣告春耕开始，挂芦笙，而后要等到"吃新节"，收获开始以后才可以再次吹响芦笙；大芦笙场是只有在每13年才举行一次的"牯藏节"时，才可以吹芦笙、起歌舞；祭祀、迎亲活动更是应该出现在其相对应的时候。更可悲的是，在那一带，几乎每个寨子都是这些内容形式一样的歌舞表演，其间偶尔还会穿插上村民自发的、有偿的与少数民族同胞合影留念的活动。当地居民们俨然已经变成了"会表演的猴子"，神圣的文化在不知不觉之中变得庸俗化和舞台化，当地居民的日常生活也因此受到影响，变得混乱而不再有规律。

②行程餐饮内容同质化。

其后便是午餐时间，同样是为了迎合游客，无一例外地，每个寨子给出的均是一致的餐标品质不高的"长桌宴"。苗族长桌宴本是苗族宴席的最高形式与隆重礼仪，有着几千年的历史。通常是用在接亲嫁女、满月酒以及村寨联谊宴饮活动之时，人数众多，菜品也精心准备，村民们盛装打扮，其间常常还会有寨主祭祀等神圣活动，是极有文化气息、集体气氛和感染力的。随着旅游活动的开展和当地对经济利益的追求，游客们反客为主，可是鉴于民族村寨体验多为成本低廉的小规模一日游，当地居民自然不会花费过多的成本和精力去准备，于是长桌宴成了简单的日常餐饮。东道主虽花费了时间和精力，却无法让游客真正感受苗族长桌宴的魅力所在。游客经常会抱怨菜品不好、分量不足等，东道主们也获利不多，怨声载道，感叹"做了费力不讨好的事情"。

③行程购物内容同质化。

另外一个在旅行行程中不得不提的是民族村寨地区的旅游纪念品同质化现象。贵州民族手工艺品形式丰富多样，各有特色，如手工蜡染、刺绣、银饰等都是当地居民生活和历史文化的重要传承和体现形式，具有极高的研究和保存价值。但随着旅游业的蓬勃发展，当地居民为了追求经济效益不得不抛弃原有的手工制作工艺，取而代之的是大规模购入机械化生产的纪念品来兜售，较之手工制作，其成本降低、生产速度增快，虽然售价也相应降低，但质量堪忧。游客购买之后常常会发现各种瑕疵，产生各种抱怨。更严重的是，当地居民此举虽节约了成本，但让游客买到的所谓"纪念品"毫无特色，在城市里随意都可买到同类产品，游客们将不会发现其中的价值和新鲜感。换言之，游客将产生一次性的购买行为。此外，这样的手段使得本民族蕴藏在手工艺中的文化逐步丧失，制作方法传承受到威胁，缺乏可持续性。

整体来看，如此一系列的行为带来的结果便是各家旅行社都给出了相似甚至相同的、毫无特色的贵州民族村寨游行程，根据画出的框架，游览内容变成了千篇一律的走马观花式的观光游：各个村寨的导游词几乎是一样的、旅行程序是一样的、游览方案和项目也是一样的，而唯一的不同便是跟随着导游的那一批批的客人的面容——可是因为各家旅行社给出的行程几乎都是雷同的，进入寨子感受到的也是一样的，已近乎到了"观一知百"的效果，游客便容易变成"一次性"客人。我们通过调查发现：来黔游客选择的民族游地点多为著名的旅游景区，诸如西江千户苗寨等，而对于别的类似景区，则极少有人问津。这使得那些鲜为人知的村寨的特色文化难以展现和创造出一定的现实经济价值。各个寨子为了获得更大的利益和创造更大的价值，常常会采取竞争的手段，向"对手"学习借鉴。久而久之，本民族特有文化失去了精髓，且没有游客在主观驱动下再次重游或者回游相同或相似的少数民族旅游地区。而在已经结束旅行的游客的反馈中，他们对于旅游地服务和设施、规划的满意度是偏低的，与预期的想象有较大差距，直呼商业味道浓郁，有上当受骗之感，未能感受到宣传中的生态感。在接待游客咨询的过程中，90% 以上的外地游客会要求旅行社提供的旅游地是生态好、商业化程度低、没有强制消费等"消费陷阱"的村寨。这也在一定程度上体现出主客关系的微妙变化和彼此的不信任、不相容。

（2）以民居旅店为代表的建筑同质化

"趋同"并非仅止于此。除了上述的彼此发展趋同于共同的"新"方向之外，还有不同的寨子、支系，甚至是不同民族之间相互影响渗透的现象发生。同样是西江，得益于旅游为当地居民带来的经济收入和生活条件的改善，不少居民急切地对一直居住的全木制吊脚楼进行不同程度的翻新或重建。但在这一过程中，大多数是在楼的底部或全部都用砖修筑，再把外层包裹上木板。单从外表看，新式吊脚楼和原先的区别并不大，还有助于躲避灾害发生后的危险，却破坏了苗族历史上最有标志性意义的符号形象。在强大的经济一体化浪潮中，面对来势汹汹的西化、汉化、商业消费化，少数民族文化因处于弱势地位而无力应对，只有随波逐流地改变自己。一些富起来的地区已经用"洋楼"取代了传统民居。另外，刚进入西江苗寨时，就可以看到景区特意修建的两座风雨桥，本身是可以增加景区的美感的，但它们却是依照侗家建筑的风格特点修筑的。试想如果遇到不了解少数民族文化的游客，定会误以为这两座风雨桥就是苗族建筑；若遇到了解少数民族文化的游客，则会让人产生误解和质疑。这样盲目趋同的做法，迅速使旅游符号丧失了其作为旅游地地标的重要作用。对于旅游景区而言，旅店是必不可少的，但是我们同样看到这样一个矛盾：保存着少数民族地区原有建筑风格和特色的旅店，无法达到现代游客的期望和景区住宿标准，难以有较大创收；但放弃特色文化而汉化、潮流化，又显得突兀，破坏了景区的核心文化旅游资源，增加了现代商业气息，景区旅店千篇一律，失去其文化特性。这样的同质化，是由旅行社组团游览活动的订单需求而带来的。当然，就少数民族地区居民而言，随着自身生活条件的改善，提高自己的生活质量和居住环境是在情理之中的。但是否就该为此抛弃掉世代相传的、也靠其才富起来的独特文化呢？答案显然是否定的，因为这样的做法俨然是无法带来持续收益的。

这些汉化、同化现象远非只见于西江，在贵州很多其他少数民族聚居村寨同样存在着，且有着越演越烈的趋势。

（二）贵州民族村寨旅游同质化产生的原因分析

贵州民族村寨旅游的同质化问题的症结在于东道主地区的"独有特色文化"与各式各样的游客群体的"外来帝国式文化"的碰撞，整个过程始终是围绕着东道主与游客的关系来发生的，就目前我省乡村旅游形势来看，不少景区的游客与东道主的关系已处于"厌烦"到"怨恨"这两个阶段之间了。"理想的状态是，旅游冒险中的三个组成部分——游客、传统文化的持有者与旅游产业中的参与者能够达成一致与共识，然而在现实世界中，情况则往往相反，他们之间总是存有争议，而且净提出些自私的主张，由此影响到游客的体验。"

正是当地文化的缺失引发了一系列的同质化现象，最后派生出民族村寨旅游中的种种问题。具体说来，这其中的原因主要有：

1. 当地居民对多样文化内涵的认识不够，不能正视其珍贵性与濒危性

在漫长的迁徙历史中，当地居民虽然继承和延续着其祖先遗留的文化、符号和仪式等，但由于生活的现实压力和外界的低关注和低认可率，使得只有极少数的老年人可以讲出其生活和文化的一些故事，而能够完全对自身文化进行解读和介绍的人是未能发现的。至于新生代，更是知其然，而不知其所以然，没有真正意识到本民族的文化价值。以苗族服饰为例，苗族共有100多支系、

700多万人口，其中有400多万人口居住在贵州，粗略估算有二分之一为妇女、四分之一为小孩，这样至少会有150万件苗族服饰。苗族妇女的服饰均是由自己手工制作而成，记载着民族的历史，完全不会有一件服饰重复。这些都是极其珍贵的宝藏和资源，却未能引起重视，服饰仅作为遮羞御寒的工具，谁还能清楚叙述那些活史书的意义和价值？这样的忽视正是导致众多文化遗产流失濒危的根源。

2. 外来异种文化对当地本土习俗的不断冲击与渗透、影响，使得城市化、趋同性产生，文化的多样性难以得到充分展现与发展

瓦伦·L.斯密斯将旅游方式分为了五类："'民族旅游'，主要以奇异的风土人情来吸引游客；'文化旅游'，主要是以参与和感受地方文化为主的旅游；'历史旅游'，主要是参观历史遗迹、古建筑等；'环境（生态）旅游'，主要是指到边远的地方去旅游，感受大自然的纯净；'娱乐性旅游'，是指到大自然中享受太阳、沙滩、大海等娱乐活动。"民族村寨旅游属于"民族旅游"和"文化旅游"之列，游客前来游览的目的也就清晰可辨：他们想要在目的地获得自己心目中所期待的、不同于其日常生活的关于真实异域民俗文化的经历和感受。历史上最早对"真实性问题"进行开创性研究的是马康纳，他认为观光游客正是在旅游中寻觅他们所担心的在消费主导与媒体形塑的工业世界中所缺失的真实性。一般而言，真实性由以下两部分组成：一是客观性真实、主观性或存在性真实。客观性真实是那些受到正统教育的中产阶级特别强调的某物或某传统的实在性，与理想主义化的"本源"一词比较而言，它更为强调一种被认知与被认可的权威性。二是主观性或存在性真实。旅游所依赖的正是旅游者的这种主观性或存在性真实，在旅游过程中，游客的主观性或存在性真实与传统的客观性真实之间是常常会产生冲突的，一方面，游客所期望的是目的地的客观性真实体验，但另一方面，在游历过程中，游客往往会受制于自己的主观期望，而使得东道主产生迎合心理，在一定程度上对客观性真实的保持造成影响和压力。虽然也有不少的学者，如科恩、麦克卢汉等，认为有许多的客人是乐于将客观性真实和主观性真实二者相结合的，但必须承认的一点是，这样的冲突会成为导致旅游地之间商业化、同质化问题突出的重要原因之一，在开发和管理的过程中，是不得不考虑到这一因素和现象，并加以控制的。

贵州大力发展乡村旅游事业，在大批外来游客涌入村寨的同时，也带来了

外来异域文化和生活习惯态度。许多游客本身的旅游偏好便是猎奇的、走马观花式的。由于在主客关系上存在着不可否认的"不平等性",人总是有着向自认为更好的、更幸福的,或是新奇的生活方式靠拢的心理。在这样的背景之下,少数民族村寨的居民不自觉地被外来文化侵蚀、影响,并潜移默化地改变、"被殖民"着。这一点更是可以视作前文所述的、导致"当地居民对自身文化的认可度不足"的一个重要原因。在这样的不平等的、带有侵略色彩的旅游过程中,当地居民如何能够抵挡住"被殖民化"?外来游客如何能够不反客为主?这是一个无可避免的、不可否认的事实。

3. 旅游企业的盈利属性使旅游缺乏创意,对文化的利用不足

每一家旅游企业都有专业计调人员,他们可以设计出丰富多样的国内游、出境游等各种旅行线路来吸引游客,老总们也十分清楚行程创新可以带来可观收入,却为什么不愿意在自己身边的少数民族村寨旅游上花功夫呢?原因便在于企业的盈利属性的冲突。先看一些线路的成本价:西江一日游160元左右每人,西江剑河两日游240元左右每人,镇远舞阳河330元左右每人。每条省内线的利润在120元左右,可见其利润之低,由于这样的小基数的存在,任何一家稍微大一点的旅行社势必都不愿意花费过多的成本和精力去设计创新性强的文化旅游线路来吸引游客,而是选择沿用市面上已有的行程安排,宁愿投入更多的力量到别的热门国内线和出境线路上去赚取利润;而对于一些小型的,或是从事省内专线同行旅行社,他们不愿意舍弃这块蛋糕,于是只有靠争取"人头量",采用类乘数效应来扩大游客游览基数以赢得更大收益,在这样的背景之下,各家旅行社又开始了压价竞争来招客,但旅行过程中的餐、车、导服等花费是必需的支出,于是只得不断地对行程的质量进行压缩,同时按照游客需求,安排旅游地给出成本不高的演出和节目。正是这样的传统经营理念误区限制了旅游企业从业人员的创新意识,将少数民族村寨游固定锁在了低回报的一日游的位置,从而忽视了它的创收效益。在整个景区开发和发展的过程中,少数民族村寨旅游地区的居民始终是处在弱势地位的。他们作为多样文化的拥有者,却无力决定自己的发展方向和方式,只能盲目服从和被安排,主体地位完全丧失。这样的后果便是各家旅行社都在循环做着短线交易,给出的行程质量低劣,且无特色可言,最终造成景区重游率低下,在增加各旅行社之间竞争的同时也增加了各个村寨之间的恶性竞争。

4. 当地政府主导下的村寨文化游服务设施建设带来的同质化问题

在任何一个景区的建设发展中，政府的作用都是不容忽视的，但现实的情况是，很多官方主管部门在选定一个点作为景区建设基地之后，并未做好足够的规划建设工作，忽略了所在景区的特有文化、旅游亮点以及与周边景区的联系与区分，常常是盲目借鉴或引入旅游企业，将景区规划建设交由企业，照搬套用相似景区的规划建设方案，由此刻制出一个景区，并期待能和其"母体"一样成功经营；此外，在整个建造期间，政府的投入和指导力度也常常是不够的，这样会使得景区的基础设施、村户改造等硬件条件，居民旅游发展知识、服务意识、文化意识及持续经营理念的培养塑造等软件条件无法达到景区发展计划的要求。

如果不对这些问题采取相应的措施来加以控制，最直接的后果就是"旅游殖民化"越发严重，文化失落变异，民族旅游产品（有形、无形）趋于过度商业化、舞台化，同质化现象将越来越严重。原本得天独厚的资源特色沦为平淡，各种开发变得千篇一律、乏味且缺乏核心竞争力。同时，还会因为这样的同质开发而增大相邻、相似景区之间彼此恶性竞争的可能性。如此一来，不仅会让游客与东道主之间的关系变得紧张，彼此产生反感与抵触情绪，直接影响到我省乡村地区民族村寨旅游的发展和经济增长。长此以往，会使得旅游地区的居民不自主地进入"旅游后殖民化时代"，从内心接纳外来文化，自身文化价值随着文化多样性被破坏而消失殆尽，如此必定严重制约乡村地区旅游业的可持续发展工作的推进。

（三）改进措施及建议

保护文化遗产，首要者是保护其遗产依托的文化母体。毫无疑问，需要抓住文化建设和合理创新这条主线来延长景区生命周期，在保证旅游地区居民的主体地位的同时，发掘新的旅游项目，最大限度地保持旅游的创新点、吸引力和文化多样性。"在培育和发展旅游产业的全过程中，政府主导是关键，社会参与是条件，市场运作是基础，企业运营是根本，四者相互关联，不可偏废。"在对待旅游真实性的问题上，也要仰仗于各方的合作与配合，关键在于寻找到平衡点。文化遗产需要保护，也需要人们的见证与关注。展演、纪念品等旅游吸引物是文化和历史的符号和解释。在恰当的场合，因为有了"外来者"的适时参与和评价而变得鲜活，且更有意义，获得了发展与进步。这样的过程，不仅是对游客的满足、旅游发展的促进，也是对主人自身文化的认同和肯定，提升了民族自豪感。具体说来，可以从以下几个方面来努力：

1. 社会群体积极参与

这里所说的社会参与主体包括两个方面：旅游学者和专家以及民族旅游地区的少数民族群众及外来游客。

旅游学者和专家担负着培养专业旅游人才的任务，肩负着文化保护的重任。这需要他们积极主动地奉献，尽可能地收集、整理民族旅游地区的物质或者非物质文化遗产，并加以保护和弘扬，构建一座少数民族地区文化博物馆。同时，探索民族文化保护、传承之路。在这一方面，贵州黔东南州的季刀苗寨是一个较为典型的成功案例。季刀苗寨鼓励当地居民进行手工艺作品的制作、销售，且已取得一定的市场效果。在发展当地经济的同时，当地文化也得以传承。

针对民族地区建设，需要加强游客与东道主的双向互动，共同参与旅游活动的策划设计和旅游产品研发，培养游客高尚的文化旅游趣味及对民族文化的尊重，在保证东道主文化主体地位的条件下，以挖掘文化中的亮点与差异性为主要目标，形成"不同旅游感受的体验线路"创新行程，而非一味地单纯追求经济收入增长，使游览过程充满浓郁的商业气氛，实现共同创造与创新，提高旅游地区的生命周期，分散旅游市场风险。同时，需要仰仗于广大群众的广泛兴趣和关注，形成良好的关于该少数民族旅游地区文化的社会舆论氛围，提高少数民族地区当地居民对自有文化的认可度，逐步树立起对自己文化的保护意识，自觉担当起当地文化传承的任务，成为文化的守护者。

2. 旅游企业理念转变

在旅游景区建立之后，旅游企业运营商自然也就随之而来，在景区的发展过程中，其实更多的是依仗众多的旅游企业供应商，企业以盈利和收益最大化为目的，这无可厚非，但很多旅游企业都是以追求规模效益为目标，所以就无可避免地会形成"欠长远考虑"的发展模式，这样的收益从短期来看，会有所成效，但若从长远思考，则是亏本的买卖，因为这实际是一种损伤，最终将有害于景区和旅游地的持续发展。

旅游企业首先应该做的就是转变其经营观念，以可持续发展的眼光来看待，采用单体高效的经营模式，做大做强景区，形成品牌效应，引入相关的专业旅游营销和管理人才，努力提升服务和软、硬件设施的质量水准。在经营方式上，应打破常规，以景区特色和文化底蕴为基准，精心设计和创新旅游产品线路，选择适当的市场目标群体和受众，加强与周边景区、企业，甚至是邻近县市、省份的联合，开发形式多样，具有吸引力的创新体验式旅游方式，适度促销（如开发旅游通票、旅游一卡通等），由此可以兼顾到不同的旅游线路，不会顾此失彼。在旅游产品的开发上，应加大对各景区少数民族重大节庆活动的宣传力度、丰富活动内容，紧抓景区东道主的特色文化，做好文化多样性的建设工作。平日可不必排斥适量适时的歌舞表演，但若能结合实际情况，联合邻近村寨，或是单独开发出自然风光游览项目和民俗民风生活体验型产品（如：重走苗族迁徙路、苗族服饰赏鉴、手工艺制作体验等）则会好很多，既保持了文化的多样性，又使其得到传承和发展，创造并实现了附加价值，更会延长了游客在景区的自愿停留时间，为我们的游客去寻找和创造体验与参与引导，而非去定义或者发现体验，从而更能增加旅游地的消费经济收益，实现省内线路通通低价一日游到高利润多日游的转变，营造旅游企业与旅游地的双赢局面。其次，旅游企业应转变对各个参与者角色的认识，旅游企业应该成为辅助的管理者而非垄断者，把景区的主体地位回归到多样文化的拥有者——当地居民身上，尊重当地居民和当地文化习俗，寻求合理公正的利益分配方案和合作办法，彼此相互促进，共同成长进步，将冲突矛盾减弱到最低甚至消除，营造出和谐积极的可持续经营、生存环境。

3．政府正确引导

政府在决定开发一个旅游地时，应该始终坚持可持续发展观，建设初期就要充分尊重民族旅游地区群众的意愿，以"扶持"为主，有目的地结合实际精心策划，严格引资制度，认真筛选，以长远发展的眼光，科学合理地进行旅游地的设计与规划。做好、做足景区软、硬件的建设，加强相关专业人才的引进和培育，对景区从业人员、当地居民工作生活能力和素质意识等的培养塑造；同时还可以寻求与周边地区的合作，密切政企关系，形成优势互补、互帮互助的发展模式。在景区营运前期和试营初期，要密切关注景区发展的方向、基调和态势，必要时可实施适当干预，要抓住旅游地区特有文化主线，以旅游特色和亮点来加大对景区的宣传力度，以提升旅游地经济水平为目标，使"东道主"从中获益,生活有所保障和改善,避免少数民族地区文化继承人的流走和缺失。

综上所述,从旅游人类学的角度看,想要解决多样文化背景下出现的民族村寨旅游同质化问题,需要以文化建设为重点,一手紧抓游客的需求特点,一手保证东道主的文化主体地位和利益所得,二者共同兼顾,一起参与到旅游活动中来,利用多元的文化进行科学合理的文化挖掘开发和创新,开展形式多样的文化旅游体验,增强景区吸引力;同时,保持好与政府、企业等相关机构的联系与合作,充分发挥其职能来服务于当地,在处理好多方关系后密切彼此合作,方可使得利益相关者均得到满足,进而增加旅游地区的特有的核心竞争力,构建可持续发展的少数民族村寨游。

结语

随着旅游业的迅速发展,贵州少数民族村寨势必成为新的旅游景点。但是,少数民族文化将因此受到制约、影响。虽然发展少数民族乡村游对少数民族地区经济的改善具有重要作用,但从长远的发展眼光来看,较之一个民族文化的延续和保持,显然后者更为重要。无论是当地政府主管部门、旅游企业经营供应商,还是广泛的社会群体,都应积极、主动地投身于多样民族文化的保持和文化多样性的传承、弘扬中去,而不是使之变身为现代经济发展的牺牲品。应以游客热衷的真实文化,加上合理的创新和科学的规划,使东道主得以摆脱旅游的"殖民化统治",真正掌握自己的文化,成为自己文化的主人,让民族文化作为长久的旅游地区吸引物来促进民族文化和旅游业的共同健康、有序发展,实现做大、做强贵州少数民族地区民族村寨旅游业的宏伟目标。

参考文献

[1] 瓦伦·L. 斯密斯. 东道主与游客——旅游人类学研究 [M]. 张晓萍,何昌邑,等译. 昆明:云南大学出版社,2007.

[2] 张晓萍. 民族旅游的人类学透视 [M]. 昆明:云南大学出版社,2005.

[3] 王君,马静. 贵州少数民族村寨旅游开发的思考——以台江县反排村为例 [J]. 河北工

程大学学报（社会科学版），2011，28（4）．

[4] 中国行业研究网．"十一五"期间贵州省旅游总收入年均增长统计情况 [EB/OL]．
（2011-4-29）[2012-12-27].http：//www.chinairn.com.

[5] 贵州旅游局．黔东南州"十一五"旅游发展成效显著 [EB/OL]．（2010-12-27）[2012-
12-27].http：//www.gztour.gov.cn.

[6] Nelson Graburn，郑向春．真实性与无形文化遗产 [J]．贵州社会科学，2012（9）．

[7] Horner，Alice E，Ms.Kaspin D.Personally Negotiated Authenticities in Cameroonian
Tourist Arts [M]．New York：[s.n.].1993.

[8] Wang Ning. Rethinking Authenticity in Tourism Experience [J]．Annals of Tourism
Research.1999,26（2）．

[9] 张小军，张晓松．文化？文物？——简论文化遗产保护中的"文物化"困境[J]．原生
态民族文化学刊，2011，3（3）．

[10] 田苗，杨春宇．试探贵州旅游业的发展模式[J]．曲靖师范学院学报，2002，21（3）．

六盘水市民族文化旅游资源开发过程中

存在的问题及对策

六盘水师范学院　　范兆飞 ①

摘　要　六盘水市实行产业转型以来，旅游业取得了相当程度的发展，但是丰富的民族文化旅游资源并未得到有效的开发和利用，在开发的过程中仍存在着认知度低、宣传力度不够、未能有效挖掘以及项目可参与性低等问题。要使民族文化旅游资源得到有效开发，加快旅游业的发展，尽快实现社会经济的发展就必须加大宣传力度，打造旅游精品项目，提高六盘水市民族文化旅游资源的认知度；打造特色民族节庆活动，提高六盘水市民族文化旅游项目的可参与性；将影视与民族文化深度融合，深入挖掘六盘水市民族文化旅游资源等措施。

关键词　民族文化；旅游资源；开发；问题；对策

当前，六盘水市处于经济社会转型发展的关键时期，如何高效发展旅游产业、开发旅游资源、用旅游产业带动经济社会发展，实现脱贫致富成为六盘水市面临的重大课题。目前，六盘水市大部分旅游产品仍主要集中在自然观光型产品上，对于具有六盘水市民族文化特色的产品开发力度不大，且没有很好地

---

① 范兆飞，汉族，安徽阜阳人，六盘水师范学院政治与公共管理学院讲师，"三变"改革研究中心成员，主要从事民族社会学、社会问题与社会政策研究。

把民族文化融入旅游产业中，六盘水市的旅游产业仍然缺乏较好的文化氛围。因此，如何深入挖掘六盘水市民族文化旅游资源，如何使六盘水市的旅游产业充满生机与活力，如何使六盘水市的自然旅游资源与民族旅游资源深度结合，是目前六盘水市旅游发展面临的最大难题与挑战。

一、相关概念界定

（一）民族文化的概念

民族文化是一个民族在长期的劳动生产、生活中，创造和智慧的结晶，它是具有本民族特点的物质文化和精神文化的总和。它包括人生仪礼文化、民间传承文化等，诸如民间文学艺术、民间歌舞、民间游乐，科技工艺文化，信仰、巫术文化，节日文化等。

民族文化是具有本民族特色的文化，是物质文化和精神文化的总和。它反映的是该民族历史发展的水平，也是该民族赖以生存发展的文化根基。民族文化的丰富性在一定程度上影响着民族文化旅游资源的多样性。

（二）民族文化旅游资源的概念

民族文化旅游资源是指对旅游者具有吸引力的民族文化因素，具有强大的生命力，是其赖以发展的基础资源，是一种极具观赏价值和研究价值的民族文化遗存。

根据上述定义可知，并不是所有的民族文化因素都属于民族文化旅游资源，而是在民族文化中可以被利用、开发，能够作为资源吸引力的那部分民族文化因素。民族文化旅游资源是旅游产业的重要组成部分，深入挖掘民族文化旅游资源对旅游产业发展而言具有不可忽视的作用。

二、六盘水市民族文化旅游资源的内容及特征

（一）六盘水市民族文化旅游资源的内容

六盘水市有 44 个少数民族，文化旅游资源相对来说比较丰富，本文主要从民族节庆、民间传统技艺与特产、民族民间歌舞这三个方面进行介绍。

1. 民族节庆

六盘水市的民族节庆很多，知名度较高的就是彝族火把节、苗族跳花节及赶花场、布依族六月六这三个民族节庆。

彝族火把节是所有彝族地区的传统节日，多于农历六月二十四或二十五在彝族各村寨举行，节期三天；包括：祭天地、祭火、祭祖先、驱除邪恶，祈求六畜兴旺、风调雨顺、来年丰收等一系列活动，体现了彝族人民尊重自然规律，追求幸福生活的美好愿望。每到火把节期间，景区都会推出一些别具特色的节庆活动，节庆活动中表现的各种文化艺术形式，承载着彝族独到而精湛的民族技艺。如祭火、巡游、斗牛、火把打跳、激情火把狂欢；邀请彝族哑巴表演队、白族唢呐乐队、斗羊队进行表演；推出火把节选美、火把跳赛等节目；彝族花腰歌舞、三道红、大三弦等乐器伴奏；牛王争霸、斗羊比赛，激情热闹的彝族祭火仪式。

跳花节作为苗族传统节日，历史悠久、内涵丰富、源远流长。它于每年农历二月十五在专门的花场举办。跳花节的内容有祭花树、族群文娱、青年男女求爱、展示族群文化技艺等，并在 2005 年 12 月被纳入贵州省级非物质文化遗产名录。

六月六是布依族最隆重的传统节日。它以祭祀、歌舞活动为载体，是具有宗教性、生产性和文娱性的传统文化活动。在这一天，人们会举行独具民族特色的神鼓祭祀仪式，并开展青年抛花包、竹筒传情、布依长桌宴（团圆席）、篝火狂欢、神火扫山和古寨家庭作坊生产生活文化体验、趣味体育竞技和布依族山歌比赛等一系列活动，活动期间展现了具有民族特色的传统布依族文化、精美的服饰文化、特色民族器乐、独特的布依族美食等。

对这些保存着的古老民族文化的深入挖掘，可以丰富六盘水市民族文化旅游资源的内容，同时也可以更好地传承我国的少数民族文化。

2. 民间传统技艺与特产

六盘水市是一个多民族聚居地区，民间传统技艺与特产较多，知名度较高的有蜡染和水城农民画等。

六盘水市布依族蜡染文化有着悠久的历史，以其特殊的蜡染技艺和艺术而驰名中外。蜡染技艺主要集中在六枝特区坝湾一带的布依族，并且多用于服饰中。

水城农民画的创作群体是农民，创作者主要是苗族妇女。它是集各民族的刺绣、蜡染、剪纸、雕刻等民间技艺艺术于一体的画作，这些作品有的表达本民族的历史，有的表达本民族的宗教信仰，有的表现自己的喜怒哀乐；创作者有时把这种情绪表现在满足自己物质生活需要的衣物上，有时又表现在满足自己精神生活的纸上。

3. 民族民间歌舞

盘州大筒箫、布依族盘歌、落别布依族"姊妹箫"、盘州彝族古歌，羊皮鼓舞、彝族海马舞、苗族芦笙舞都是六盘水市知名度相对较高的民间歌舞。

盘州大筒箫是盘州马场乡苗族特有的民族乐器。它呈圆筒状，演奏时音色低、音区沉闷、略带沙哑，中音区浑厚、柔和宽广，高音深远。大筒箫多数演奏的是当地比较抒情的、悲伤的传统曲目，并以其独特的"语言方式"来传递感情，尤其是在男女恋爱、结婚等场景中使用。布依族盘歌又称酒令，是用原生态布依语创作并传唱的一部古老的布依族口传叙事长歌。布依族盘歌主要以唱歌的形式对布依族人特有的心理特征和情感倾向进行生动描述，是布依族人民记载民族历史、文化的重要载体，也是布依族人的一部无字百科全书，具有珍贵的文化价值、历史价值和研究价值。落别布依族"姊妹箫"，又称"茂能"，是一种古朴、制作简单的原始民间乐器，多用于青年男女表达爱意，"求婚调"和"相思调"是其常用的两种曲调，寻知音、求离偶，缔结美满的幸福婚姻。盘州彝族古歌有着源远流长的历史，主要分布在盘州北部的彝族地区。古歌的内容涉及彝族的起源、爱情、婚嫁、丧葬、祭祀、生活环境等方面，在这些内容中主要以唱古民歌、婚仪歌（酒令歌）、丧祭歌这三类为主。

盘州羊皮鼓舞是起源于民间道坛娱神傩舞，又深受彝族歌舞文化影响的半神性的民间舞蹈。盘州羊皮鼓舞主要在祭神、趋福避祸、还愿以及送死者灵魂归天等祭祀活动中演绎，具有浓厚的宗教色彩。海马舞是根据彝族祭祀活动演变而来，以前被用作白事驱邪除恶。在新中国成立之后，随着国家对民族民间文化的重视，海马舞逐渐走向日常生活，应用于婚丧、农耕、庆典、节日等场合。苗族芦笙舞，别名又叫"踩芦笙""踩歌堂"等，因用芦笙为舞蹈伴奏和自吹自舞而得名。芦笙舞大多在年节、集会、庆贺等喜庆时刻表演，主要有自娱性芦笙舞、竞技性芦笙舞、礼仪性芦笙舞三种类型。

（二）六盘水市民族文化旅游资源的特征

六盘水市的民族文化旅游资源是历史、文化、自然、社会等因素共同作用的结果，是一种极为特殊的资源，具有以下特征：

1. 审美性

审美需求是游客的普遍动因，尽管游客会选择不同的旅游类型，但是最终的目的是为了得到放松，获得愉悦的审美感。审美性主要表现为自然美、社会美和艺术美三类。民族文化旅游资源的审美性主要表现为一种和谐美，民俗民风更是六盘水市各民族生活的真实反映，是人们顺应自然的结果。

2. 区域性

六盘水市的民族文化旅游资源是在地域范围内的人与环境相互作用的产物，它有明显的空间分布特征。六盘水市各个民族的旅游资源都有其特殊的生存条件和相应的区域环境，尤其是在一些环境封闭的地域，这种区域性会更明显。

3. 多样性

六盘水市是一个少数民族众多的地区，有 44 个少数民族，其中世居少数民族有彝族、苗族、布依族、回族、仡佬族、水族和白族 7 个。每个少数民族都有自己的民族特色，不同的民族特色和民族风格，使六盘水市的民族文化旅游资源呈现多样性的特点。

三、六盘水市民族文化旅游资源存在的问题

（一）六盘水市民族文化旅游资源的认知度低

表 1　六盘水市民族文化旅游资源认知度

排序	资源类型	认知度
1	良好的气候环境	87%
2	秀美的自然风光	80%
3	奇特的地质地貌	64%
4	丰富的民族文化	58%
5	"三线建设"文化	54%
6	饮食文化	41%
7	夜郎文化	40%
8	茶文化	16%

通过表1发现，六盘水市的自然风光资源得到了旅游者较高的认知，自然旅游资源开发效果较好。而旅游者对六盘水市民族文化认知度较低。旅游者给六盘水市赋予更多的是自然风光的审美价值，却不能充分感知六盘水市蕴含丰富的民族文化特色，市内具有民族特色的传统文化资源没有得到充分挖掘和重视。

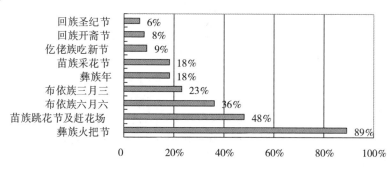

图 1　六盘水市民族节庆认知度

图1数据显示，旅游者对六盘水市民族节庆资源的认知度普遍较低，除了彝族火把节和苗族跳花节及赶花场以外，其他的节庆资源的认知度都在40%以下。

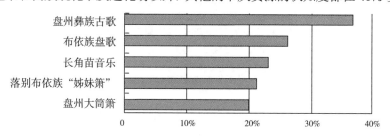

图 2　六盘水市民族音乐认知度

通过图2可知，六盘水市布依族"姊妹箫"、布依族盘歌、盘州彝族古歌的认知度都不高。相对而言，盘州彝族古歌比其他民族音乐认知度稍高，其他的都不到30%。

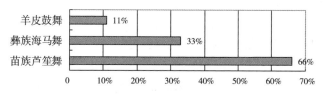

图 3　六盘水市民族舞蹈认知度

通过图 3 发现，旅游者对六盘水市民族舞蹈的认知度除了苗族芦笙舞较高以外，其他民族舞蹈，如彝族海马舞、盘州羊皮鼓舞等舞蹈的认知度都非常低。

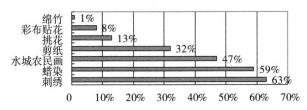

图 4　六盘水市民族传统技艺与特产认知度

通过图 4 发现，旅游者对六盘水市民族传统技艺与特产的认知度除了刺绣、蜡染、水城农民画、剪纸以外，其他的都不足 20%，而且认知度最高的刺绣也不足 70%。

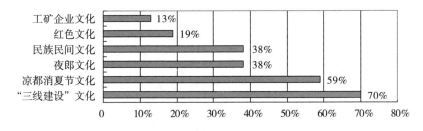

图 5　六盘水市代表性文化认知度

通过图 5 发现，旅游者除了对六盘水市的凉都消夏节文化以及红色文化中"三线建设"文化的认知度较高外，其他的文化认知度普遍不高。

（二）六盘水市民族文化旅游资源的宣传力度不够

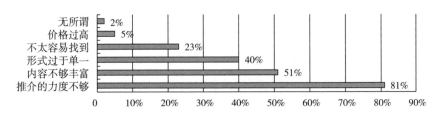

图 6　传播渠道问题

通过图 6 我们发现，六盘水市的民族文化旅游资源的宣传渠道存在形式过于单一、内容不够丰富、不太容易找到和推介力度不够等问题。其中推介力度不够竟高达 81%，这是因为六盘水市民族文化旅游资源的宣传渠道少，结合网络、视频及影像等多种传播途径的宣传很少。

六盘水市与旅游企业的沟通与合作也比较少，没有充分发挥网络平台的效用。在旅游网站上搜索"六盘水旅游"，得不到相应的旅游商品，可是输入"云南旅游"时，相关商品有 4000 多件。这足以说明六盘水市不太注重与天猫、淘宝等旅游企业合作，在一定程度上忽略了网络平台这一有效的宣传媒介。

（三）没有深入挖掘六盘水市民族文化旅游资源

当前，六盘水市的旅游产品大多都集中在自然景观类，特别是最近几年打造的凉都城市，吸引了大量旅游者的眼球，但是在发展过程中却忽略了对民族文化旅游资源的深入挖掘。

徐克导演的电影《智取威虎山》的热映，唤起了老一代人的记忆，并让众多 80 后、90 后热血沸腾。剧中的取景之地——牡丹江威虎山和雪山引起了很多人的向往，牡丹江路线大热，威虎山更是一"炕"难求。而由潘明光导演的以六盘水市玉舍公园夜郎王宫为取景点的电视剧《夜郎王》却销声匿迹。这主要是因为徐克导演的电影抓住了威虎山和雪山的精髓之处，深入挖掘出了此地的特色，并与电影完美融合，所以游人众多。但《夜郎王》这部剧没有抓住六盘水市夜郎文化的精髓，没有对六盘水市民族文化旅游资源进行深入挖掘，随着夜郎王宫的烧毁，这部电视剧所带来的影响也销声匿迹。

（四）六盘水市民族文化旅游项目参与性低

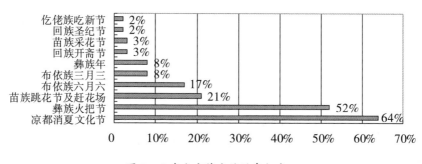

图 7　六盘水市节庆旅游参与度

通过图 7 可知，除了凉都消夏文化节与彝族火把节的参与度较高外，其他节庆的参与度都不到 30%。凉都消夏文化节与彝族火把节的专业性不强，所以参与度比较高。而其他的节庆活动，如六盘水市钟山区南开乡的跳花节、青林苗族芦笙艺术节却因为其中的展演性、专业性太强，需要较高的舞蹈和乐器基础，导致参与度非常低。

个案访谈：小菲（化名），性别：女，年龄：27，籍贯：湖北，职业：教师。

"您喜欢六盘水市的节庆活动吗？"

"挺喜欢的。"

"那您经常参与到节庆活动中吗？"

"很少，虽然六盘水市少数民族的舞蹈、歌曲、节庆项目多，但因为我不会少数民族的舞蹈、音乐而无法参与其中，只能在一旁观看。"

可见，六盘水市少数民族许多节庆项目的展演性、专业性太强，导致民众的参与度较低。而云南抹黑节[①] 因其体验性、娱乐性强，专业性低，有力地调动了广大市民和游客的参与性。

四、挖掘六盘水市民族文化旅游资源的策略及建议

（一）加大宣传力度，打造旅游精品项目，提高六盘水市民族文化旅游资源的知名度

1. 多渠道加大旅游宣传力度，提高六盘水市民族文化旅游资源的知名度

当一个景区发展逐步成熟后，宣传力度会直接影响到旅游市场的客源。一个旅游者选择某地旅游，主要取决于两个因素：个人的经济能力与旅游景点的知名度。知名度越高，旅游者选择的概率就会越大。所以，想要提高六盘水市民族文化旅游资源的知名度，就要多渠道加大旅游资源宣传的力度。

具体方法有几点：第一，借助政府及网络平台。六盘水市网络公司作为六盘水市民族旅游景点门票、观光车的网上销售代理商，承担着游客数量控制、

①抹黑节，是云南为提高游客的参与度和娱乐度而专门设计的文化节日，其过程是游客双手涂上黑色颜料互相涂抹参与者彼此的脸上，由于专业性要求极低，娱乐性强，使得这个节日参与度极高，深受游客的欢迎。

保护景点环境这一重要职责。因此，要进一步完善六盘水市网络旅游公司的功能，提供更好的技术平台支持，保证结算、及时预订、信息交换的需要。另外，要依托六盘水市政府对挖掘六盘水市民族文化旅游资源，促进六盘水市旅游产业发展的政策支持，进一步拓宽在网络平台上的战略合作伙伴。第二，整合旅游企业资源。深化与阿里巴巴淘宝网的战略合作，依托阿里巴巴集团旗下的淘宝网、支付宝、天猫等强势资源，搭建以"民族旅游"为主题的旅游电子平台，利用阿里巴巴淘宝网的有力资源，实现六盘水市民族文化旅游产品的在线发布销售，将六盘水市的民族文化旅游产品推向全国、全世界。第三，多种宣传方式相结合。采用拍摄宣传片、广告、电视剧及电影等方式，利用现代网络通信工具，如微博、微信等，在各大网站上进行宣传，邀请专家来六盘水市考察，打出六盘水市民族文化旅游基地的名声。采用民族文化旅游景点打折扣、优惠券、美团券、返现、积分等促销手段来吸引游客。

2. 打造旅游精品项目，提高六盘水市民族文化旅游资源的知名度

一个景区唯有具备精品项目才能让旅游者流连忘返。六盘水市想要提高旅游资源的知名度，就要从打造旅游精品项目上苦下功夫。

首先，六盘水市可以引进现代时尚元素与现代加工技术，把所引进的元素与技术运用于刺绣、蜡染、雕刻以及剪纸等民间传统技艺与特产上，在保留原有民族特色的基础上，融入新的时尚元素，实现传统旅游工艺商品的自主创新，打造传统手工艺品的知名品牌，提高其在旅游者心中的知名度。其次，六盘水市可以开发民族民间歌舞演艺项目。六盘水市可以通过对民族民间歌舞进行创作与编排，大力开发彝族海马舞、盘县羊皮鼓舞、布依族盘歌及盘县彝族古歌等民间歌舞艺术，并与六盘水市知晓度高、品牌优势明显的民族歌舞进行深层次的整合，开发出多层次、多类别的民族民间演艺项目，加深其在旅游者心中的印象，提高知名度。最后，六盘水市可以整合全市的红色旅游资源，在保留原有的民族特色和风格的红色文化元素上，融合国际的、现代的、主流的红色文化元素，打造出一批能够满足现代旅游者的需求、高质量、高标准、高水平的红色艺术精品。

（二）打造特色民族节庆活动，提高六盘水市民族文化旅游项目的参与度

1. 打造体验性、参与性及娱乐性相结合的民族节庆活动

六盘水市节庆内容的专业性太强，在一定程度上影响了游客对六盘水市民族节庆的参与度。因而我们在挖掘六盘水市民族节庆资源的时候，一定要有意识地打造和设计一些集体验性、参与性和娱乐性为一体的民族节庆活动，如像云南抹黑节等。要知道，越是参与性、体验性和娱乐性强的节庆活动，越能得到人们的认可，也越能吸引旅游者。

2. 设计季节性的旅游产品

六盘水市的民族节庆活动主要有：农历的六月二十四至二十七的彝族火把节、农历二月十五的苗族跳花节、布依族的六月六。这些节庆活动的时间都是固定的，我们可以将其设计成六盘水市季节性旅游产品，年复一年地进行，吸引旅游者的眼球，提高六盘水市民族文化旅游项目的可参与性，增加其在旅游者心中的影响力。

（三）影视与民族文化深度融合，深入挖掘六盘水市民族文化旅游资源

一部电视剧或者电影，只有抓住题材的精要之处，触碰到观众内心最柔软的部分，才有可能吸引观众的眼球，引发观众想要一探究竟的欲望。既要引导在六盘水拍摄的电视剧或者电影融入六盘水市的民族文化旅游资源，抓住精髓之处，把影视与六盘水市的民族特色与民族风格完美融合，又要善于剖析影视剧当中所隐含的民族文化成分，并加之整合，还要把这些挖掘出来的旅游资源加入现代元素与现代技术，打造一部部更具有六盘水市民族特色的电视剧或者电影，继而加大宣传和推介，打造像威虎山、大理天龙八部城一样具有吸引力而又人人向往体验的品牌景点。

结语

随着六盘水市经济社会的转型不断深入，旅游业发展成为六盘水市经济发展的引擎之一。如何发展六盘水市民族文化旅游，尽快实现旅游业的全面发

展，进而带动六盘水市的脱贫致富就要从民族文化旅游资源开发过程中存在的问题入手，去深入探讨挖掘旅游资源的建议及对策。可是在实际的操作环节中，如何深入挖掘和整合六盘水市民族文化旅游资源，推进文化与旅游深度融合发展，打造民族风情旅游仍然是一大难题，仍需要政府以及专家学者共同进行探讨，以找出实际操作的措施。

参考文献

[1] 任冠文.论民族文化旅游资源的开发与保护[J].广西民族研究，2006（1）：178-180.

[2] 石惠春，程国栋.宁夏民族文化旅游资源开发战略研究[J].经济地理，2003（5）：419-422，426.

[3] 把红梅.浅谈楚雄彝族火把节的文化价值[J].美术教育研究，2013（19）：34-36.

[4] 罗红英.六盘水苗族跳花节保护策略研究[J].贵州民族大学学报（哲学社会科学版），2013（6）：44-47.

[5] 白萍.走进贵州体验布依族"六月六"传统佳节[EB/OL].[2015-07-23].http://www.gz.chinanews.com/content/2015/07-23/55114.shtml.

[6] 张朝卿，戎聚全.贵州苗族医药要略[J].黔南民族医专学报，2004（2）：68-69.

[7] 李如海.盘县"布依族盘歌"的内涵及传承发展[N].贵州民族报，2015-10-29（1）.

[8] 欧阳平方.盘县彝族古歌的分类与形态特征探析[J].毕节学院学报，2013（9）：43-44.

[9] 王佳翠.新媒体视角下遵义红色文化传承创新[J].传承，2013（6）：26-27.

[10] 李建盛.关于推动北京文化大发展大繁荣的战略思考和建议[J].北京社会科学，2011（6）：4-8.

[11] 王良艳.九寨沟藏民族文化旅游资源开发研究[D].成都：西南财经大学，2011.

[12] 看《智取威虎山》览取景地牡丹江的塞外风情[EB/OL].[2015-02-11].http://travel.163.com/15/0211/09/AI5N01AD00063JSA.html.

[13] 艾力江·买买提.推进少数民族地区文化产业发展[J].中华少年，2012（11）：327.

煤矿工人的道德回响

——论六盘水作家金永福小说中的矿工形象

六盘水师范学院　钟　敏

摘　要　矿工是中国当代小说塑造的重要人物形象系列之一，也是底层人物形象塑造的代表之一。六盘水作家金永福在其小说中塑造了系列矿工形象，在矿工的底层世界中我们倾听到不同形式的道德回响。坚守岗位，以之为乐；互相关心，互相帮助；甘于牺牲，舍己为人。以坚韧、仁义的形象体现出一代矿工的道德品质，这些道德品质是煤炭行业持续性发展和六盘水城市转型发展的源动力。凝视矿工的精神价值，也是对矿工历史作用和角色地位的进一步书写和确认。

关键词　金永福小说；煤矿工人；道德回响

"金永福是六盘水二十世纪文学中的标志性人物"，其小说创作题材领域广，有农村题材、工矿生活和机关生活等，对历史与现实的书写游刃有余；艺术形式多样，叙事、抒情、写景、歌谣与谚语自然融合；人物塑造丰富，官员、商人、农民和矿工等形象生动鲜活。在他的小说中，以矿工生活为题材的主要有《飞旋的车轮》《矿工的妻子》《彩色的巷道》和《半边户》。矿工是中国当代小说塑造的重要人物形象系列之一，也是底层人物形象塑造的代表之一。在矿工的底层世界中我们能倾听到不同形式的道德回响，能深刻地理解矿工群体的特性、命运和希望。在金永福描写煤矿工人的小说中，不仅展现了矿工们作为有血有肉的人的欲望，更挖掘出矿工们在恶劣的工作环境下，坚守岗位，以之为乐；生活艰难，但却互相关心、互相帮助；发生事故，甘于牺牲，舍己为人。以坚韧、仁义的形象体现出一代矿工的道德品质，这些道德品质反映出当代工人阶级应具有的社会道德规范和现代化的精神意识，这些道德品质对于六盘水市工业的延续性发展及旅游业的转型发展具有道德精神的价值。

一

贵州六盘水市已实现从"煤都"到"凉都"的华丽蜕变，从以煤炭行业为主的工业城市向旅游城市转型发展，而煤炭行业在未来也将探索转型，以节能减排的环保资源继续被开发。在煤炭行业默默贡献的煤炭开掘者——煤矿工人，将继续以他们的生命为我们谱写道德的篇章。

六盘水市一直以工业发展为重心，是一座"因煤而建、因煤而兴"的资源型工业城市，以发展煤炭、能源、钢铁、装备制造业、建材等产业为主，素有"江南煤都"之称，是 2003 年 8 月国家发改委《资源型城市经济结构转型》课题组从全国 118 个资源型城市中确定的 60 个典型资源型城市之一。在长期的资源开发中，六盘水市经济在得到快速提升的同时，面临煤炭开采与生态环境保护的矛盾。从 20 世纪 60 年代中期开始，"三线建设"在六盘水全面铺开。由于当时重开发建设、轻环境保护，环保意识不强，随着六盘水矿区规模的不断扩大，境内环境开始受到污染，生态环境遭到破坏；"三废"污染严重，生态环境遭到不同程度的破坏；地质灾害频发，环境污染严重，采矿、洗选和煤炭加工等环节产生的废水对水体产生污染；煤矸石、粉煤灰等产生的大量固体废物和废水、废气未能得到有效的综合利用，可持续发展压力较大。

"城市转型是资源型城市实现可持续发展的必然选择和客观要求"，如今这个资源型城市利用"循环经济"，将凉爽的气候环境作为卖点，着力打造"中国凉都"特色旅游，力图将旅游发展成为特色产业。在全球气候变暖的背景下，"中国凉都"已然成为贵州省六盘水市一张光彩夺目的城市新名片。

六盘水已走在转型发展的大道上，旅游业的发展在"中国凉都"的品牌效应下已形成繁盛发展的姿态，"煤都"变为"凉都"，"煤都人"变为"凉都人"，以工业发展为主的城市转变为以旅游发展为主的城市，但退居幕后的六盘水煤炭工业仍然有其延续性发展，而"凉都人"也将后发赶超，再创新的业绩。曾经为六盘水市工业作出贡献的煤矿工人们会继续坚守在他们的岗位上，而其所具有的优秀道德品质会被"凉都人"继承发扬，去创造六盘水市更辉煌的明天。

二

金永福塑造的煤矿工人形象是丰富而复杂的，既有欲望化的书写，又有英雄化的书写。对其欲望化的凸显，主要集中体现在对金钱和性的渴求上。煤矿工人希望收入高一些，改善家庭生活，因此会想占有矿井中未回收的木材；由于他们是"煤二哥"，只能选择家乡农村的姑娘结婚，因此过着"半边户"的生活，对性的渴望和追逐成为他们生命、肉身欲望的重要形式。古人云："食、色，性也。""饮食男女，人之大欲存焉。"这些说法显示了人的自然需要和本能欲望的合理性和必然性，也揭示出性或者性活动是尘世间无法祛除的诱惑。由于矿工在黑暗的窑底工作，一旦走上地面，他们的情感潜流便汇聚成原始的冲动，他们拥有健康的体魄，有着对异性的强烈需求。而作家在现实地描写这些欲望的同时，凭借叙事的力量揭示了矿工的人性与道德内涵，形成强有力的道德回响：煤矿工人工作环境恶劣，但他们坚守岗位，以之为乐；收入不高，生活艰难，却互相关心、互相帮助；井下时有塌方和冒顶，事故发生时，甘于牺牲，舍己为人。"他们只知道，活着就是风险、创造、操劳，用生命的光辉照亮别人，也照亮自己和世界，他们是人类生命群体中的绝大部分，从他们身上，你可以聆听到人类在时代和历史大潮中那种粗犷的气息和心跳，感受到人类朴实浩瀚的生存足迹和生命光辉。"

煤矿工人工作的环境极其恶劣，但他们数年如一日，坚守岗位，把下井当作生活中的快乐，把一生的岁月奉献给矿山。煤炭被称为"黑金"和"乌金"，埋藏在地下800米深处，通过煤矿工人开掘出来才能燃烧，释放出涌动的能量，带给人间光明和温暖，因此煤矿工人被称为"普罗米修斯"。因为煤炭的深埋，使得煤矿工人工作的环境恶劣而危险，长期处于黑暗和粉尘甚至是瓦斯的威胁当中，《彩色的巷道》对井下工作的情况进行了具体描写，金永福写道："你到过井下吗？从竖井坐罐斗下去，垂直二百米，一分钟到底。若从斜井下去，到采面一小时。走完每条巷道要整整一天。巷道像蜘蛛网，组成了一个地下迷宫，别说我们刚来的人弄不清东南西北，就是干了十几年的老工人，也有迷路的时候。主巷道又高又宽，可以跑火车。其他巷道就窄得多、矮得多了，最窄的只能放条溜槽，最矮的地方要爬着前进……这里的地质条件不好，每平方公里有断层四千七百多条。粗大的支柱被压弯压断是常有的事，顶棚的木块，时时在'嚓'地作响，好像整条巷道就要塌下来一样……采煤面更恼火，这里没有什么割煤机，采煤全靠人工打眼放炮。一排炮响后，火药味、煤尘弥漫整个工作面。"矿工们慢慢习惯了井下生活，"不下井，还觉得怪不舒服"，谁也不觉得单调和遗憾。《矿工的妻子》中的劳模李顺发开劳模会回到矿上后，连第一次到矿上探亲的妻子都没见一面、看一眼，就戴着安全帽下井了。矿工范学才不愿离开矿上，宁愿和妻子小王离婚也不遂妻子给他办调动的心愿。

矿工们长期生活在矿上，人与人之间的关系以班级为单位形成了坚固的感情纽带，如果有矿工家里出现经济拮据、生活困难等情况，矿工之间都会互相帮助，慷慨解囊。《半边户》中的矿工肖昌文为解决两地分居问题，将妻子和孩子都接到矿上，妻子没有工作，孩子的户口也无法解决，为了帮助肖昌文一家解决生活问题，班上的矿工们不仅帮搭棚子，还借钱给他们开了小百货店；矿工周仁义父亲病危，考虑到会出现急需用钱的情况，班上的成员凑出 300 元让其带回家以备急用；矿上没有专门的探亲房，床也很小，班长孙达得一开始把自己的床让给矿工家属用，后来为彻底解决问题，用木板做了一张小床给矿工的小孩睡。当肖昌文的妻子丁先芝被烫伤需植皮时，孙达得又到医院为其献皮。

井下危险较多，多发塌方和冒顶，矿工们经常在与生命赛跑。但他们甘于将死留给自己，将生让给他人。《半边户》中井下出事故，5 号工作面冒顶，埋了一个班的人，没有当班的矿工都赶到井口，孙达得在矿长刚下达完命令，便把全班人召集在一起，准备用自己的生命去换取他人的生命。王斗地的妻子张芝仙为丈夫的安全考虑，阻拦丈夫下井救人，王斗地扬手给了妻子一个耳光后毅然下井。孙达得的班连续不停地堵水、挖洞十多个小时后，在还要冒顶的情况下撤离，只有一个矿工没被驮出来，其他不管是生还的还是死亡的矿工都被驮了出来。救援的矿工在劳累、缺氧的情况下，爬出井口后偏偏倒倒，一个个就像风吹的稻草一样都倒下了，被守在井口的救护车送到医院抢救。虽然仍不免有生命的逝去，但他们抓住机会救活了有生还可能的矿工，驮出了遇难矿工的尸体。《矿工的妻子》中当井下出了多年未见的大事故，70多米长的巷道冒顶时，书记、矿长奔下井去了！救护队员们奔下井去了！邱名举冲下井去了！范学才反穿着工作服跑来，甩开妻子的手，冲下井去了！去救援被埋的矿工们，他们没有一丝退缩，只要有挽救的机会，再危险的井下也要闯。开劳模会回来，还没见探亲妻子一面的李顺发师傅被埋在了井下，矿工们正在攉煤时，李顺发师傅听见支柱炸响，他没有自己往外冲，而是立即通知其他矿工跑出危险区，而他走在后面，被埋在井下。

"英雄是一个自我发现和建构的过程，英雄在自己生存的环境中和他的同伴找到强大的心志力量，抵挡各种外来诱惑，最终抵达精神的家园。"煤矿工人在艰苦、危险、脏乱的煤矿空间中实现了自我的价值，他们像普罗米修斯一样，冒着种种危险，为人间盗取火种，给人类送去光和热。他们自我牺牲的精神和坚韧不拔的意志必然在整个社会的身份结构体系和道德体系中显现出来。

三

金永福对煤矿生活因为有着切身的体验而有着独特的观察、思考和表达方式。他在金钱和欲望控制的伦理世界中思考着人性中美好和可贵的道德戒律，启示着人们深思和关怀底层矿工的情感世界和生存境遇。他笔下的矿工形象体现出作家的现实主义创作精神和审美价值。

金永福曾经在水城一个山沟里的铁厂做了十年的宣传工作，矿山生活使他和矿工们爱过、笑过，正如他自己说得那样，"熟悉生活，重要的是认识人、熟悉人、了解人、理解人、尊重人。熟悉他们的生活、他们的语言和风俗等等，深入到他们的情感世界中。我的长篇小说《半边户》中的矿工，都是我的朋友。我和他们下过井，提着矿灯在夜里抓过田鸡，一边喝酒，一边谈论女人。那时，我并没有想到要写他们。过了若干年后，他们的形象在我的心中更加清晰、更加亲切，情感像潮水一样冲击着我的心灵，我坐立不安了。"金永福了解矿工们的缺点，更喜爱他们的优点。对于具有矿工身份和在煤矿体验过生活的金永福来说，他试图通过塑造和刻画矿工的形象，书写煤矿的历史，让在地下深处工作的矿工阶层的形象凸显出来，进而确认自己的身份地位和伦理选择。对于矿工群体来说，金永福通过讲述矿工的故事来描写和展现矿工的形象，在很大程度上有助于矿工身份的建构，而矿工丰富和感人的生活经验及情感世界也必将得到社会的认可和赞扬。

对善于观察和思考社会现实、开掘人性世界的金永福来说，煤矿是一座文学的富矿。作家刘庆邦说，煤矿的现实就是中国的现实，而且是更深刻的现实。作家杨治华说，煤矿是城乡接合的社会，很复杂，也很神奇。在这片神奇而富饶的沃土上，如何讲好矿工的故事和塑造感人的矿工形象，如何通过这些故事和形象来凝聚当代中国社会的真实变化，需要作家在历史视野中创造和展开，也有赖于作家创造性地观察、体验、思考和审美表达。毫无疑问，当我们在金永福小说中对他塑造的 20 世纪 80—90 年代矿工这一形象进行回顾和反思，展示他们的历史担当、情感诉求和道德面貌时，矿工的历史命运和精神价值得到了最真实的展现。

从现代文学史的角度看，矿工形象的塑造显然没有农民、知识分子的形象那样有成熟和厚重的写作经验与传统，但是他们极富有时代和行业特征，体现出工业题材发展的特点和活生生的文学经验，在当代中国社会发展的各阶段都留下了不可磨灭的印迹，是中国当代小说人物形象塑造的重要范型。他们以底层的身份参与到中国现代历史发展和社会主义建设的过程中，以勇于牺牲的主体精神来争取和确认自己的身份地位，同时在社会形态和经济文化不断转型的阵痛中，释放煤矿空间所孕育的独特的情感体验、欲望诉求和精神特质，表现出一种独特的审美样态。在金永福的小说中，我们能倾听到矿工在人性世界中发出的道德回响，能深刻地理解时代历史和矿工群体的特性、命运和希望。

参考文献

[1] 吴学良.金永福的中篇小说创作漫谈[M]//杨小天.金永福作品评论集.北京：中国文联出版社，2010.

[2] 伍应德.资源型城市转型路径与策略——以六盘水市为例[J].资源与产业，2013（2）.

[3] 高守亚.俯瞰西部山深处——金永福长篇小说创作简论[M]//杨小天.金永福作品评论集.北京：中国文联出版社，2010.

[4] 金永福.咬定青山不放松[M]//杨小天.金永福作品评论集.北京：中国文联出版社，2010.

五、 智谋生态文明

健康权优位：关于完善我国环境与
健康法律制度的思考

遵义医学院马克思主义学院　王志鑫

摘　要　目前，我国环境污染损害人体健康的事件呈现出高发、频发的态势，公众的健康权益受到威胁。我国政府向来对环境与健康工作非常重视，已采取诸多措施并取得了显著成效。但环境与健康法律制度面临着诸多困境，难以有效保障环境与健康工作顺利持续地开展。因此，在当前我国正处于社会转型期的背景之下，需进一步完善环境与健康法律制度，凸显"健康权优位"思想，包括将健康权写入宪法、加强环境与健康立法、建立环境与健康基准体系、培养公众环境与健康素养、完善环境健康损害赔偿制度、形成有效的环境健康监管协作机制等措施，从而切实保障公众的健康权益。

关键词　健康权优位；环境与健康；法律制度；逻辑转向

改革开放以来，我国经济历经 40 年的高速发展，人民生活水平稳步提升，健康状况明显改善。但与此同时，受经济产业结构、人口压力等因素的影响，我国环境问题却逐渐显现，环境污染损害人体健康的事件呈现出高发、频发的态势，环境健康问题日益严峻，已成为影响经济发展与社会稳定的重要因素。党和国家在认识到环境保护与公民健康的内在逻辑关系后，适时推出"健康中国"战略。习近平总书记强调："没有全民健康，就没有全面小康；要把人民健康放在优先发展的战略地位。"2016 年 8 月 26 日，中共中央政治局召开专题会议，审议并通过了《"健康中国2030"规划纲要》，该纲要明确提出未来15年要大力推进健康中国建设。相较于前一个"健康中国"纲要，新纲要最显著的特点在于从医疗之外的角度探讨健康保障问题，即从影响健康的外在要素出发，把环境保护作为健康保障工作的重要着力点。环境健康问题是关乎个人利益、公众健康、社会福祉及国家发展的大事，必然会触及各相关主体的利益，必须加强对环境与健康工作的管理。但环境与健康工作要想顺利开展，离不开相关法律制度的保障，然而我国环境与健康法律制度还面临着诸多困境，难以对环境健康工作进行有效规制。本文在通过对我国现行环境与健康法律制度现状及困境分析的基础上，思考进一步完善我国环境与健康法律制度的具体路径，期以抛砖引玉。

一、我国环境与健康法律制度之现状和困境

（一）我国环境与健康法律制度的现状

1. 积极回应环境与健康问题是我国的基本政策

1994年3月25日，国务院第16次常务会议讨论通过了《中国21世纪议程——中国21世纪人口、环境与发展白皮书》，在其第9章（卫生与健康）中规定："减少因环境污染和公害引起的健康危害，减少各种环境污染因素对健康的潜在性威胁。"2006年4月17日，温家宝总理在第六次全国环境保护大会上提到："生态环境的好坏，直接关系到人民群众的生活质量和身心健康。"2007年11月5日，原卫生部、环保总局等18个部委局办联合下发了第一个调整、规范我国环境与健康工作的纲领性文件——《国家环境与健康行动计划（2007—2015）》，成立了国家环境与健康工作领导小组，初步构建了多部门协作机制，为开拓环境与健康工作新局面奠定了初步的基础。2011年9月20日，原环境保护部发布了《国家环境保护"十二五"环境与健康工作规划》，提出要强化国家防控环境风险的能力，加强对公众健康的保障力度，促进环境与健康工作有序进行。2016年11月24日，国务院印发了《"十三五"生态环境保护规划》，提出要建设以人体健康为目标的环境基准和环境标准体系，促进环境与健康工作办法的出台，初步构建环境与健康调查、监测和风险评估制度。2017年2月23日，原环境保护部发布了《国家环境保护"十三五"环境与

健康工作规划》，提出了坚持预防为主、风险防控的理念，加强与环境保护相关法规政策的衔接，将保障公众健康纳入环境保护政策。2018 年 1 月 24 日，原国家环境保护部发布了《国家环境保护环境与健康工作办法（试行）》，旨在以加强环境健康风险管理，推动保障公众健康理念融入环境保护政策。

2. 保护环境、保障人体健康是我国环境与健康立法的重要目的

我国环境保护和医疗卫生管理相关立法非常重视环境污染或破坏对人体健康的损害问题，如《环境保护法》(2014 年修订)、《海洋环境保护法》(2017 年修正)、《固体废物污染环境防治法》(2016 年修正)、《水污染防治法》(2017 年修正)、《药品管理法》(2015 年修正)、《食品安全法》(2015 年修订)、《传染病防治法》(2013 年修正)、《放射性污染防治法》(2003 年颁布)、《环境噪声污染防治法》(1996 年颁布)、《动物防疫法》(2015 年修正)、《放射性废物安全管理条例》(2011 年颁布)、《淮河流域水污染防治暂行条例》(2011 年修订)、《医疗废物管理条例》(2011 年修订)、《消耗臭氧层物质管理条例》(2010 年颁布)、《放射性物品运输安全管理条例》(2009 年颁布)、《废弃电器电子产品回收处理管理条例》(2009 年颁布)、《防止拆船污染环境管理条例》(2017 年修订)、《放射性同位素与射线装置安全和防护条例》(2005 年颁布)、《矿山地质环境保护规定》(2016 年修正)、《新化学物质环境管理办法》(2010 年颁布) 等法律法规及部委规章中明确提出以"保护环境、保障人体健康"作为其立法目的。

3. 创设了环境与健康具体法律制度

（1）建立了环境与健康风险管理制度

2014 年新修订通过的《环境保护法》将"保障公众健康"纳入第一条即立法目的之一，且新增第三十九条"国家建立、健全环境与健康监测、调查和风险评估制度；鼓励和组织开展环境质量对公众健康影响的研究，采取措施预防和控制与环境污染有关的疾病"。此为环境健康风险管理制度首次得到法律上的确认和阐述，为下一步的政策出台奠定了良好的法律依据。2017 年发布的《国家环境保护"十三五"环境与健康工作规划》明确提出，要"建立环境与健康监测、调查和风险评估制度"。2018 年 1 月 24 日，原环境保护部发布的《国家环境保护环境与健康工作办法（试行）》第四条第一款规定："建立健全以防范公众健康风险为核心的环境与健康监测、调查和风险评估制度，拟定环境与健康政策、规划，起草法律法规草案，制修订相关基准和标准，实施环境健康

风险防控。"至此，我国已初步建立了环境与健康风险管理制度。

（2）实行了环境健康影响评价制度

为科学、公正、公平地评估环境污染对公众健康的损害程度，规范环境污染健康影响事件，以统一的标准处理污染排放单位与受污染公众的纠纷，维护公众健康权益，原国家卫生部于 2001 年 6 月颁布了《环境污染健康影响评价（试行）》。同时，国务院于 2009 年颁布了《规划环境影响评价条例》，其第八条规定："对规划进行环境影响评价，应当分析、预测和评估规划实施可能对环境和人群健康产生的长远影响。"这些措施初步构建起我国环境健康影响评价制度。

4. 构建了环境与健康工作管理体制

随着环境与健康工作对象的不断变化，我国环境与健康工作管理制度也经历了几个阶段：一是 20 世纪 50 年代至 70 年代末，这一时期的环境与健康工作要点在于去除原生性环境对健康的影响，提升对寄生虫病和感染性疾病的防范能力。故该阶段工作主要由各级卫生防疫部门负责；二是 20 世纪 80 年代初至 90 年代末，随着我国工业化和城镇化进程的加快，人类生产生活排放的大量污染物对环境与健康造成了很大的威胁，国家于 20 世纪 80 年代初成立环境保护部门，主要负责污染检测和环境保护事务，健康事务处于环保工作的一部分；三是 21 世纪初至今，随着经济发展水平和人民生活水平的日益提高，公民的健康意识逐渐觉醒，国家也认识到环境与健康的内生关系，加快推动了环境与健康工作。原卫生部于 2002 年在中国疾病预防控制中心内成立了环境与健康相关产品安全所，其主要负责指导全国环境与健康业务技术。原国家环保总局于 2005 年成立了环境健康与监测处作为我国环境健康的专门管理机构。同时，环保和卫生等部门也积极加强合作，协同探讨建立环境与健康工作协作机制。自 2005 年以来，原卫生部和原国家环保总局已联合举办了四届国家环境与健康论坛，诚邀政府、科研机构、高校等的技术人员一同商讨环境与健康工作中存在的问题、时机和挑战。2007 年，随着《国家环境与健康行动计划（2007—2015）》的发布，我国成立了国家环境与健康工作领导小组，初步构建了多部门协作的管理机制。

（二）我国环境与健康法律制度面临的困境

1. 环境与健康立法体系尚未形成

目前，我国环境与健康领域的立法条块分割、各自为政的现象明显，缺乏从总体上把握环境与健康内在逻辑关系的考虑，如环境立法倾向于环境污染问题的治理却忽视了其对公民健康的影响；健康立法重视疾病预防和控制，却忽视了环境与疾病的内在肌理关系。虽然新《环境保护法》第三十九条对环境与健康工作的某些内容作了规定，对环境与健康立法具有较大的启发和指导意义，但环境与健康领域的立法体系还未成形，法律对环境与健康工作的影响还较低。主要表现为：一是环境与健康专门性法律缺失。我国在环境与健康领域缺乏专项性立法，各种相关规定多散见于环境法、卫生法、劳动法等部门法之中，难以形成合力应对日趋严峻的环境健康形势；即使有一些专门针对环境与健康的法律条文，但因缺乏综合性法律的指导而在实际操作中困难重重，适应性不强。同时由于立法上的不统一，客观上导致环保和卫生部门在开展环境与健康工作时容易陷入各自为政的误区，不利于环境与健康整体工作的推进和展开。二是现有环境与健康立法目的不完善。这在卫生领域立法上不明显，而在环境领域立法上表现明显。目前，我国环境领域立法目的大多体现为"二元论"，即在改善环境、保障公众健康的同时达到促进经济可持续发展的目的。然而在实践中，保护公众健康的中心目的并未完全确立，往往是保障人体健康让位于经济发展，环境法难以有效执行，致使公众健康难以得到有效保护。

2. 环境健康基准衔接不足

环境健康基准是制定环境与健康法律法规及规章文件，进行环境与健康工作管理的重要依据。截至 2016 年 7 月 1 日，我国累计发布国家环境保护标准1969 项，其中现行有效标准 1720 项。这些标准为减少污染物排放、优化产业结构发挥了重要作用，但也存在一些问题。一是诸多环境标准未把保障人体健康置于其中心地位，有些标准甚至并未包含人体健康的内容，且这些环境基准往往注重对技术理性的分析，对基准的价值追求重视不足，容易导致其在人体健康保护方面作用不强。二是我国在环境与健康方面尚未建立起自身完善的基准体系。受技术和经济发展水平的限制，我国在环境与健康基准制定中往往倾向于借鉴和参考他国或国际组织的标准，但无论是在人口特征、族群生理机能方面还是在环境背景值方面，我国都明确不同于其他国家，故这种借鉴和参考客观上并未能全面准确地反映出我国环境与健康标准的真实水平。此外，由于我国环境与健康监测调查制度的不完善，许多标准在制定后多年未得到系统性的修订，致使现行环境健康标准的内容不能及时反映当前环境健康科学研究的最新成果，严重滞后于当前经济社会和技术的发展。环境与健康工作涉及的领域很多，但现行环境与健康标准的整体覆盖面有限，致使某些工作因缺乏相关标准的支撑而难以展开，如环境污染健康损害的评价与判定方面、环境污染健康影响的监测方面等。

3．环境健康损害赔偿制度不完善

与欧美发达国家相比较，我国环境健康损害赔偿制度还不完善。目前，已有学者关注并研究环境与健康风险对环境健康损害赔偿制度带来的挑战。虽然新《环境保护法》已明确环境污染者责任追究，但总的说来，我国环境健康损害赔偿制度仍存在以下问题：一是我国环境健康损害诉讼机制不健全。在环境损害鉴定问题上，我国实行的是由环保部门指定或推荐机构对环境损害进行司法鉴定。这种统一鉴定管理制度，有利于简化环境损害诉讼程序及保障当事人的健康权益。但在实际中，环境损害鉴定的专业化、体系化进程依然滞后于当前我国环境损害纠纷解决的需求，尤其是如何判断环境污染行为与健康损害结果之间的因果关系，如何确定损害程度、范围以及损失数额等关键技术问题尚未得到较好的解决。二是环境健康损害赔偿资金保障制度不健全。我国当前许多影响范围较大的环境污染事件大多还是由政府财政负责善后赔偿，如天津"8·12"爆炸事件。严格说来，这种赔偿模式并未真正落实新《环境保护法》中的责任追究制度。我国虽较早推行环境责任险，但该险种大多集中于环境污染后的修复领域，对环境健康责任险则涉及较少，且已有的环境健康责任险也只是解决公众因突发环境污染事件而导致的健康损害，尚未触及潜伏期长的环境公害病险种。

4．公民环境与健康素养匮乏，参与度不高

环境与健康素养一词，是由美国公共卫生教育协会于2008年首次提出的。它融合了健康素养与环境素养两者的内涵，可解释为个体具备寻求、搜索、通晓、鉴别环境与健康信息，且能依据所获得的信息准确作出选择，从而减少健康风险、增强生存品质和保护环境的能力。我国在借鉴国外相关经验和做法的基础上，适时将环境与健康素养理念引入我国环境与健康工作中，并以此为基础编制了《中国公民环境与健康素养（试行）》。该文件的出台，为公众把握环境与健康素养的基本内容提供了范本。虽然该文件出台至今已有五年有余，但效果却不尽理想。中国环境科学学会曾对北京、湖北、甘肃3省（市）居民环境与健康素养进行抽样调查。调查结果显示，当前我国居民的环境与健康素养水平普遍较低，仅有8.41%的居民具备环境与健康基本理念、知识和技能；公众对环境与健康问题具有一定的风险意识，但疏于表面，其知识储备和理性认识严重不足。公众环境与健康素养水平不高既不利于个体保护环境、维护自身健康行为的培育，又不利于公众参与我国环境与健康工作积极性的提高，进而影响到公众对环境健康损害的维权救济。

5. 环境健康监督管理手段缺失

环境与健康管理涉及部门众多，要想实现高效管理绝非易事。目前，我国有环保、卫生、市场监督及检验检疫、国土资源、城建、农业农村、商务贸易、科技等众多领域的多个部门直接或间接地参与到环境与健康管理之中，但各个部门的监管职责并未得到明确和细化。许多行政部门为维护和扩大其在环境与健康管理工作中的部门利益，往往喜欢制定或出台本部门有关环境与健康工作方面的各项重大计划和项目，并常冠以入时的标题、好记的数字和通俗的名称，但因各部门之间缺乏有效衔接，"政出多门"的现象较为普遍，致使相关政策很难落地。同时，在环保和卫生两个主要部门监管协调问题上，单靠一部《卫生部国家环保总局环境与健康工作协作机制》文件也很难进行有效协调。根据相关文件成立的环境与健康工作领导小组分设在两个部门内，成立之后除了召开过几次学术意味浓厚、研讨性质强烈的会议，在中国环境健康风险管理方面并无建树。同时，环境健康监管也受到地方保护主义的影响，有些地方政府单纯追求GDP增长和政绩，疏于开展环境与健康工作，致使环境与健康监管有名无实，相关法律的实施处于有法不依、执法不严、违法不究的境况。

二、我国环境与健康法律制度的逻辑转向——健康权

健康权的产生，源于第二次世界大战期间及之后人们对于惨绝人寰的大屠杀和人体科学实验等行为的反思，公共卫生问题和国家对保障公民健康的责任问题引起了人们的强烈关注。1946年，健康权因被世界卫生组织纳入其宪章

序言而为世人所关注。然而健康权真正受到国际社会的关注、重视并深入进行研究的，始于1948年联合国的《世界人权宣言》发布，该宣言赋予了健康权的基本人权地位。在此之后，多个国际或区域性人权条约从各自领域对健康权的某些内容进行了延伸和扩展。当前对健康权规定较为全面的国际性条约，是1966年12月16日召开的第21届联合国大会通过的《经济、社会及文化权利国际公约》，该公约第十二条规定："健康权是指人人享有可能达到身体健康和精神健康的最高标准的权利。"并列举了达到上述目标应采取的四项步骤，其中第二项步骤（改善环境卫生和工业卫生的各个方面）则涉及环境与健康的关系。因此，国际人权法基本认可了健康权实现的一个重要因素是环境。反之，也充分说明了任何破坏生态环境的行为，同时也对现存基本人权即健康权构成了侵害，应当运用人权保障机制进行救济。

（一）现实需求呼唤：社会转型期环境与健康法律制度的新选择

法律价值是一个由多种价值因素组成且以多样化形式存在于法律之中的系统。在该系统内部各种价值要素的位阶是上下浮动的。这也决定环境与健康法律制度理念的动态性、多层次性及多元化，即环境与健康法律制度理念因主客观环境的影响而呈现出一定的"梯度"形式。然而人的价值需求虽各式各样，但因各种条件所限，社会无法对人的所有需求统统满足。此时就需要法律进行平衡，但法律平衡往往以效益优先，即选择那个对公众来说最为紧迫和必要的利益。亦可以说，在社会的某一发展阶段（社会转型时期），优先取向环境与健康法律制度某一理念，合乎罗尔斯在《正义论》中对优先问题的阐述，进而有利于安排体现"损失最小化"的法律原则或法律制度而达到"利益最大化"的目的。当前，环境与健康法律制度存在环境利益和健康利益优先的问题，因为这两种利益都是正当价值利益，把两者利益相比较进而打压或否定利益较小一方则是不明智也是行不通的，唯一的解决方法是安排价值实现的先后位序。

从现实角度出发，由于我国一直采取的是粗放型经济发展模式，环境污染日益严重，许多慢性及恶性疾病随之产生，公众身体健康已受到较大的损害，治理环境、保护人体健康则是当前社会的第一要务，那么这一时期的环境与健康法律制度则应体现"健康权优位"的原则。当然，这里的"健康"应该包括以下三个方面：一是公众免于遭受环境污染的健康需求；二是公众有享受更有利于健康的需求；三是环境本身是健康的需求。从"人"的角度看，马克思曾说："人的本质在现实上是一切社会关系的总和。"那么，作为社会关系的环境保护和经济发展，其实最终都要回归"人"本身。既然都要回归"人"自身，那么我们应该采取有利于人可持续发展的方式，即正确处理人与自然的关系，通过保护环境达到保障人体健康的目的。因此，倡导"健康权优位"思想，合乎现实和实际的需要，未来环境与健康法律制度也更应凸显公众健康权益的优位保障理念。

（二）域外经验启示：韩国健康权优位制度和《环境健康法》

当前，世界上单独对环境与健康进行专项立法的国家较为少见，韩国于2008年3月颁布了《环境健康法》，专门规范政府对环境与健康管理的职责，并于2014年修订了该法。美国新泽西州的《环境健康法》对广泛分布在食品安全、职业安全、环境污染防治、核辐射等领域的环境与健康管理职责等进行统一规范。这其中尤以韩国《环境健康法》因确立健康权对该国环境与健康工作作用明显，对我国环境与健康法律制度的建构启发意义较大。主要表现在以下几点：一是以公众健康为核心，确立了健康权的优先地位。该法案规定了环境健康风险全过程管理制度，国家有义务识别环境风险对人体健康的影响，并应采取相应的措施；民众如认为当前环境因素有可能损害自身健康，可向政府环境部长官提出调查申请，只要环境部长官确认有调查的必要性并经专门委员会审核通过，即可实施调查。二是关注儿童等特殊群体。如采用环境健康风险理念管理儿童产品和儿童经常活动区域，并要求制作并公布儿童玩具及儿童经常使用或接触的固定设施中，影响其健康环境风险的物质毒性种类和产品名单。三是实行新技术和新物质的环境风险管理制度。由韩国环境部主导，对新技术和新物质进行风险评估工作，并应提出相应的应对措施。四是制定了较为详细且有效的处罚条款。这其中又以双罚制表现明显，即在个人或者法人违反相关规定时，如其代理人或代表人亦没有履行关注或监督的义务，则对两者都要处以罚款；反之则只对个人或法人处以罚款。总的说来，韩国《环境健康法》作为当今世界运行较为成熟的环境与健康专项法律，尤其是树立了健康权优位原则和风险防控理念而为世人所熟知，其存在的"亮点"。这对于完善我国环境与健康法律制度借鉴意义重大。

三、健康权优位视野下的环境与健康法律制度之展望

（一）将健康权写入宪法

关于健康权是否应入宪，学界看法不一。有些学者说："我国现行宪法一些条款尤其是公民基本权利条款已直接或间接地对'健康权'及其保障问题予以回应，重新确认'健康权'的概念及其保障问题实属不该。况且健康权及其保障问题触及多领域的权利，对其专门地集中地规定困难较大且无必要。"但从当前我国环境与健康法律制度发展现状以及健康权优位思想能否确立的角度来看，健康权入宪是非常有必要的。根据《世界卫生组织宪章》和《经济、社会及文化权利国际公约》等国际人权公约，健康权已被确定为一项基本人权，我国已加入上述公约且并未有任何异议，宪法应该予以积极回应。同时，我国宪法也已明确规定国家有尊重和保障人权的义务。因此，健康权应载入我国宪法，且应明确为一项公民的基本权利。因为只有在我国的根本之法——宪法之中写明健康权，才能凸显出健康权保护的优先地位，才能向国际社会表示我国保护公民健康之决心，才能向我国公民表明国家维护公众健康权益之态度和承诺，才能为我国环境与健康法律制度的有效展开奠定良好的法源基础。当前，国家也正在不断探索环境与健康工作，但公众健康保障和环境保护已非政策所能及，还需从法律上对其予以支持。宪法规定公民健康权，则是对环境与健康法律制度最为重要的支撑条件，无疑也是"健康权优位思想"的重要体现。同时，将健康权载入宪法，不仅有利于提升健康保护优先的法律地位，增强公众健康保护意识和环境与健康素养，而且有利于完善我国人权保障法律体系，亦是我国宪法自我完善的重要表现。

（二）加强环境与健康立法

随着《国家环境保护环境与健康工作办法（试行）》（以下简称《办法》）等规章文件出台，我国环境与健康立法工作呈现出新的发展态势，但总体来看，尚未能全面从容地应对当前环境与健康工作的新局面，故环境与健康法律制度欲实现真正意义上的"落地"，必须加快制定相关配套的法律、法规，构造一个

完整的环境与健康法律制度体系。一是加强环境与健康立法。在立法路径选择上，我们可以借鉴韩国的做法，立足于原国家环境保护部《国家环境保护环境与健康工作办法（试行）》的基础上，出台专门且位阶高的《环境健康法》，从而能整体上指导我国环境与健康工作。在对环境与健康进行专项立法时，要把健康权即保障人体健康理念引入其中，并贯彻到具体的环境健康制度设计中，充分体现和反映环境和健康的内在逻辑关系。同时也应对环境健康标准、监管、评价及赔偿制度等重要内容予以规定，并及时出台相应的实施细则，使之更具有操作性。进一步完善环境领域立法，不断强化与卫生领域的衔接力度，从而合力构建统一协调的环境健康法律法规体系。二是在稳固卫生领域立法目的的同时，加强对环境立法目的的改造，使其树立以保障人体健康为中心的立法目的。立法部门要正确处理环境保护和经济发展之间的关系，不能一味地使环境保护让位于经济发展；要认识到无论是经济发展先行，还是环境保护优先，抑或是生态利益优位，其实都是为了人的可持续发展，而健康则是人的可持续发展的重要基础。如果"健康"基础不牢固，那么环境保护和经济发展就难以找到落脚之处。因此环境立法应回归理性，必须明确以保障人体健康为其首要目的和最终目的。

（三）建立环境与健康基准体系

环境健康基准是保障环境与健康立法、执法顺利开展的重要支撑，必须构建起环境与健康标准体系。一是要体现人体健康保护的中心思想。在环境健康基准的制定过程中，除了要注重对相关技术指标的分析，更应注重对基准的价值追求即健康保护思想的重视。要把健康保护思想贯穿于基准的制定、执行、修改的全过程，融入基准执行人员的思想里，从而为建立全方位、多角度的环境与健康基准体系奠定扎实的思想基础。二是加快对现有环境健康基准的改造力度。结合当前我国社会经济和科技水平，对已不适应当前环境与健康事业发展的相关基准及时进行修改；涉及环境与健康基准的各相关部门应进一步加强沟通和协作，在修订过程中应注意基准之间的衔接性，从而把现有基准改造成符合我国国情且能适应当前环境与健康工作需要的标准。三是尽快制定环境与健康重点领域急需的基础标准。如环境健康风险调查、检测及评估基准，基于人体健康的水、大气和土壤环境基准，环境与健康暴露评价、风险评估基准等。

（四）培养公众环境与健康素养

环境与健康问题不仅关乎国家生态战略利益，也关乎每一位公民的切身利益。因此，培养公众环境与健康素养可从以下两个方面着手。政府方面：一是要做好对公众环境与健康素养的宣传、普及工作。政府可将环境与健康素养纳入公众基本素质体系之中，加大对环境与健康知识的传播力度，创新传播途径，丰富传播知识，尽可能为公众提供详尽、通俗易懂的环境与健康内容。教育部门可将环境与健康知识纳入国民教育系列之中，构建从家庭、学校到社会等全方位、多角度的环境与健康素养教育体系，打造多样化的优质教育资源，从小就开始培养公民的环境健康素养，不断强化教育功效。二是依据不同群体的受教育水平、知识结构等因素，制定差异化的环境与健康素养培养方案。如应重点关注农村地区年龄较大且文化水平较低的群体，使其具备基本的环境与健康问题认知能力即可；而对于那些城市地区、受教育水平较高或中青年及以下群体，不仅使其掌握基本的环境与健康素养知识，还应进一步强化他们的行动和自觉能力。公众方面：公众应主动学习并认真践行《中国公民环境与健康素养（试行）》，努力提高自身环境与健康素养。要努力提高自身交流、理解和分辨环境与健康信息的能力，在应对突发环境与健康事件的时候，做到不盲目和不恐慌。同时，公众还应积极了解我国环境与健康工作的状况，主动参与到环境与健康事业中，学会在实践中提升自身环境与健康素养。

（五）完善环境健康损害赔偿制度

环境健康损害赔偿制度是公众健康权益救济的一道重要防线，必须加以重视。针对前述问题，我们应做好以下几个方面的工作：一是完善我国环境健康损害诉讼机制。在继续深化环境健康损害统一鉴定管理制度的基础上，不断提高鉴定的专业化和体系化水平，构建起污染排放→对环境的影响→环境暴露→对人体健康的影响→赔偿等环境健康损害赔偿的技术支持体系，进一步明确环境健康损害评估的评估标准和技术指标。同时，对环境健康损害的危害结果也应将环境健康标准、环境监测、病理、环境暴露监测及赔偿评估等数据结合起来分析并加以认定。二是进一步完善环境健康损害赔偿资金保障制度。针对当前环境污染损害健康领域的违法成本低、守法成本高等不正常现象，可适时引入惩罚性赔偿机制，提高对排污者的威慑力，从而改变过去那种环境损害事件由政府买单的局面。但同时应对惩罚性赔偿机制的适用范围加以限制，即适用于违规排污或超标排污的情形。如排污者有上述两种情形之一或全部，则应双倍乃至多倍赔偿受害者。同时，国家应努力探寻适合我国国情且由法律加以明确的环境健康责任险、健康损害税等税、险种类，通过市场机制的引导，结合排污企业的环境健康风险程度，进而确定具体的环境责任险费用，使其成为落实环境健康损害赔偿资金的一条重要途径。环境健康责任险险种不仅面向于突发环境健康损害事件，也应涵盖长期慢性的环境公害病险种。

（六）形成有效的环境健康监管协作机制

由于环境与健康工作涉及多个部门，为避免分散监管之弊端，必须建立科学合理的监管协作机制，制定切实可行的监管方案和措施。一是提升现有国家环境与健康工作领导小组的级别，使其成为国务院环境与健康工作的议事协调机构，进一步提升其综合协调能力。同时，该小组的主要职责在于总体把握国家环境与健康情况，统筹安排环境与健康工作，研究制定国家环境与健康大政方针，协调解决国家环境与健康工作管理问题等。二是基于当前环境与健康工作推动之现状、符合工作实际及已有规定之考虑，应坚持"双核心"原则，即以环保部门和卫生部门为主来推动环境健康工作。相比较而言，应赋予环保部门更多的职权。针对这两个部门的主要职权范围，可包括：一是环保部门从控制污染源头出发，针对环境污染物和环境质量控制开展健康风险防范工作，主要工作内容是实行环境健康风险监测、制定环境健康标准、进行环境健康情况评价、现场检查监督、实施行政处罚等。二是卫生部门从健康影响出发，重点围绕公众展开公共卫生干预和医疗救治工作，主要工作内容是环境健康影响监测、环境健康影响评估、健康教育与健康促进、医疗救治等。三是继续深化环保部门和卫生部门的协作机制。两部门可建立统一的资源共享机制和信息发布平台，共同开展环境与健康工作调查及行动。同时，应进一步明确两个部门工作冲突的解决途径，切实提高执法效率。

结语

总而言之，环境与健康工作的开展，顺应了当前我国正处于社会转型期的时代需求，但也在法律制度构建方面面临诸多困境，客观上要求环境与健康法律制度的逻辑理念应有所转变。"健康权优位"的提出，正是我们对此作出的积极回应，并通过完善立法，建立一整套防治、监管、救济等法律机制等措施，切实达到保障人体健康和保护生态环境的目的，从而为我国环境与健康工作的顺利推进保驾护航。

参考文献

[1] 习近平.在全国卫生与健康大会上的讲话[N].人民日报，2016-08-21（001）.

[2] 熊跃辉.加强环境与健康工作是环境管理战略转型的必然趋势[J].环境保护，2014（23）：29-32.

[3] 裴晓菲.我国环境标准体系的现状、问题与对策[J].环境保护，2016（14）：16-19.

[4] 吕忠梅，刘超.环境标准的规制能力再造——以对健康的保障为中心[J].时代法学，2008，6（4）：11-18.

[5] 吕忠梅，杨诗鸣.控制环境与健康风险：美国环境标准制度功能借鉴[J].中国环境管理，2017，9（1）：52-58.

[6] 王红梅，钟部卿，汪保录，等.我国环境污染导致健康损害的赔偿保障体系思考[J].中国环境管理，2018，10（1）：38-42.

[7] 王蒙，杨美娟，黄佳苑，等.环境与健康素养内涵探析[J].医学与哲学（A），2017，38（3A）：18-21，40.

[8] 公众把握环境与健康有了范本[N].中国环境报，2013-10-14（004）.

[9] 李军.首次环境与健康素养调查报告发布[N].中国环境报，2016-11-01（006）.

[10] 王五一，杨林生，Thomas Krafft，等.全球环境变化与健康[M].北京：气象出版社，2009：166-169.

[11] 吕忠梅.环境健康难题何解[J].中国改革，2010（6）：75-79.

[12] 林志强.健康权研究[M].北京：中国法制出版社，2010：49.

[13] 陈海嵩.健康环境权之溯源与辨正——司法适用的视角[J].法学论坛，2017，32（6）：

92-97.

[14] Mariana T.Acevedo.The Intersection of Human Rights and Environmental Protection in the European Court of Human Rights [J].8 N.Y.U.Envtl.L.J.437, 2000.

[15] 张文显.法哲学范畴研究[M].北京:中国政法大学出版社,2003:189.

[16] 谢晖.法学范畴的矛盾辨思[M].济南:山东人民出版社,1999:109.

[17] 罗尔斯.正义论[M].谢延光,译.上海:上海译文出版社,1991:330.

[18] 李萱.国外如何立法保障人体健康?[N].中国环境报,2014-06-19(008).

[19] 徐永俊,富贵,石莹,等.韩国《环境健康法》及对我国相关立法工作的启示[J].环境与健康杂志,2016,33(2):169-171.

[20] 韦以明."生命权"、"生命安全权"、"生命健康权"谁宜入宪——"非典"现象中的生命观透视[J].政法论坛,2003,21(6):73-77.

[21] 熊晓青.环境与健康法律制度的确立与展开[J].郑州大学学报(哲学社会科学版),2017,50(5):28-31.

[22] 彭本利.环境健康问题的法律规制[J].东北大学学报(社会科学版),2012,14(3):239-244.

[23] 罗敏.完善体制机制 建设健康中国——访全国政协委员、全国政协社会和法制委员会驻会副主任吕忠梅[J].环境保护,2017,45(6):21-23.

贵州生态财富创造与绿色发展研究

中共六盘水市委党校　　杨　娜

摘　要　党的十八大以来，以习总书记为核心的党中央先后将生态文明建设纳入"五位一体"总体布局，写入党章、宪法，体现了党对生态文明建设的高度重视。贵州作为生态文明先行试点区，在生态文明建设方面走在了全国前面，加上生态资源丰富，在生态财富创造方面有自己的优势。可以说，生态兴则贵州兴。贵州如何实施生态文明建设，创造生态财富，走一条以生态文明为契机的生态经济、绿色经济之路，需要我们不断改变观念，大力发展特色生态产业，推动地区经济，规范贵州省的绿色市场秩序，提升企业绿色技术革新能力，提升发展潜力，从而带动生态文明建设，等等，最终构建出贵州地区社会经济与生态文明建设协同共进的新战略模式。

关键词　贵州；生态财富；创造；绿色发展；研究

一、生态财富创造与绿色发展基本理论概述

（一）生态财富的含义

生态财富，也可称为自然财富，是社会财富的主要成分。它主要指能够使人类的生产生活需要得到满足的自然对象和自然条件。它不仅包括森林、草地、土壤、大气等自然生态环境组成的生态系统，还包括作为加工对象的自然资源，以及工业文明中的财富概念，但不包括经济核算中的生态效益和商品价值中的生态成本，把社会生产中必不可少的生态因素排除在财富之外。

（二）绿色发展的内涵

绿色发展是一种基于传统发展、生态环境容量约束和资源承载能力压力，以环境保护作为主要支柱，从而实现可持续发展的创新模式。

绿色发展的内涵分为四个方面。第一，经济社会发展必须基于生态系统与自然系统的平衡，加以保护；第二，绿色发展必须以人民幸福为出发点、为准绳；第三，自然法则优先于经济法则，必须遵守；第四，实现经济效益和社会公平协调统一发展，必须坚持"以人为本"，营造利益平衡、社会公平发展的环境。

（三）生态财富创造与绿色发展的关系

生态财富创造与绿色发展密切相关。人类想要获得长久持续的发展，就必须协调好人与自然的关系，走绿色发展道路，创造生态财富，这是人类社会发展的必然趋势，也是社会发展的本质要求，具有十分重要的现实意义和紧迫性。

1. 生态财富创造是绿色发展的精神内涵

生态财富创造必须建立"以人为本"的精神内涵和"生态发展"的核心理念。绿色发展不仅反映了公民绿色意识的觉醒、对绿色的追求，反映了经济转型领域的科学发展观，也反映了公民对生态环境保护价值观的逐步形成。

绿色发展以及创造更高层次的生态财富，是人类与自然整体和谐的发展，是实现人与自然和谐相处的最佳方式。

2. 绿色发展是生态财富创造的重要支撑

生态文明为人类创造了新的文明形式和社会建制。生态文明需要通过绿色发展不断创造生态财富，从发展理念、技术手段、价值判断、文化模式、伦理内涵等方面加以实现。

（四）生态财富创造视域下绿色发展的原则

1. 以人为本的原则

从生态财富创造的角度来看，绿色发展的原则必须包括以人为本的理念，因为生态文明建设的基本准则是实现人与自然和谐共生，互利共赢。人类想达到可持续、全面、绿色发展的最终目的，必须节约资源和保护环境。因此，从生态财富创造的角度来看,绿色发展需要以改善生态为手段,以改善民生为目标。

2. 协调发展的原则

从生态财富创造的角度看,可持续发展是方向,绿色发展是在资源环境范围内实现经济社会可持续发展、追求经济效益的内在因素,经由协调经济社会和生态效益,最终实现人类的可持续发展。

3. 生态价值与经济价值并重的原则

从生态财富创造的角度看,绿色发展必须坚持以经济价值和生态价值为中心;经济发展应以资源和环境的可持续发展为中心,使得经济和生态互利共生,和谐共赢。

二、贵州生态财富创造与绿色发展的现状分析

(一)贵州生态环境现状

贵州生态环境独特,地质景观良好,立体气候明显,生物资源丰富,人文环境优美。从生态环境的角度看,贵州是一个富有的地方。同时,作为典型的山区省份,耕地破碎、生态环境比较脆弱、经济较其他发达地区相对落后也是不争的事实。但相对落后、欠发达、欠开发、生态环境保护良好,也是贵州省后发赶超的重要优势,是贵州省近年来经济快速发展的重要原因之一。

目前,贵州省把环境保护和生态建设放在重要位置。贵州省森林覆盖率达到55.3%。营建林面积达2882万亩,退耕还林477.4万亩。水土流失治理面积达2808平方公里,石漠化防治面积为1116平方公里。出境断面和集中饮用水源区水质优良率均达到100%,县级以上空气质量优良率为97%,县级以上城市污水、生活垃圾无害化处理率分别为90.8%和90.6%。市(州)中心城市和经济强县都建设了至少两期污水处理厂,市(州)中心城市生活垃圾焚烧发电项目建成基本覆盖。单位GDP能耗下降6.5%。公众对贵州的生态环境认可度居全国第二。

同时,贵州省在不断完善落实生态文明制度体系建设。率先颁布实施了30多部用以扶持贵州生态文明建设的配套法律法规,还颁布了第一部省级地方性法规《贵州省生态文明建设促进条例》,加强和促进贵州省生态文明建设。

该条例分为规划建设、保护治理、保障措施、信息公开与公众参与、监督机制、法律责任等部分,为贵州发展生态文明、守好生态和发展两条底线打下了坚实基础。

(二)贵州经济的发展概况

贵州始终遵循稳步发展的总体基调,以供给侧体制改革为主线,以脱贫攻坚为统揽,以大生态、大数据和大扶贫为战略手段,坚持生态和发展两条底线,实现经济平稳、持续、快速发展。

2017 年,全省 GDP 达到 13 540.83 亿元,比上年增长 10.2%,增长率居全国第一。第一产业增加值 2020.78 亿元,增长 6.7%;第二产业增加值达到 5439.63 亿元,增长 10.1%;第三产业增加值 6080.42 亿元,增长 11.5%(见图1)。其中区域 GDP、农业增加值和服务增加值的增长率居全国首位,劳动报酬增长率居全国首位(图1)。

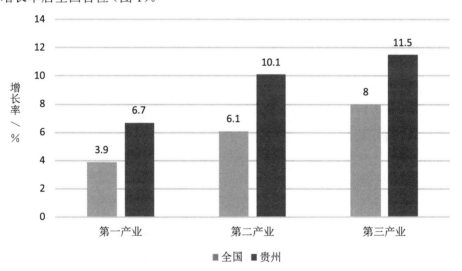

图 1 各产业增长速度

总体来看,2017 年,全省致力于决战脱贫攻坚、决胜同步小康,开创百姓富、生态美的新征程,取得了丰硕成绩。同时,我们也应该认识到,经济运行中仍存在较大的下行压力等困难和挑战,需要进一步巩固可持续经济发展的基础。下一阶段,要进一步促进可持续发展,推进供给侧体制改革,稳步推进质量改革、效率改革、电力改革等，坚决做好污染防控，防范重大风险，实现精准脱贫。

（三）贵州生态财富创造与绿色发展的现状分析

贵州在创造生态财富方面一直处于全国领先地位。其通过绿色产业的发展，优化绿色产品供给，逐步提高绿色发展水平。2017年，贵州省的生态利用型、循环高效型、低碳清洁型、环境治理型"四型"产业获得迅猛发展，绿色产业值占地区生产总值比重达到37%。此外，贵州省共投入2523亿元，建成大型绿色生态经济项目332个，取得了良好效益。

根据最新数据，贵州已发布大数据、大生态、大健康、数字经济、旅游经济、绿色经济、传统产业转型升级等1311个项目，总投资1.57万亿元。2018年上半年，贵州旅游总人数增加了34.1%，旅游总收入同比增长39.5%，旅游业呈井喷态势。

首先，贵州致力于工业扶贫和绿色农产品推广。良好的生态环境为优质农产品的生产、加工打下了坚实基础。粮食比调整为38：62，"三品一标"比例提高到51.2%。贵州已确认2300多个无公害农产品、4700多个产地，生产面积2000万多亩，有机农产品达370个，绿色农产品认证种植面积近400万亩，种植面积70多万亩，有机农产品认证居全国第二。其次，推进绿色产业转型升级。贵州省实施"千企引进""千企改造"工程项目，紧紧围绕高端、绿色、集约化发展，共创建了8900余家大数据相关企业，加快了数字经济的发展。2017年，数字经济增长37.2%，居全国首位，就业增长23.5%。同时，实现生态扶贫，促进近200万贫困人口通过土地流转，实施土地复垦和地方生态修复，重振搬迁户山、林、宅基地的"三块地"，并不断加强和探索"互联网＋生态建设＋精准扶贫"的扶贫模式。这些举措，使贵州在创造生态财富方面取得了丰硕成果，进入了绿色红利期。生态文明建设所获得的红利正在被人们共享。

三、贵州生态财富创造与绿色发展存在的问题分析

贵州有一部分地区生态财富的创造仍然依赖于要素的追加，而非结构改善，这是一种粗放式的增长。低技术传统产业的发展不仅加大了资本和劳动力

需求的压力，而且增加了自然资源的开发。这种仅以投资为导向的经济是粗放型的。目前，农业经济仍占贵州区域经济的主体地位。一些地区过度施肥和农业毁林对当地水土保持造成了很大的破坏。水土污染和土壤侵蚀进一步加大了土地荒漠化进程，很大程度上破坏了生态环境，资源短缺和环境恶化也已成为我们国家乃至贵州实现高质量经济发展的障碍。这些因素都阻碍着贵州的生态文明建设进程。

（一）发展思路不清晰，观念陈旧

在纵向上，各级政府对生态财富创造与经济发展的和谐关系有不同的认识，总体上呈现自上而下的下降趋势。认知水平的高低，直接影响着生态财富的创造和绿色经济的发展。从横向来看，随着经济的发展和各地教育的普及，他们的意识也大不相同。特别是一些县级领导干部对生态财富的开发和创造有不同的看法，他们急于追求经济效益，没有根据当地实际情况确立发展目标及实施发展细则，生态 GDP 发展理念尚未确立。在创造生态财富的过程中，自然难以激发人们的参与积极性，更难以发挥他们的作用。

（二）基础设施建设落后

贵州是典型的喀斯特地貌，这不仅是贵州部分地区发展落后的主要原因，也加大了基础设施建设完成的技术难度和资金压力。同时，高原峡谷地貌结构以山薄、山陡、蓄水困难为特征，水土资源分布区域差异较大。许多地方水利设施薄弱，造成"工程性缺水"，使贵州省无法完全摆脱旱涝、水土流失、石漠化等问题，影响经济发展。

（三）地区经济与生态协调体制欠缺

完善的制度是区域活力的基本要素，是区域经济与生态财富创造与协调的重要保证。生态与经济协调发展的要求越来越高，生产和日常生活活动日益活跃，但贵州许多地区的相关制度相对于生态经济的发展仍然滞后。就行政体制而言，仍有一些地方政府存在"压力体制"。面对与其他地区的差距，为了赶上和实现经济增长，其片面追求速度，忽视质量，或者干脆做表面的生态财富创造工作，没有踏踏实实地把工作落到实处，在财政和行政制度不对等的情况下尤其如此。同时，条块分割行政管理制度使得一些负担沉重的地区的发展受到可以行使的有限管辖权的限制，许多促进区域经济发展、创造生态财富的活动都无法有效实施，制约了市、县政府的职能，因而应加快分权体制改革。另外，在贵州省二元结构体制下，资本、劳动力、技术等区域性要素经常流入省会城市或较发达的区域城市，造成区域资源不足，经济生态协调困难。良好的金融是区域发展的血液，法律在社会管理中起着重要的作用。县域金融制度与法制建设在省、市、欠发达地区之间存在着巨大的差距。这些都加大了贵州各地区协调经济发展和生态财富创造的难度。

（四）现代化发展程度低，地区间带动能力弱

第一，农业商品化程度低和农产品单一化在一定程度上影响着贵州的现代化水平。贵州由于地形、地貌等自然条件约束，发展规模以上农业比较困难。市场在该地区扮演着非常小的角色，无法调节资源禀赋较好的要素的流动。第二，工业化水平不高。处于早期发展阶段的地区，由于缺乏技术和资金，往往使用当地材料和依靠自然资源生产低附加值的初级产品。加工包装等上游产业的发展不仅效率低下，而且难度大，影响经济效益的扩散。第三，贵州城市化水平不高，对促进城乡交流影响力不强，在吸收农村剩余劳动力和改善产业结构方面没有发挥主要作用。第四，贵州省大部分地区的技术和信息化水平不高，缺乏自主创新，人力资本的作用不大。人力资源结构不够优化及短缺是致使效率低下的重要因素。随着县域经济的发展，城乡差距进一步拉大，毋庸置疑增加了创造生态财富的难度和复杂性。

（五）绿色市场不规范、不健全

由于到处充斥着假冒伪劣产品，消费者避无可避，再加上大多数消费者没有意识到绿色产品的好处，也就没有追求绿色产品的意识，从而影响了绿色市场的发展，限制了企业对绿色产品生产的积极性。加上绿色产品认证标准不完善，绿色标准的基础研究还很薄弱，在一定程度上削弱了先进实用的绿色产品标准。在政府方面，由于缺乏绿色产品认证的专业知识，国家对一些绿色产品没有先进实用的标准，使得工商部门无法可依。

（六）绿色技术创新能力不强

贵州省很大一部分企业对绿色技术的发展缺乏积极主动性。绿色技术创新涉及技术、生态、环境与社会、高风险与不确定性、技术性强、风险大、周期长、投资大与运行成本高等诸多因素，使得企业操作的客观性难度大，主观不情愿投入资本，从而使得贵州省的绿色技术创新能力和科研实力相对不高。目前，贵州省绿色技术的研究开发处在试验研究、引进、革新阶段。很大一部分环保技术企业的发展和推广还存在着规模小、技术落后、强度低、技术含量低、质量不稳定等问题，缺乏联合技术研究的领先创新平台。迫切需要更多提高自主性，具有知识产权和核心竞争力，市场占有率大，绿色技术研发能力强的企业。

四、贵州生态财富创造与绿色发展的路径

在贵州这个发展相对落后，同时拥有大量生态资源的地区，如何发展经济，人民如何富裕，社会如何稳定，如何利用贵州的生态资源，积极创造生态财富，实现绿色发展，是建设生态文明的必然要求，也是符合贵州省情的必然选择。

（一）加快生态财富创造，促进贵州经济发展

1. 改变观念，开拓以生态文明引领经济发展的新思路

习总书记反复强调，我国的现代化要把生态文明建设融入"五位一体"总体布局的战略位置。因此，要从创新理念出发，以科学发展观引领贵州区域经济发展，把赶超跨越与科学发展结合起来，因地制宜，发挥区域优势，聚焦重点领域，走特色之路。要树立市场大开放的理念，抓住机遇，做好准备。创新工作方式，理顺分权，转变职能，以生态等新 GDP 带动地方经济发展，全面协调社会发展。

2. 以保护生态环境与资源节约为重点，构筑发展新亮点

制定并实施污染防治行动计划，及时关停并转污染企业。坚决抓好落实中央环保监察专员的意见，深入实施"双十"工程的污染控制和减排项目。提高环保部门的工作效率，协调司法部门，真正实现生态保护。继续加强水环境综

合治理，建设和完善城市污水管网，全面改善城市建成区黑臭水体治理，推进饮用水源保护规范化建设。加强绿化林建设，维护好山青水绿、自然清新的美好环境。在重点生态区域，建设 5 个以上绿色园区和 20 个以上绿色示范企业，充分发挥示范引导作用。

（二）大力发展地区经济，带动生态文明建设

1. 大力发展有特色的生态产业

第一，农业方面，着力打造低消耗、低碳、无污染、优质高效的新型生态农业。充分利用贵州土地资源的自然环境，节约农业用水、种子和化肥，利用和发展风能、太阳能等清洁能源，大力发展绿色循环农业。在这一过程中，要规范管理，坚持清洁、安全、标准化、节约化生产，提高生产力，优化结构，发展绿色、无污染、环境生态，符合"三品一标"农产品品牌，引导企业参与行业标准制定和争取国际有机农产品认证，打造"贵州绿色农产品"的整体品牌，使生态农业的长期竞争力和生态保护效果更加稳定和可持续。

第二，工业方面，合理布局生态产业。我们要进一步认识贵州产业发展的现状和区域产业经济发展的优势与劣势，准确定位贵州的产业经济发展。依托科学技术，合理布局，优化轻重工业结构，建立合理的矿产资源、水资源和粮食资源，不求大而求全，求精而特，发展新型特色产业。如绿色经济中的"四型"产业，要坚定不移地实施绿色制造，扶持 100 个传统制造业，使其绿色化。转型绿色转化和绿色制造技术，创新重点示范工程，实施生态财富创造产业化。

第三，服务业领域，我们要努力打造生态服务和生态旅游。旅游业是典型的环保产业。贵州生态资源丰富，我们要充分利用好自己的优势，大力发展生态旅游业，将其转换成生态财富，促进贵州产业发展。加强旅游示范区建设，启动 100 个优质旅游景区建设，实施旅游市场主体培育引进规划，推进 4A、5A 级景区旅游标准应用示范建设。

2. 改变支持方式，提升发展潜力

对贵州各地区的放权、转移支付以及提供相应的优惠政策是地区经济与生态财富创造协同发展得以顺利进行的保证。改变依赖中央补贴，自身怠惰的坏习惯。在实施项目过程中，要充分利用各种方法，盘活存量资产，形成良

性的投资周期。加快扶贫开发和产业投资，积极引导金融机构，增加重大项目贷款，想方设法提高混合所有制投资和外来投资比重。采用多种方式的融资手段，重点发挥信贷的作用，增加社会的投资，尤其在农村地区，实行地区经济金融改革试点，通过商业化改革，完善提升农村金融体系产权和制度等，集中更多的资金，鼓励农村信用社扩股升级，比如六盘水"三变改革"融资模式，为县域经济发展注入了更大的动力。加大公共服务力度，形成体系，在加快基础设施方面建设的同时完善社会各方面的保障制度，提高地区经济综合竞争实力。落实专项资金，着重培育一批县域特色产业，建立和完善专项资金配套，实施资金贷款优惠。变直接给予为鼓励自强，提高地区经济自我发展的主动性，也为更好地进行生态财富创造提供物质基础。

（三）规范贵州省的绿色市场秩序

加强和创新生态文明体制机制。抓好落实国家生态文明试验区（贵州）实施方案34项制度性改革任务，建立国有自然资源资产管理和自然生态监督管理机构，通过监督管理实现垂直管理。统一加强对自然资源的识别与登记，制定自然生态空间用途管制措施，建立自然生态空间利用与环境监测预警的承载能力。实施生态环境数据管理措施，健全生态环境损害赔偿制度。严格执行公司、企业的年度检验制度，对获得绿色标志使用权的企业的生产工艺、生产流程、最终产品质量和绿色标签进行检查、监督、考核和评定，在规定的时间内对不合格产品或缺陷产品进行整改，严格规范市场秩序，创造公平合理的绿色市场竞争环境。

（四）提升企业绿色技术创新能力

贵州省必须提高绿色发展能力，提高企业创新绿色技术的能力，充分利用不可再生资源进行生产，提高资源和能源的利用率。政府应采取各种措施，鼓励企业对绿色技术进行有效尝试和大胆创新、探索。加强产学研合作，引进国外先进绿色技术，加快传统技术创新，积极推进绿色技术创新，培育具有自主知识产权的高科技绿色产品，尽快形成绿色产业高技术集群，保护绿色产业，促进绿色发展。

（五）构建贵州地区经济与生态财富创造协同发展模式的战略选择

1. 完善地区基础设施建设

加强基础设施建设是促进贵州经济和生态财富创造协调发展的基础。要牢牢抓住国家大力发展贵州基础设施的时机，加大公路、机场、高铁等基础设施建设，加强贵州内外联动。针对贵州省水资源短缺的现状，加快"市州有大型水库、县县有中型水库、乡乡有稳定水源"工程建设，满足饮用水需求，确保灌溉用水；提高效率，减少县级农业旱灾，保持良好的生态环境。此外，要加强乡村的能源基础设施建设，进一步推进农村电网改造工程、信息基础设施工程、"满格贵州"工程、"百兆乡村"示范网络，为贵州省生态与经济协调以及生态财富创造奠定坚实基础。

2. 扩大地区开放，充分发挥区域辐射带动作用

贵州要加强与其他地区、大城市的联系，在更大的空间中寻求新的发展道路。在开放的形势下，制定相关的生态准入标准，充分发挥市场调节的作用，补充不同地区资源禀赋的差异，吸引投资，选择合适的产业链位置，发挥巨大的作用。区域辐射驱动效应不仅反映在贵州的发展上，而且反映在周边村落的区域驱动效应上。建设重点城镇，发挥连接城乡的重要作用，使其成为城乡产品和服务的集散地。以小城镇多元化、积极建设为中心，拓宽融资渠道，大力发展特色民营企业，吸收农业劳动力转移、社会服务等，为小城镇建设提供良好的生活环境。

3. 加强科技创新和人力资源开发

第一，加强技术创新和技术改造。

科技创新是传统产业转型升级的关键，是经济和生态财富创造的协调发展。大力推进生态技术创新和推广，加大专项投入，确保区域经济稳定发展，这需要科研与生产之间的紧密联系。企业应加快建立技术创新体系，设立专门的研发部门，对清洁生产和提高效率提供及时、有针对性的技术支持，真正实现技术与生产的一体化，使科学技术为生态经济发展添上翅膀。

第二，丰富人力资源，充分发挥人力资源的作用。

生态财富创造和绿色发展需要高素质的人才。这就要求引进高素质、创新型人才，同时加快地方人才培养。建设一支多元化的人才队伍，不仅需要专业化、技能化的科研人员，更需要务实的农村基层人才。我们需要能够激励我们的思想政治工作者，需要能够在改变我们成长方式方面发挥关键作用的优秀企业家和管理者。因此，我们应加快引进贵州的绿色创新人才，进一步实施人才引进计划，发布人才引进目录，办好人才交流会。

小结

生态兴则贵州兴，生态美则贵州美，生态强则贵州强。贵州必须牢牢把握生态财富优势，促进大生态、大扶贫、大数据、大旅游、大健康的全面发展。"绿色"的概念应该渗透到每一个方面，通过易地搬迁、绿色产业、生态补偿等措施，让发展与生态保护相辅相成，绿色与健康齐头并进。贵州将努力走出一条"高速、优质、富民、生态美"的基于生态财富创造的绿色发展致富道路。

参考文献

[1] 杨馨，宫小淇．少数民族环境恶劣地区的绿色产业发展——以石山地区为例[J]．知识经济，2014（22）．

[2] 钟利那．贵州绿色经济与小康建设同步发展战略[J]．经贸实践，2015（7）．

[3] 郭京福，左莉．少数民族地区生态文明建设研究[J]．商业研究，2011（10）．

[4] 李妍辉．武陵山民族区域环境自治与绿色发展机制创新[J]．湖北经济学院学报（人文社会科学版），2014（5）．

[5] 胡鞍钢．全球气候变化与中国绿色发展[J]．中共中央党校学报，2010（2）．

[6] 赵建军，杨发庭．推进中国绿色发展的必要性及路径[J]．城市，2011（11）．

[7] 刘思华．科学发展观视域中的绿色发展[J]．当代经济研究，2011（5）．

[8] 牛文元．生态文明与绿色发展[J]．青海科技，2012（4）．

[9] 周生贤．积极建设生态文明[J]．环境与可持续发展，2010（1）：3．

[10] 陈学明．在建设生态文明中如何走出两难境地[J]．北京大学学报（哲学社会科学版），2010（1）．

河长制下推进贵州公众参与河湖治理的机制研究

中共贵阳市委党校　杨　文　邓祖善　王天生　李景勃　黄美钰

摘　要　在考察了贵州省在河长制下推进公众参与河湖治理的主要做法之后，本文认为公众参与意愿不足，公众参与河湖治理的政策定位不够合理、社会公益组织数量少、能力弱等问题成为影响公众参与的重要因素。为鼓励公众参与河湖治理，形成首长负责、部门协作、社会民众广泛参与的水环境共同治理体系，应进一步开展水环境保护的宣传，探索建立民众责任义务条例，培育具有生态文明意识的新型公民；建立政府向社会组织购买河湖保护机制，向贫困人口购买护水保洁服务机制，实现河湖治理与精准扶贫"双赢"；培育高水平的环保类社会组织，提升全社会高效参与河湖治理的水平和能力。

关键词　河长制；河湖治理；公众参与；政府购买服务

一、公众参与河湖治理的内涵与意义

公众参与河湖治理是指拥有生态文明理念及环保意识的个人和组织，通过各种途径与方法，表达利益诉求、参与环境监督、影响河湖治理活动以及决策的行为。

公众参与河湖治理的基本内容：公众参与政府河湖治理的决策、河湖治理过程、环境监督、河湖保护公益行为、环境公益诉讼等。

公众是环境保护的基本力量，公众参与是河湖治理的重要基础和前提。面对人民群众对环境的美好需要，各地普遍存在政府监管部门精力有限、人手不够、财力拮据而造成的对水环境监管困难的情况，使得"牛奶河""酱油河"

"油画河"时而出现，引起了群众对水污染的担忧，急切要求改善水环境，积极表达诉求与采取行动。引导公众参与，有助于弥补政府能力有限和监管不足的缺陷；有助于推动河湖治理政策的顺利执行，减少政府推进政策执行的成本，增进公众对政府的满意度。通过民主协商、多方互动，促进环境保护从对抗走向合作；通过各方互动，提高政策的科学化、民主化，避免决策者按照自己的主观愿望和自己的价值偏好制定治理政策，避免"好心办坏事"和"拍脑门决策、拍大腿后悔"的情况发生；通过公众监督，有效抑制政府在河湖环境执法过程中的不作为或过度作为的极端现象。

二、贵州推进"河长制"下公众参与河湖治理的实践

贵州拥有 17.6 万平方公里的流域面积。为了管理好黔中秀水，早在 2009 年就开始在三岔河流域实施环境保护河长制，2012 年在全省八大水系推广。2016 年又在一、二级支流和县城以上集中式饮用水水源地全面实施了河长（湖长、库长）制。2017 年 4 月出台了《贵州省全面推行河长制总体工作方案》，全力推进河湖治理工作。在推进河长制的实践中，高度重视发动群众参与治理，以多种形式，把公众参与、社会监督融入政府部门的各项措施中，初步形成干部群众齐心协力治山护水、增绿清水的局面，以往河流旁垃圾成堆、污水横流的情况得到较好的整治。2017 年贵州省重要江河湖库水功能区总体达标率为 87.3%，比 2016 年提高了 5.3%；全省监测 48 条主要河流的 138 个河段，水质总体达到优良的河长占总评价河长的 89.1%，比 2016 年提高 1.3%。其中赤水河被评为"中国好水"优质水源地。

（一）贵州推进"河长制"下公众参与河湖治理的实践

1. 加强公众参与河湖治理的制度建设，完善共治体系

《贵州省全面推行河长制总体工作方案》提出"坚持党政主导、公众参与"的基本原则，明确要求"在乌江、赤水河等八大水系干流及主要一、二级支流，县级以上 168 个集中式饮用水水源地以及重点湖库另聘请水利专家、环保专家、环保组织负责人或招募一名志愿者义务担任民间河湖监督员"。此举表明了省委、省政府依靠群众、发动群众推进河湖综合整治的鲜明态度，体现了

从"政府包揽"转到"共同建设"，变"独唱"为"合唱"，群众、企业从观望到参与，从被动到主动的制度安排，标志着贵州主体多元化协同共治的来临。

同时，制定了《关于开展河湖民间义务监督员招募工作的通知》《贵州省省级河湖志愿者监督员管理办法》。通过组建民间河湖监督员队伍，规范民间河湖监督员的管理，财政拨款等保障了民间义务监督员能够活跃在河道岸边，让志愿活动得以持久进行。

这些制度的建立，不仅给治污治水注入了新的动力，也是政府治理理念的升华，为引导和动员社会各方面力量广泛参与河湖治理创建了良好条件。

2．开展多种形式宣传，传播水生态文明理念

以中小学生、党政干部为重点开展宣传教育活动。2008 年起就将生态文明知识纳入中小学教学内容，开展中小学生江河湖库管理保护教育系列活动。如毕节市聘请中小学校长担任"名誉河长"，组织中小学生开展江河湖库保护教育活动；兴义市利用主题班会、黑板报、宣传栏宣传河湖保护、管理知识，传播生态文明理念和水环保知识。各级党校、行政学院增设生态文明知识教学，增强党政干部社会责任意识和河湖保护意识。

同时，举办丰富多彩的主题活动。如 2017 年 6 月 18 日贵州生态日举办了"保护母亲河　河长大巡河"主题活动。从省委书记、省长及省、市、县、乡、村五级河长到责任河流（段）参与巡河，水利专家、环保专家、各级相关部门、涉水企业、河湖民间义务监督员、群众代表及媒体共同参与，参与人数超过 3 万人。《人民日报》以头版头条报道了该事迹，在社会上产生了强烈反响。营造节水、惜水、爱水的良好氛围，极大地激发了公众参与河湖保护的热情。

3．组建志愿服务队伍，同建碧水蓝天

2017 年 6 月 2 日，团省委、省文明办、省志愿服务联合会向全社会招募志愿者担任河湖民间义务监督员，组建贵州"青清河"保护河湖志愿服务队伍。

经过社会招募，最终成立了省总队、市支队、县大队三级志愿队伍。招募的民间义务监督员的成员来自各行各业，有环保专家、大学生、研究生、长期从事环保的志愿者。黔南州组建以水利专家为民间义务的监督员队伍，毕节市以大学生志愿服务西部计划、研究生支教团、千人计划等志愿者为主要力量组建志愿者队伍。目前，民间义务监督员们"紧盯"着各自负责的河道，不断巡查监督、明察暗访，成为河湖治理的"宣传员""监督员""示范员"。

4. 探索"党政河长＋民间河长"的实践，打好治水攻坚战

积极探索政府购买河湖监督服务，引入社会力量进行水环境监督，着力探索行政监管与公众监督相结合的监管方式。

2016年6月，贵阳市观山湖区与贵阳公众环境教育中心签订了《观山湖区购买第三方参与生态文明建设和环保监督服务项目委托协议书》。该协议商定，观山湖区政府以购买社会服务的形式，委托贵阳公众环境教育中心对辖区内6条河流进行第三方监督，开展河流巡视、监督、保护等工作。合同规定定期巡河（每月至少一次），发现问题，及时反映给党政河长，并带动周边群众爱河、护河。贵阳公众环境教育中心聘请环保专家及志愿者6人，以一人负责一条河的方式，开展河流巡视、监督、保护等工作。他们成为贵阳市第一批民间河长，充当巡查员、宣传员、参谋员、联络员，与党政河长一起保护河湖，形成"民间河长"查找问题、"党政河长"解决问题的联动机制，撬动民间力量参与水生态保护和水环境治理。之后，贵阳市花溪区、经开区、乌当区、双龙经济区也纷纷推行水环境的政府购买服务，开启政府与环保社会组织合力进行河湖治理的有益尝试。

实践证明，民间河长能够探查和发现党政河长视觉盲区和注意不到的问题，是对"党政河长"的有益补充，两者相辅相成，共同对河流水环境的保护起到巨大促进作用。"党政河长＋民间河长"通过制度重构，搭建了社会共治的平台，形成保护河湖的强大合力，实现治理主体由"政府单一"转为"全民环保"，治理结构由"封闭封锁"转为"开放透明"。通过发挥市场机制作用，构建了多元化的公共服务供给体系；通过分工协同，实现从"官员"治河到"全民"治河的转变，既增强了河流治理的统筹协调能力，又增强了社会的责任担当，大大提高了区域防治能力，是市场经济条件下环境管理制度的重大创新。

5. 推行"民心党建＋河库管护村规民约"，丰富乡村河湖治理体系

2017年，印江县木黄镇、碧江区和平乡等制定了河道管护村规民约，不仅把"河长制"的要求简单明了地展现出来，而且明确了村民责任义务，制定河湖管理与保护奖惩措施，既普及河长制的工作，又规范村民的行为。部分乡（镇）把河长制工作纳入民心党建范畴，作为乡（镇）党委政府、村支两委为人民群众办事的事项来抓，取得了良好的效果。

铜仁市及时总结来自乡村的经验，提炼出"民心党建＋河库管护村规民

约"模式,并在全市推广。目前已在 150 余个乡(镇)全面试点,有 500 余个村制定了河道管护村规民约,从根本上改变了乡村长期垃圾遍地、污水横流的局面,为河湖治理强基固本。

6. 建立环境法庭,开展公益诉讼

2007 贵州省清镇市建立了全国首家环保法庭,2013 年又组建生态保护"两庭三局",即贵阳市法院生态保护审判庭、清镇市法院生态保护法庭、贵阳市检察院生态保护检察局,掀开了环境公益诉讼的司法实践历程。目前已开展了诸如龙里县政府及双龙管委会未履行环境保护职责环境行政公益诉讼案件、贵阳市乌当区定扒造纸厂环境公益诉讼案件、贵州好一多乳业股份有限公司环境公益诉讼案件、清镇市屋面防水胶厂环境公益诉讼案件及修文县扎佐镇人民政府和第三人贵州省扎佐林场固体废弃物污染环境公益诉讼案件等多起环境公益案件。其中,贵阳公众环境教育中心诉龙里县政府、双龙管委会未履行环境保护职责环境行政公益诉讼案被评选为"中律评杯"2017 年度法律案例。中华环保联合会、贵阳公众环境教育中心诉贵阳市乌当区定扒造纸厂水污染侵权纠纷环境公益诉讼一案,被列为中华人民共和国最高人民法院环境资源审判典型,被《法制日报》刊登,中央台报道,加大了宣传效果,扩大了社会影响力,带动了社会各方力量一起保护生态环境。

此外,安顺市平坝区、黔东南州麻江县等结合扶贫工作,聘请建档立卡贫困户作为河道保洁员,探索通过政府购买环保服务解决脱贫的有效机制等。总之,各地都在积极探索形式多样的群众参与方式,有效提升河湖治理水平,并且不断总结推广和实践,开创了有秩序、有活力的公众参与河湖治理新局面。

(二)贵州推进"河长制"下公众参与河湖治理存在的问题

1. 公众关心河湖保护,但参与治理意愿不足

调查显示,公众参与监督、爱水护水活动的积极性不高,省委、省政府对于河湖治理的积极性远远高于公众[①]。调研中我们看到,尽管大众的环保意识

①2016 年 3 月到 6 月,我们对省内部分干部进行随机问卷调查,发放问卷 360 份,最终回收有效问卷 184 份,有效问卷回收率达 51.1%。基层干部确实存在缺乏环境保护意识,环境保护的理论知识不足,对环保知识和国家有关环保政策法规了解不多、理解不透的现象。其次,城市党政干部环境道德意识及绿色发展、循环发展、低碳发展水平普遍比农村地区的干部高。

不断提高，但是绝大部分被调查者在关心环保的同时，并不因此通过节水减污、减少一次性产品使用、合理施用化肥与农药等行为来保护环境。在农村地区，村民环境保护意识还很淡薄，一些养殖户把污染物直接丢在路边，甚至排放到河里。大多数农民认为治理环境是政府的责任，即使个人参与，也得不到任何好处，造成农村水生态环境治理工作难度加大。

2. 河长制下公众参与河湖治理的政策定位不够合理

我们收集了贵州省、市、县、乡制定的河长制相关文件进行查阅、比较。其中，《贵州省全面推行河长制总体工作方案》作为推行"河长制"的指导性文件，也是省级层面对"河长制"工作的系统部署，明确"坚持党政主导、公众参与"的基本原则，提出"聘请水利专家、环保专家、环保组织负责人或招募一名志愿者义务担任民间河湖监督员""聘请巡查保洁员负责河湖日常巡查和保洁工作"等内容，但是，在河湖综合治理决策、执法过程、河长绩效考评与责任追究方面，公众参与尚未纳入，对公众参与的定位主要为监督及保洁。在各市、县、乡关于河长制及相关制度中，定位公众参与主要是末端参与，而非全过程参与，尤其缺乏决策参与。如《六盘水市全面推行河长制会议制度》中，"出席人员：市级河长联席会议成员单位责任人和联络人，市级河长制办公室负责人，根据需要安排县级副总河长及相关单位负责人列席会议"。《兴仁县全面推行河长制工作联席会议制度》中规定，"由各县级'河长'对应的县级责任单位和相关责任单位主要负责人或责任人、河流所经乡镇（街道）'乡镇（街道）河长'和县级河长制办公室负责人等组成。根据需要安排有关部门、单位有关负责同志列席会议"。这些文件中缺少民众代表或民间河长参与会议。这从一个侧面反映出河长制的决策机制仍然是传统的行政决策机制，尚未建立公众意见反馈机制。

又如，在考核方面，2017年印发的《贵州省全面推行河长制工作考核暂行办法》，明确"省河长制办公室会同省级河长制联席会议成员单位组成考核工作组，负责考核工作"，反映出考核工作实行的是上一级环保部门或河长办考核下一级河长，是行政系统内部进行的一个考核[1]，公众明显缺位。

所以，我们认为，贵州省各级政府出台的政策文本在原则层面强调公众参与，在工作层面则表现为末端参与、部分参与。此外，"河长制"政策缺乏对公

---

[1] 张玉林：《承包制能否拯救中国的河流》，载《环境保护》2009第9期，第17-19页。

众参与方法、途径的规划，缺乏对公众参与的操作性思考，尚未全面实现河湖治理的共谋共建共治。

3．环境类社会公益组织数量少，能力弱

截至 2016 年底，贵州省登记注册的民间社会组织为 10 000 余家，其中环境类社会公益组织数量不超过 8 家。从实际情况看，影响力较大、活动能力较强、能够可持续开展工作的环境类社会公益组织屈指可数。

4．河湖治理信息公开不全、不及时

贵州省河湖治理信息公开工作存在零散不成体系、信息公开范围和内容少、不及时准确、有选择性公开和公开形式不接地气等情况，导致公众对排污口情况，以及周边企业及污水管网建设现状了解不足。尤其是在农村，广大农民往往对农村水环境的状况、水环境信息几乎一无所知。我们通过毕节地区部分乡镇 89 位村民的随访，了解到村民对本地区污水排放情况等基本水环境信息的获取渠道为：大部分的村民凭自己的感觉，13% 的村民通过"村委会通知"或"政府告知"，19% 通过媒体或微信、QQ 等途径。可见，农民获得准确环境信息的途径极少，信息有限。百姓缺乏了解自己该知道信息的途径，更何谈表达自己意见和监督的机会，这也是公众对河湖保护热情降低了的重要因素。

5．行政手段多，激励手段不足

在推行公众参与时，受制于长期以来形成的思维惯性，一般倾向于使用和依赖政府而非市场的力量，行政推动的手段和措施多，市场调节、社会管理的手段和措施少，如政府部门资金支持社会组织及公众参与在河湖治理方面的购买项目资助较少；国家政策上环保类社会组织的税收有优惠，但现实中难以实现；对民间河湖监督员的补贴还尚未落实；尽管对于群众举报环境违法行为虽有奖励，但往往举报奖无人领，举报方式方法还有待改进。

总体来说，我省的河湖治理目前仍是"政府直控制型治理模式"，其特点是政府几乎包揽了河湖保护的所有工作，从宏观政策制定到微观河湖环境监督，基本都由政府直接操作，所采用的手段也以行政手段为主，社会力量发挥作用微弱。[①] 这种政府直控河湖保护工作的方式造成政府监管往往成本过大，监

---

① 中国科学院可持续发展战略研究组：《2015 中国可持续发展报告——重塑生态环境治理体系》，科学出版社 2015 年版。

管力量相对不足，无法实现全面、有效打击环境违法行为，水环境政策法规不能得到充分的落实，成为造成"贵州省水环境问题比较突出"的原因之一。目前，随着河湖问题日益突出，管制成本越来越高，政府的监管能力受到人力、物力、财力的严重制约。尽管省委、省政府不断增加人员、配备装备，但是全省环境执法人员不足 2000 人。环保执法人员数量不足、人少事多的矛盾突出，加之喀斯特地貌区河湖治理的复杂性、艰难性，使得政府监管能力捉襟见肘，难以负担巨大的环境管制成本，必须加快建立全社会齐心共治的河湖治理体系。

三、贵州推进公众有序参与河湖治理的制度构建

（一）构建推动公众参与河湖治理的动力机制

1. 进一步提高公众的水环境保护意识，强化公众的参与能力

结合我省公众水生态意识的现状，在进一步加大水生态文明知识宣传，定期举办公众参与主题活动的同时，还需在以下几个方面下工夫：

（1）重点加强对农村地区水环境保护的宣传。现阶段贵州公众河湖保护意识的薄弱点在农村。建议围绕农村的水污染、垃圾处理等问题，积极探索适合农村生活的宣教内容和形式。可通过广播电视媒体、微信短信发布平台、村务宣传栏、标语、赶场专项宣传等方式对农民进行宣传系列活动；以生活化内容、寓教于乐的方式，向广大农民深入开展水生态环保知识及河长制政策解读宣教活动，使之入脑入心；树立、传播各种典型模式和先进经验，对农民参与河湖保护活动起到示范和引领作用；加强基层农村干部、农技人员、农民示范户的水环保培训与教育活动，通过他们的带头作用，有效提高民众的农业环境保护意识。

（2）以校园为依托向学生开展环保宣传。设置水环境主题进行相关教学和讨论，教授学生如何履行环境保护责任，以及保护水资源的具体做法，让学生学得到、记得深，推动学生形成绿色发展方式和生活方式，反对奢侈浪费。

（3）编制公众参与电子宣传物。充分利用网站、微信、QQ 等现代媒体介绍河湖保护基础知识，简单明了阐明公众参与的途径、案例，别开生面地宣传省委、省政府关于河湖治理的政策、方案，指导公众有序有效地参与河湖

治理。

（4）探索建立民众责任义务条例。河湖治理要取得长久持续的成效，需要培育具有生态文明意识的新型公民，而建设民众责任义务条例是对社会公众自身行为的规范和要求。建议探索制定河道管理规定、村规民约，规范民众的义务，禁止侵占河道、养殖、非法搭建、垃圾乱扔等具体要求，细化处罚方式，促使民众自觉维护水环境及公共卫生。

2. 健全信息公开和回应反馈机制，增进政府与公众的良性互动

（1）健全信息公开制度。加快推进全省河湖环境信息大数据建设和应用，尽快整合各部门信息资源，建立健全统一的、综合性的水环境信息管理系统，将流域的基础地理信息、气象水文水质、重要污染源、生态环境、社会经济发展等数据信息统筹纳入此系统，并据此建立水环境信息统一发布平台，避免相关部门公布的河湖信息打架现象，实现生态环境信息精准化。

强制重点排污单位信息公开。重点排污单位应当定期如实向社会公开其主要污染物的名称、排放方式、排放浓度和总量、超标排放情况，以及防治污染设施的建设和运行情况，接受社会监督。对该公布而未公布及公开内容不真实的重点排污单位要给予重罚。

（2）健全信息沟通回应反馈机制。明确各级河长办为意见回应的责任主体。各级河长办应安排专人负责公众意见的分析、研判、回应等工作。对公众意见的采纳情况作出答复，完善信息反馈内容，公布处理情况，对不予采纳的意见要说明理由，并明确回应时限和超时处罚措施。

3. 积极探索社会参与的激励约束机制，提升公众参与的活力

（1）完善志愿服务的激励机制。鼓励农村地区建立积分激励平台，将志愿者对河湖治理的建议、保护、监督等纳入积分管理，由村两委和群众代表综合评判，每月公示，每年根据所得积分，开展表彰活动或物质奖励。建立志愿者星级认证表彰工作，采用新媒体等技术手段广泛宣传典型事迹，让榜样的力量引领公众前行。探索志愿服务时间计入社会环保信用体系。

（2）探索惩戒制度。建立水环境信息违法违规行为档案制度，将企事业单位、生产经营者及个人的水环境违法违规信息记入环保社会诚信档案，及时向社会公布违法违规者名单，作为财政支持、政府采购、银行信贷等的重要依据，形成"一处失信，处处受限"的守法氛围，督促企业及公民自觉履行环保法

定义务和社会责任。探索索赔权制定，对造成水环境损害的企业，要根据损害的实际情况进行赔偿。

（二）建立健全公众参与河湖治理的实现机制

1. 建立公众参与的动员机制，实现广泛参与

（1）依托现代网络媒体拓展社会动员渠道。设置相关议题、论坛，全面激发群众参与热情，提升环境保护意识，促进对政府河湖治理决策部署的认同，并自觉参与河湖治理和保护。

（2）以项目化方式促进多元联动。各级河长办公室应注重以项目化运作方式，调动志愿者参与辖区河湖志愿服务的热情。通过开展各项市场化项目，广泛吸纳社会多元化主体进行参与。

2. 搭建新平台，拓展公众参与良好渠道

（1）建立河湖治理公众号。公众号应具有信息服务、监督、互动等功能。通过公众号，公开河湖治理决策，发布河湖治理信息，介绍专业知识，交流参与经验。同时，民众可查看河长制相关新闻动态，河道的投诉量、处理率、满意度，水质全监测、每月监测数据全公开。要做到界面清晰，操作简便，让基层干部及普通民众能够轻松上手，使之为社会参与提供基础信息，为百姓快捷参与提供便捷通道，为政府决策提供意见参考。

（2）建立河道治理微信群参与平台。建立以各级河长、民间河长、各级河长办及相关单位管理人员为群主、公众为成员的微信群，引导群众对发现的河流问题第一时间举报，实现第一时间发现河道问题、第一时间交办问题、第一时间整改问题的高效机制。

3. 建立政府向社会组织购买河湖保护机制，激发社会参与的活力

（1）确定政府购买河湖治理服务范围。制定采购服务目录，涵盖河湖保护知识宣传教育、环境调查、志愿者业务及技能培训、民间河长监督、河湖保洁、河道绿化服务等范围。通过合同外包方式使环保类社会组织参与河湖治理公共服务。

（2）总结推广先进经验。提炼来自基层的典型经验，推广政府购买河湖治理服务试点，指导各地工作的开展。

（3）建立动态项目实施机制。对实施、结项、评估、反馈等一系列具体环

节制定实时动态的管理办法，明确相应的监管部门，形成从准入到履行合同到退出的实时动态监管体系。注重过程考察，以政府部门抽查、媒体监督、社会公众意见反馈、服务组织自律性评估等多种方式进行评估，确保社会组织按照协议规定执行。根据评估结果建立社会组织诚信与履约情况数据库，作为此后政府购买服务的参考依据。

4．建立政府向贫困人口购买护水保洁服务机制，实现河湖治理与精准扶贫"双赢"

建议在社会组织未能覆盖开展工作的农村地区，建立护河就业扶贫公益专岗，开展政府向村（或居委会）购买河湖监督和保洁服务。

（1）政府购买民间护水员公益专岗。向每个涉河村（或居委会）购买1名民间护水员岗位，各乡镇（或社区）可视实际河湖面积酌情增加或减少民间护水员数量。民间护水员从建档立卡贫困人口中选拔，实行聘用制。民间护水员主要职责为巡河及保洁服务，发现问题及时制止和报告有关部门，协助有关职能部门开展一系列治水的监督工作，宣传爱河护河，定期对河断面进行水样采集、送检。建立民间护水员考核和退出机制，保证监督质量。要对民间护水员进行专业知识培训，确保他们有条件、有能力参与。

（2）政府购买民间保洁员公益专岗。从建档立卡贫困人口中选拔民间保洁员。由涉河村（或居委会）两委负责进行日常管理。每年对保洁员进行测评，对工作不力的人员解除劳务协议。

（三）建立健全公众参与河湖治理的保障机制

1．培育高水平的环保类社会组织，提升全社会高效参与河湖治理的水平

有序、高效的社会参与，很大程度上取决于参与者的组织化程度。建议从环保社会团体、环保基金会和环保社会服务机构为主体组成的环保社会组织中挑选出部分有潜力的人员进行培育培养。同时，要为环保社会组织增加数量、提升质量和参与治理创造条件降低门槛，综合运用项目购买、项目补贴、项目奖励、减免税收等手段给予他们必要的物质与技术支持。加强对环境公益组织进行有针对性的环保专业知识和技能等多层次的业务培训，逐步提高环保社会组织的专业性、行动力和影响力。引导环保社会组织建立服务标准、行为准则、信息公开和行业自律规则，促进健康成长。

2. 加强财力保障，提升全社会高效参与河湖治理的能力

政府财政要建立公众参与河湖治理的专项预决算，列支年度经费，确保政府购买项目资金来源。对于财政困难的地区，给予资金扶持。同时，建立多元化的投入机制，引导鼓励企业、社会、个人资金投入，探索慈善捐赠及社会捐赠等投入河湖治理专项基金中。

此外，认真落实社会组织税收优惠政策，对重点培育的社会组织给予减免税。积极提供后勤保障服务以及信息咨询、网络服务、教育培训等支持，实现全民治水的终极格局。

参考文献 开展本课题研究的主要中外参考文献，申请人的成果不列入

[1] 陈雷. 坚持生态优先绿色发展 以河长制促进河长治 [N]. 人民日报，2017-03-22.

[2] 锁利铭，马捷. "公众参与"与我国区域水资源网络治理创新 [J]. 西南民族大学学报（人文社会科学版），2014（6）.

[3] 孙海涛. 水资源管理中的公众参与制度研究 [J]. 理论月刊，2016（9）.

[4] 姚金海. 论《水法》修改中社会公众参与制度的构建———兼论"水污染防治行动计划"（水十条）的法律化 [J]. 经济与社会发展，2015（5）.

[5] 朱狄敏. 公众参与环境保护：实践探索和路径选择 [M]. 北京：中国环境出版社，2015.

[6] 林卡，朱浩. 嘉兴市环境治理制度创新及其启示——基于程序正义和公众参与视角 [J]. 湖南农业大学学报（社会科学版），2016（4）.

[7] 王华，郭红燕. 关于全面改进我国环境社会治理工作的建议 [J]. 中国环境战略与政策研究专报，2015（16）.

[8] 王俊燕. 流域管理中社区和农户参与机制研究 [D]. 北京：中国农业大学，2017.

[9] 龚小波，邝奕轩. 湘江流域重金属综合治理中公众参与机制创新探讨 [J]. 湘潭大学学报（哲学社会科学版），2015（3）.

六、 智推教育实践

论大学生道德责任意识培育

贵州大学法学院　　和　凤

摘要　针对部分大学生遇事推脱责任、逃离责任的现象，我们可从家庭教育、高校教育、社会环境、法律监管这四个层面来探求道德缺失的成因，从家庭道德认知示范、高校课堂内外结合、社会环境优化、道德与法律相统一等几个方面，探讨大学生道德责任意识的培育路径。

关键词　大学生；道德责任意识；培育

大学生这一群体由于未走出象牙塔，社会阅历不足，世界观、人生观和价值观仍处于塑造阶段。这一阶段，是一个由感性到理性，由依赖到独立的过程，在遇到重大抉择时，难免会踌躇、彷徨，甚或做出错误的决定。自我意识的觉醒和自由意志的成熟推动着道德责任意识的形成，它的形成依赖于外在他律向内在自律的转变，在潜移默化中，使得大学生作为道德主体可以继承和发扬优秀道德风尚。然而，在公民道德滑坡和社会功利化的今天，大学生的责任意识空前淡漠，对于不利己的事情能推则推，能逃则逃，不担当、不作为的风气盛行。我们对大学生这一群体道德责任意识缺失成因进行深入剖析，进而对可行性解决路径做出合理探讨。

一、大学生道德责任意识的内涵及缺失表现

（一）大学生道德责任意识的内涵

道德责任是人们对自己的行为后果、失范行为和不良后果在道义上应承

担的责任。在郭金鸿的《道德责任论》一书中做出以下定义："具有一定自由和能力的责任行为主体（包括个体、团体与国家）基于一定的物质利益和道德认识，以社会客观道德价值为评价标准，履行（包括非自觉自愿和自觉自愿两种态度）一定社会赋予其上的对他人、社会、自然的责任，以及对于自我行为所导致或可能导致的有利于或有害于他人和社会的行为后果承担相应的责任，以及自觉自愿履行责任所形成的良好道德品质。"也就是说，道德责任包含的内容丰富，人作为社会人，只要牵涉其中都与道德责任相关联。再者，要对行为后果担责，不管自觉性还是强制性，都要有承担道德责任的意识。但笔者认为，这里的社会客观道德价值评价标准是有局限的，这一标准太过抽象，很难用有限的词汇给出全面的框定。马克思认为意识是人脑的特有机能，是人脑对客观事物的主观反映。根据以上分析，总结出大学生道德责任即在高等院校中的学生在社会公认的道德价值评价标准尺度下，在履行家庭、社会和自我的职责中，积极主动为其所做行为承担应尽责任。

大学生的道德责任意识，简言之，即作为居于道德主体之一的大学生在享受自身权利和身份定位所带来的福利和权益外，与之相关的从属道德范畴内的"职责范围应做之事""未完成应做之事的过失担当"。因此，首先要明晰大学生群体所应担当的道德责任是什么，在特定道德情境中，大学生需要做什么，界定出什么是职责范围内应做之事，以便对实践行为做出合理预判；其次要知晓未完成"分内事"的弊端，利弊的罗列可以理解其合理性，为其应然性作辩护和论证，使道德责任意识从低一级的"他律"责任感跳跃到高一级的"自律"责任感，最终成为大学生这一道德群体自觉体认并自我遵循责任意识的强大动力。

（二）大学生道德责任意识缺失的表现

1. 权利与义务冲突

当代大学生对于自我过度追捧，更多地强调获得权利，即在法律范围许可内，强调为满足其特定利益而自主享有的权能或利益，突出"得到"，其一是"我应该得到什么"，维护自身既得利益；其二是"他人应该为我做些什么"，即有权做出一定行为并要求他人做出相应的回应。忽视履行义务，在享受权利带来的馈赠后不愿在道德上承担应尽的责任，没有想到"我可以为他人、为社会做些什么", 不予付出, 只知道一味索取。面对利益, 权利往往排在第一位, 而义务则可以忽略不计, 表现为言语上的轻视、行为上的漠视。于是乎, 内心的道德法律便成为形同摆设的工具, 不具备制约性。诚然, 权利的获得和占有是主体意识的觉醒, 也是法律对行为主体作为或不作为的认可与保障, 但不能成为逃避义务的理由, 否则, 在不间断的索取中, 内在欲望将会被无限地放大, 便不能树立正确的价值观。

2. 利益与担当错位

受功利主义、拜金主义、享乐主义思潮的影响, 大学生在做出某种选择时, 会在利益方面进行预判从而做出取舍, 带有很浓的自利倾向, 变成精致的利己主义者, 不是一味地追求物质价值, 而是一切活动以利己为核心。无论是在社团还是在学生会, 部分带头人都带有很浓的官僚主义倾向, 活动的策划以及奖惩的分值评定, 个人的利益被放大到极值, 既想不劳而获, 直接守株待兔得到现成利益, 又想在出了问题时, 急着推脱责任免于担当。说是功利也好, 实用也罢, 大学生作为社会的一分子, 也难以免俗, 以各种手段来获得奖学金、助学金, 多渠道争取评优评先资格, 总之, 处在大学这一方净土的莘莘学子的心灵在不同程度上受到了纷扰。人作为社会人, 都有趋利避害的本能, 但我们不能为了得到利益而不择手段, 不能逾越法律的底线, 践踏道德的尊严, 应将既得利益与应尽担当并重。

3. 知识与道德脱节

有知识的人就一定有道德吗? 恐怕不尽然, 有知识与有道德是不对等的。社会流行的"唯分数论", 有意无意地告诉学生们, 分数决定未来, 使得许多学生一味地追逐高学分、高绩点, 忽视心智的成长, 这对社会无疑是个安全隐患, 而且许多高知分子并没有将学过的知识内化为个人品性的一部分。我们常常强调"德才兼备"和"品学兼优", 推崇品德和才识兼顾, 这才是一个合格的学生。注重知识的积累, 为将来谋得一份好工作, 本就无可厚非, 但片面追求知识的积累而轻视德行的教化, 对当代大学生来说是极不健康的。大学生作为有志青年, 在饱读诗书的同时也要提升自己的道德素养, 真正将知识与道德有机地结合起来。

二、大学生道德责任意识缺失的成因

（一）不当的家庭教育方式

孩童从呱呱坠地起所接触的第一个教育环境就是家庭，父母作为第一任老师，他们的言谈举止都在潜移默化地影响子女。由于社会氛围和社会价值的影响，部分父母给孩子报各种补习班、兴趣班，要求子女在努力学习文化课的同时掌握更多的技能，成为以后找工作的加分项，忽视社会实践和义务志愿劳动，许多大学生把他人的关心当成理所当然，过度地以自我为中心，一味地享受索取而不愿承担作为子女应担的家庭责任。

（二）失衡的高校教育模式

在应试教育的模式下，道德教育要让位于知识教育，虽然高校品德教育也是一门必修课，但部分老师只是把书本内容通读一遍，考试期间把答题范围划定，着重对知识的扫盲式、通识化教育，没有有效地将知识教育和道德教育融会贯通，使得学生在道德教育上并没有得到精神的洗礼，甚至形成病态的道德心理素质，降低学生在生活中的抗挫力和排难力。在这种比重失衡的状态下，很难建构起坚固的道德责任意识城墙。

（三）繁杂的社会原因诱导

西方思潮的冲击弱化了传统美德对学生的定位，极端个人主义盛行，价值观呈现多元化，社会主义核心价值观的主导地位受到挑战，强调物欲追求，注重自我发展，传统美德遭到轻视，甚至有被边缘化的危险。不良的网络信息也是导致大学生道德责任意识淡化的一大诱因，信息的爆炸性输入，形形色色的信息都能找到自己的一席之地。在鱼龙混杂的大环境下，心智尚未成熟的大学生很难树立正确的道德责任意识。

（四）法制监管措施的缺位

不健全的法制建设和监管的相对滞后，在一定程度上也影响道德建设的长效机制。制度的缺位，一方面不能约束、规范学生的行为，另一方面也是一种隐形放任，没有明确的监督惩戒，学生会带有侥幸心理，在法制的红线口徘徊游离。奖惩机制的不完善，守德者没有得到应有的褒奖，无德者没有受到该有的惩戒，非正义行为如果没有得到法律及时的制止和惩戒，就会产生消极的"破窗效应"，导致失德行为的泛滥。

三、培养大学生道德责任意识的路径

（一）深化培育途径，发挥父母榜样示范作用

在培养子女道德责任意识的过程中，家庭起着举足轻重的作用，家长的一言一行在无形中形成示范效应。因此，家长首先要做的就是营造家庭和睦的良好氛围，家庭成员之间彼此平等友爱，在做出家庭决策时，让孩子观察自己是做了哪种选择，以及后续结果如何，行为结果有时比道理解释更具备说服力。其次，家长要树立良好榜样，孝敬父母、爱护公物、与人为善、遵纪守法、敢于担当社会责任，在生活中以身示范，时刻警惕自己的言行，多与子女沟通交流，成为子女的良师益友，从娃娃抓起，培育良好的道德责任意识。

（二）德育与智育相结合，发挥课堂内外的联动功能

课堂作为道德知识输入的主渠道之一，务必要将道德教育和知识教育结合起来。作为教学的主体，要求教师能提升自身的专业知识素养，寓教于乐与寓教于德相长。广大一线教师更要注重内外兼修，树立良好的道德责任意识，在授课的同时，潜移默化地将社会主义核心价值观教育、诚信教育、传统美德教育灌输给学生。采取多重教育方式，除了传统的理论灌输，还可开设辩论赛、主题演讲、翻转课堂等形式。有着"第二课堂"美誉的校园文化也是育人的重要渠道，它在某种程度上折射出这所学校的气质和涵养，在注重展板文化、校园广播文化、团建文化，彰显先进个人和团体风采的同时，借助自媒体这一平台，在学校官微、微信公众号、知乎等推送优质文章，以期在培养大学生的道德责任意识中形成合力。

（三）优化培养环境，营造良好社会氛围

道德责任作为一种内在品性，最终目的就是要规范主体的社会行为，使得社会实践符合道德规范，由此可见优化社会环境的重要性便不言而喻。首

先，我们要弘扬传统美德，在传统美德中找寻精神食粮、还原本真张力，唯有如此，我们才能在域外思潮的冲击下保持自我。其次，在营造绿色的网络环境大背景下，学生要提高信息识辨能力，对各类信息做出正确的研判，选取有利于提升自身道德水平的优良信息，自觉抵制不良信息的侵蚀。将提高大学生的认知水平和道德水准共组，利用互联网这一媒介，为培养道德责任意识建设助力。

（四）明晰道德与法律之间的关系，实现自律与他律交互影响

道德具有劝导性，带有劝诫和建议的意图，但在内控力不足以支配理性选择的大学生群体中，这种劝导性则会因为缺乏感召力而缩小受众范围。法律具有强制性，呈现规范和制约的趋向，为了弥补道德强制性这一先天不足，则需要法律制度为底线来规范利益格局、维系道德向度。规则总是与道德的实质相一致，我们内心道德的圭臬通常外显为社会所公认的规则，也即我们众所周知的行为规范早已深深扎根于内心进而衍化为道德标准的一部分。同样，自律与他律虽是一对矛盾体，实则互为兼容。主体意识的丰富、内在价值的充盈，使得多样化的行为选择更需要道德规范的隐性约束和法律条文的硬性要求。如果把社会看作是一个嵌合体，道德是根基，法律是末端御外防线，一个社会如果沦落到处处依靠法律自持而无内心道德律的恪守，便是一个人人自危的社会。只有内化为道德约束的制度条文和非制度框架，才能够成为规范道德行为的标尺、评判社会价值的准绳。

推进大学生道德责任意识培育，是经济社会发展的必然要求，也是关切到社会主义事业蓬兴的重要力量，具有重要的现实意义。我们痛心诸多失德行为的表现，从家庭、社会、高校和法律四个方面探析其成因，对应也给出了相关可行性建议。与此同时，我们还要防止泛道德主义和泛法律主义的盛行，制度在制约行为的同时也成为规避伤害的庇佑所，限制行为的同时也给足了在特定范围内相对自由的权利。任何制度的缺漏都不应该成为自甘堕落的借口，道德品性的缺失也不应该成为行为失范的说辞。提倡道德责任法制化，重点是要突出道德主体责任地位，强化和内化大学生道德责任意识，发挥道德责任意识的正面积极效应。唯有内化于本心所做出的行为选择和价值判断，才是持存的善行。

参考文献

[1] 郭金鸿. 道德责任论[M]. 北京：人民出版社，2008：120.

[2] 王小锡. 系统工程视角下的我国公民道德建设[J]. 江苏社会科学，2014（3）：1-6.

[3] 黄明理，姜迎春，郭榛树. 论我国公民道德建设的经验、面临的挑战与应对[J]. 江西师范大学学报（哲学社会科学版），2014（2）：3-12.

[4] 赵婷婷. 大学生道德责任意识研究[D]. 大连：大连理工大学，2009：29.

[5] 陈进华. 自律与他律：公民道德建设的实践路径[J]. 道德与文明，2003（1）：9-13.

毕节试验区脱贫攻坚视域下的

职业教育发展思考

毕节职业技术学院　　彭永贤

摘　要　本文对人力资本的作用、贫困问题、教育与扶贫问题、毕节试验区职业教育与脱贫攻坚工作衔接问题进行分析，提出毕节试验区职业教育必须走品牌化办学之路，真正助力脱贫攻坚工作。

关键词　毕节试验区；脱贫攻坚；职业教育；工作思考

一、人力资本的作用

经济增长需要多种生产要素的投入，如资本、劳动力、土地、技术、企业家才能等。西方很多经济学家在经济问题研究中认为，贫困地区多年来不能摆脱贫困问题，与贫困人口文化科技素质提升有很大的直接联系。19世纪，德国经济学家弗里德里希·李斯特（Friedrich List）首次提出了"物质资本"和"精神资本"的概念，强调教育、科技对经济发展的推动作用。1924年苏联经济学家斯特鲁米林（Strumilin）在《国民教育的经济意义》中提出了教育投资收益率的计算公式，通过计算，对工人进行一年的初等教育比同样时间在工厂工作提高劳动生产率1.6倍。20世纪60年代，美国经济学家西奥多·W.舒尔茨提出了人力资本理论。舒尔茨在长期的农业经济问题研究中发现，从20世纪初到50年代，促进美国农业生产产量增加和农业生产率提高的重要原因已不是土地、人口数量或资本投入，而是人的能力和技术水平的提高。他认为，对于现代经济来说，人的知识、能力、健康等人力资本水平的提高，对于经济增长的贡献远比物质资本和劳动力数量的增加更重要。他进一步强调在经济发展过程中，资本投资的重点应从物质资本转移到人力资本。

二、贫困问题

王卓认为，贫困的概念应包括三层含义："贫困是需要没有满足，贫困是能力不足，贫困是一种状态。"其中，需要没有满足说明贫困是相对的；贫困是一种状态，说明贫困是有阶段性的；贫困是能力不足，说明对于贫困人口个人和自身具备科技文化素质很重要。王卓还提出贫困人口特征体现在以下五个方面：①对物质财富的欲望不高。对获得物质财富所付出的努力程度不够，抱着安贫乐道的生活态度去看待温饱问题，经济行为表现为以低消费去适应低下的生产力水平，对参与社会经济活动的积极性不高、意愿不强，把全部心思都放在如何满足现实的欲望上。②生育倾向较重。传宗接代的传统生育观念根深蒂固，在生儿育女问题上明显倾向于生养男孩，其含义在于为其父母年老体衰后提供生活保障。③社会经济活动的参与度低，表现在贫困人口参与社会经济活动的能力不足。④社会价值标准低下。由于家庭物质财富不足，参与社会经济活动的能力不强，他们的目标就是满足现实的温饱，认识也越来越现实，甚至信奉命运、相信迷信。⑤自我评价不高。导致一个人或一个家庭贫困的因素是复杂的，有可能是自己不努力、效率不高、方法有问题、做出错误的决策、祖辈"贫困基因"的代际传递等，这些因素会导致贫困人口对生活失去信心，自我评价降低。因此，贫困具有政治性、区域性、复杂性、长期性和艰巨性。

三、教育与扶贫

赵曦教授在《21 世纪中国扶贫战略研究》中论述中国 21 世纪扶贫战略的新内涵为可持续发展、社会公正、以人为本、道德进步四个方面，扶贫工作的关键在于制度创新。尚玥佟在《巴西贫困与反贫困政策研究》中指出增强穷人参与经济活动的能力是反贫困的重要举措。黄东花、王俊文在《国外反贫困经验对我国当代反贫困的若干启示——以发展中国家巴西为例》一文论述政府反贫困政策中教育反贫困是主要举措。孙志祥在《美国的贫困问题与反贫困政策述评》中分析，在美国福利改革政策中，注重加大教育和就业培训力度，建立以工作为本的社会福利和社会救助制度。朱坚真、匡小平在《西部地区扶贫开发的模式转换与重点选择》中论述西部扶贫开发的重点选择时提出，提高贫困地区人口的整体素质是解决西部脱贫致富奔小康、实现现代化的前提和保障，只有劳动者的素质提高了，才能把资源优势转化为商品优势和经济优势。赵卫华在《农村贫困的新特点与扶贫战略的调整》中认为，加快农村教育事业的发展，保证农民的平等教育权利，切断农村贫困的代际传递链是减轻农村贫困根源的有效措施。邓平在《推进职业教育助推湘西州精准扶贫脱贫的探索与实践》中总结，在新时期精准脱贫扶贫攻坚战中，要通过大力发展职业教育，推进职业教育精准扶贫，不断提高贫困人口素质和脱贫致富能力，让贫困户摆脱贫困代际传递，打破贫困的恶性循环。

四、毕节试验区脱贫攻坚与职业教育

（一）毕节试验区脱贫攻坚工作任务艰巨

到目前为止，贵州省仍然有未脱贫人口280万人，其中毕节市有未脱贫人口80余万人，占全省未脱贫人口总数的四分之一还要多，到2020年与全国同步实现小康的目标任务非常艰巨。2019年，省委、省政府高度重视毕节市脱贫攻坚工作，把全省推进脱贫攻坚工作会议安排在毕节召开，进一步落实和部署脱贫攻坚工作任务。习近平总书记明确指示，毕节试验区要"着力推动绿色发展、人力资源开发、体制机制创新，努力把毕节试验区建设成为贯彻新发展理念的示范区"。"衔接乡村振兴战略、推进脱贫攻坚、建设示范区"三大建设任务，任重道远。毕节试验区迫切需要更多优质教育资源为"三大建设任务"提供人才支撑和智力保障。按照党中央精准扶贫"五个一批"工程的工作思路：发展生产脱贫一批，易地搬迁脱贫一批，生态补偿脱贫一批，发展教育脱贫一批，社会保障兜底一批。党中央把教育脱贫作为一项工作部署，是具有长远性、根本性的战略决策和重要举措。

（二）毕节试验区职业教育与脱贫攻坚工作衔接

近年来毕节试验区职业教育在基础设施建设、教师队伍建设、实习实训条件建设、人才培养质量等方面逐步提升，办学水平取得了长足的进步。但由于受各种主客观因素影响，在职业教育与脱贫攻坚工作衔接上，仍然存在以下两个方面的突出问题：

1. 职业教育专业服务产业能力不强

由于受交通、文化、历史以及自然资源等各种因素影响，毕节试验区产业发展相当滞后，产业链发育缓慢，多数产业发展科技含量较低、效益不高是产业技能人才需求不足的直接原因。由于产业发展滞后，导致职业教育校企合作、产教融合工作难以起步和运行，如农业、建筑业、煤炭产业、机械制造、汽车产业等大类专业，职业教育专业设置、人才培养模式与产业发展结合程度不高，专业服务地方产业发展能力不强。

2. 职业教育整体布局与专业设置不能满足产业发展需要

一方面职业学校专业服务地方产业发展能力不强，部分职业学校专业设置还着眼于区外人才需求市场，有些学校甚至跟风走，哪个专业好招生就设置哪个专业，特别在金海湖新区的几家职业学校，专业设置已呈现重复设置现象，学生就业仍然依靠公务员考试和外出务工就业渠道，日久势必形成恶性竞争；另一方面，各县、市（区）职业教育发展布局仍然存在不均衡现象，就全市来看，职业教育整体布局与专业设置不能满足产业发展需要。

职业教育核心职能是人才培养。"职教一人，就业一人，脱贫一家。"职业教育是助推脱贫攻坚工作最有效和最直接的途径。从职业教育办学过程来看，职业教育服务脱贫攻坚的路径和方式多样，可以简单分为传统输血式扶贫和造血式扶贫两种。如减免学费、奖学金、助学金、勤工俭学、校农结合、扶贫联系点帮扶等属于传统输血式扶贫模式。从毕节职教扶贫的角度看，职教扶贫的传统输血模式真正生动的典型案例不多，特色不鲜明。职业教育人才培养才是造血扶贫模式，职业学校提高人才培养质量，真正实现"职教一人，就业一人，脱贫一家"。改变传统输血扶贫模式为造血扶贫模式，是毕节试验区职业教育现在和今后一段时间值得思考和研究的时代课题。

五、毕节试验区脱贫攻坚视域下的职业教育发展工作思考

（一）走品牌化职业教育办学发展之路

职业教育办学品牌化，如同企业产品品牌化。企业品牌化产品指产品科技含量高，在企业生产、加工、销售过程中依靠科技投入占据主导位置，产品在销售过程中，在价格和服务方面容易被消费者认同、接受或者喜欢。职业教育品牌化办学指办学定位、办学理念、专业设置、人才培养模式、人才培养质量在服务产业发展方面占据主导地位，具有主导优势，即专业服务产业能力强，职业教育发展与产业发展之间处于良性循环和互动状态，职业教育助推产业扶贫工作能力强、效果好。职业教育只有走品牌化办学之路，才能提升职业教育对脱贫攻坚工作的贡献度。

（二）找准发展标杆学校

从我国职业教育发展的情况来看，经济发达地区明显快于经济发展落后地区，东部及沿海城市职业教育水平明显高于内陆地区。就全省来看，毕节市职业教育发展明显滞后于贵阳市和其他部分地、州、市。近几年来，毕节市职业教育发展存在严重的追赶发展心理，在办学过程中，办学定位、办学理念与地方产业发展理念存在着一定的差距，焦点难以聚集。这就需要职业学校重新凝聚共识，准确定位办学理念、办学定位，沉降心态，在省内外寻找适合自身发展需要的 1～2 所职业学校作为标杆学校学习，分析自身在办学定位、办学理念、专业设置、人才培养模式、专业建设、人才培养质量、专业服务产业能力方面的差距，找准差距、找准标杆，理清发展思路，奋力追赶，提高政治站位，主动融入脱贫攻坚主战略，办出人民满意的职业教育。

（三）走差异化发展办学之路

试验区职业学校必须坚持自己的办学特色，办学定位、专业设置、人才培养模式必须走差异化发展办学之路，以至各具特色，专业服务产业领域广泛，办学有活力，满足产业发展布局需求，各自发挥在脱贫攻坚工作中的特色作用，提高职业教育对地方经济发展的贡献度。

（四）加大职业教育办学宣传力度

毕节市教育局高度重视职业教育宣传工作。每年采取以组织宣传车到各县、市（区）发放宣传资料、现场宣传等方式加强职业教育宣传工作。但各职业学校重视程度不够，往往流于形式参加宣传工作。笔者2017年课题调研显示，毕节市各职业学校知名度不高，农村部分家长和学生连学校名字都不知道，反而能脱口说出五六所区外、省外职业学校的名字、开设专业等从区外、省外录取毕节市的学生远超过市内职业学校招生人数可以看出，市内职业教育宣传力度不够，各职业学校应高度重视宣传工作，积极配合毕节市教育局，通过各种媒体、现场宣传等形式、多层次渗透宣传职业教育办学定位、办学理念、办学特色、专业设置、人才培养模式等，扩大职业学校知名度和影响力。

（五）加大职业教育经费投入，鼓励和支持多种形式职业教育办学

过去十年，毕节市委、市政府高度重视职业教育发展工作，投资50余亿元建设金海湖新区职教城，改善了各职业学校的办学条件，已形成职业教育"一体两翼多接点"办学布局。但从职业教育服务全市产业发展的情况，以及职业教育办学规模、学校布局、专业设置等情况来看，职业教育规划布局远远不能满足全市产业发展需要，不能满足脱贫攻坚工作对技能人才的需求。所以毕节市委、市政府还需要从脱贫攻坚工作长远性、持续性角度出发，加大职业教育经费投入力度，鼓励和支持职业教育多种形式办学，鼓励发展民办职业教育，丰富职业教育办学形式，满足产业发展需要，助推脱贫攻坚工作。

参考文献

[1] 王卓.中国贫困人口研究[M].成都：四川科学技术出版社，2004.

[2] 赵曦.21世纪中国扶贫战略研究[J].财经科学，2002（6）：94-95.

[3] 尚玥佟.巴西贫困与反贫困政策研究[J].拉丁美洲研究，2001（3）：51.

[4] 黄东花、王俊文.国外反贫困经验对我国当代反贫困的若干启示——以发展中国家巴西为例[J].农业考古，2008（6）.

[5] 孙志祥.美国的贫困问题与反贫困政策述评[J].国家行政学院学报，2007（3）.

[6] 朱坚真，匡小平.西部地区扶贫开发的模式转换与重点选择[J].中央民族大学学报

（哲学社会科学版），2000（6）：39.

[7]　赵卫华.农村贫困的新特点与扶贫战略的调整[J].吉林广播电视大学学报，2005（1）：16.

[8]　邓平.推进职业教育助推湘西州精准扶贫脱贫的探索与实践[J].职工法律天地，2016（24）.

黔南民族地区教育扶贫探析

——以贵州省平塘县塘边镇为例

黔南民族师范学院文传学院 2018 级教育硕士研究生　　王雅竹

摘　要　教育扶贫是所有扶贫方式里面最实际的一种，这种"造血式"扶贫，远比"输血式"扶贫来得更为管用。习近平总书记在新时期对打好并打赢脱贫攻坚战时提出了一条新论断——扶贫先扶智，这就更加显示出教育扶贫的重要性。本文以贵州省平塘县塘边镇为例，从它目前发展现状中所存在的不足为入口，从教育的角度出发，利用教育，有针对性地提供一些解决建议，从而帮助脱贫。

关键词　塘边镇；扶贫攻坚；教育

中国有句古话叫"授人以鱼不如授人以渔"，说的是传授给人现有的知识，不如传授给人学习知识的方法。道理其实很简单，鱼是目的，钓鱼是手段，一条鱼能解一时之饥，却不能解长久之饥，如果想永远有鱼吃，那就要学会钓鱼的方法。这句话不仅适用于学习，同样适用于现如今的扶贫攻坚。在资金帮助以外，通过教育，在方法上、技术上、思想上给予真正的帮助，让他们自己掌握脱贫致富的手段。

一、塘边镇现状

贵州省平塘县塘边镇在党委、政府的领导下，在挂靠帮扶单位以及群众的大力支持下，2014—2017年共脱贫1389户5707人，贫困发生率从2014年的29.19%下降到10.71%，2018年减少贫困人口1340人，贫困发生率下降到6.62%，并且计划于2019年实现全镇脱贫退出目标，于2050年实现与全国及省州同步小康。

塘边镇在脱贫攻坚这条道路上，始终坚持党建工作的引领，强化思想引导，使得产业升级，农民收入增加。同时，易地搬迁工作也顺利完成，村民们都分房入住，并且对村寨的水、电、路、信四方面进行了新建和巩固，夯实基础，保障民生。然而，有喜也有忧，在取得好成绩的同时，塘边镇的扶贫攻坚工作也存在着问题，面临着很大的挑战。

塘边镇村民，虽然都知道扶贫攻坚，但是对扶贫攻坚的认识不够深刻，部分贫苦农户等、靠、要思想严重；村里师资力量不够，加上老年人居多，对于上学的孩子们管制过于松懈，更有甚者出现辍学现象，忽视教育；在产业结构优化升级的同时，技术、人才、资金相对匮乏，年轻人都愿意走出去，不注重本土人才的培养；一条S315旅游公路横穿塘边镇，而村民们大部分都讲家乡话，有外地游客来旅游时，交流上会出现困难，这样就不能更好地对塘边镇进行宣传；另外，有着传统布依八音古乐的塘边镇，不应该浪费自己这么有利的资源，在宣传传统文化的同时，提升自己的思想道德素质，成为人美歌美的村落，打造一张专属自己的名片。这些问题，在一定程度上都阻碍了塘边镇更好更快的扶贫工作。只有利用教育来解决这些问题，塘边镇的扶贫道路才会越走越远。

二、导致扶贫问题产生的原因

贫困是各发展中国家进入21世纪仍然面临的一个共同问题，扶贫是中国政府最终消除贫困、全面建成小康社会并实现现代化的一项基本国策。而"教育扶贫"作为农村扶贫政策的一个重要措施，它是从根本上最终消除贫困、促进中国农业人力资源开发、全面建设农村小康社会的一种根本性措施。

塘边镇村民对于扶贫攻坚的认识只停留在经济上的扶贫，没有认识到自己思想上的落后，只懂得等、靠、要，而不能清楚地意识到通过自己接受教育来获得永久性的脱贫。同时，缺乏对本土人才的培养，村里优秀的、有学问的年轻人都想着走出这个村落，家乡可用之才就相对较少，就更不会有优秀人才引进先进思想或者技术，而没有文化的年轻人也选择外出务工，家中留有的较多都是老年人和小孩，这样也不利于管理和教育小孩，导致升学率低，辍学率高。

对于塘边镇来说，有着传统布依八音古乐，还有大片的百香果、金丝皇菊，旅游优势也很足，而由于地处偏僻，又常年贫困，村民们基本都讲家乡话，也不注重自身素养的提升，外地游客去了以后很难与本地人进行交流，就会浪费这一优势。

三、利用教育，切实做好扶贫

（一）进行扶贫攻坚思想教育，转变村民认识

要想做好扶贫攻坚，首先要做的是全面宣传。塘边镇扶贫攻坚开展几年来，仍然有村民存在等、靠的思想，说明村民对扶贫攻坚的认识还不够深入。在进行宣传时，首先要解读相关政策，让村民了解扶贫攻坚到底是什么；还要让村民知道是怎么扶，从思想上认识到扶贫攻坚不是简单的政府拨款就能解决，而且要在政府的领导下，掌握属于自己的脱贫方法。同时，要让村民意识到教育的基础性和全面性，要让村民知道，只有教育才能让他们得到思想上的富裕，通过接受更好的教育，能让他们改变代代贫穷。另外，还要举出实例，利用实际例子来让村民看到脱贫希望所在。

（二）落实教育相关政策的扶持

国家对每个贫困地区都会有不同程度上的教育资助。就塘边镇来说，平塘县每年对学生都有补助，学前教育阶段、义务教育阶段、普通高中教育阶段、中职学校、普通高校，学生上学的每个阶段，都会有不同资金的补助。除此之外，国家还有"雨露计划·圆梦行动"，对当年高考考取二本以上建档立卡的贫困学生，一次性发放4000元的补助。这些政策，对于贫困家庭来说，很大程度上减轻了家庭的负担。而对于政策上的这些扶持，必须要落实到位，确保每位学生都能领取到这些资助。

（三）控辍保学

2017 年 7 月 28 日，国务院办公厅发布了《关于进一步加强控辍保学、提高义务教育巩固水平的通知》。这一通知加深了我们对控辍保学的认识。教育，应该从基础抓起，如果义务教育阶段的学生们都辍学，那如何接受高层次的教育？而对于贫困地区来说，由于受到办学条件、家庭经济条件以及家庭思想观念的影响，辍学率普遍会比较高。塘边镇应该深入家家户户，核查适龄青少年就学情况，并深入了解他们因何而辍学，从而找到根源，对症下药，解决辍学问题。青少年是祖国的花朵，是国家的未来，只有降低辍学率，保证每一位青少年都能上学，让他们在学校里接受教育，把他们培养成才，才能从根本上解决贫困，才不会代代贫困。

（四）走进校园

学校是教育最重要的场所，所以必须深入了解学校。学校建设应该从四个方面抓起：第一，教学基础设施设备；第二，师资力量；第三，校园文化建设；第四，校园安全建设。

师资力量是一个学校的顶梁柱，如果没有优秀的师资，谈何教育？同样，师资力量也是教育扶贫的关键所在，只有优秀而不放弃的教师，才能完成此重任。这也就需要塘边镇积极引入新的师资，培育本土人才，为扶贫攻坚贡献一份微薄的力量。在师资这一点上，塘边镇也可以积极与高校合作，申请一些志愿者，每个学期进行一些志愿服务，缓解一下教师缺乏的压力。其次，塘边镇领导应该积极走入校园，看学校教学设施设备是否齐全。教学基础设备必须齐全，否则不会有很好的教学效果。学生上学期间，每天在学校待的时间最长，所以一定要建设校园文化，让学生们每天在学校被这些校园文化潜移默化的影响，良好的校园文化，会对学生产生积极向上的影响。最后，一定要保证校园的安全建设。学生们的人身安全是最大的事，学校的领导、老师在学生每天上学时要清点好人数，确保每位学生都在学校，放学后一定要保证学生被父母接走，并安全到家。此外，如果学校里面有食堂的话，要检查食堂的食品安全，为学生提供健康的饮食。

（五）聚焦中职发展教育，培养本土人才

塘边镇自从产业升级以来，就打造出了"果＋药""一镇一特"的品牌主导产业。3000余亩的百香果产业、1000亩的刺梨、5500亩的精品李子，以及禽畜的养殖，这些产业很大程度上推动了塘边镇的经济发展。这些产业是塘边镇的财富，现在需要做的就是继承这笔财富。而产业的升级，势必带来一些问题，比如技术以及人才的匮乏。技术上，需要专业的人士来指导，也需要专业的人员来种植，而中职教育则能弥补这一空缺。中职教育的老师或者学生，每天都接触这些问题，因此找寻相关专业优秀的中职老师，给予技术上的帮助，并且可以在学校开展小规模的相关专业的教育，让同学们更加了解这些产品，并对此产生兴趣，积极学习相关知识，培养本土人才，为以后产业的建设与发展献力。

（六）展开普通话教育，提高村民整体素养

S315旅游公路穿过塘边镇，并结合这条旅游线路形成了农旅结合产业带。成片的百香果，除了往外销售，保证产品不会滞销外，可以建立一个采摘园，这样不仅可以让游客在这多欣赏美景，更可以促进产业发展，把百香果的名号打得更加响亮。

随着旅游业的发展，必定会吸引外来游客，但是塘边镇的村民习惯了讲家乡话，这样就给外来游客造成了沟通上的不便，同时也不可能对塘边镇做更好的宣传。这就需要开展普通话教育，在习惯讲家乡话的同时，学好普通话并且用好它。塘边镇领导要以身作则，多讲普通话，可以倡导村民跟着电视节目多学习讲普通话。另外，在有高校志愿者来村里服务时，可以开展普通话课程，学好普通话从孩子抓起。对于村民来说，可以选几名讲普通话好的村民作为老师，教大家说出更流利的普通话。如此一来，也便于宣传塘边镇，让更多人认识塘边镇。

同时，要加强素质教育，提高村民的思想道德素质。塘边镇可以利用感动中国十大人物的一些故事进行宣传，给村民们树立学习的榜样。其次就是进行学校教育，从小抓起，让学生树立正确的思想道德观念。最后，定期组织村民开展一系列讲座活动，可以利用有经验的支教老师给村民进行道德方面的宣讲。同时，领导班子也要严格要求自身，为村民们树立一个好榜样。长久下

来，可以打造一个模范村，供其他村学习，从而以一带百，让人们都成为自身素质良好的人。

（七）宣传并继承传统文化

布依八音古乐至今已有 600 多年历史，并于 2009 年列为省级非物质文化遗产。弹唱人当场编词唱曲，富有深意，优美动听，让人只想一直沉浸在这音乐当中。塘边镇现今也有布依八音古乐的培训基地，以便更好地继承这一传统，让好的音乐一直流传下去。另外，应该加大对布依八音古乐的宣传，让更多的人知道并喜爱它，这样在促进当地布依古乐发展的同时，也会带动旅游业的发展，提高经济水平。

教育，关联着我们生活的方方面面，利用教育来扶贫攻坚，就相当于给扶贫攻坚这座大厦打好地基。塘边镇如果在以前扶贫攻坚的基础上，再结合教育扶贫，或许会取得更好的成效。在扶贫攻坚这场不见硝烟的战役中，相信在党的领导下，用睿智独到的眼光抓住重点，撸起袖子加油干，一定会取得成绩。

参考文献

[1] 汪三贵，郭子豪．论中国的精准扶贫[J]．贵州社会科学，2015（5）：147-150．

[2] 代蕊华，于璇．教育精准扶贫：困境与治理路径[J]．教育发展研究，2017（7）：9-15．

[3] 傅佑全．教育扶贫是实施精准扶贫国家战略的根本保障[J]．内江师范学院学报，2016（6）：80-83．

[4] 902 万！中国首次农村留守儿童摸底排查数据发布[EB/OL]．http://news.xinhuanet.com/politics/2016-11/09/c_1119881414.htm．

[5] 沈亚芳，谢童伟，张锦华．中国农村的教育贫困与教育补偿机制研究[M]．上海：上海财经大学出版社，2011．